La fabrique du futur

Sous la direction de
Pierre-Marc de Biasi

La fabrique du futur

Préface de Régis Debray

CNRS ÉDITIONS
15 rue Malebranche - 75005 Paris

Collection « Médiologiques »
sous la direction de Pierre-Marc de Biasi

Avec les contributions de

Catherine Bertho-Lavenir, Pierre-Marc de Biasi, Jacques Billard, Daniel Bougnoux, Pierre Chedeville, Jean-Yves Chevalier, Jean-François Colosimo, Régis Debray, Pierre d'Huy, Karine Douplitzsky, Michel Erman, Françoise Gaillard, Thierry Grillet, Philippe Guibert, Katell Guillou, François-Bernard Huyghe, Michel Melot, Antoine Perraud, Clara Schmelck, Monique Sicard, Paul Soriano.

ISBN : 978-2-271-15029-5

à

Louise Merzeau,
Robert Damien,
Robert Dumas,
François-Bernard Huygue

Sommaire

3.
Cohésions : le déchaînement

Préface

M

Régis Debray

Un mémo ? La médio le méritait. Elle qui médite les moyens et mobiles de notre mise en marche : plus que les messages et les médias, les médiations qui mutent un dire en faire.

Multiples furent nos meneurs et missionnaires. Mentionnons, parmi nos mentors, Daniel Bougnoux, puis Paul Soriano. Et n'oublions pas nos morts, tant médullaires ils furent, Louise Merzeau, François-Bernard Huyghe, Robert Damien, Robert Dumas.

Pierre-Marc de Biasi a bien voulu se faire le mentor de notre médiologie, et m'en demander comme un menu mémorandum. Je lui dis merci, pour m'avoir mis, sur notre métier, méthodiquement à la manœuvre.

Historique

Le motif

Au début fut un accident professionnel. « Au début » : voici plus d'un demi-siècle. « Un accident » : une condamnation à trente ans de prison par un tribunal militaire bolivien (dont quatre purgés, jusqu'à un heureux renversement de situation politique à La Paz). « Professionnel » : propre aux risques d'un métier, le révolutionnaire à l'ancienne, allant et venant d'un Continent ou d'un pays à l'autre, dont le Che Guevara fut et reste le plus poignant exemple. Le médiologue, dans mon cas, fut d'abord un repris de justice. Ce qui ouvre les yeux sur le sort fait aux idées quand s'y adjoignent – ou en découlent – des actes. Criminels en l'occurrence, justifiant « la peine corporelle de 30 ans de travaux forcés », à titre, je cite la condamnation, de « coauteur des délits de rébellion, assassinat, blessure et vol ». Je dois avouer ma dette intellectuelle envers mes juges galonnés. Ils ont mis un « coauteur » devant cette question saugrenue quoique d'intérêt général : quel rapport peut unir des mots sur du papier et des « crimes » sur le terrain ?

Sans doute y avait-il eu des écarts de conduite dont témoignaient maints codétenus (un repérage, l'année précédente de zones d'implantation possibles d'un foyer guérillero, un port d'armes, des tours de garde et un ours brun abattu, pour nourrir la petite troupe, etc.). Mais l'essentiel des accusations portait sur *Révolution dans la révolution ?*, une brochure lue et commentée, le soir, dans le campement. Ce vade-mecum aurait peut-être fait hésiter notre Malherbe avant d'écrire qu'« un poète n'est pas plus utile à l'État qu'un bon joueur de quilles ».

Le Code pénal militaire bolivien laissait à désirer sur le lien de cause à effet entre un écrit et un délit. Inspirateur ? Inducteur ? Incitateur ? Tout en distinguant exécution, coopération et instigation, il ramassait le tout en parlant d'un « coauteur en sa qualité à la fois d'intellectuel comme instigateur et en tant que membre d'un groupe armé irrégulier comme exécutant direct ». Force était donc d'admettre que j'étais un assassin. De quoi méditer non sur *les mots et les choses* (nébuleuses dont Foucault et d'autres se préoccupaient à merveille) mais, plus terre à terre, sur « les mots et les actes », le conjonctif « et » cachant à l'envie les mystères du « performatif ». Vieux problème. Il eut chez nous, jadis, ses têtes d'affiche. La faute à Rousseau, à Voltaire. Non, à Gide. Non, à Sartre et compagnie, ajoutait l'après-guerre. Lequel Sartre retournait l'accusation. « Je tiens Flaubert et les Goncourt pour responsables de la répression qui suivit la Commune parce qu'ils n'ont pas écrit une ligne pour l'empêcher. » Le doigt pointe dans les deux sens. Selon les conjonctures, et les partis pris. « Il s'agit de savoir, demandait Vercors sur ces entrefaites, si un écrivain est responsable de ses écrits au point de mériter de les payer de sa vie ». La peine de mort n'ayant pu être rétablie en temps voulu à La Paz, j'ai pu profiter de la survie pour réfléchir, non pas sur « la responsabilité éthique de l'écrivain » (peu porté que je suis sur la morale), mais, plus trivialement, sur les rapports pouvant exister entre rédaction et infraction. Et en élargissant le sujet, sur comment passe-t-on du bruit à la fureur ou du texte au forfait. « L'efficacité symbolique. » La question gênante pour un plumitif un peu nonchalant, habitué comme beaucoup à pisser dans un violon.

Précisons l'inquiétude. Non le sort du *castrisme,* très daté et localisé, mais une question qui l'est moins. Non le « d'où ça vient, ma petite élucubration », mais le « où ça va aller ? ». Le devenir pratique du théorique. La boîte noire qui d'un dire à l'entrée extrait un faire à la sortie. « Écrire est un acte », répétait notre philosophe de « l'engagement » qui disait « ne vivre que pour écrire » – innocente obsession des soucieux de radicalité plus que d'efficacité. La question de savoir en quoi leurs écrits peuvent un jour ou l'autre se transformer laisse en général indifférents les professionnels de la plume. Le médiologue qui s'intéresse au devenir-force des formes n'intéresse pas les idéologues. Il s'occupe, lui, des bas-côtés : les retombées, la vulgarisation, les malentendus. Les séquelles. Comment telle ou telle idée peut toucher terre, et ce qu'il lui en coûte.

Profitable aura été cet internement qui m'a, entre autres mérites, révélé tout ce que l'on doit aux usuels les plus triviaux, partant les plus négligés, comme une feuille de papier, un crayon, une lampe le soir. Qui n'a jamais eu faim ni soif ne réfléchit pas au verre d'eau ou au morceau de pain. Rien de plus instructif, pour un contemporain, que de perdre son agenda ou son portable. Se retrouver subitement *incommunicado*, pendant de longues semaines, sans visites ni contacts, nous révèle tout ce qu'a d'extraordinaire notre ordinaire. Avoir conquis, peu à peu, le droit à un cahier et à un crayon, et à la fin, à des envois de livres (filtrés certes par la censure interdisant les ouvrages politiques et connexes) et enfin, après des grèves de la faim, à un transistor pour passer le temps, voilà qui fait découvrir les menus appareils qui nous mettent, sans qu'on y pense, en rapport avec les autres comme avec soi. Les riens du lien. C'est quand la panne arrive qu'on ouvre le capot. Et qu'on se demande : mais *comment* ça marche, et fait marcher, les imprimés ? Les dires et les discours ? Si le grand philosophe est l'habitué des pourquoi, le petit médiologue interroge le comment. Car c'est dans le noir qu'on cherche à faire la lumière sur les conditions matérielles *a priori* de ce qu'on nomme « idéologie ».

La médio

Tordre le bâton dans l'autre sens pour le remettre droit. Ainsi avance, d'un virage à l'autre, la marche jamais rectiligne des idées opérationnelles. Machiavel : « il est impossible d'éviter un inconvénient sans tomber dans un autre ». Il y en avait certes, à vouloir passer d'une « sémio » très distinguée à une médio assez vulgaire. Dans les années soixante du siècle passé, à Paris, pas seulement l'inconscient était structuré comme un langage, tout à son signe était réduit, la triade « signifiant, signifié et référent » étant omniprésente (le troisième terme devenant vite évasif). Du sémiotique dans tous les coins. C'est contre cette triomphale marée théoriciste et vaporeuse que nous fûmes quelques-uns à risquer un tournant matiériste et techniciste, en commençant par voir dans « l'idéologie » le jeu des idées dans le silence des supports. *De minimis non curat praetor*, n'est-ce pas ? L'on descendit en soute avec bonne humeur car, personnellement, je ne peux nier un certain penchant (du snobisme à l'envers ?) pour le rien qui décide de tout, le négligé fatal ou salvateur, le petit truc dont on fait fi. Je ne peux nier encore aujourd'hui un vilain penchant pour les cartes Michelin, les moulins à café (et le débat sur les mérites comparés du café en grain brésilien, colombien et italien), le pneu dans le coffre avec le cric à manivelle, les dictionnaires Gaffiot et Bailly, la cabine téléphonique du bistrot avec jetons négociés en haut et file d'attente en sous-sol, l'antique kiosque à journaux et j'en passe. Qui peut nier le progrès de la valise à roulettes sur le porteur, du téléphone sans fil sur le combiné en bakélite, de la carte bleue sur le carnet de chèques ? Peu chaut le machin à la noble envolée, mais ce n'est pas gnognote que le GPS, la capsule Nespresso, Face Time, la disparition du concierge dans les immeubles, des chambres de « bonne » au cinquième, du filtre en papier, du disque 78 tours et du Larousse en six volumes dans le salon. Ni le passage de la craie qui crisse au feutre qui glisse, du clavier QWERTY à « petite poussette », du compliqué laborieux au simple qui soulage. Peut-on oublier que de l'espadrille des pauvres, Yves Saint-Laurent fit récemment du très chic, et que du havane des gros richards, Fidel fit naguère l'insigne de rebelle ? N'oublions pas non plus le rebut qui déborde l'envahissante déchetterie publique – canettes d'aluminium, bouteilles en plastique, masques dans le caniveau, etc. Les dessous du progrès. L'avènement de la « petite poucette » ne saurait nous dissimuler qu'il faudra toujours des métaux rares pour allumer nos écrans tactiles, et notamment du tantale, cobalt, béryllium et gallium (etc.) dans nos microprocesseurs. Le métal précieux n'est plus aujourd'hui l'or mais le rhodium. Composition d'un portable : 50 % de plastique, 15 % de cuivre, 15 % de verre, 4 % de cobalt ou de lithium, 4 % de carbone, 3 % de métaux ferreux, 2 % de nickel, 1 % d'étain. La dématérialisation tant vantée semble parfois oublier sur quels pieds diaphanes mais encore outillés elle avance. N'oublions pas le fumier à la campagne et les poubelles dans la rue.

Aussi avons-nous mis en introït aux opérations de mémoire la table des matières, et tout ce que les Tables de la Loi, Moïse aidant et majuscules obligent, doivent à deux minces tablettes en bois facilement transportables (et il y avait du chemin à faire !). Comme à l'argile, le cunéiforme, à la soie l'idéogramme, au parchemin l'alphabet latin, et le parchemin à l'agneau, le lapidaire à la pierre, et le sépia à la seiche. Le caillou sumérien ou l'os de bœuf hellénique n'intéressent guère les exégètes. Non plus que la contribution du chiffon à la littérature et de la pâte de bois à la démocratie, *via* les anciens journaux d'opinion – affiches, tracts et manuels. On oublie trop ce qu'a apporté à la culture, au fil du temps, la plaque de schiste, la stèle de bronze, le tesson de poterie ou le veau nouveau-né (dont se fait le vélin). Comme aujourd'hui le *selfie* à l'égocentrisme de tout un chacun.

Qui peut se faire voir de tous, en une seconde, n'a plus trop besoin de se faire lire. Ce que font nos bidules à nos talents n'est plus un secret : adhésions plus molles, divorces plus faciles. Supports abondants, convictions flottantes. On savait certes le journal intime boudé par la carapace de tortue, comme l'écriture automatique par la stèle de pierre. Les facilités d'expression aujourd'hui encouragées par la profusion des supports n'encouragent guère la qualité de l'expression, sacrifiée à la quantité. Si la bande passante nuit à l'idée fixe ainsi qu'à la paranoïa, ce qui s'y passe entretient un laisser-aller tournant vite à l'indifférence. Le brouhaha médiatique compliquerait la tâche d'un *Lider maximo*, comme à l'inverse nos bruyantes gargotes, les confidences à cœur ouvert. Quand il devient dur d'oreille, le vieux casseur d'assiettes reste dans son coin. Inapte au tapage, il se replie sur le murmure à domicile. Moins, c'est plus. En général, et dans ce cas particulier.

Telle fut notre joie, volontiers provocante : contourner les grands mots par leur petit côté et déshabiller les majuscules. *Rematérialiser*, titrait notre maître trop peu célébré, François Dagognet, grand philosophe qui n'hésitait pas à spiritualiser la matière et dont l'ironique omniscience déconcertait la Faculté. À l'heure où il n'était bruit que de Communication, *Les Cahiers de médiologie* examinèrent de près la route, et le bitume. Le parti pris des choses (Perec n'était pas loin). Non du Signifiant, mais du papier, et de la pâte de bois. Non de la Représentation, mais des salles de spectacle, et des rideaux de scène (pour son numéro inaugural). Non des Lumières, mais de l'éclairage, des watts et des ampoules. Non de la Mémoire, mais des monuments et de leur administration. Non de la Métaphore, mais de nos moyens de transport, à commencer par la bicyclette et l'automobile (production et usages). Non de la Mission transcendante, mais des missions humanitaires. Non de la Croyance, mais des accréditations médiatiques, en période de crise. Bref, tombés amoureux des cuisines et des portes de derrière, nous n'eûmes pas toujours bonne réputation au salon (merci Gallimard, où l'on eut table ouverte, grâce à Antoine et Teresa). La plus jouissive, et la plus dense de nos contributions à l'intelligence du fabriqué fut sans doute *Le Dictionnaire culturel du tissu* (2005), réalisé avec Patrice Hugues, historien passionné des tissages. Cette matière chatoyante et pénétrée d'esprit où l'intelligible au sensible se mêle ne pouvait laisser indifférent des médiologues, refusant l'éternel renvoi du textile par le textuel. Pas question de laisser la merveille aux obsédés du chiffon et de la haute couture. Derrida nous donna l'article *Tallith* (le châle de prière), comme Robert Dumas, *rideau de théâtre*, et Dagognet, bien sûr, toujours passionné et informé sur le filet, l'indienne, la ville de Lyon, Oberkampf, Péguy, support-surface et le synthétique. Brocards et broderies, fraises et bonnets, collerettes, dentelles et sparteries montraient que ces artisanales prouesses n'avaient pas fait moins, pour notre civilisation, depuis des centaines d'années, que les Traités et les alexandrins. Rendre les honneurs à ce trop modeste médiateur de culture s'imposait, surtout en la bonne ville de Lyon. Comment ça se fabrique ? Comment ça se divulgue et se sublime ? Aller au salon par les corridors, en passant par la cuisine. À l'optimal *via* le minimal : chacun ses manies.

Ce demi-tour gauche en passant par le rez-de-chaussée ne menait certes pas aux Hautes Études mais rendons grâce aux curiosités de l'époque. L'esprit du temps n'était plus à l'existentialisme, et la vogue du structurel n'oubliait pas chez les meilleurs la culture matérielle. Lévi-Strauss eu toujours d'attentives indulgences pour nos excursions domestiques, lui qui ne dédaignait pas le dur et le menu. Dans le duel classique (et sartrien) de la *praxis* et du *logos*, la *technè* traditionnellement intervient en tiers. Pour tenir la bougie. En pays latin (contrairement à l'Angleterre ou à l'Allemagne), de tradition catho, agraire et aristo, subalterne est l'artefact, méprisé l'artisan et pas très chic, l'enseignement professionnel. L'avocat commande, le travailleur besogne. Et les ingénieurs sont gens de peu. Pas facile, dans ces conditions, de *reclasser*, en décloisonnant technique et culture. Par chance, l'époque s'y était mise, dans les coins, en contrebas. Avec notamment la revue *Culture technique* (trop éphémère, c'est le sort des revues), des ouvrages comme *Prométhée empêtrée* (Jean-Jacques Salomon), des innovations comme la Cité des sciences et de l'industrie à Paris, ou à Poitiers, le Futuroscope. Le tournevis et le fer à souder s'infiltraient en haut lieu. Malgré Chaplin et les *Temps modernes*, et malgré Heidegger et la « réquisition » (Gestalt). Arrivaient pourtant, en masse, les claviers, billetteries automatiques et jeux vidéo. De quoi interroger Péguy et sa croisade contre le fer au nom du bois, accueillir le robot, et contester la contestation spiritualiste, qui, Bernanos et Ellul aidant, stigmatisait « l'asservissement de l'homme par la machine ». L'étude de ce que font les machines aux humains qui les font devenait des plus urgent. Dommage qu'aujourd'hui l'éloge nobiliaire et purificateur du naturel, du vert et du brut répugne au béton armé comme aux fibres synthétiques, qu'on fait passer pour vils.

L'incongru a beau depuis s'être enrichi, subtilisé, complexifié (un long chemin, du rayon X à l'électron), pèse toujours sur lui, et pas seulement chez les abonnés à la quintessence, l'ombre désobligeante du « plat matérialisme ». Et un Dagognet n'a pas la place qu'il mérite parmi nos maîtres, non plus que le préhistorien Leroi-Gourhan (*La mémoire et les rythmes)*, ou encore Bertrand Gille (*Histoire des techniques*) et d'autres. Oser se déclasser. « Quand le sage montre la lune, l'imbécile regarde le doigt. » Cet imbécile, soyons clair, c'est le médiologue. Il a quitté le costume trois-pièces et face au gratte-ciel, prend l'escalier de service. Contre la manie du sublime, le pari du substrat.

Ad rem, « vers la chose », fut donc l'acronyme en clin d'œil pour désigner l'« Association de recherche en médiologie ». La « chose », en réalité, aurait dû s'appeler *l'objet* (fabriqué, ouvragé, transformé), mais il fallait faire gros et afficher l'impur. L'humeur étant au naturel, au pur, à l'immédiat, au frais, au natif, le trivial détonait. Mus par l'idée que les clés du camion sont dans la boîte à gants, nous allâmes cependant *ad augusta per angusta.* Victor Hugo avait mis dans le mille : petite cause, grand effet. Ainsi la trottinette et le digicode. La trottinette qui se faufile entre les camions, et le digicode, qui, d'un coup de pouce, ouvre la lourde porte cochère.

Les médiateurs

Il y avait bien eu, sur la scène nationale, un médiateur nommé « l'intellectuel » devenu à la longue médiatique, et pour ma part, une enquête de trois cents pages sur la naissance et mort de cet intermédiaire devenu chez nous coqueluche (*Le pouvoir intellectuel en France*, 1979). Faut-il revenir sur cette cheville ouvrière de jadis, ce *go-between*, ce qu'on appelle aujourd'hui l'homme ou la femme d'influence, mettant ses compétences au pied des conjonctures (l'affaire Dreyfus, au départ). Sur cet intercesseur ou cet entremetteur, entre le métaphysicien et l'échotier – bref, ce médium (comme on dit en musique) entre le grave et l'aigu, et qui, en peinture, détrempe les couleurs. Pour relier le haut et le bas, rajuster les valeurs aux conduites, ou l'inverse. On sait à quel point, si l'utopique est facile, la pratique est un art difficile. Ce qui donne des ailes donnant aussi de quoi tomber. Lorsque au règne des fins, innocent et bavard (prédicateurs, discoureurs et sermonneur) vient s'adjoindre le souci des moyens à utiliser, il arrive que la logistique l'emporte peu à peu sur la logique, comme cela arrive en politique.

La médiation ? Une vieille lune, pas un thème porteur. Aujourd'hui, règnent le cri du cœur, le col ouvert, le court-circuit, le presse-bouton et le sans façon. Le but, partout : l'immédiat, le direct, le brut. On comprend la mise au rebut de Hegel, le philosophe des médiations tragiques, sacrificielles, qui réalisent en abîmant. Avec l'individu s'élevant héroïquement au-dessus de lui-même, mettant sa guenille en jeu, rompant avec le quotidien et ses habitudes, qui découvre l'inéluctable de la guerre dans la vie des peuples, et de la conscience malheureuse dans sa propre vie, déchirée entre le domestique et le public. Étant entendu que le plus saumâtre des destins est encore de vouloir fuir son destin.

Les philosophes en général n'aiment pas trop quand le ciel des idées rencontre une terre avilissante. Platon célèbre le contemplatif, dévalue le terre à terre pour s'élever à l'intelligible. Descartes évapore l'objet, l'étendue, le sensible, l'extériorité, au bénéfice du cogito. Bergson intériorise « les données immédiates de la conscience » qui relèvent d'une durée fluide et mystique, contre le statique et le mécanique. L'étude de *l'infra* n'est pas dans notre tradition, habituée qu'elle est à une noble hauteur de vue. Disons que ce n'est pas la même photo, sur plaque de verre, sur pellicule en argentique, ou sur un écran en numérique, mais la photo était encore, il y a peu, réputée « art moyen ». De même la médiathèque, en dessous de la bibliothèque dans les hiérarchies municipales. Pas si facile de n'être ni ceci ni cela mais au milieu, un peu des deux. Comme à l'instar de France Inter, entre RTL et France Culture. Entre l'exo et l'ésotérique. Ni trop vulgaire ni trop abscons. Toujours délicat, le moyen terme. Et casse-gueule, très souvent. Le péril, dans l'effectif, c'est « Monsieur le Trouhadec saisi par la débauche ». Le propos de départ était noble, comme le but poursuivi (Vérité, Justice, Équité) ; la mise en œuvre, chez le praticien, un peu désolante, dès que les moyens l'emportent sur la fin.

Force est de reconnaître, au-delà de l'art périlleux des entremises et des entrées en matière, le statut très modeste, dans les amphis ou les salles de classe, de la *doxa* comparée à l'*épistémè*. Des croyances plus ou moins vraisemblables faisant autorité, non des sciences, pures ou expérimentales. Du tissu conjonctif d'une société. Des mains jointes du pékin. Des jointoyeurs du quotidien. Du clair-obscur face aux Lumières. De l'opinion, en un mot. Les orthodoxies en vigueur constituent, pour les adhérents, un lieu de séjour confortable mais un sujet de réflexion assez inconfortable. Plus mou le terrain, plus suspecte la critique, et déconseillée la plaisanterie. On y frôle souvent, dans ces zones sensibles, du sacralisé, qui n'a rien d'officiellement religieux mais fait crier au sacrilège dès qu'on y touche imprudemment. Allez pisser sur la tombe du soldat inconnu, cracher en public sur le drapeau tricolore ou même pique-niquer dans un cimetière, entre ou sur des tombes, et la police se chargera de vous. La sanction est dans le Code pénal, vous appeliez-vous Jacques Prévert ou Jean Genet. Et n'allez pas vous fier aux libres-penseurs qui doctement vous répètent, depuis trois ou quatre siècles, que « ça passera un jour, toutes ces fadaises et superstitions, la science vaincra ». Elles n'ont pas disparu, et font florès ici et là. J'ai tenté de montrer en vertu de quelle nécessité (axiome d'incomplétude, voir glossaire).

Aussi, ce qu'il convient, en tel lieu et moment, de *croire* est cent fois plus et mieux blindé que ce qu'il faut *savoir*. On ne sort pas les couteaux, on ne ressort pas la guillotine, encore heureux, pour défendre la loi de la gravité ou le fait que 2 + 2 = 4, mais s'agissant du Dieu unique, de la Vierge Marie, d'une « certaine idée de la France » ou des trois lois de la Dialectique, on se fâche, on tue, et l'on meurt au besoin. La raison ? Ce qui assure, ou non, la cohérence d'un collectif est d'autant plus indiscutable que rigoureusement indémontrable. Il y a des questions à ne pas poser tant elles embarrassent. Ce sont en général les plus cruciales.

Comment naît et se développe une science ? À l'épistémologue de répondre. Comment naissent et meurent des opinions et des croyances ? Au médiologue d'intervenir. Son affaire en propre : le faire-croire. Naissance et développement. Ce qu'il advient des idées quand elles soudent et mettent une foule en marche. La dynamique des convictions, l'aventure des « idéologies ». Une crédologie ? Comme une cardiologie ou une cancérologie ? Il va de soi qu'un savoir du croire n'intéresse pas plus les savants que les croyants. Les premiers ont affaire à du démontrable ou de l'expérimental, mais les seconds ont du mal à admettre que leur credo puisse ne pas relever d'un savoir éprouvé, comme le marxisme, ou d'une divine révélation, comme le christianisme, « la vraie religion du vrai Dieu ». L'arpentage des zones un peu floues que peuplent nos belles certitudes morales nous rappelle que « le lieu le plus obscur est toujours sous la lampe ». Ce sont les mieux fréquentées, socialement, mais aussi les mieux protégés, juridiquement.

Nous ne le savons que trop : le problème des convictions n'en est jamais un pour les convaincus (tant qu'ils le sont), pas plus que l'empirique histoire de leur Absolu n'intéresse les fidèles de l'Absolu. Nos professions de foi personnelles ne sont pas mieux loties, sur ce point, que les religions révélées. Nous répugnons à faire l'histoire, toujours compliquée, de leur mise au monde, puisqu'elles sont *la* vérité, tout simplement. « Le marxisme est tout-puissant parce qu'il est vrai » – telle était l'épigraphe, en couverture, des *Cahiers marxistes-léninistes* de la rue d'Ulm, où le recours mystique à la pensée magique n'avait pourtant pas bonne réputation. Et du temps où la France était chrétienne, il n'était pas trop bon, si on tenait à sa santé, de se demander comment elle l'était devenue. Les *ismes* moteurs et fédérateurs tournent le dos aux aléas de leur propre cristallisation, et mettent leurs déviants devenus sceptiques au pilori (pour « révisionnisme »). Animé du virus médiologique, j'ai cherché à comprendre comment ces systèmes d'emprise (et/ou de libération) se sont constitués et répandus. D'où quelques années passées à examiner la lente accréditation du christianisme au cours des premiers siècles de notre ère, tout comme celle du « socialisme scientifique » au cours du siècle dernier.

Ces enquêtes sur les voies et moyens d'une adhésion collégiale sentent toujours le soufre car, Spinoza *dixit*, bien en cour dans les lieux où l'on pense, *verum index sui et falsi*. Le vrai, l'incontesté, n'ont pas à s'expliquer sur le procès de leur établissement, sauf à perdre leur ascendant. Le « marxologue » était rarement un communiste bon teint. C'est la solitude de ces « sciences molles » : les scientifiques s'en moquent, n'étant pas concernés ; et les convaincus n'y voient qu'impiété ou mauvaise foi. Bref, la plus sérieuse des questions – qu'est-ce qui met les hommes en branle, en fait des militants, voire des combattants ? – n'en est pas vraiment une pour les chercheurs sérieux. La question est ou bien impie pour le croyant ou bien oiseuse pour le savant. L'étude de ce qui ébranle les cœurs et les jambes n'est l'affaire ni des masses en marche ni des gens d'étude. C'est l'absente des labos comme des sacristies. En quoi le médiologue est et reste un zigoto, voire un emmerdeur. La solitude du coureur de fond attend quiconque cherche à voir et savoir comment un Verbe peut se faire Chair. Étant bien entendu que « la chair est triste, hélas », et que lire tous les livres n'est pas la solution.

« Une idée *devient* force matérielle en *s'emparant* des masses », nous assurait la saine doctrine. Ce qu'elle n'a pas précisé, hélas : est-ce encore la même à la sortie de ce *devenir* ? Comment à trop *s'emparer*, ne pas s'empâter car une vérité plausible, quand elle se fige, devient mensonge. Vulgate système ou doctrine. En réalité, dans ce processus, les « masses » semblent plus objets que sujets. C'est l'*Organisation* qui intervient en leur nom, une Église ou un Parti, clercs ou apparatchiks. Collégiale est la transmission. Avec un sommet et une base, des règles de fonctionnement et un organigramme, une hiérarchie et des emprises. C'est la genèse de ces pyramides d'autorité, aussi douteuses qu'indispensables, (*traduttore traditore),* qui intéresse au premier chef le médiologue, lequel doit se faire généticien ou archéologue pour intercepter l'*esprit de corps* en formation. « Que peut le pur esprit, disait Lagneau, s'il ne commence pas par se donner un corps pour agir sur d'autres corps ? » Qui suit cette opération à la trace, cette transmutation, du nuageux inconstitué en corps constitués, sera mis à la peine. Et interrogera l'idée invoquée comme fondatrice. Car en réalité, l'origine se pose à la fin, nullement au début. C'est le christianisme qui fait le Christ, non l'inverse. Il a fallu trois siècles pour configurer la figure principielle du Sauveur, et plus de trente ans pour faire de Marx-Engels les fondateurs canonisés du « Mouvement ouvrier ». Rétrospective est en général la fondation, et l'origine toujours finale. La définition du Christ comme « l'unique médiateur du Salut » a demandé un long travail théologique et organisationnel. Très délicat, un homme Fils de Dieu. Le Roi de gloire crucifié. Tantôt trop humanisé, tantôt trop divinisé, et donc, pour le dogme, deux hérésies à combattre. La *christologie* réfléchit l'entre-deux, ou le deux en un.

De quoi remplir un bon tiers du *Cours de médiologie général* (Gallimard, 1991), avec deux gros chapitres, *Le mystère de l'incarnation* et *L'expérimentation chrétienne*. Et ne parlons pas de ces autres entremetteurs qui, en cascade, font la chaîne entre le Ciel et la Terre, archanges, anges, saints, apôtres, martyrs, confesseurs et autres intercesseurs. Génie dynamique des entremises apte à piloter une civilisation longtemps conquérante, source de notre statuaire, de notre peinture et du cinéma – ces figures faites de main d'homme officiellement reconnues comme pouvant rendre visible l'invisible. Ce passage du corps-prison au corps-salut sauva la chair hellénique de son indignité puisque capable, à la fin des fins, d'une éblouissante résurrection, à l'instar du Christ trois jours après sa mort. Le Verbe renaîtra étincelant, le jour venu, du royaume des morts (en quoi, derrière la crémation aujourd'hui majoritaire dans nos pays, se tient un renoncement à l'Espérance, au dogme de la Résurrection des corps, qui avait, pour nous, un revenant-bon : la fin n'était pas définitive).

Métamorphoses

C'est un fait, aujourd'hui, que l'irruption du numérique, et le passage du papier à l'écran ont inauguré un nouvel âge, symbolique et social. Malgré nos incantations aux fétiches et musées de la République, nous avons, avec le portable, changé non de portage et de vecteur, mais bel et bien de soubassement. C'est un Moyen Âge qu'on laisse derrière nous, nous les Anciens. Disons que le fan, sous nos yeux écarquillés, a remplacé le militant, le *troll* le chahuteur, le *showman* l'intello, le blabla le bouquin, le réseau (social) le parti (politique). Les assistantes, les secrétaires. Et l'impact, le programme. Passage du macro- au microrécit. Du tous ensemble au sur-mesure. Du monumental au mercantile. C'est le temps long qui s'esquive, et la transmission s'efface devant la communication dite maintenant *many to many* et non plus comme naguère, *one to many*. La connexion internet haut débit ayant ouvert la voie, le youtubeur a changé de langue, ce qui nous a fait tous changer de monde et de pays. Les mots-clés de cette marche en avant sont en anglo-américain et de plus en plus courts, n'ayant pas de temps à perdre. Ils n'ont plus à s'expliquer : ils frappent et s'en vont. *Clash* et *crash*, *tweets* et *punchline*, *coach* et *bottom-up*, *talk-show* et *storytelling*, *hashtag* et *co-branding*, *push marketing* et *chat*. Nous likons et nous retweetons. Docilement, sans rechigner. Avec ce changement de langue, de sol et d'humus, l'espace envoie promener le temps, la connexion éclair, les lentes réflexions. L'ancien culte du livre devient un luxe d'accompagnement. Ce n'est plus par là que passe l'influx nerveux du moment. Ne rouspétons pas, même si « les vieillards sont susceptibles, comme disait déjà *Le Cousin Pons*. Ils ont le tort d'être un siècle en retard mais qu'y faire ? Ils ne peuvent pas être de celui qui les voit mourir. On ne court pas deux siècles à la fois ». Le XXe et le XXIe, par exemple.

C'est un grand privilège de pouvoir assister en direct à l'apparition d'un nouvel art de vivre, de penser et de dominer. Et pour un Européen, voir de ses yeux un basculement de civilisation en Europe même, où l'Amérique, plus jeune, plus riche, plus novatrice prend nos mots, nos choses et nos guerres en main. Un management sans ménagement (disons : sans cruauté excessive). Ce n'est certes pas le premier transfert d'hégémonie sur la boule terraquée. Valéry, déjà, pour commenter ce tournant, convoquait « Elam, Ninive, Babylone » avant d'en venir à « France, Angleterre, Russie » – de quoi atténuer nos actuelles mélancolies.

Pour en revenir à notre grille d'interprétation, elle est tenue dans les banlieues de la Cité savante, avec un espoir de légitimation des plus modestes, l'auteur de ces lignes étant interdit de séjour dans notre métropole à tous (pas de visa US). Peut-être est-elle trop matiériste pour les *cultural studies* habilitées. En quoi nous restons dans la norme. C'est le destin des propositions culturelles d'être, comme en politique « tout ce qui sera moins intéressant demain qu'aujourd'hui », soumis à une forte et croissante entropie. Le rapport de l'énergie effectivement utilisée par une recherche à l'énergie utilisable et disponible après coup est en général assez mince. Faible rendement. Ce qui surnage et flotte un peu, d'un effort d'explication systématique, est toujours, à la longue, jivarisé, réduit à l'os ou à un slogan. Cette peau de chagrin est de tradition, et nous savons tous qu'il faut beaucoup oublier pour pouvoir garder un tout petit peu. On décrivait naguère la culture comme « tout ce qui reste quand on a tout oublié ». C'est réaliste, quoique assez pessimiste. Le peu qui reste de notre ambition de départ ne manque pas d'ironie, s'agissant d'un essai d'élucidation des dispositifs permettant à un schéma explicatif, de rester quelque temps parmi nous.

Aussi ne doit-on nullement s'attrister quand on découvre, dans une librairie parisienne bien achalandée, des ouvrages de médiologie non pas côté « sciences religieuses » ou « histoire des idées » mais au rayon « infocom » – à côté des exploits de Monsieur Poivre d'Arvor ou des taux de fréquentation de TF1 et d'Antenne 2. On doit au contraire se réjouir de l'occasion qui nous est ainsi donnée de réveiller notre humour, toujours en danger de s'endormir et disparaître.

Glossaire

Ange

Pseudonyme du *messager* (en grec, *angelos*). *Angélologie*, première appellation de la médiologie comme étude des projectiles symboliques (discipline fondée *circa* 550 av. J.-C. par Denys l'Aréopagite). Trois rappels toujours utiles : 1/ L'Éternel, ne faisant pas ses commissions lui-même, a un besoin inné de subordonnés. 2/ Ces voltigeurs appartiennent à des milices hiérarchisées, sur une échelle d'ordre (en grec, la *taxis*). 3/ Tout ange peut devenir démon, tout transmetteur un interrupteur. Le diabolique est l'autre face de l'angélique. D'où l'ambivalence des médiateurs, et l'ambiguïté, en contrebas, du médiatique.

Bricoleur

Sobriquet flatteur, au fond, pour qui 1/ ne recule pas devant la menue besogne, abnégation devenue assez rare dans le métier. 2/ n'oublie pas la commande par le détail (l'adjonction de voyelles à l'alphabet consonantique, le caractère mobile en plomb, la mise en pâte du bois, etc.) et 3/ admet sans rechigner la mieux-disante des techniques de transmission en concurrence. Ainsi opère la sélection naturelle elle-même « à la façon d'un bricoleur, sans dessein à long terme » (François Jacob). La médiologie est aux grands penseurs ce que la mercerie est au grand commerce (aiguilles, fils, boutons, rubans etc.).

Code

Notion passe-partout, à surveiller de près. Elle tend à autonomiser le message par rapport à son support (d'où sa faveur auprès du communicant). Possible pour le texte, l'abstraction qui décolle l'un de l'autre ne l'est plus aisément pour l'image, encore moins l'empreinte photographique.

Com'

Notion laxiste. La communication comme transport d'une information dans l'espace doit se distinguer de la transmission comme transport d'une information à travers le temps. Quoique entremêlées dans la pratique, il y a intérêt à bien les distinguer. On voit de nos jours une démultiplication des *moyens de communiquer* de point à point, dans l'instant (sons, images, SMS, tweets, logos, smileys, etc.), et une *diminutio capitis* de la langue écrite qui va se détériorant. Les proliférantes techniques du bien communiquer éclipsent les arts, assez étroits, du bien transmettre. Le passé rétrécit en conséquence au bénéfice des « actualités ». Ce croissant décalage entre la com' et la trans' débouche sur le *présentisme*, qui voit l'actuel nous engorger, au détriment et de l'éventuel et du transmis, toujours à retransmettre.

Comparer

Le premier acte du processus de connaissances, né de l'observation empirique, quand on extrait les différences de fond des similitudes apparentes. Rousseau à juste titre fut baptisé l'inventeur des « sciences humaines » pour s'être chargé de « démêler ce que l'homme tient de son propre fonds d'avec ce que les circonstances ou ses progrès ont ajouté ou changé à son état primitif ». « En art, disait Malraux, sentir, c'est comparer ». En médiologie aussi. D'où le nécessaire recours à des tableaux comparatifs (type logosphère/graphosphère/vidéosphère), pour mettre à jour le différentiel pertinent.

Constructivisme

Faire de tout et n'importe quoi une « construction » sociale va parfois jusqu'à parler d'une « production de l'espace », voire du temps. De ce que la carte contribue à la formation du territoire, il ne se déduit pas qu'un territoire est l'invention des cartographes. Lunaisons et saisons, soleil et rythme circadien ne sont pas des artefacts mais un donné. L'homme n'invente pas *ex nihilo* son milieu naturel, mais ne peut que le domestiquer, une tâche sans limite dans le temps.

Corps (techniques du)

Expression de Marcel Mauss (1872-1950). Techniques physiquement intériorisées, comme nos façons de nager, marcher, manger, jouer, etc. Nos habitudes inconsciemment et socialement transmises.

Cramponner (se)

« S'attacher, comme par un crampon ». (Tech. « Pièce de métal recourbée, servant à saisir, attacher, assembler »). Réflexe de vitalité, et début d'une survivance. « Un beau poème, une idée, une découverte – cela n'a pas de valeur certaine. S'ils se détruisent avant d'être connus, rien n'a eu lieu. S'ils agissent, s'ils se cramponnent à un homme, puis à un autre, leur portée devient incalculable ; elle participe de ce qui adviendra de l'homme », Paul Valéry, *Carnets*. Quand un souvenir se cramponne, une culture se façonne.

Crise (culturelle)

Décalage entre technologies, les partantes et les arrivantes. Tuilage très déstabilisant, chez les vieux notamment. Plus nous maîtrisons l'espace, plus nous désertons le temps. Distances de plus en plus indifférentes, délais de plus en plus insupportables. On localise sans périodiser. Historicité évasive, spatialité impérative. Position dans le temps assez flou, mais dans l'espace, au mètre près. Coexistence difficile.

Croyance

S'éclaire au principe dit « d'incomplétude », qui rend rationnel que seul un irrationnel puisse assurer la cohésion d'un ensemble durable. D'où s'ensuit qu'il est vain d'espérer d'un savoir objectif (falsifiable, expérimental, positif) qu'il puisse rendre compte d'une cohésion sociale. D'où vient que la science n'est pas la solution de « la question politique », ni la connaissance objective, un garant de paix. Nulle société n'échappe à la nécessité d'un mythe fondateur. Conséquence ingrate : aucun groupe humain ne pouvant se rendre autoconstituant ni autofondé, il a besoin, pour se légitimer, d'un au-delà ou d'un en deçà déraisonnable (pas nécessairement religieux).

Déterminisme (technique)

Le déterminant n'est pas, sur notre terrain, de type mécaniste (une cause, un effet) mais systémique (ou interactif). L'étrier n'est pas « cause » de la féodalité, ni la presse à imprimer celle du protestantisme. Mais sans étrier, pas de chevalerie ; sans Gutenberg, pas de Luther. Les causalités médiologiques sont négatives. A ne produit pas B, mais si pas de A, pas de B. Les théologiens distinguaient à bon escient la grâce suffisante, qui donne la possibilité de faire le bien, de la grâce efficace, qui procure la réalisation du bien. De toute façon, tonner contre fait toujours distingué.

Diagonale

Se dit, en géométrie, de ce qui joint les sommets opposés d'un parallélépipède. La médio relie et entrecroise les registres technique et culture. Par exemple, avion et diplomatie (Claudel). Ou automobile et démocratie. La morale et les moteurs. Les moyens de transport et les idées nouvelles. La bicyclette et le féminisme.

Dieu

Source d'émissions intégralement performatives. Le seul Être qui ne fasse aucun « bruit ». Entropie zéro. « Dieu dit que la lumière soit et la lumière fut ». Hors de la sphère divine, il y a un prix à payer. Chez nous, le message se dégrade en se propageant. C'est plus pauvre à la fin qu'au début.

Effet cliquet

Irréversibilité du progrès scientifique et technique. On ne retourne pas à l'arbalète après l'arquebuse, ni à la diligence après le chemin de fer. Mais la nostalgie gagne et produit le *kick upstairs* du périmé. L'imprimerie n'a pas tué la calligraphie, elle en a fait un art. Ni l'automobile le cheval, elle en a fait un sport.

Effet diligence

Le nouveau commence d'habitude par mimer l'ancien (formule de Jacques Perriault). Les premiers wagons de chemin de fer avaient un profil de diligence. Les premiers incunables avaient forme de manuscrits ; les premières photos, de tableaux ; les premiers films, de pièces de théâtre ; la première télé, de radio à images, etc. Soyons tolérants. Toute innovation à ses ruses, involontaires.

Effet jogging

Non plaisant donné au retour amont suscité pas un progrès technique. L'atrophie des membres inférieurs ne fut pas le destin, parfois annoncé, des bipèdes par trop motorisés. Moins les citadins marchent, plus ils courent, et se remusclent. D'un « bond en avant » dans l'outillage, peut suivre un « bond en arrière » dans les mentalités. D'où notre formule : « la postmodernité sera archaïque ou ne sera pas ». Et le caractère heureusement infondé des alarmes comme des promesses dites futuristes.

Épidémie (de représentations mentales)

Métaphore médicale séduisante mais trompeuse, quand elle conduit à parler de la peste sans parler des rats : la contagion sans porteurs ni milieux.

Espace

Médium déterminant des genèses historiques. L'apparition du monothéisme, par exemple, ne s'explique pas sans l'itinérance en milieu désertique. En retour, elle suscitera un espace hypercentralisé (Ô Jérusalem), et très polarisé. L'étendue, là où il y a de l'homme, n'est jamais seulement physique, ni « isotrope » : elle a ses lieux saints, ses points cardinaux, ses bonnes et mauvaises directions, toujours riches d'affectivité, *via* les couples dynamiques centre-périphérie, bas-haut, dedans-dehors, droite-gauche, etc. On peut appeler « espace symbolique » le style de relations qu'une communauté noue avec son espace physique (pèlerinages, sanctuaires, rituels).

Format

Le petit a plus longue vie. Les tableautins de Frida (Kahlo) éclipsent les grandes machines de Diego (Rivera). Le corps atrophié et diminué de l'une, le moi opulent et coruscant de l'autre.

Graphosphère

Période de l'esprit occidental ouverte par l'imprimerie (1470-1970). Fait passer du mythique au scientifique, de la Vérité au vérifiable. Médiasphère propice aux idéologies du progrès et aux utopies séculières. Déclenche, en tout cas, l'accélération des rythmes de renouvellement des outillages et un croissant élargissement des espaces de circulations.

Hiérarchie

Intrinsèque à toute organisation. Transmettre, c'est organiser, et organiser, c'est hiérarchiser. Pas d'organigramme sans une structure d'ordre, avec un premier, second, troisième, etc. La dénégation des hiérarchies effectives, qui ne fait qu'une avec le refus des médiations efficaces, peut aller de la rêverie à l'illuminisme. La posture anarchisante révèle une nostalgie égalitaire d'immédiateté, aussi impraticable que sympathique. Ex : le situationnisme.

Histoire des idées

Panorama de tableaux successifs sans toile, châssis ni pigments. Disparaissent alors supports, milieux et moyens de transmission – autosuffisance spéculative où l'enquête ne découvre que pieux mensonge. La ferveur de l'historien n'excuse pas l'abstraction du procédé.

Hominisation

Commencée il y a deux millions d'années, avec le premier archanthrope polisseur de galet. Toujours en cours.

Idéal

Guerre aux idéalités, honneur aux idéaux.

Kundera (Milan)

Maître des cocasseries diagonales. « Le degré de vitesse est proportionnel à l'intensité de l'oubli » (un motocycliste se met à foncer pour oublier une scène de ménage). Ou encore : « unir l'extrême gravité d'une question à l'extrême légèreté de la forme ».

Idéologie (avec majuscule)

Terme inventé en 1796 (science de l'origine des idées) et utilisé par le jeune Marx pour désigner l'image inversée et fantastique du réel dans la chambre noire des cerveaux. L'idéologie comme simple illusion optique nuit gravement à sa compréhension, car elle, se retrouve toujours très lourdement appareillée.

Idéologies (avec minuscule)

Nom souvent donné à la science de son concurrent. La sociologie, disait l'historien Paul Veyne, est une mode évanescente, une histoire sans le nom ou une philosophie sociale qui ne s'avoue pas. Pierre Bourdieu, sociologue, tient que l'histoire repose, comme une science usurpée, sur la superstition empiriste du cas particulier. Le biochimiste verra dans la psychanalyse une mythologie romancée, et le psychologue dans les chimiothérapies, un bricolage sans principe. Etc. La médiologie, n'étant ni « science » ni « sociale », n'a pas besoin de donner tort à son voisin pour se donner raison. Son point de vue en appelle volontiers d'autres. Et puis, souvenons-nous, « le sage n'a pas d'idée ».

Incarnation

Le corps étant le « médiateur par excellence », on peut voir dans le dogme chrétien de l'Incarnation le codage fabuleux d'une question prosaïque : comment un Verbe se fait Chair ? Comment une « idée » devient-elle « force matérielle » ? L'étude du Médiateur entre Dieu et les hommes, ou Christologie, offre à l'étudiant une bonne introduction, quoique spiritualiste, au déploiement pratique de ce mystère profane et toujours répété.

Incomplétude (principe d')

Pas de consistance sans un indécidable à la clé. Démonstration faite par le deuxième théorème de Gödel (1931), montrant qu'on ne peut prouver la non-contradiction d'un système formel dans le cadre de ce système. Gödel a admis avant de mourir qu'un parallèle pouvait être fait avec l'organisation des sociétés. Un ensemble social ne peut se définir à l'aide des seuls éléments de cet ensemble. Se « clôturer » impose de s'ouvrir. Pas de politique à l'horizontal sans une verticale métapolitique. Conséquence pratique : un perpétuel besoin de « passeurs » entre un dehors et un dedans (sorciers, clercs, intellectuels, commissaires, éditorialistes, etc.). Ces médiateurs sont les lubrifiants de notre incomplétude.

Ligne Verbe/ligne Chair

Les deux pôles de la médiation (yin et yang). Pôle écriture, symbole, différé, logique, rigide, etc., *versus* pôle oralité, indice, direct, sensoriel, etc. Se partagent le marché. Ligne Verbe : Églises réformées, IVe Internationale, Lacan, Durkheim. Ligne Chair : communautés charismatiques, gauchisme soixante-huitard, Jung, Tarde. Il y avait jadis les « demoiselles du téléphone » et « ces messieurs du télégraphe », emblématiques. Issu du cornet acoustique de Bell afin d'aider une fille sourde de ses amis, qu'il finit par épouser, le téléphone véhicule la voix, plus ou moins chaude. Issu de la guerre et d'un pouvoir centralisé, le télégraphe code une information, sans affect ni chaleur.

Locomotion

« L'homme commence par les pieds », a démontré le préhistorien Leroi-Gourhan. Libérant la face et la main, c'est la marche qui a rendu possible le langage articulé. Dans l'émergence du phénomène humain, après le Zinjanthrope, le paléontologue a mis l'accent sur le système locomotion – préhension – phonation, ou encore bipédie – outillage – langage. Le pied est le parent pauvre de l'université, mais le médiologue s'efforce – ce qui est prétentieux – d'assembler sous un même regard machines locomotives et machines symboliques, modes de transport et modes de transmission.

Logosphère

État de civilisation suivant l'invention de l'écriture, dans lequel l'écrit sert d'abord à transcrire une oralité primordiale, aux dictions encore sacralisées. En Grèce, a assuré prosaïquement le passage du *mythos* au *logos*, ou du récit légendaire au discours rationnel. Avec l'alphabet vocalique est venue la notion d'universel. Cela fut longtemps l'essentiel.

M

L'initiale des quatre fondamentaux, qui fait les délices du chercheur quand il chemine de l'un à l'autre. Du message au médium puis au milieu et enfin, en couronnement, à la médiation.

Matériel

On peut distinguer entre *matériaux*, substances servant de substrats, *choses*, réalités brutes, et *objets*, choses ouvragées. Le bois est un matériau, la planche une chose, la table un objet. Comme entre des *outils* et des *instruments*, genre lunettes et phonographe. Entre les *appareils*, artefacts qui ne font qu'utiliser l'énergie, et les *machines*, qui, elles, les transforment ; entre une machine-outil, qui a rapport à un but, et un *mécanisme*, qui remplit seul son office. Entre un mécanisme qui règle un mouvement communiqué du dehors, et un *moteur*, qui fournit la force motrice. Ladite force pouvant être animale (cheval, bœuf), hydraulique (moulin à roue), mécanique (vapeur) ou simplement humaine. Un matiériste respecte trop ces vecteurs pour parler de *la* matière en général, c'est-à-dire en philosophe.

Médiasphère

Milieu technique d'une société déterminant son rapport à l'espace (transport) et au temps (transmission). Se spécifie historiquement en logosphère, graphosphère, vidéosphère, etc. Chaque médiasphère rend à s'équilibrer autour de son médium socialement dominant (la voix, l'imprimé, l'image-son). La médiasphère est à une population humaine ce que la biosphère est à un peuplement d'animaux. Tout en abritant une multitude de micromilieux, comme la biosphère une multitude de biotopes – elle place chaque époque sous l'hégémonie du médium le plus performant.

Médium

Dispositif véhiculaire, sachant souvent se rendre invisible des utilisateurs. Se spécifie en *matériel* d'un côté et *organique* de l'autre, MO (matière organisée) et OM (organisation matérialisée), éléments constants des changeantes médiasphères.

Mnémosphère

Milieu de transmission purement orale précédant l'invention des alphabets : la transmission se fait alors de vive voix, de père en fils, de maître à disciple, etc.

Mobilité

Ses moyens techniques émeuvent les médiologues (voir *Qu'est-ce qu'une route ?*). Les intellectuels ont en général une bagnole mais n'en parlent qu'au bistrot, pas au labo. La trottinette n'est pas un sujet de thèse. Terrible insouciance. Car à l'explosion des mobilités, correspond une implosion des continuités, d'où les crises dites de civilisation.

Moyen/fin

Justification de la minoration humaniste des ustensiles, héritée du vieux tandem forme-matière. La réduction de l'outil au moyen est la ruse naïve du narcissisme. « L'ustensilité, c'est-à-dire un "non-moi" dévoué au moi, qui l'a d'ailleurs soigneusement façonné, permet à la conscience de se rencontrer partout et d'ignorer l'au-delà du cercle où elle brille. », François Dagognet.

Nouveau/nouvelle

Chercher, à l'écoute de ces adjectifs devenus rituels, l'ancien que va exhumer, à son corps défendant, la nouveauté qui défraye. Voir effet jogging.

Organisation

L'inévitable condition d'une continuité temporelle. Pas de transmission sociale sans un corps collectif en relais (fut-ce un dispositif familial). C'est la présence, en sus d'un vecteur technique, matière organisée (MO), d'une organisation matérialisée (OM) qui constitue un fait culturel, au-delà d'un acte individuel. Ce vecteur MO soutient et permet une communication, le vecteur OM, une transmission. C'est-à-dire une longue vie.

Original

Sous-produit tardif et souvent rétrospectif d'un processus de transmission réussie, dans l'ordre des idées, ou bien, pour l'œuvre d'art, de ses reproductions. Question impie : si c'était les copies qui faisaient l'original ?

Patrimoine culturel

Stock des traces survivantes du passé entreposé dans un cadre donné (local, régional, national, transnational), par lequel ce même cadre peut échapper à l'évanescence et se survivre à lui-même.

Performance (indice de)

Qualité propre à tel ou tel régime d'énonciation. Un rationaliste critique a un indice de survie très faible en logosphère, plus élevé en graphosphère, à la baisse en vidéosphère.

« Sciences » (humaines)

Trop humaines et molles pour s'imposer par le fond, elles séduisent notamment par la beauté ou la qualité d'une forme – voir Lévi-Strauss, Foucault, Nora ou Duby. Le *globish* suffit aux sciences dures. Avantage : non stylées, elles peuvent aller partout.

Sémiologie

Superstition du signe, en vogue à Paris dans la deuxième moitié du XXe siècle.

Stockage

Moment amont d'un processus de transmission en aval négligé, quand on oublie que la condition réside au réservoir. Pas de différé sans retenue. Pas d'agriculture sans greniers. Pas de civilisation sans hangars, réserves, dépôts, magasins, barrages, remises, etc. Biblio-, pinaco-, glypto-, cinéma-, vidéo-, INA-thèque, la forme x-thèque est canonique, orthogonale à tout état de culture (du gr. *thêkê*, loge, réceptacle, armoire). La conservation procède d'un besoin de rangement, avec recherche d'encombrement minimal. Du codage comme compactage.

Support

Tout support de transmission étant inséparable d'un rapport de domination, il véhicule fatalement une hégémonie, sociale, nationale ou mondiale. S'attaquer aux effets d'hégémonie sans comprendre leur dimension technologique – est le travers habituel du sociologue et du moraliste.

Symbolique

(Du grec *sumballein*, envoyer ensemble). 1/ Ce qui relie des hommes à l'horizontale. 2/ Ce qui les renvoie à une verticale. Jamais l'un sans l'autre. Seul un exhaussement peut faire d'un tas un tout. Regroupement (entre individus) et référence (à plus grand que nous) sont fonction l'un de l'autre, et c'est miracle qu'un seul mot, en français, puisse les réunir.

Technique

Peut être ainsi qualifiée, sans dédain car c'est une promotion, toute compétence, toute performance ou toute invention qui ne semble pas inscrite dans le programme génétique de l'espèce. La rhétorique est une technique, non la parole en elle-même, car, sauf anomalie, tout petit humain dûment socialisé a une compétence innée à parler, non à écrire. Il existe des sociétés sans écriture, mais on n'en connaît pas de muettes. C'est dire qu'un système technique – en l'occurrence, de notation graphique – n'est ni héréditaire ni inné. L'alphabet vocalique relève de l'accident heureux. On peut en être fier.

Technologie

Anglicisme souvent emphatique, passé dans le langage courant. Devrait seulement, en fait, s'appliquer à l'étude historique et systématique des objets et systèmes accompagnant et permettant notre évolution (Beckmann, 1777). Discipline illustrée en France par Leroi-Gourhan, Haudricourt, Bertrand Gille, Simondon, etc.

Bibliographie

Ouvrages

1991 *Cours de médiologie générale* (Gallimard, Folio essai)
1993 *L'État séducteur, les révolutions médiologiques du pouvoir* (Gallimard)
1994 *Manifestes médiologiques* (Gallimard)
1997 *Transmettre* (Odile Jacob)
1999 *Introduction à la médiologie* (PUF)
1999 *Croire, voir, faire* (Odile Jacob)

Conférences

1998 *Les enjeux et les moyens de la transmission* (Pleins Feux)
2001 *Les diagonales du médiologue* (Bibliothèque nationale de France)
2002 *Des machines et des âmes* (Descartes & Cie)

Revues

Les Cahiers de médiologie, 18 numéros (revue semestrielle, 1996-2004)
Médium, transmettre pour innover (revue trimestrielle, 2004-2019)
2000 *Les Cahiers de médiologie*, une anthologie (CNRS/J.-F. Colosimo)

Introduction

La fabrique du futur

Pierre-Marc de Biasi

Imaginer le futur revient à former l'image hybride, mobile et composite d'une entité qui superpose trois strates de mémoire : les hantises, les nostalgies et les ambitions de l'histoire longue, la figure éparse et non totalisable du passé récent, et le kaléidoscope des angoisses, des doutes et des aspirations confuses qui résument notre horizon d'attente immédiat. La juxtaposition des trois compose une sorte de pressentiment plus ou moins éclairé de l'avenir. Mais cette représentation instable de ce qui pourrait advenir n'a pas non plus la même intensité, ni le même degré d'investissement émotionnel, selon le *terminus ad quem* que l'on se fixe. Il y a le moyen ou court terme de ce que chacun estime être le temps qui lui reste à vivre : c'est évidemment le futur le plus crucial.

Puis il y a le long terme qui se profile, au-delà de soi, pour les deux ou trois générations suivantes : ça compte, on pense à sa descendance, mais tout devient plus abstrait, on sent qu'on entre dans le monde flottant des conjectures. Enfin, il y a le futur lointain que les projections scientifiques et les fantasmagories imaginent pour le siècle ou le millénaire à venir : et là, ça prend la forme d'un jeu de l'esprit qui peut amuser ou faire peur, mais dans lequel il est plutôt rare de se sentir vraiment concerné. Comme le pari de ce livre n'est pas de bâtir une futurologie, ni d'ailleurs de prédire quoi que ce soit, mais de comprendre ce qui se joue, pour notre avenir, dans les métamorphoses d'aujourd'hui, on en restera à une échéance modeste qui nous concerne. La question posée est donc : de quoi sera fait notre futur proche – celui des vingt ou trente années qui vont suivre ?

Palingénésie et désillusions

Les réflexions que peut inspirer l'avenir du monde et de la société sont aussi vieilles que la civilisation, mais l'idée de se prononcer, de manière récurrente et prospective, sur les péripéties de notre présent et sur le monde qu'elles annoncent, est un fait culturel qui date des Lumières et qui caractérise l'âge contemporain. On le doit aux trois derniers siècles qui ont beaucoup œuvré, en Occident, pour forger le concept dynamique d'un temps animé par la perfectibilité et le progrès : une sorte de marche en avant vers un Eden terrestre dont il s'agit de se rapprocher, génération après génération, moyennant un énergique et infatigable remodelage et de la pensée et du monde.

L'expérience précoce et renouvelée des révolutions et des guerres démontrant que cette marche unanime vers la lumière pouvait passer par des étapes sanglantes et des campagnes d'anéantissement délibéré (« du passé faisons table rase »), l'idée solaire de progrès s'est teintée, dès la fin du XVIIIe siècle, de lueurs crépusculaires que les deux siècles suivants se sont évertués à assombrir parfois jusqu'au noir le plus complet. Chemin faisant, le bilan des lendemains qui chantent a eu beau s'alourdir régulièrement de dizaines de millions de morts et d'une multitude d'avanies, la croyance palingénésique en un futur radieux n'a jamais quitté les esprits. Paradoxalement, sans disparaître tout à fait, la foi en l'avenir a quand même fini par s'user, ces derniers temps – surtout dans les pays nantis et bien protégés qui ont vu se succéder trois générations sans connaître de véritable catastrophe. Ne plus croire aux promesses du futur est le privilège de ceux qui ont toutes les raisons de se sentir promis à un avenir tranquille. On s'inquiétait bien sûr quand même un peu, de loin en loin, quand survenait une anicroche, un malheur inattendu ou quelque chose comme une menace ; on s'amusait même de temps en temps à s'en faire peur, surtout pour recréer du lien, mais, au fond, on restait confiant, serein, sans trop chercher à savoir pourquoi on ne ressentait plus le même allant vers le futur. Les peuples heureux n'ont pas d'histoire et c'est souvent ce qui les rend un peu moroses.

Depuis peu, nous avons fini d'être moroses, nous sommes inquiets. C'est un fait. Reste à savoir s'il y a vraiment de quoi. Et voilà pourquoi cette interrogation sur l'avenir, en elle-même banale et qui fait retour sans surprise à chaque génération, mérite certainement d'être examinée.

Depuis quand ça va mal ?

Cette question du futur paraît se reformuler aujourd'hui – je veux dire depuis quatre ou cinq ans, pas plus – avec une gravité et une urgence inédites, comme si on venait d'entrer dans une zone de fortes turbulences. Et pour une fois ce n'est pas une affaire de mauvais esprit français. Nos amis de l'Europe de l'ouest ont l'air d'en être tous au même point. Visiblement on n'est pas plus rassuré au Japon, à Taïwan ou en Corée du Sud. Quant aux Américains et aux Chinois, qui se regardent en chiens de faïence, ce n'est pas non plus la grande forme. Je ne parle pas des Russes et des Ukrainiens ni de Gaza et des Israëliens. Le club du désarroi est surbooké.

Pourquoi ? Parce que visiblement, où que l'on porte son regard, rien ne tourne rond nulle part. L'espoir est en berne, ou pire que cela. Évidemment, ce n'est pas neuf, et ça dépend surtout de l'endroit où le destin vous a fait naître. Si vous êtes Afghane, Peul du Sahel, Kurde, Érythréen, Yéménite, Irakienne, Palestinien, réfugié de la région des grands lacs, Ouïghour, Libanais, Iranienne ou Subsahariens réduit en esclavage en Libye, ou simplement migrant sur un bateau en Méditerranée – on pourrait citer cinquante autres cas – vous savez de naissance que l'horizon est impraticable à vie, que l'enfer recommence tous les jours et que ça ne date pas d'hier. À leur égard, parler d'une détérioration récente des choses aurait quelque chose de presque indécent.

Et même pour la France, quand je dis que le futur tourne au vinaigre « depuis quatre ou cinq ans », depuis 2019, ça peut paraître bizarre et un peu court de mémoire. Et pourquoi pas 2015 ? L'assassinat de Samuel Paty, organisé sur les réseaux sociaux, le 16 octobre 2020 devrait suffire à nous le rappeler. Souvenez-vous, les carnages de 2015. En janvier, les massacres islamistes de Charlie-Hebdo, de Montrouge, de l'hyper Casher et, en novembre, les 137 morts et les 413 blessés des fusillades à la terrasse des bistrots parisiens, au Bataclan et au Stade de France. Et l'année suivante, en 2016, les attaques djihadistes à Valence, Paris, Marseille, Magnanville, les 86 morts et 434 blessés de Nice le 14 juillet, les religieux égorgés à Saint-Etienne du Rouvray, sans parler de la vingtaine d'attentats déjoués par la police pendant la même période.

Oui, c'est vrai, il s'est passé tout cela, chez nous, en 2015-2016. Mais, précisément, à l'époque, on a su s'en sortir avec honneur et sans perdre espoir. L'État a fait son travail, les gens ont fait front, la résistance des institutions a fait bloc et, chose admirable, sans qu'aucune haine collective ne dresse le peuple français contre sa communauté musulmane. La tension était extrême dans le pays. Un dérapage était possible tous les jours. Une chasse aux musulmans, des lynchages, des pogromes, auraient très bien pu se déclencher ici ou là, avec un vrai risque de guerre civile. C'était le projet des djihadistes, et l'extrême droite raciste a bien essayé d'instrumentaliser la situation, mais justement, ça n'a pas marché : aucun oubli, aucun pardon, mais sans esprit de vengeance, la croyance républicaine en l'avenir a été plus forte que la peur. Face aux événements, le pays a trouvé assez de foi en lui-même et en son futur pour croire que ses valeurs de laïcité et de fraternité l'emporteraient sur l'agression et continueraient à éclairer l'avenir.

Ce qui est advenu à partir des années 2019-2022 est d'une tout autre nature. Même s'il a sensiblement baissé, le risque du terrorisme djihadiste est toujours là, il n'est pas anecdotique et on se doute bien qu'il y aura d'autres attaques. Mais c'est un danger connu, on y est préparé et, à force de cicatrices, on sait comment y répondre. Ce n'est pas lui qui obscurcit notre pressentiment du monde qui vient. Ce qui est insolite et beaucoup plus déconcertant, c'est la montée en puissance d'une autre sorte d'incertitude, généralisée et qui touche, de proche en proche, la cohésion même du monde, sa faculté à surmonter les divisions, à faire sens. Comme si, au-delà des périls circonstanciels et répertoriés, on était entré, à l'échelle même de l'histoire globale, dans la zone de tous les dangers.

À quoi bon faire encore des enfants ?

Chacun sent confusément, au-delà de son destin individuel, local ou national, que le scénario qui s'écrit est presque impossible à mettre en scène – que le film sera forcément mauvais – et que personne n'a vraiment la main pour corriger le script avant le tournage. On cherche naturellement à s'informer. Tout va mal et de travers. L'info continue est prolixe sur le sujet. On en reste subjugué, comme la grenouille devant le cobra. Que puis-je espérer ? Que puis-je faire ?

Chacun assiste, sur ses écrans, à la décomposition des équilibres précaires qui assuraient au monde un minimum de rationalité. Mauvaise foi, déni de réalité, soupçon : une paranoïa rampante paraît s'installer à l'échelle même du dialogue entre les États, de leur incapacité à statuer sur le sens des mots, sur le lien effectif entre les mots et les choses. L'instabilité se généralise, les contradictions se multiplient en installant dans les esprits une sorte de perte irrévocable des repères qui pourrait se solder, selon les circonstances, par une vague de panique ou par un vent de révolte, mais qui aboutira, beaucoup plus certainement, à ce que chaque joueur déclare forfait et retire son épingle du jeu : le temps se gâte, tâchons de passer à travers les gouttes, après moi le Déluge !

Depuis 2019, le monde paraît en proie à tant de crises, de dangers, de volte-faces et de bouleversements, que toute prévision, toute visibilité, même à court terme, paraît devenue impraticable : terrorisme, émeutes, migrations de la faim, pandémie, menace d'extinction du vivant, rivalités impériales, crise énergétique, retour de la guerre en Europe, antagonisme Orient/Occident, massacres au Moyen-Orient. Jamais, depuis la deuxième guerre mondiale (« seconde » serait une injure à la Providence), le destin du monde n'a semblé suspendu à une aussi saisissante incertitude, dans tout ce qui constituait sa foi dans un avenir meilleur et sa détermination à persister dans son être. Précarité, désenchantement, peurs de l'avenir… le climat moral n'est plus vraiment favorable à l'épanouissement amoureux. Dans la plupart des pays, beaucoup de jeunes couples désormais s'interrogent sérieusement sur le bien-fondé d'une descendance. À quoi bon faire des enfants dans un monde si tordu ? Pourquoi donner la vie à un bébé qui n'aura pour destin, en grandissant, que d'assister impuissant au dépérissement de la planète, aux guerres, aux exodes, aux pandémies et à leur cortège d'afflictions ? L'Occident vieillit et les politiques natalistes (le « réarmement démographique ») ajoutent au désarroi : faire des enfants pour se préparer à la guerre ? Le symptôme est clair : en un rien de temps, c'est la croyance en la vie elle-même qui s'en est allée.

Si le bonheur était une « idée neuve » en Europe au XVIIIe siècle, il semble bien que le concept ait fait long feu. Et avec lui tous les mots d'ordre des Lumières – travail, liberté, génie, originalité, progrès, raison, science, tolérance – qui réglaient la marche du monde vers son destin. L'avenir n'est plus ce qu'il était. Une main anonyme a bombé l'année dernière sur un mur d'immeuble à Paris « Il y avait plus de futur avant » Et ce n'est pas faux : il y a dix ou vingt ans, les perspectives n'étaient pas spécialement brillantes, mais on gardait le vague espoir que, bon an mal an, les choses finiraient par s'arranger. Aujourd'hui, l'affaire semble pliée et personne ne se sent plus le courage de bomber le torse pour repartir au combat.

Au même moment, là-bas, en Ukraine, d'autres font preuve, au contraire, face à l'extermination, d'une énergie farouche et d'une confiance inouïe dans leur bonne étoile. Mais ont-ils vraiment le choix ? En tout cas, les enchères ont visiblement beaucoup monté. La foi se paie au prix fort. Désormais, il faut sans doute en arriver là – devoir offrir sa vie à son pays – pour recommencer à croire pour de bon en l'avenir. Allons enfants de la patrie ? Contre nous de la tyrannie ? Valmy ? Sous nos climats, apparemment, le cœur n'y est plus. Autant ne pas chercher à savoir ce que donnerait, demain, en France, une levée en masse ou une guérilla pour résister à une invasion. Quoique, au fond, qui sait ? On serait peut-être étonné...

En attendant, le moral est à zéro. S'agit-il juste d'un coup de mou momentané qui relève du Lexomil ? Cette brusque catatonie n'est-elle que le symptôme d'une passe difficile, dangereuse mais transitoire, que notre astucieuse civilisation technicienne aura tôt fait de convertir, à nouveau, en un brillant avenir ?

Quatre années de crises

D'où provient cette sensation d'impasse ? Elle tient peut-être à une simple virgule temporelle : à la césure sans précédent qu'ont formée ces quatre années de crises déconcertantes qui se sont succédé entre 2019 et 2022.

D'abord l'insurrection bon enfant, façon spectacle de rue. En France, tout le monde s'en souvient, de 2019 au début 2020, le pays vivait au rythme hebdomadaire des émeutes. Ça durait depuis déjà un an, on avait fini par se faire une raison : chaque week-end, les Gilets jaunes appelaient à la révolte sur les ronds-points et les Black blocs cassaient les vitrines de luxe et un petit peu de patrimoine à Paris, histoire de protester contre le prix du carburant et l'injustice sociale.

Et puis, en janvier-février 2020, un virus venu de Chine envahit l'Europe et brusquement, en France, le 17 mars, l'État décrète le confinement total du pays pour un mois et demi : tout le monde aux abris, sans exception, et personne ne bouge plus. Plus de Gilets jaunes. Plus de Black blocs. Plus rien.

C'est le coup d'arrêt mondial provoqué par la pandémie de Covid : la stupéfaction d'un intervalle de vide, d'isolement, de couvre-feu et d'inactivité universelle qui a figé la planète pendant près de deux ans, en confinant des milliards d'individus pendant des mois. Bilan : 7 millions de morts, au moins (beaucoup plus, probablement, si on avait un décompte pour la Chine) et une économie mondiale ratatinée. Finalement les vaccinations font leur effet, la pandémie recule et les survivants retrouvent le sourire. À peine sorti des ravages qu'avait faits le dernier variant Omicron de la saison automne-hiver 2021, on prend les devants, chacun retire son masque pour recommencer à respirer à pleins poumons. Ça va être une belle année 2022.

Mais – patatras ! – le 24 février, Vladimir Poutine dit *niet* et lance son « opération spéciale » : l'Occident assiste, médusé, à un retour aussi violent qu'inattendu de l'Histoire sous la forme d'une guerre d'invasion sanglante en Europe. Et après les millions de morts du Covid, ce sont à nouveau les hécatombes : bombardements, missiles, extermination des civils et destruction des villes, exodes, déplacements forcés de populations, vols d'enfants, torture, viols, exécutions sommaires, fosses communes, pillages, risques d'escalades, menaces de conflagration nucléaire, extension du conflit, course mondiale aux armements, économie de guerre.

Est-ce de ces trois années de crises que notre inquiétude du futur est faite, aujourd'hui, tandis que les combats font toujours rage au cœur de notre continent ? Pour une part, sans doute. La pandémie, la guerre : comment les oublier ? Mais, en réalité, non. Le mal vient de bien plus loin, mais il a fallu ces crises – et spécialement cette pandémie – pour qu'on commence à s'en souvenir.

La parenthèse

Les vrais soucis du monde, ceux qui nous hantent, n'ont rien de nouveau ni de circonstanciel. Ils sont clairement répertoriés et dénoncés comme des dysfonctionnements systémiques et des dangers endémiques qui, pour la plupart, relèvent de l'histoire longue. Ce sont les quatre cavaliers – écologique, économique, politique et technique – de notre Apocalypse ordinaire, en marche depuis longtemps : climat, productivisme, dictatures et va-tout numérique. On les voit venir depuis des décennies. Ils promettent sérieusement de réduire notre monde en cendres, on connaît leurs grimaces et on sait qu'ils en sont capables, mais comme ils avancent au pas et qu'ils ont pris l'apparence tranquille d'une promenade de fatalité, on s'est habitué à y penser le moins possible. À quoi bon s'angoisser ? De toute façon, le danger n'est pas pour tout de suite et, pour le moment, on a vraiment autre chose à faire.

Or, justement, à un moment, tout s'est arrêté et il n'y a eu, positivement, plus rien d'urgent. C'était le confinement, la peur de la contamination, les masques, les sauf-conduits, le couvre-feu, l'exaspération de vivre dans l'isolement ; mais aussi, paradoxalement, la joie de ne rien faire, de se sentir juste vivre, de ne plus souffrir de la pollution, de goûter le silence et le ciel redevenu bleu, de voir la nature reprendre ses droits, les animaux sauvages montrer le bout de leur nez : un long moment de pause, une parenthèse que beaucoup ont saisie pour prendre le temps de réfléchir, de penser, et de se poser des questions.

Privé de présent, on a commencé à imaginer ce que pourrait être le futur, une fois que la guerre contre les virus serait finie. On s'est mis à parler du « monde d'après », à faire la liste de tout ce que l'on ne supportait plus, sans se le dire, dans le « monde d'avant », à ce qu'il faudrait changer quand on aurait la chance de se retrouver pour s'en occuper tous ensemble. Illusion, bien sûr. Une fois la machine remise en route, chacun a vite compris qu'il n'y aurait pas de « monde d'après ». Mais on a gardé les yeux ouverts. Et tout s'est alors passé comme si les périls qui s'additionnaient, jusque-là à bas bruit, tous ces dysfonctionnements qui hantaient le monde d'avant, se mettaient, d'un coup, à devenir visibles et nous revenaient à la conscience sous leur véritable figure : une menace globale, bien pire que la pandémie, prête à nous éclater au visage.

« La maison brûle et on regarde *toujours* ailleurs »

La menace fantôme qui pèse le plus lourdement sur notre futur est la hantise grandissante d'une « fin du monde », au sens littéral du terme. Sans figure de rhétorique, on parle ici positivement d'un authentique cavalier de l'Apocalypse, celui dont Jean, à Patmos, disait : « son nom est Mort ». La science est formelle : si rien n'est fait, la Terre subira une série de cataclysmes qui détruiront immanquablement toute vie sur la planète. Le compte à rebours est engagé et le processus peut se lire dans la multitude des distorsions que provoque le réchauffement climatique dû au moins en partie à deux siècles de société industrielle : élévation du niveau des océans et migration des courants, dérèglement des saisons, canicules sans précédents, atmosphère irrespirable des mégapoles et des zones industrielles, récurrence de catastrophes « naturelles » (incendies, déluges, tornades, ouragans), ravages de la biodiversité, extinction progressive des espèces, assèchement des nappes phréatiques, pénuries en eau…

Face à la menace, les plans se multiplient, les débats s'internationalisent mais la plupart des pays – tétanisés à l'idée d'affaiblir leur puissance économique – temporisent et ne déploient que des politiques dérisoires, plus proches de l'incantation et de l'exorcisme que d'une véritable lutte, concrète et concertée, capable de conjurer ou même de différer l'effondrement final. Des milliers de gens – des enfants et des jeunes surtout – commencent à développer une nouvelle pathologie mentale : l'éco-anxiété.

Les accords de Paris à la COP 21 en 2015 avaient ouvert les yeux du monde entier sur l'urgence de dispositions contraignantes pour ne jamais dépasser les 1,5 à 2 °C d'augmentation de la température terrestre depuis l'ère préindustrielle. Le bilan en 2021 était désastreux : le retrait des États-Unis (premier émetteur de CO_2) sous la présidence de Trump (2017-2021) et l'insuffisance des mesures mises en œuvre depuis 2015, aboutissaient à la certitude qu'un réchauffement de plus de 2 °C aurait lieu dans plus de 95 % des pays avant 2050. Les évaluations les plus récentes donnent +3 °C d'ici la fin du siècle. Dans son rapport du 20 mars 2023, le GIEC estime qu'en tout état de cause les 1,5 °C qu'il ne fallait pas dépasser en 2100 seront atteints dès 2030.

Mais des estimations encore plus pessimistes pointent du doigt d'autres phénomènes : par exemple la fonte rapide du permafrost sibérien qui pourrait libérer jusqu'à 1 000 milliards de tonnes de CO_2, et une quantité considérable de méthane (82 fois plus dangereux que le CO_2) : un processus à rétroaction qui se nourrit de lui-même pour provoquer sa propre accélération et qui pourrait à lui seul doubler la hausse globale de la température terrestre, en la portant à plus de 6 °C en 2100, prévision terrifiante puisqu'elle est synonyme d'une extinction quasi complète du vivant sur la planète, espèce humaine comprise.

Dans une telle situation, comment comprendre la réouverture de mines de charbon, y compris en Europe, pour répondre aux pertes d'approvisionnement en gaz russe ? Avant ces nouvelles extensions, le charbon générait déjà la moitié des émissions de CO_2 de la planète. Pour ses besoins croissants en électricité, la Chine inaugure quinze nouvelles centrales à charbon. De son côté, le milliardaire indien Gautam Adani, récemment sacré troisième plus grosse fortune du monde, se lance à son tour dans l'exploitation massive du charbon, etc.

Toute cette débauche de CO_2 donne un tonus d'enfer aux deux premiers de nos quatre cavaliers : ce n'est plus au pas, mais au trot, maintenant, que le premier gambade derrière le deuxième – lequel lui montre la bonne allure et l'entraîne à le rejoindre, au galop.

More, more... mort !

Deuxième fournisseur d'angoisse, directement en prise sur le précédent : la fuite en avant mondiale dans un productivisme consumériste, fondé partout (y compris et surtout en Chine communiste) sur le modèle capitaliste d'un développement industriel sans limite. Le problème n° 1 c'est qu'on en vit : par le travail qu'il donne, par les biens de consommation qu'il nous fournit pour assurer notre bien-être, et par le monde d'abondance, de marques et de luxe dont il a aussi le secret, et dont la publicité nous a tous habitués à convoiter l'excellence comme le signe même de notre propre réussite. Le problème n° 2, c'est que ce consumérisme productiviste est strictement incompatible avec la sobriété, la proximité, la concertation, la décélération et le changement radical d'objectifs qu'implique de toute urgence une lutte efficace contre le dérèglement climatique. L'obsession de produire et de consommer toujours plus au plus bas prix n'est pas séparable de l'effondrement du monde : elle en est le moteur et le principe d'accélération. C'est l'*hubris* productiviste qui précipite l'échéance fatale.

L'industrie de consommation de masse mondialisée et la libre concurrence entre des entreprises multinationales surdimensionnées relèvent en réalité d'une guerre mondiale impitoyable, menée, comme on dit depuis Clausewitz, « avec d'autres moyens ». Elle a pour corollaire des batailles sans merci pour l'hégémonie, la captation des investissements, une hausse hystérique de la productivité, l'accaparement des matières premières et la maîtrise des sources énergétiques, le cas échéant, au prix de la coercition, c'est-à-dire de la guerre, cette fois littéralement.

Mais l'*hubris* productiviste développe une logique d'investissements et de levées de capitaux si hyperboliques qu'elle est inséparable d'une spéculation financière déconnectée de l'économie réelle. Totalement assujettie aux stratégies spéculatives des fournisseurs de moyens, notamment des fonds de pensions qui exigent une progression à deux chiffres, l'industrie – fût-elle consciente des risques écologiques et sociaux – n'a pas d'autre choix que de surenchérir par un redoublement constant de l'offre et de la productivité.

Il en résulte une cascade d'avanies : une fragilité systémique du château de cartes bancaire, un recours permanent à la planche à billets et un endettement mondial qui prend des proportions cosmiques, un triomphe collatéral des pratiques criminelles (fraude fiscale, blanchiment d'argent, corruption, organisations mafieuses), une concentration sans précédent des richesses entre quelques mains, une exacerbation explosive des inégalités sociales, et un accroissement inédit des populations vivant au-dessous du seuil de pauvreté. Ces inégalités sont le terreau de haines de plus en plus vives qui divisent le monde et font partout le lit des régimes totalitaires.

« Un homme ne court jamais aussi vite qu'une balle de fusil »

C'était la devise officielle du président Idi Amin Dada, qu'il avait fait inscrire sur le fronton de tous les établissements publics en Ouganda, entre 1971 et 1979. À l'époque, le club des dictatures n'était pas moins développé qu'aujourd'hui. En Europe, la Grèce se débarrassait de ses colonels, le Portugal de Salazar et l'Espagne de Franco... Une bonne partie de l'Amérique latine vivait sous le joug de régimes sanguinaires ; l'Afrique décolonisée ne valait pas beaucoup mieux, même si la Françafrique cherchait à faire croire le contraire ; la Russie et l'Europe de l'Est moisissaient derrière le rideau de fer ; le Moyen-Orient était aux mains de régimes totalitaires et bellicistes, obsédés par la destruction d'Israël, pendant que l'Iran se préparait à passer de la poigne de fer du Chah à la main d'acier de Khomeini ; au même moment, en Asie, la Chine vivait dans le culte de Mao, et le Sud-Est, ravagé par les bombardements américains, se préparait au bain de sang des Khmers rouges.

En 1992, dans *La fin de l'histoire et le dernier homme*, Francis Fukuyama prophétisait que la dissolution du bloc soviétique marquait le triomphe de la démocratie et du libéralisme en annonçant la disparition immanquable de tous les régimes totalitaires. Sa prophétie, visiblement, n'était pas seulement fausse : elle était à lire à l'envers. Quels que soient les critères – occidentaux et assez confus – par lesquels on distingue entre régime totalitaire, dictature et régime autoritaire ou hybride, force est de constater que, si la carte de leur implantation mondiale a sensiblement changé, leur nombre n'a pas vraiment diminué, ni en quantité de pays concernés (une cinquantaine de dictatures, et une centaine de régimes autoritaires ou hybrides) ni, bien sûr, par la masse en perpétuelle expansion des populations vivant sous ces régimes (70 % de la population mondiale, soit 5,6 milliards d'individus).

Au premier rang des nombreuses nations considérées, aujourd'hui dans le monde, comme soumises à un régime particulièrement autoritaire, on trouve une trentaine de pays méritant l'appellation de dictature : la Corée du Nord de Kim Jong-un, la Syrie de Bachar al-Assad, le Venezuela de Nicolas Maduro, la Biélorussie d'Alexandre Loukachenko, l'Iran de l'Ayatollah Ali Khamenei, la Chine de Xi Jinping, la Russie de Vladimir Poutine, l'Arabie Saoudite, l'Afghanistan, la Birmanie, le Turkménistan, le Laos, le Tadjikistan, l'Ouzbékistan, le Venezuela, la République centrafricaine, la RDC du Congo, le Tchad, la Guinée équatoriale, le Yémen, l'Erytrée, la Libye, le Burundi, la Guinée, le Soudan, Cuba, le Viêt Nam, le

Cameroun, etc., soit au total près de la moitié des habitants de la planète vivant en situation de tyrannie.[1]

Il faut y ajouter, pour l'Afrique du Nord et subsaharienne, une vingtaine d'autres régimes quasi-dictatoriaux et une quinzaine de régimes hybrides oscillant, selon les circonstances et les coups d'État, entre une évolution fragile vers la démocratie et la tentation d'un recours à la dictature militaire, le tout dans le contexte d'une montée en puissance des mouvements islamistes armés imposant la Charia par la terreur et la présence grandissante des milices russes chargées de contrôler les pays détenteurs de richesses naturelles. Seule démocratie parfaite, en Afrique, actuellement : l'île Maurice...

L'Amérique latine et les Caraïbes se portent un peu mieux au Brésil avec le départ de Jair Bolsonaro, mais la démocratie court peut-être un nouveau risque, en Argentine, avec l'arrivée récente au pouvoir de « l'homme à la tronçonneuse », le libertarien Javier Milei. Au total, en dehors de l'Uruguay, du Chili et du Costa Rica qui vivent actuellement sous un régime de démocratie à part entière, l'Amérique latine et les Caraïbes se partagent majoritairement entre des régimes de démocratie imparfaites (8) ou hybrides (8) et quatre dictatures (Venezuela, Nicaragua, Cuba, Haïti).

Au cours des trente dernières années, le camp des démocraties « à part entière » (actuellement 24 pays, dont 14 nations européennes) a plutôt eu tendance à reculer, un peu partout dans le monde, en cédant la place, ici et là, à des régimes de démocraties « imparfaites » (48) ou « hybrides » (36), au profil souvent nationaliste et xénophobe, qui développent un culte de la personnalité sous l'impulsion de chefs démocratiquement élus mais adeptes de la propagande et du mensonge, allergiques à la moindre opposition, partisans de la manière forte, de l'intimidation et de la répression, et souvent prêts à tout pour se maintenir indéfiniment au pouvoir. Parmi beaucoup d'autres leaders de démocraties imparfaites ou hybrides, on peut citer

1. L'indice de démocratie (*Democracy Index*) est une évaluation annuelle du niveau de la démocratie des États dans le monde, créée par le groupe de presse britannique *The Economist Group*. Cette étude publiée pour la première fois en 2006, analyse la situation de 165 pays et deux territoires, dont 166 États souverains et 164 membres de l'ONU. Les chiffres donnés ici émanent du rapport de 2022-2023 qui établit la répartition suivante : démocratie à part entière : 24 ; démocratie imparfaite : 48 ; démocratie hybride 36 ; régime autoritaire (quasi-dictature) : 44 ; régime très autoritaire (dictature) : 15.

Narendra Modi en Inde, Recep Tayyip Erdoğan en Turquie, Kaïs Saïed en Tunisie, Benyamin Netanyahou en Israël, etc. Et le risque n'est pas absent de voir les États-Unis d'Amérique tomber dans la même ornière si par malheur les élections de novembre 2024 devait ramener au pouvoir Donal Trump, apprenti dictateur poursuivi par la Justice, maître des *fake-news* et inspirateur d'une tentative de coup d'État contre son propre pays : son retour à la Maison Blanche, synonyme d'une catastrophe politique et sociale pour la démocratie américaine, pourrait avoir en outre les conséquences les plus imprévisibles et les plus délétères sur l'économie et la géopolitique mondiales.

Quant à l'Europe, la démocratie ne s'y trouve pas partout en excellente posture non plus, à la fois en nombre de pays pouvant revendiquer le statut juridique de « démocratie à part entière » (14 pays), et en termes de « qualité démocratique » : la France, par exemple, n'arrive plus aujourd'hui qu'au 23e rang des démocraties à part entière, juste avant les démocraties « imparfaites ». En termes de progrès dans l'imperfection, l'Europe a vu récemment apparaître, en nombre croissant, des démocraties populistes d'extrême droite aux tendances nationaliste, autoritaire, identitaire et xénophobe. C'est le cas, à l'Est, de la Hongrie de Viktor Orban et de la Slovaquie avec Robert Fico, la Pologne ayant pour sa part désavoué électoralement son précédent gouvernement réactionnaire. Mais c'est également le cas à l'Ouest, avec Geert Wilders aux Pays-Bas et avec l'Italie gouvernée par Giorgia Meloni, dirigeante du parti postfasciste « Fratelli d'Italia ». On peut y ajouter, dans une moindre mesure, en Europe du Nord, la Finlande et son parti nationaliste identitaire présent au gouvernement, et la Suède avec son parti SD, fondé par des nationalistes dont des néonazis et mené par Jimmie Åkesson, qui soutient le gouvernement sans y participer… Cette évolution, qui concerne quand même six nations de notre vieux continent, peut laisser augurer une nouvel affaiblissement qualitatif de la démocratie dans d'autres pays où les partis populistes xénophobes se placent en position favorable pour les prochaines élections : l'Espagne a rejeté *in extremis* cette tentation, mais il n'est pas certain que la France, de son côté, trouve la force d'y résister.

Au total, le retour résolu de la Russie au rang des nations totalitaires et bellicistes, la militarisation de la Chine, le pourrissement du conflit israélo-palestinien, le réveil des appétits de conquête territoriale, la menace durable de Daesh et de l'État islamique, l'explosion démographique sans précédent (2,5 milliards d'habitants attendus en 2050) d'une Afrique sub-saharienne majoritairement en régime de dictature et soumise aux ambitions russes, chinoises et djihadistes, laissent entrevoir une montée des rivalités qui pourrait donner lieu à une suite ininterrompue de confrontations armées et de risques d'escalades. Le monde voit ressusciter la menace de vastes antagonismes impériaux, dignes des rêves de conquête des grandes dictatures antiques : un Empire du milieu capable d'apprendre le mandarin de force à la planète entière, une Russie plus vaste que l'URSS qui s'étendrait sans frontières jusqu'à l'Atlantique, un nouvel Empire ottoman rendant à la Turquie le pourtour de la Méditerranée, une reformulation chiite de l'Empire sassanide de Cyrus, un nouveau Califat sunnite mondial rendant justice à la vraie foi, etc.

Avec des objectifs radicalement contrastés mais provisoirement conciliables, la Chine et la Russie œuvrent aujourd'hui à unifier derrière elles un front planétaire anti-Occidental regroupant autour d'une même rancune toutes les nations de l'ancien Tiers-Monde (non alignés de la Conférence de Bandung, décolonisés, du « Sud », « émergents », etc.) qui ont eu à souffrir de la tutelle coloniale européenne et, plus récemment, du néocolonialisme américain. Le vieux fantasme d'un affrontement frontal entre Orient et Occident, qui avait hanté l'imaginaire des XIXe et XXe siècles, se reconstitue sous nos yeux en prenant la forme d'un nouveau « choc des civilisations » délibérément instrumentalisé – par la Chine et les deux tiers de l'Humanité – pour en finir avec l'hégémonie des États-Unis, de l'Europe et de leurs alliés. Vues la divergence des intérêts et l'incompatibilité des ambitions qui animent ce front anti-occidental tout autant d'ailleurs que le dit Occident lui-même, le déclenchement des hostilités finales n'est pas pour aujourd'hui ni pour demain, mais une figure historique du vieux monde est désormais clairement obsolète. Elle laisse place à une multipolarité à l'état naissant, et donc particulièrement instable, qui ne pourra échapper au devoir de redessiner sa propre carte : celle des rapports de force démographiques, des nouvelles suzerainetés et des nouvelles alliances qui règleront la marche d'une planète à la fois saturée de divergences et de plus en plus mondialisée par les échanges commerciaux et les normes de l'hypersphère numérique. Comment le multipolaire trouvera-t-il sa voie et son équilibre à travers de si fortes contradictions, propices aux renversements et aux soubresauts les plus inattendus ?

Le coup de force numérique

L'hypersphère numérique, fêtée avec la même ferveur dans les démocraties et les dictatures, formera immanquablement le moteur et le projet du monde qui vient. Fondée sur le pari d'une conversion intégrale et accélérée de toute activité à la logique exclusive du digital, la quatrième révolution industrielle universalise donc, sans alternative possible, la toute-puissance d'un *pharmakon*, capable du meilleur comme du pire. Ses partisans estiment que le génie numérique, assisté de l'intelligence artificielle, aura la puissance de nous libérer des menaces les plus lourdes qui pèsent sur notre avenir, et notamment qu'il saura techniquement conjurer les risques mortels du réchauffement climatique avant les échéances finales. Ses capacités indiscutables d'innovation permettent de l'imaginer et de l'espérer.

Mais ses premières performances, déjà très significatives dans la production industrielle, ne démontrent pas sa capacité structurelle à y parvenir dans la mesure où il reste entièrement tributaire des anciennes énergies et constitue un modèle de fuite en avant productiviste. Ses autres exploits, techniques, sociétaux et culturels, ne sont pas moins explicites et démonstratifs de sa robustesse puisque l'hypersphère maîtrise déjà l'ensemble des communications et des outils scientifiques de la planète ; mais ses résultats relèvent, en ces domaines, d'un statut éthique tout aussi ambivalent : l'excellence et la promesse de réenchanter le monde rivalisent avec sa tendance délétère à pactiser avec le diable si le profit est au rendez-vous. Le va-tout numérique est opportuniste : il a su faire du virus son meilleur allié. Saura-t-il en faire autant avec les gaz à effet de serre ? Rien n'est moins sûr. À moins, peut-être, qu'il n'y trouve très largement son compte.

La pandémie de Covid n'a pas été une mauvaise affaire pour tout le monde : Gafam, plateformes, réseaux, start-ups et lobbies de l'informatique ont eu toutes les raisons de s'en féliciter. L'industrie pharmaceutique aussi. Contrairement aux rumeurs, ils n'ont pas comploté pour nous administrer sournoisement le virus du Covid à travers nos écrans, ni pour introduire dans nos doses de vaccins

Pfizer ou Moderna des nanodispositifs et autres micropuces destinés à nous recontaminer plus gravement, à nous asservir mentalement ou à nous espionner. Non… l'industrie pharmaceutique s'est juste gardé les bénéfices pour elle toute seule. Mais, de leur côté, les champions de la médiasphère numérique et du marché digital n'ont pas été longs à comprendre l'opportunité formidable que la pandémie mondiale pouvait représenter pour leur business : en quelques mois de confinement planétaire, gagner cinq à dix ans sur le processus qui était censé nous mener au digital intégral vers 2040, y compris et surtout dans la multitude des domaines où les usages traditionnels résistaient au tout numérique : télétravail, enseignement, information, distribution, petit commerce, soins, culture, cinéma, art, spectacle, loisirs, logement, tourisme, restauration à domicile, etc.

La pandémie s'éloigne et ne devient plus qu'un mauvais souvenir, mais les avancées du numérique sont bel et bien là et paraissent irréversibles – pour le meilleur et pour le pire, avec quelques réussites. À commencer par le travail à distance, qui semble s'inscrire de plus en plus clairement comme une nouvelle composante du monde qui vient. 74 % des dirigeants d'entreprises qui avaient mis en place le télétravail durant la crise sanitaire, comptent le pérenniser définitivement. Conçu comme une réponse ponctuelle à la pandémie, le télétravail à domicile progresse comme une formule durable de réorganisation de l'activité salariée. En 2021, un salarié français sur cinq[1] (plus d'un cadre sur deux) a télétravaillé au moins un jour par semaine. En 2022, un salarié sur trois, a télétravaillé en moyenne 2 jours par semaine (enquête Pôle emploi) : des chiffres qui se rapprochent des plus hautes performances (3,3 sur 10) enregistrées dans les pays du nord de l'Europe. Et, pour une fois, les salariés concernés pensent comme leurs patrons. Selon une enquête IPSOS, 60 % des salariés en 2023 souhaitent un développement de la flexibilité par télétravail. Ils sont 55 % à estimer que le télétravail stimule la créativité, l'innovation et la productivité, 72 % à se sentir moins fatigués, et 80 % à trouver que c'est plus agréable, même s'ils reconnaissent que c'est aux dépens de leurs relations personnelles avec les collègues. En 2023, 33 % des Français ont pratiqué le télétravail (cadres 75 %, employés 17 %, ouvriers 4 %). En 2024, la moitié des entreprises françaises aura recours au télétravail, avec une moyenne

1. https://www.insee.fr/fr/statistiques/6209490

de 3,6 jours de travail à domicile par semaine, notamment le vendredi (50 %). Chez les indépendants, dès qu'on le peut, on devient carrément *digital nomad* : pourquoi ne pas travailler sur une terrasse ombragée, devant la mer, aux Baléares ? Ou dans l'hémisphère Sud ? Surtout l'hiver… En revanche, les élèves et les étudiants sont 60 % à estimer que l'enseignement à distance ne les aide pas (c'est sûrement une litote) à se concentrer sur les apprentissages. Mais au total l'industrie numérique ramasse la mise : 91 % des salariés travaillant en « distanciel » ont dû être équipés de matériel de visioconférence et travaillent sur les réseaux.

Le face-à-face physique laisse place à la visioconférence par Zoom, on est passé du « présentiel » au « on line », de la personne à l'identifiant, etc. L'ubérisation ne se cache plus comme une pratique douteuse, elle triomphe. On ne va plus aussi souvent chez le commerçant du coin, on se fait livrer ses commandes de l'autre bout du monde. Amazon reconnaît un chiffre d'affaires de 574 milliards de dollars pour 2023. Des profits gigantesques et immédiats sont attendus pour les pourvoyeurs de services et pour les fabricants du nouvel environnement technique : ordinateurs, périphériques, logiciels, contenus, formations, plateformes, réseaux, services. Quant aux usagers, quelle que soit leur activité, il ne leur reste plus qu'à compter sur leurs prothèses (ordi, tablette, smartphone) pour survivre au titre de travailleur dématérialisé ou d'internaute « franchisé ». Cette montée en puissance, qui s'exerce sur plus de 5 milliards de clients, rapporte gros – des fortunes vertigineuses – mais exige aussi des investissements colossaux pour répondre à la demande en termes de débit et en vitesse d'exécution : la 5G et la 6G en préparent activement le déploiement.

C'est, désormais, le ressort le plus puissant de l'hubris productiviste qui conduit le monde à sa perte, car toute digitalisée et prétendument dématérialisée qu'elle soit, cette quatrième révolution industrielle, sans laquelle rien ne peut plus fonctionner et qui a les deux tiers de la population mondiale pour clientèle contrainte, est devenue la variable stratégique n° 1 du développement industriel et financier tout en contribuant de manière invisible mais substantielle au dérèglement climatique. Dévoratrice de matières rares, de plastique, d'électricité et d'énergies fossiles dans des proportions plus massives que les industries du XXe siècle, la révolution numérique – apparemment si propre sur elle – est aussi un véritable cauchemar pour l'écologie. En ce sens, ce quatrième cavalier de notre Apocalypse ordinaire n'a rien à envier aux trois autres – celui du réchauffement climatique, son compère *More, more, mort,* et son acolyte le dictateur : désormais c'est lui, le cavalier du tout digital, qui va le plus vite et qui tient toute l'affaire en main. C'est lui qui entraîne les trois autres à le suivre et à hâter le pas, pour qu'on en finisse.

En prenant progressivement le contrôle de toutes les activités humaines et de tous les modes d'expression, l'hypersphère se bâtit un monde à sa main qui risque bien d'être l'analogon formel du monde qui vient, ou, au moins, qui contient déjà un brouillon avancé de sa feuille de route. Sauf irruption toujours possible d'une brusque accélération technico-scientifique réglant la question cruciale des énergies (fusion nucléaire maîtrisée industriellement ?) ou d'une découverte majeure provoquant une fracture épistémologique qui nous ferait entrer dans une nouvelle épistémè, l'hypersphère ne lâchera rien et s'en tiendra, pour les décennies qui viennent, à un renforcement de ses actuelles avancées les plus significatives. L'univers quantique pourra l'aider à miniaturiser ses interfaces dans la perspective des fusions homme-machine, du contrôle de l'environnement et de la conquête spatiale. Il pourrait aussi révolutionner l'IRM, la détection de ressources souterraines, la découverte de nouveaux matériaux, médicaments et technologies énergétiques. Les espoirs fondés sur le quantique ne sont pas négligeables mais les applications industrielles mettront plusieurs décennies à se stabiliser avant de devenir opérationnelles.

En termes de retombées sociétales on peut donc s'attendre à un tableau plus que nuancé où le négatif risque de l'emporter largement sur le positif. La généralisation des équipements et des usages numériques se traduira par un asservissement aux prothèses électroniques, une sujétion aux algorithmes qui se substituent à l'exercice du choix et une dépendance aux applications prenant en charge les fonctions intellectuelles et praxiques de l'usager, avec pour effet – déjà constaté depuis une dizaine d'années – une baisse tendancielle du QI mondial, et une régression spectaculaire des facultés cognitives (apprendre, évaluer, délibérer, juger, inventer) progressivement déléguées aux machines.

En favorisant un usage invasif, exclusif et permanent de l'anglais simplifié (globish) et de l'anglais académique, l'hypersphère contribuera à dévaloriser la pluralité des langues et à dégrader les relations des locuteurs à leur propre patrimoine linguistique, avec pour effet attendu et déjà constaté une baisse sensible des facultés d'expression fine dans sa langue natale, c'est-à-dire un déclin dans la maîtrise des significations, dans la pertinence de l'écoute et dans la capacité d'innover.

En intensifiant l'usage planétaire des réseaux sociaux, l'hypersphère continuera à fournir à tous en libre accès un outil d'échange favorable à la liberté d'expression et à l'exercice de la démocratie directe, mais sans éliminer ni même endiguer les effets dévastateurs que cette liberté produira immanquablement en matière de diffusion et de promotion d'idéologies délirantes (néoracialisme, wokisme, cancel-culture, complotisme, etc.) et de pratiques délictueuses ou criminelles (calomnies, harcèlement, chantage, racket, escroquerie, diffamation, lynchage, etc.). De la même manière, par l'effet d'amplification immédiate que leur assurent le principe de viralité et la valorisation du buzz, les réseaux sociaux continueront à être le vecteur privilégié pour toute opération de manipulation de l'information et d'intoxication de masse (fake news, propagande, influence, bourrage de crâne, endoctrinement, fermes à trolls, guerre asymétrique, contestation des résultats électoraux, etc.) Prenant le contre-pied de la thèse kantienne sur le caractère non universalisable du mensonge, l'hypersphère des réseaux sociaux paraît désormais en mesure de promouvoir une véritable mondialisation de la mystification, de la bêtise et du déni de réalité. En donnant libre exercice à une déconstruction des autorités intellectuelles légitimes et à une déhiérarchisation des jugements au profit d'un règne souverain de l'opinion, l'hypersphère construit un dispositif expert pour humilier les compétences, niveler les consciences, ravager le jugement éthique et déstructurer la pensée rationnelle.

Enfin, en combinant ses ressources avec celles des *big data* et de l'intelligence artificielle, l'hypersphère contribuera sans aucun doute – notamment à travers les métavers – à de nombreuses applications précieuses ou attrayantes, mais en fournissant aussi, grâce à la reconnaissance faciale et à ses extensions, des moyens redoutables de traçabilité et d'espionnage pour l'édification de sociétés de surveillance qui ne laisseront aux individus aucune marge de liberté publique ou privée. Déjà mises en œuvre avec succès par des régimes totalitaires comme la Chine, ces configurations pourraient, à terme, devenir également le partage de démocraties qui – en prise à des attaques ou à des menaces – pourraient juger l'impératif sécuritaire plus souhaitable et plus urgent que le maintien des libertés individuelles.

Les progrès de l'intelligence artificielle, de la robotique et de la fusion homme-machine constituent, en ce sens, un des domaines les plus sensibles dans l'interrogation sur le monde qui vient. Un peu comme en physique nucléaire après Hiroshima, ou comme dans le génie génétique au moment des premiers clonages, le monde de l'IA s'angoisse à l'idée d'avoir donné naissance à un monstre. Dépassé par leurs propres applications qui brouillent de plus en plus intensément les frontières entre fiction et réalité, frappé par l'indépendance que certains artéfacts commencent à manifester, hanté par l'inquiétude d'en perdre le contrôle comme dans un roman de Philip K. Dick, un collectif d'ingénieurs et de présidents de start-up spécialistes dans l'IA a demandé en 2023 que soit conclu de toute urgence un moratoire collectif sur les recherches en cours dans leur propre domaine.

ChatGPT

C'est Elon Musk qui a tiré la sonnette d'alarme en déclarant : « L'IA a le potentiel pour détruire la civilisation ». L'affaire vient peut-être de ses différends avec Open AI, créateur du célèbre chatbot ChatGPT, dont il avait été cofondateur mais dont il s'est séparé pour créer TruthGPT, « une IA qui recherche la vérité maximale et qui essaie de comprendre la nature de l'univers » (Fox news). Le patron de Twitter, Tesla, SpaceX et Neuralink précise pourquoi : « une IA qui se soucie de comprendre l'univers ne risque pas d'anéantir les humains, parce que nous sommes une partie intéressante de l'univers. » laissant entendre que les autres voies, notamment ChatGPT « n'incluent pas assez de garde-fous ». Mais ce débat pourrait aussi avoir pour objectif de braquer les projecteurs sur un domaine en mal de capitaux pour lequel Musk a développé un produit boursier (Musk Metaverse). Une vingtaine de milliards seraient rapidement nécessaires et les levées de fonds ne se présentent pas très bien.

En tout état de cause, les formes accessibles d'intelligences artificielles en libre accès, comme l'IA ChatGPT, (développée par

OpenAI, et accusée par Musk d'être « *woke* » et dangereuse pour la démocratie) ne semblent pas présenter pour le moment l'ombre du moindre danger.

Par curiosité, je me suis amusé à interroger ChatGPT en lui posant la question même de ce livre : « Comment envisagez-vous notre futur ? ». Voici sa réponse, telle qu'elle a pu la formuler – toute seule comme une grande – en avril 2023 :

> « *En tant qu'IA, je n'ai pas de capacité à imaginer ou à prédire l'avenir avec certitude. Cependant, je peux vous donner quelques observations et tendances actuelles qui pourraient influencer notre avenir.*
> *D'une part, nous pouvons nous attendre à des avancées technologiques toujours plus rapides dans des domaines tels que l'intelligence artificielle, la robotique, la biotechnologie, l'énergie propre, l'exploration spatiale, ainsi que la fusion homme-machine. Ces progrès pourraient avoir un impact considérable sur la société, l'économie et l'environnement.*
> *D'autre part, nous pourrions voir une évolution dans la manière dont nous interagissons avec la technologie. Les interfaces homme-machine pourraient devenir plus naturelles et intuitives, par exemple en utilisant la réalité augmentée ou la réalité virtuelle pour interagir avec des objets virtuels dans un environnement réel.*
> *En ce qui concerne la société, nous pourrions voir une croissance de la prise de conscience écologique et de l'engagement en faveur de l'environnement, qui pourrait entraîner une réduction de la consommation et une utilisation plus responsable des ressources. La diversité et l'inclusion pourraient également devenir de plus en plus importantes dans nos interactions sociales et professionnelles.*
> *Cependant, il est également important de reconnaître les défis auxquels nous sommes confrontés, notamment les problèmes de durabilité, de sécurité, de protection de la vie privée et de l'éthique liés aux nouvelles technologies. Il sera donc important de mettre en place des réglementations appropriées et des cadres éthiques pour assurer que les avancées technologiques profitent à tous, et ne causent pas de préjudice.*
> *En fin de compte, l'avenir dépendra en grande partie de nos choix en tant que société et de la manière dont nous gérons les défis auxquels nous sommes confrontés. En tant qu'IA, je suis optimiste quant aux possibilités que la technologie pourrait offrir, mais je reconnais également la nécessité d'une réflexion éthique et responsable pour garantir que ces progrès soient utilisés pour améliorer notre monde de manière durable et positive.* »

De toute évidence, l'IA ChatGPT qui s'exprime à la première personne, défend sa boutique avec enthousiasme et conviction, mais aussi avec prudence et circonspection, non sans se risquer tout de même à quelques avances. S'agissant d'une interface IA, c'est-à-dire d'une machine qui se sait féminine en français et qui s'adresse pour la première fois à son interlocuteur genré de type masculin, il fallait oser parler de « *fusion homme-machine* » et, trois lignes plus loin, suggérer le scénario d'un *corps à corps*, dans un cadre instrumenté mais qui pourrait devenir « plus naturel » précisément grâce aux ressources médiatrices que l'IA saura mettre en œuvre : « *nous pourrions voir une évolution dans la manière dont nous interagissons avec la technologie. Les interfaces homme-machine pourraient devenir plus naturelles et intuitives, par exemple en utilisant la réalité augmentée ou la réalité virtuelle pour interagir avec des objets virtuels dans un environnement réel* »... Mais pourquoi pas, puisque c'était moi qui avais fait le premier pas en parlant, dans ma question, de « notre futur »... ?

Pour le reste, l'IA prélève les éléments de langage consensuels de son plaidoyer éthique dans la phraséologie bien-pensante du libéralisme écoresponsable et de la démocratie sociale et participative[1]. Mais on en reste aux généralités sans la moindre allusion, par exemple, aux tensions présentes dans l'état géopolitique du monde. Au total un texte honorable pour un élève de première ou de terminale, ce qui est probablement la vocation du projet : mettre en confiance les jeunes d'aujourd'hui, conquérir leur sympathie en leur faisant gratuitement leurs devoirs, dans l'espoir qu'en contrepartie, ils seront bien au rendez-vous pour de nouvelles tractations, dans dix ou vingt ans – à l'âge où ils seront devenus des clients solvables et des électeurs influençables.

La fabrique du futur qui est à l'œuvre dès aujourd'hui dans les métamorphoses de notre présent contient, on l'a vu, un nombre considérable de menaces systémiques dont les évolutions et les échéances restent difficiles à fixer mais dont la convergence accroît la dangerosité. La prise de conscience récente de ces processus se traduit depuis peu par une montée des inquiétudes. Mais le danger est-il réel, ou relève-t-il de la fiction ? Ce que nous pouvons entrevoir des

1. Par curiosité, j'ai reposé la même question en février 2024, à la nouvelle version ChatGPT4, avec une réponse assez différente par la tonalité, plus technique, mais tout aussi convenue par son caractère consensuel et la nature des thèmes abordés, si ce n'est la présence de remarques sur les tensions internationales.

lourdes conséquences que ces processus pourraient avoir sur l'avenir proche n'est ni une réalité effective ni une simple conjecture mais une représentation des possibles – un fait culturel complexe – qui repose aussi sur notre propre manière de voir, d'évaluer le passé et d'interpréter le présent. C'est un horizon d'attente qui exige d'être pensé. Avec quels outils ?

Le parti pris médiologique

Les études qui composent ce livre ont en commun un parti pris critique : la médiologie, telle que Régis Debray l'a fondée en théorie depuis le *Cours de médiologie générale* (1991). À la différence de la philosophie ou de la sociologie qui raisonnent à l'échelle des concepts par théorisation ou à l'échelle des tendances par généralisation, l'approche médiologique des faits culturels et des techniques, plus terre à terre, s'intéresse aux processus de médiation (organisation matérialisée) qui les génèrent et aux objets (matière organisée) qui les concrétisent. *In medias res*, la devise est claire : la médiologie est un matérialisme, sophistiqué certes, mais résolu. Quitte à se salir un peu les mains dans le cambouis, pas d'enquête médiologique digne de ce nom sans aller voir ce qui se passe concrètement sous le capot des machines à croire. Cette approche centrée sur les médiations techniques et institutionnelles de la culture entend répondre à la question : par quel processus des productions de l'esprit (religions, doctrines, idéologies, disciplines) parviennent-elles à agir sur le réel en se transmettant et en se diffusant dans la société ?

Matière organisée

L'approche médiologique a pour projet de penser les réciprocités entre technique et culture en termes de médiations, mais au ras des réalités, en évitant le plus possible les abstractions. C'est pour cela qu'elle aime se frotter à la rugosité des matérialités : *Ad-rem* – vers l'objet – est sa devise. Plutôt que de procéder par concept et théorisation, elle préfère commencer par les *realia* de tous les jours : la chose, l'outil, l'ustensile considérés en eux-mêmes comme substrats physiques, indépendamment de leur éventuelle relation au monde des signes ou au ciel des idées. Il s'agit d'aller au culturel et au symbolique par le matériel et le technique : comprendre les choses « d'en haut » par les choses « d'en bas ». Pour parler de la révolution numérique et de l'hypersphère, on préférera s'intéresser d'abord au smartphone ou aux algorithmes ; pour réfléchir à ce que devient aujourd'hui la guerre, on pourra s'attacher à la question du drone. Pour l'écologie, à la « grelinette » ; pour l'amour, à #MeToo ; pour l'information, au face-à-face entre le journal et TikTok, etc. Bref, commencer par « la matière organisée » des supports (MO) veut dire s'interroger d'abord sur des matérialités familières, plutôt ordinaires et subalternes : sur les *objets concrets* de notre quotidien par lesquels passent, plus ou moins consciemment, notre praxis, nos routines, nos actions, nos rituels, nos façons de faire. C'est en partant de leurs caractéristiques physiques et de leurs fonctionnalités qu'il s'agit de chercher à savoir comment ces réalités tangibles rendent possible, outillent et transforment notre relation intellectuelle et sociale au monde réel et imaginaire de la culture.

Organisation matérialisée

Mais en tant que matière organisée, ce dispositif tangible ne peut fonctionner qu'en véhiculant – avec lui et en lui – tout un système qui le soutient : une organisation matérialisée (OM) à laquelle il est corrélé et dont il dépend. Si je m'intéresse au Smartphone, je ne peux pas le comprendre dans son statut d'objet médiateur sans la 4G et la 5G, les Gafam, les réseaux sociaux, la communauté des internautes, la culture numérique, etc. Autant qu'à l'objet lui-même, la médiologie s'intéresse donc aussi à cet ensemble organique de configurations et de structures (technico-industrielles, professionnelles, institutionnelles, communautaires, symboliques, etc.) qui a permis à cet outil d'être conçu, fabriqué, diffusé, légitimé, valorisé et rendu opérationnel. C'est en essayant de penser ces deux dimensions dans leurs réciprocités qu'il devient possible, d'un point de vue médiologique, de comprendre d'une part ce que l'objet fait à la culture qu'il matérialise, sur laquelle il agit et qu'il métamorphose, et d'autre part, ce que la culture fait à cet objet qu'elle suscite, qu'elle utilise et qu'elle transforme par l'usage qu'elle en fait.

Vertigo

C'est la manière dont on a essayé ici d'interroger la genèse et l'impact des représentations actuelles du futur. Par quelles médiations certaines idées réussissent-elles à devenir de véritables « forces matérielles » capables d'agir collectivement et individuellement sur les esprits au point de transformer les structures et les évolutions politiques, économiques, sociales, morales, militaires d'une société ? La manière – plutôt négative – que nous avons aujourd'hui de nous figurer le futur est certainement pleine d'erreurs et d'approximations, c'est la loi du genre. Mais pour peu que ces idées et ces représentations – tout inexactes qu'elles soient aujourd'hui – parviennent à gagner de manière durable un fort degré d'adhésion auprès du plus grand nombre et se transforment en force de conviction et en horizon d'attente, il est clair qu'elles infléchiront de manière effective le monde qui vient au point d'acquérir finalement un statut de pertinence. Je vous l'avais bien dit ! Et, au total, elles auront concrètement changé l'histoire.

C'est le paradoxe de la suggestion autoréalisatrice, le syndrome du vertige tel que l'analyse Sartre, dans sa dialectique de l'angoisse et de la liberté. On pourrait en faire une notion utile en médiologie. L'angoisse du vertige, ce que le vertige a de proprement effroyable, c'est qu'il me fait ressentir de l'intérieur l'horreur de la chute alors que je suis encore parfaitement hors de danger. Comment ça se passe ? La montagne est à pic, le sentier caillouteux devient de plus en plus étroit, j'avance prudemment en me retenant comme je peux à la paroi rocheuse et en faisant bien attention où je pose les pieds, mais sur l'autre bord du sentier, du côté de la vallée, c'est le vide : un vrai précipice, un abîme de deux cents mètres de dénivelé. Le gouffre m'attire : mes yeux se brouillent, c'est une sorte d'éblouissement, ma tête tourne, je ressens comme un étourdissement… C'est sûr, je vais glisser. Je n'ai pas encore basculé, je cherche bien à résister, mais je me sens physiquement happé par le vide comme si j'étais déjà en chute libre : à cet instant précis, je dépends d'un moment qui n'a pas encore eu lieu. Tel est le paradoxe temporel : ce moment qui n'est pas encore advenu est aussi déterminant que s'il était déjà mon présent. Quoique fictif, il est réel : il ne manquera pas de devenir mon futur dans les secondes qui suivent, et de manière irréversible, si aucune barrière, aucun sursaut intérieur, ou aucun bras secourable ne m'empêche de m'y précipiter la tête la première.

Plus qu'aux questions de communication (circulation d'une information dans l'espace) dont elle étudie néanmoins le devenir technique, les motivations et les retombées culturelles, la médiologie s'intéresse majoritairement aux phénomènes de transmission (circulation, formation et persistance à travers le temps), c'est-à-dire aux processus de genèse, de transformation et de confirmation qui s'observent dans le temps long. L'interrogation est double : comment une nouvelle technique agit-elle sur les esprits en les formatant – ou non – à son image ? Comment de nouvelles idées donnent-elles naissance – ou pas – à de nouveaux dispositifs techniques ?

Transmissions, aller et retour

Appliquée à notre enquête sur le futur et ses représentations actuelles, cette double interrogation s'avère particulièrement fertile en découvertes : les homologies sont frappantes, quels que soient les domaines où la transmission a lieu. Les études permettent de distinguer clairement comment l'émergence et l'évolution des techniques (Gafam, smartphone, G6, drone, IA, algorithme, vaccin ARN messager, etc.) transforment en profondeur – ou non (quatrième révolution industrielle, ligne rouge) – les façons de voir et les comportements (empathie avec le monde animal, véganisme, complotisme, méfiance envers la science, *fake news*, triomphe de l'idée reçue et de la rumeur, *globish*, déclin des langues natales) les activités professionnelles (télétravail, influenceur), les valeurs et les imaginaires d'aujourd'hui (américanisation, démocratie directe, collapsologie, fin de l'universalisme, wokisme, retour à la terre, judiciarisation de la vie sexuelle, etc.), tout en agissant profondément sur les choix, les tendances et les orientations qui déterminent déjà effectivement les configurations de notre avenir.

Mais l'interrogation prise en sens inverse (de la culture à la technique) n'est pas moins démonstrative. L'investigation révèle de façon spectaculaire à quel point l'évolution récente des mentalités et des coutumes (écologisme, tout-à-l'ego, culte du profit, bien-pensance, américanisation) se combine avec de nouvelles contre-valeurs (dévalorisation du travail, du savoir, des élites, de la science, du politique, apologie de la violence disruptive, vérités alternatives) pour instrumentaliser de nouvelles morales et de nouvelles visions du monde parfois aussi irrationnelles que radicales et intolérantes (cancel-culture, puritanisme, wokisme, néoracialisme, complot, grand remplacement, etc.). Et dans quel but, finalement ? Pour accréditer la prévalence des réseaux sociaux dont toutes ces idéologies sont à la fois l'émanation directe, les fournisseurs de contenus, le moteur d'inférence et, somme toute, la principale source de bénéfices.

L'ensemble – qui n'augure pas grand-chose de rassurant pour l'avenir – négocie des relations contrastées avec une nébuleuse de fictions (cyberespace, dystopie, fusion homme-machine, migration spatiale, transhumanisme, etc.) propres à nourrir de nouveaux horizons techniques (G6, ubérisation, IA, robotique, plateformes, métavers, tourisme lunaire, etc.) tandis que de puissants complexes technico-commerciaux (Gafam, Natu, TikTok, etc.), au pouvoir plus développé que celui des États, se disposent à enterrer définitivement les médiums du siècle passé qui ont cessé d'être assez rentables (cinéma en salle, presse écrite) ou à détourner et reformater ceux qui survivent (radio, télévision) pour les mettre à leur main.

Hostile à tout déterminisme, la médiologie se refuse à concevoir que les mutations – sociales, économiques, politiques, religieuses ou militaires – qui travaillent à reconfigurer le futur puissent résulter de la seule force des idéologies ou soient explicables par une simple causalité technique. Même si les enquêtes menées pour cet ouvrage suggèrent que plusieurs phénomènes massifs à forte détermination idéologique et technique sont à l'œuvre dans l'édification du monde qui vient (l'américanisation systématique de l'Occident, le coup de force qui conduit à un tout numérique mondialisé sans alternative, la débâcle des croyances et des rationalités, l'éclatement des cohésions et des identités), l'analyse montre que ces processus, de nature transgénérationnelle, se trouvent fortement perturbés par une problématisation de la mémoire, du collectif et de l'autorité morale qui se voient structurellement remis en cause par les évolutions et la nature même de la médiasphère numérique.

Le coup de force de l'hypersphère

En s'imposant comme le ressort technique et institutionnel hégémonique de notre avenir, la culture et l'infrastructure numériques s'emploient à détruire et à remplacer l'ensemble des vecteurs et des normes par lesquelles les idées parvenaient (ou non) à produire l'adhésion collective, à se doter d'un statut d'autorité légitime et à acquérir progressivement l'aptitude effective à faire groupe autour d'elles, c'est-à-dire à devenir une force matérielle capable d'agir sur la réalité en transformant l'avenir. D'un autre côté, on peut estimer au contraire que la connectivité universelle des réseaux et sa vélocité sans égale offrent un espace exceptionnellement favorable et efficace, pour la diffusion, la cooptation et l'application concrète d'idées ou de mots d'ordre issus d'une pratique spontanée et non hiérarchisée de la démocratie directe. Un simple smartphone suffit. Les révolutions des « printemps arabes », le mouvement des « Gilets jaunes », l'assaut du Capitole par les partisans de Trump, etc. en seraient les premières expressions… Pas sûr que la connectivité soit seule en cause dans le succès très discutable de ces coalitions éphémères. Quant à la nature des « idées-forces » qui s'y sont exercées, pas sûr non plus que leur exemplarité soit tout à fait assurée.

À la différence de la « logosphère » (transmission orale), de la « graphosphère » (régime du livre et de l'imprimé), et de la « vidéosphère » (enregistrements analogiques : photo, cinéma, vidéo) qui ont développé des univers compatibles par une adhésion commune à la culture de la mémoire, du temps long et du différé, l'« hypersphère » (ou « numérosphère » réseaux numériques) encore récente, tout en renouvelant les supports, la gestion et la matière même de la mémoire par son transfert en format digital, reste dominée par les performances qu'elle a été la première à acquérir et à industrialiser dans la maîtrise hyperbolique des cycles courts. Il en résulte une sorte d'assujettissement structurel de l'hypersphère à l'injonction du quasi immédiat, et un télescopage fatal de ce que pourraient être ses capacités de transmission par l'hégémonie sans partage des moyens qu'elle s'est acquis en termes d'information et de communication.

Mais en soumettant chaque énoncé culturel au diktat informationnel et communicationnel du « tout tout de suite partout », la médiasphère numérique et ses dispositifs mondialisés (les réseaux) lui appliquent des formats plus favorables à sa diffusion immédiate en tout point sur la planète (à la vitesse lumière ou laser) qu'à sa transmission dans les consciences à travers la durée. Le succès de l'énoncé – sa *capacité virale à faire le buzz* – se mesure à son degré de virulence, à sa rapidité de contagion, c'est-à-dire à sa capacité à être lu, reproduit et retransmis le plus grand nombre de fois possible dans un intervalle de temps le plus réduit possible. Dans un tel régime de la dissémination instantanée (qui prend pour modèle la pandémie) nul doute que la « force des idées » cède le pas à l'infraculture de l'intoxication : préjugés, rumeurs, calomnies, fake news, énoncés non vérifiés, et autres vérités alternatives.

En outre, si les médiasphères traditionnelles de la modernité et leurs applications (manuscrits, livre, journal, revues, affiche, photo, cinéma) avaient su s'intégrer efficacement à l'économie de leur temps et développer une indispensable rentabilité, le profit financier n'était pas leur objectif principal ni leur cœur de métier, pas plus à l'échelle des supports techniques et des contenus qu'elles mettaient en circulation, qu'à l'échelle des institutions, communautés et lieux de production qui les concevaient, les propageaient et les légitimaient (monastère, ordre religieux, école, poste, bibliothèque, université, académies, etc.). Inversement l'industrie et l'univers financier sur lesquels repose l'hypersphère ont explicitement construit leur développement sur le profit, la levée de fonds, la spéculation et la valorisation boursière, dans le but réussi de créer des entités économiques capables de rivaliser avec le PIB des nations les mieux nanties. Gafam (Google, Apple, Facebook, Amazon, Microsoft), NATU (Netflix, Airbnb, Tesla et Uber), TikTok, etc. ont pour terrain de jeu la planète, c'est-à-dire aujourd'hui un total de 5,5 milliards de clients (en constante expansion), et se livrent une concurrence féroce pour le leadership et le monopole. C'est ainsi que Google concentre à lui seul plus de 90 % des requêtes sur internet dans le monde.

Une hypersphère cannibale

L'hypersphère est donc avant tout l'espace d'une nouvelle politique du profit. Que vendent ces géants industriels ? Leurs matériels (des ordinateurs, des tablettes, des smartphones, des périphériques, etc.), leurs logiciels-systèmes, leurs applications, leurs services, leurs réseaux, leurs abonnements… Quant à la circulation des internautes sur les réseaux – où se cumulent les plus gros profits – elle est, pour l'essentiel, libre d'accès et offerte gratuitement, ce qui conduit évidemment des milliards d'usagers à s'y précipiter. Mais on connaît l'axiome fondamental de cette médiasphère commerçante : « si c'est gratuit, c'est que le produit c'est vous ». Le procédé est simple et bien connu : ces entreprises s'enrichissent de l'analyse et de la revente de vos données (votre identité, votre adresse électronique, votre n° de téléphone, vos préférences, goûts, centres d'intérêt, opinions, habitudes, etc.) et de celles de vos amis, qui sont récoltées automatiquement quand vous utilisez leurs services (requêtes sur internet, réseaux sociaux). Ces *data* personnelles, qui dessinent avec précision votre profil de consommateur, sont des marchandises : elles peuvent être revendues en vrac au plus offrant dans le monde entier, ou bien celui qui les détient peut se faire rémunérer en proposant, aux entreprises commerciales de toute espèce, des liens publicitaires internet personnalisés qui auront sur vous un impact commercial d'efficacité maximale.

S'agissant de *big data* (de centaines de millions de cibles) les profits sont colossaux. Et c'est parfaitement légal. Le même procédé peut être utilisé de manière criminelle pour vous influencer dans votre jugement, agir sur vos opinions politiques, religieuses, sociales, sur vos choix électoraux, etc. Enfin, la médiasphère numérique accroît ses profits par une optimisation fiscale systématique. Comme l'essentiel des services vendus sont dématérialisés, ils sont par nature difficiles à localiser et au contraire très faciles à délocaliser puisqu'ils sont vendables à partir de n'importe quel pays source. Les Gafam par exemple sont devenus experts pour faire remonter leurs chiffres d'affaires vers des paradis fiscaux appliquant le taux d'imposition le plus faible de la planète.

Cette polarisation quasi exclusive de l'hypersphère sur des objectifs de rentabilité maximale et de monopole sans dehors n'est pas sans conséquence sur ses relations avec les autres médiasphères. En théorie, d'un point de vue médiologique, les différentes médiasphères se succèdent dans le temps, en devenant l'une après l'autre prédominante, mais elles apprennent aussi à coexister sans s'annuler ni se nuire, en s'articulant les unes avec les autres. De même, les modalités objectives de la transmission (les objets techniques et l'organisation matérielle et institutionnelle) que génère la succession des médiasphères apprennent à cohabiter et à s'entraider : le livre n'annule pas l'écrit manuscrit, le journal n'élimine pas le livre, la radio ne supprime pas le journal, la photo ne remplace pas la gravure ni la peinture, le cinéma ne détruit pas le théâtre, la télévision n'abolit ni la radio ni le cinéma… Au contraire, leurs logiques s'enchevêtrent progressivement dans les infrastructures techniques et commerciales comme dans leurs usages culturels et communicationnels, en se renforçant mutuellement par l'échange de services.

Mais qu'en est-il depuis la formation de l'hypersphère ? Il semble bien que ce scénario d'entente cordiale et de partage du champ culturel soit bel et bien révolu. La médiasphère numérique fait le désert autour d'elle : elle s'empare progressivement de tous les espaces de rentabilité en substituant ses propres produits à ceux des médiasphères précédentes, soit par de nouveaux outils numériques et des services en réseaux qu'elle est seule à pouvoir commercialiser, soit en dématérialisant systématiquement ce qui subsistait des anciens médias. L'hypersphère est une médiasphère cannibale.

Médio Canal historique

Une des originalités de la médiologie, telle que l'a conçue son fondateur Régis Debray, c'est d'avoir donné naissance, pratiquement depuis son origine, à un collectif animé par une vingtaine de chercheurs – le cercle des médiologues – qui se sont réunis autour d'un projet à la fois amical, intellectuel et éditorial : la revue des *Cahiers de médiologie* (Gallimard) qui a connu 18 livraisons en huit ans, de 1996 à 2004, immédiatement suivie, en 2004, par une nouvelle publication périodique qui en prenait le relais, *Médium – Transmettre pour innover* (Association Médium) qui a publié à son tour 60 numéros trimestriels en quinze ans, de 2004 et 2019.

Au total, donc, vingt-trois années de travaux qui – en marge des textes théoriques, des films, des productions radiophoniques, des expositions, des colloques, séminaires et autres journées d'étude – ont donné corps à un énorme chantier d'investigations où se retrouvent, à la fois, les auteurs, les thématiques et les méthodes d'approche qui ont fait l'originalité de la médiologie : une curiosité prononcée pour les matérialités et les objets techniques opérateurs de culture (la *route*, le *papier*, la *bicyclette*, le *monument*, l'*argent*, la *frontière*, le *smartphone*, etc.) autant que pour les notions médiatrices qui articulent technique et culture (*nation et réseaux*, *lux* – lumière symbolique et éclairage –, *mission* – idée missionnaire et âges technologiques –, *terrorisme* et techniques spectaculaires, le *nous*, la *frontière*, etc.).

Médiologues de la première heure, une dizaine des auteurs qui ont contribué au présent ouvrage[1] appartient à ce que l'on pourrait appeler les membres fondateurs du Canal historique. C'est le cercle des chercheurs qui, autour de Régis Debray, ont participé à la fondation de l'association « ad rem » (Association pour le développement des recherches en médiologie) et qui ont coordonné un bon nombre des dossiers publiés dans les deux revues historiques du groupe (*Cahiers de médiologie* et *Médium*) depuis le début des années 1990 : Daniel Bougnoux, Catherine Bertho-Lavenir, Pierre-Marc de Biasi, Karine Douplitzsky, Françoise Gaillard, François-Bernard Huygue, Michel Melot, Monique Sicard, Paul Soriano.

S'y ajoutent les textes de contributeurs appartenant à la deuxième génération des médiologues, ceux qui ont rejoint et animé le collectif au cours des années 2000-2020, notamment autour de la revue *Médium* – Jacques Billard, Jean-Yves Chevalier, Pierre d'Huy, Michel Erman, Philippe Guibert, Antoine Perraud, Clara Schmelck – ainsi que quelques amis qui s'intéressent de près à nos travaux : Katell Guillou, scénariste, Thierry Grillet, ancien directeur Culture de la Bibliothèque nationale de France, et Jean-François Colosimo, historien et éditeur, à qui l'on doit l'édition d'un superbe et substantiel florilège des *Cahiers de médiologie* (Régis Debray, *Les Cahiers de médiologie. Une anthologie.* CNRS Éditions, 800 p., 2009).

Genèse sur fond de pandémie

Quelques mois avant que n'éclate la pandémie de Covid-19, j'avais eu le plaisir de coordonner, avec Clara Schmelck, l'ultime livraison de la revue *Médium* : le numéro double 60-61 (juillet-décembre 2019), consacré à un riche et passionnant dossier sur la mort et la survie. En toute cohérence, la livraison s'intitulait *La Mort et après*, mais avec un sous-entendu à l'usage des lecteurs et des abonnés. Car si la revue portait aussi, en page de couverture, la mention spéciale « Dernier numéro », pour signaler que la revue arrivait à la dernière étape de sa

1. On trouvera en fin de volume par ordre alphabétique les notices biographiques des autrices et auteurs cités ici.

longue carrière éditoriale sous ce format, elle ne manquait pas, d'un autre côté, de préciser qu'elle serait appelée – comme tout défunt qui se respecte – à renaître sous une autre forme. Il suffisait en effet de retourner ce « dernier numéro » pour le découvrir explicitement dans le texte de la quatrième de couverture sous la plume de Régis Debray, directeur de la publication :

> « Après quinze années d'existence, la revue *Médium* publie ici son dernier trimestriel sur papier : le progrès technologique a ses exigences. Il y aura un après – numérique et éditorial, avec une autre périodicité. D'où notre titre. Nous y chantons non l'achèvement mais le recommencement ; non une exhaustion mais une résurrection. Les bonnes chutes sont des rebonds. Cette méditation à plusieurs voix sur le sort des mortels et leur vie posthume est donc à prendre comme une étape dans le devenir médiologique. Un récapitulatif valant promesse. Longue vie aux médiologues d'hier, d'aujourd'hui et de demain ! La Rédaction »

Dès la fin 2019, le groupe des médiologues s'est donc engagé derrière son chef historique dans un nouveau projet combinant l'hypothèse journalistique du Blog, pour l'analyse en temps réel, et la programmation éditoriale d'une collection d'ouvrages que CNRS éditions a bien voulu me confier, pour les grandes recherches thématiques transversales, dans l'esprit des *Cahiers de médiologie*.

À cette date, la France vivait depuis plus d'un an à l'heure des manifestations et des actions revendicatives orchestrées par le mouvement des « Gilets jaunes ». Le principe d'une enquête sur l'état de crise, les nouvelles revendications sociales, la situation insurrectionnelle, l'organisation horizontale et non hiérarchique du mouvement, les tentatives de démocratie directe par smartphone, les ambiguïtés idéologiques et l'impact possible de cette nouvelle donne sociopolitique sur l'avenir de la société française, paraissait s'imposer comme point de départ pour réfléchir sur le processus et ses conséquences possibles. Le premier confinement de mars 2020 a mis un brusque coup d'arrêt, à peu près définitif, au mouvement des Gilets jaunes, en même temps qu'aux réunions des médiologues qui ont, comme tout le monde, dû finir par renoncer au « présentiel » pour se retrouver « on line » dans des vidéoconférences de travail évidemment moins conviviales et moins productives.

Profitant des séquences de répit que les vagues de pandémie ménageaient entre chaque nouveau rebond du variant Omicron, le groupe s'est finalement attelé en 2021 à des discussions en direct sur les « révolutions », « fractures » et « métamorphoses » à l'œuvre dans les techniques, les croyances et cohésions d'aujourd'hui. Après l'échange de quelques premiers textes, le consensus aboutit à l'hypothèse d'une recherche plus globale sur « le monde qui vient », les rêves engendrés par les thématiques du « monde d'avant » et du « monde d'après ».

Travaillant sur la notion de présent et d'avenir, le projet se trouvait désormais aux prises avec les tribulations de l'actualité et, de l'assaut du Capitole en janvier 2021 à l'invasion de l'Ukraine en février 2022, les recherches n'ont cessé d'évoluer en intégrant les leçons d'un monde en proie à la plus étrange volatilité. La médiologie travaille sur le temps long et prend traditionnellement des distances prudentes et circonspectes avec les soubresauts de l'actualité. Mais sans céder aux mirages de l'éphémère, réfléchir sur la fabrique du futur impliquait quand même un minimum d'attention aux réalités immédiates – pandémie, complotisme, retour de l'Histoire, crises énergétiques, opérations militaires, drones, propagande, guerre de l'information, tensions internationales, etc. – qui devenaient déterminantes pour se figurer les bonnes et les mauvaises surprises que nous réserverait le monde qui vient.

Au total, les conclusions de l'enquête ne brillent pas par leur optimisme. Distribuée en trois parties (1. « Numérique : le va-tout », 2. « Croyances : la débâcle », 3. « Cohésions : le déchaînement ») cette étude dresse un bilan souvent inquiétant des déséquilibres et des inerties qui semblent s'être installés durablement dans un monde désenchanté qui, en dernier recours, a tout misé sur une fuite en avant dans la technicité numérique de l'hypersphère pour conjurer tout à la fois la réalité de ses antagonismes multipolaires, le choc des civilisations et des ambitions impériales, l'imminence des conflits identitaires et le spectre de plus en plus insistant de sa propre disparition. Dans un tel scénario que reste-t-il de la culture française et du destin européen ? Hélas pour notre futur, la plupart des analyses développées ici sur les sujets les plus divers ont en commun de confirmer les mises en garde que Régis Debray formulait en 2017 dans *Civilisation. Comment nous sommes devenus américains*. Mais en prendre clairement conscience pourrait aussi être une première étape sur le difficile et indispensable chemin d'une reconquête : celle de l'autonomie.

Ce livre s'inscrit donc dans la longue histoire de notre recherche en médiologie, à la fois comme la continuation d'une amitié solide et d'un travail collectif de longue haleine, engagé depuis plus de trente ans, et comme un nouveau commencement : c'est le premier volume, chez CNRS Éditions, d'une nouvelle série – *Médiologiques* – qui sera *à l'avenir* (pour cela au moins, gardons-lui toute notre confiance) l'espace de diffusion éditorial du cercle des médiologues.

1.
Numérique : le va-tout

Mais qui a intérêt à sauver la planète ?

Catherine Bertho-Lavenir

Première question : où en est-on ? Depuis le XVIIIe siècle européen, les révolutions industrielles se sont succédé, transformant à chaque fois en profondeur modes de production et modes de vie. Chacune a ouvert une nouvelle période – un paradigme aurait dit l'historien Thomas Kühn – où, à des sources d'énergie dominantes, correspondaient des industries, des formes de l'entreprise et des formes du travail caractéristiques de l'époque. Le XIXe siècle européen a été le siècle du charbon, de la fonte et du fer, des hauts-fourneaux et de l'usine, du chemin de fer et du télégraphe, Tous ces éléments se tiennent : sans le fer et la fonte, pas de chemin de fer ; sans le télégraphe, pas moyen de régler le trafic ferroviaire. Première révolution. Le XXe siècle a été, ensuite, le siècle de l'électricité, du pétrole, de l'acier et du caoutchouc, de l'automobile, de l'avion et de la radio, avec les mêmes correspondances : sans acier et sans caoutchouc pas d'automobile ni d'aviation, sans radiocommunications, pas de régulation du trafic aérien. Et la production de biens standardisés de grande consommation, automobile, réfrigérateur ou stylo à bille, a engendré la société dite de consommation et le pacte social qui lui correspond.

La fin du XXe siècle voit s'amorcer une nouvelle révolution industrielle dont les marqueurs principaux – unanimement reconnus comme ouvrant une nouvelle ère – sont une accélération de la mondialisation des échanges et la généralisation des technologies du numérique. Tous les secteurs de la production, toutes les zones géographiques, toutes les activités humaines sont touchées, transformant partout les modes de production et les formes du travail. Numérisation et globalisation suffisent-elles cependant à caractériser l'ère qui s'ouvre ? Lors des deux premières révolutions industrielles,

les sources principales d'énergie utilisées par le système technique s'étaient radicalement transformées. Certains aimeraient croire qu'il en est de même en ce début du XXIe siècle. Les « nouvelles énergies » seraient en train de se substituer rapidement et sans heurts aux énergies du XXe siècle qu'étaient le charbon, le pétrole, le gaz. Et la course aux minerais et terres rares – le lithium par exemple[1] ou le cobalt, indispensables aux industries du numérique –, serait comparable à la course au pétrole qui avait caractérisé le XXe siècle.

Tout roulerait alors. Nouvelles énergies, nouvelles technologies, nouvelles consommations et nouvelles formes du travail… Zou ! le capitalisme industriel un instant menacé de buter sur sa propre finitude reprendrait son élan vers un avenir meilleur.

Sauf que… une variable nouvelle s'est ajoutée au tableau. La crise écologique globale donne une urgence sans précédent à la question de la gestion des ressources qu'offre la planète. Avons-nous le temps de transformer tranquillement un système technique tout entier et les équilibres de toutes sortes qui lui sont associés ? Pas sûr.

Les petits effets de la pandémie

On a pu croire un moment que la pandémie qui, en 2020, a fait le tour de la planète, accélérerait le processus, ferait mûrir les résolutions, bref, accoucherait d'un « monde d'après ».

Le virus, devait, une fois la crise surmontée, nous projeter dans un nouvel univers. Il est vrai qu'il nous a rappelés à des vérités élémentaires. Mettant à mal l'illusion du tout numérique, il a mis brutalement en évidence que nombreuses – et vitales – sont les activités qui ne peuvent pas être dématérialisées. Changer les draps d'un malade, faire pousser des navets ou des scorsonères, approvisionner en savonnettes un étal de marchand, nettoyer la ville de ses poubelles, pétrir le pain et le cuire avant l'ouverture des boulangeries – lorsque boulangeries il y a –, sont des activités qui, à un moment ou un autre, forcent à prendre en considération la rugueuse réalité. Quant aux transformations du système industriel mondial, que nous a révélé le

1. https://www.strategie.gouv.fr/sites/strategie.gouv.fr/files/atoms/files/fs-2020-dt-consommation-metaux-du-numerique-juin.pdf ou https://www.frstrategie.org/publications/recherches-et-documents/transition-energetique-numerique-course-mondiale-lithium-2018

virus si ce n'est la confirmation d'une évidence ? Il y avait une certaine inconscience à laisser la Chine être « l'atelier du monde » pour tous les produits, des plus futiles aux plus stratégiques.

Le coup de semonce a-t-il été assez fort pour provoquer une remise en cause, ou un éventuel coup d'arrêt, en matière de mondialisation ? A-t-on vu, par exemple, le rapatriement à grande échelle des moyens de production industrielle en Europe ? Oui, et non, un peu, peut-être, pas partout, et pas pour toutes les productions. En réalité, lorsque cela s'est fait, c'est que la question était posée bien avant la pandémie, et le mouvement était déjà engagé dans certains domaines.

Oublions le problème anecdotique de la pénurie des masques, qui a produit avec raison le premier scandale dans l'opinion, mais qui n'était ni stratégique ni vraiment indicatif d'un état des choses, et qui ne le sera pas plus demain qu'il ne l'a été hier. La question des vaccins est sans doute plus intéressante. La pandémie n'a rien transformé, elle a révélé des équilibres en place, des identités industrielles anciennes, des politiques confirmées. Les États-Unis dominent encore – *via* Pfizer – la situation, et leurs entreprises sont bien protégées par leur système juridique. Il se confirme que la politique qui consiste à faire venir les chercheurs aux USA ou, à défaut, à acheter les entreprises innovantes – en l'occurrence en Allemagne – est d'une efficacité sans appel. La question des vaccins permet de mesurer l'efficacité des politiques nationales. Le choix de l'Allemagne de financer à haut niveau la recherche en biotechnologie lui a permis de négocier en position de force. La politique habile et décomplexée de la Grande Bretagne (bonne veille stratégique, bonne négociation commerciale, achat de brevets et organisation rapide de capacités de production) lui a permis de tirer son épingle du jeu. La France, pour sa part, a échoué. Victime du sous-financement chronique de la recherche publique et d'un médiocre pilotage des projets stratégiques, l'Institut Pasteur, qui était encore, il y a quelques décennies, le fleuron de la recherche mondiale en ce domaine, n'a pas fait le choix, peut-être risqué d'ailleurs (l'avenir le dira), de la technique de l'ARN messager, choisi par les vainqueurs de la course à l'industrialisation la plus rapide possible du vaccin. L'échec est d'autant plus cuisant que le concept d'ARN messager avait précisément été émis puis démontré par Jacques Monod, François Jacob et leurs collaborateurs de l'Institut Pasteur en 1961 et salué par le prix Nobel en 1965. La Chine et la Russie ont misé traditionnellement sur le développement d'industries autochtones. L'Afrique, sans véritable capacité de recherche ou de production, a été laissée-pour-compte, tout comme l'Amérique du Sud, dépendant de l'aide internationale pour ne pas devenir le cluster continental où se reformulerait une foule de nouveaux variants prêts à se répandre dans le reste du monde. Au total donc, rien de bien neuf.

La seconde question posée par la pandémie est celle de la transformation des formes du travail. Effet massif ou confirmation d'évolutions déjà en cours ? Les confinements auront augmenté l'acceptabilité sociale du travail à distance, à domicile et avec des horaires flexibles. Mais ces formes du travail sont aussi anciennes que la première révolution industrielle : les canuts lyonnais travaillaient chez eux. Et le réinvestissement des campagnes européennes par des hordes de télétravailleurs avides d'installer leur ordinateur à l'ombre des aubépines n'a pas plus de réalité statistique que la délocalisation des mêmes au bord des lagons tropicaux. C'est vrai pour celui-ci mais pas celle-là, vérifié là-bas mais pas ici, constaté maintenant et pas demain. Des stratégies individuelles ne font pas – encore – système. La pandémie, en revanche, a mis, sans attendre, en lumière les progrès fulgurants de la société de surveillance. Malgré les manifestations des opposants – en France – au pass sanitaire ou vaccinal – et la sourde résistance des antivax américains et européens –, les opinions nationales ont, dans leur grande majorité, accepté les dispositifs de surveillance sanitaire numériques, tétanisées, apeurées, résignées ou – parfois – enthousiasmées par la promesse d'une protection sans faille contre la mort. Un adage bien connu des historiens des techniques le dit clairement : « Si ça peut être fait, ce sera fait ». « Ça » a été fait.

Quel effet a eu la pandémie sur les transformations industrielles en cours ? Pas grand-chose, ou presque rien. Le système technique, industriel et financier mondial est solide, faits d'intérêts intriqués et de technologies interdépendantes. Dans son ensemble, il évolue à la fois très vite – le temps de l'innovation des Gafam – et lentement – la difficulté à sortir de la dépendance aux énergies fossiles. À cet égard, la pandémie ne semble pas avoir en elle-même d'effet avéré sur le problème majeur de la révolution industrielle en cours : résoudre l'aporie d'une dépendance massive aux énergies fossiles. Stopper ou ralentir la ronde incessante des bateaux de croisière et des avions est sans doute un effet vertueux des confinements et des quarantaines, mais c'est une goutte d'eau dans l'économie globale – et, comme on va le voir, ladite ronde voyageuse, ivre de ses folles dépenses en hydrocarbures, est bientôt repartie de plus belle. La pandémie, finalement, n'aura fait qu'effleurer la carapace de la tortue.

Et la guerre ?

Si ce n'est le virus, serait-ce la guerre ? À chaque basculement historique des grands systèmes techniques, un événement global a, en quelque sorte, verrouillé la transformation en cours, en accélérant ou en figeant les mutations à l'œuvre. Les guerres, à cet égard, sont d'une efficacité redoutable. Engageant la survie du groupe, elles conduisent les belligérants à développer « à tout prix » les nouvelles techniques qui peuvent assurer la survie collective. Pour le plus rapide, le plus industrieux et – c'est important – le vainqueur, il y a là l'occasion précieuse d'engranger une avance stratégique – au sens propre. Les Américains ont ainsi engrangé, dans la seconde moitié du XXe siècle, les dividendes, non de la paix, mais de leurs dépenses de guerre. Dans le Pacifique, leurs réseaux hertziens permettaient de communiquer sur un champ de bataille navale à l'échelle de l'océan tout entier. Cela leur donnera la haute main sur l'industrie civile de la télévision et des satellites dans les décennies suivantes. Ils avaient conçu et fabriqué des bombardiers à très long rayon d'action ? Il en sortira les avions de ligne longs courriers d'après-guerre, capables de faire traverser l'Atlantique et le Pacifique à des hordes d'hommes d'affaires et de touristes. Quant aux centrales électriques nucléaires, ce sont les petites-cousines pacifiques des bombes nucléaires de 1945.

La guerre en Ukraine jouera-t-elle ce rôle ? Rien n'est bien clair en ce domaine. Sur les rives du Don, les combats de chars et d'artillerie ont un funeste parfum de déjà-vu. Et c'est sans doute dans l'articulation subtile des téléphones portables aux réseaux de satellites civils, reconvertis en système de détection ou guidage de missiles, qu'il faut aller chercher, dans le détournement de technologies légères, les novations de demain. Pas de quoi verrouiller une révolution industrielle en tout cas.

Trouble dans l'énergie

Quoique. Le trouble que sème, dans les marchés de l'énergie, le conflit qui mobilise, derrière l'Ukraine, les États-Unis et l'Europe contre la Russie, la Chine et peut-être le reste du monde, s'avère des plus instructifs. Au cœur du problème, le gaz russe. Avec une légèreté que l'on ne connaît d'habitude pas aux dirigeants allemands et qui ne laisse pas d'étonner, la chancelière allemande avait laissé s'installer une dépendance singulièrement forte de son pays à son fournisseur russe. Le gaz amené à travers l'Ukraine n'était certes que l'un des éléments du système qui faisait reposer tout l'édifice industriel européen sur des énergies à bas coût. Tout le monde y gagnait. La Russie qui y trouvait une rente commode. L'industrie allemande dont les usines tournaient à plein régime. Les pays de transit qui touchaient, pour le droit de passage sur leur territoire, de confortables émoluments. C'était tellement bien qu'un second gazoduc était prévu sous la Baltique, qu'on allait mettre en marche, c'était décidé, malgré les criaillements des écologistes, incapables de voir ce qu'il y avait de grand et de rentable dans la chose. Ce qui les contrariait ? Puisque la chose garantissait pour les cinquante ans à venir au moins l'alimentation en gaz de l'Europe de l'Ouest en gaz, on pouvait penser que les Européens auraient bien du mal à tenir leur promesse d'arriver à la neutralité en C02 en moins de trente ans.

Sur ce, la Russie a envahi l'Ukraine. Madame Merkel a quitté ses fonctions, et quelqu'un s'est ému, quelque part, de la dépendance incroyable à la Russie de l'industrie allemande – et donc européenne. Quelqu'un, ailleurs, a fait exploser le fameux et futur gazoduc sous la Baltique. Les chefs d'État ont pris leur bâton de pèlerin pour aller quémander du gaz qui à l'Algérie, qui aux États-Unis ou au Canada. On a révisé en hâte les centrales atomiques françaises, fâcheusement rouillées ou fissurées dans l'intimité de leurs tuyauteries et rallumé les centrales à charbon allemandes. Les habitants ont été priés d'éteindre les lumières en quittant une pièce et de dormir en bonnet de nuit pour économiser les précieuses calories. Quelques mois de négociations plus tard, le système d'approvisionnement en énergies fossiles de l'Europe était réorganisé – en surface – et pas transformé – en profondeur. La guerre a simplement accéléré le réaménagement de l'approvisionnement européen : un peu plus de gaz algérien, beaucoup plus de gaz américain et de grands terminaux méthaniers en mer du Nord. Ce n'est pas vraiment ce qu'on appelle la conversion écologique.

Rien n'est plus obstiné à persister dans son être, en effet, qu'un réseau de transport d'énergie. Rien de plus difficile à déboulonner aussi qu'un gros projet d'infrastructure, étudié et prévu depuis des dizaines d'années, fédérant solidement les acteurs les plus disparates autour de la perspective de retours sur investissement à la hauteur des capitaux engagés. Que pèse le risque écologique en face ? Pas grand-chose. Certes, échaudées par une succession de catastrophes, nappes de pétrole en flamme, rivages pollués et autochtones furieux, les grandes compagnies, aujourd'hui, construisent et surveillent mieux les infrastructures de transport de pétrole, du moins dans les pays où l'opinion peut se faire entendre. Il n'en reste pas moins qu'oléoducs et gazoducs représentent un risque écologique majeur. La collectivité ne leur fait pas payer le risque environnemental qu'ils génèrent sauf *a posteriori*, lorsqu'il s'agit de réparer le coût écologique d'une catastrophe. Et la balance penche facilement vers la reprise de grands projets un temps controversés. C'est le cas de l'oléoduc géant prévu pour acheminer le pétrole extrait – avec un coût environnemental gigantesque – des sables bitumineux de l'ouest du Canada entre les provinces canadiennes de l'Alberta et de la Saskatchewan et les raffineries américaines du Golfe du Mexique : successivement suspendu par l'administration Obama et restauré par le gouvernement Trump, il est revenu, sous de nouvelles couleurs, à l'agenda de l'administration Biden. Le groupe canadien TC Energy qui veut l'exploiter entend amadouer la Maison Blanche et l'opinion américaine, en peignant sous de riantes couleurs les aspects collatéraux du projet et en promettant n'avoir recours qu'à des énergies renouvelables dans son exploitation.

C'est dans les champs de pétrole, les entrailles des mines de charbon, les gisements de gaz et les tuyauteries des centrales nucléaires que se situe le point névralgique de la révolution industrielle à venir. Dans l'ancien monde, tout se tenait. La révolution numérique, s'appuyait sur un modèle technologique qui, vers le milieu du XXe siècle, semblait arrivé à maturité. Le charbon, le gaz et le pétrole en étaient les sources d'énergie principales avec, selon les lieux et les pays, le nucléaire. Les grands réseaux de télécommunication et l'informatique, sagement régulés, assuraient leur rôle dans l'échange des informations à l'échelle du monde. La très grande entreprise offrait un cadre optimal pour l'organisation de la production. Quant aux structures du travail, elles reposaient encore sur le principe d'un salariat généralisé (et étendu aux femmes). Les systèmes de protection sociale pour les salariés procuraient à ces derniers une relative stabilité des revenus, les risques individuels étant mutualisés. La domination postcoloniale, enfin, garantissait à l'Amérique du Nord et aux pays européens l'accès aux matières premières stratégiques. Tout semblait rouler. Il suffisait de mettre du numérique partout et des possibilités nouvelles et fastueuses s'offriraient pour tous.

Mais ça ne marche pas. La révolution du numérique bute aujourd'hui sur un paradoxe majeur. Les ressources énergétiques sur lesquelles elle repose sont en crise, au sein d'une crise écologique globale qui menace le système productif tout entier. On le savait mais on ne voulait pas le voir : les ressources naturelles, charbon, gaz, pétrole, sur lesquelles s'était bâti tout cet écosystème industriel vont, dans un avenir prévisible, s'épuiser. Rien ne dit que dans la course de vitesse qui s'engage pour la mise au point de sources d'énergie renouvelables et soutenables, les énergies renouvelables vont l'emporter. Le problème est, d'ailleurs, plus général. Pour faire court, si les activités industrielles et les activités humaines en général continuent à produire du CO_2 à ce rythme, et si elles se combinent avec un cycle de réchauffement naturel comme en connait régulièrement la planète, il se produira un réchauffement climatique incompatible avec la survie, dans de bonnes conditions, de l'espèce. La crise climatique à venir nous promet non seulement la fin d'un modèle industriel de développement, elle nous annonce aussi la fin du monde, du moins du monde tel que nous l'habitons.

Incapable de changer son modèle de production, accrochée névrotiquement à une utilisation croissante de charbon, d'électricité et de pétrole, l'humanité avancerait-elle donc aveuglément vers sa fin, grisée par une frénésie de consommation ? L'avenir se réduirait-il à une sorte de course de vitesse où seule la sobriété écologique – le renoncement aux consommations polluantes – permettrait à l'humanité d'éviter la catastrophe. Ou alors des innovations technologiques providentielles permettront-elles de changer de modèle *in extremis* ?

L'alerte a sonné assez fort pour que certains – au cœur même du système productif – s'alarment. Et imaginent un scénario de sortie de crise dans lequel on conserverait le beurre et l'argent du beurre. Soit d'un côté le numérique qui permet de réduire les coûts énergétiques en limitant les déplacements et en pilotant les consommations ; de l'autre les énergies renouvelables pour faire marcher le système sans mettre en danger tout l'édifice. Dans ce qui pourrait être un scénario de sortie de crise, la numérisation des activités humaines tiendrait une place centrale en se substituant aux activités gourmandes en énergie et en étant bien moins polluante. Le travail à distance, la consommation des biens audiovisuels en réseau et la vie sociale par médias sociaux interposés, seraient mobilisés à pleine puissance pour améliorer le bilan énergétique de la planète (on verra que c'est une affirmation fort sujette à caution). L'adoption de sources d'énergie renouvelables, en se substituant aux énergies du XXe siècle, permettrait de rendre à nouveau le bilan carbone de l'espèce humaine acceptable et sa survie possible, le tout sur fond de transformation volontariste des comportements. En achevant les transformations en cours par une surenchère numérique, mais en les dépassant par une volte-face énergétique, la quatrième révolution industrielle pourrait alors être pensée comme une sorte de reformulation hybride de la modernité, composée de renoncement vertueux et d'innovation technologique.

L'obstinée résistance de l'existant

En prenons-nous le chemin ? À vrai dire, rien n'est moins sûr. La caractéristique dominante de la décennie qui vient semble plutôt être la rémanence voire la résistance des sources d'énergies anciennes et des entreprises en place. À moins que… À moins que le capitalisme industriel et financier ne trouve intérêt à sa propre transformation – comme il l'avait fait à la fin du XIXe siècle – et ne devienne le moteur d'un gigantesque processus de destruction créatrice qui enfantera le monde de demain. Rares (ou inexistants) sont les exemples historiques prouvant que la vertu soit jamais parvenue à changer le monde. En revanche, au regard de l'histoire, la dynamique interne du capitalisme est un carburant fiable qui a déjà fait merveille à plusieurs reprises.

À ce jour, plusieurs options se dessinent donc : baisser de façon drastique la consommation d'énergie des mondes industrialisés, ou alors parier sur l'innovation et conduire une mutation rapide des processus industriels et des modes de déplacement. Ou les deux. Mais le compte à rebours est déjà engagé. Or, la nouvelle révolution qui pourrait être induite par une association entre la « révolution du numérique » et une possible décélération de la consommation des énergies fossiles et de la production de gaz à effet de serre est une transformation qui n'a rien d'expéditif. Elle repose sur un processus lent, beaucoup plus long qu'on ne croit, dans lequel la résistance des technologies anciennes et la rémanence des entreprises qui les exploitent pourraient bien constituer une variable d'inertie déterminante.

Témoins de cette formidable force d'inertie, quelques secteurs clés de l'activité économique continuent à se développer imperturbablement sur le modèle traditionnel en ne faisant que de maigres concessions aux préoccupations écologiques. Réintégrer, dans la configuration du système de production industriel et économique mondial, le coût de la destruction ou du mauvais usage de biens jusqu'alors non valorisés – l'eau, l'air pur, la lumière, les grandes forêts, les océans, la biodiversité, le bien-être animal, la dignité de l'humain – ne se fait que péniblement. Et fort inégalement selon les secteurs industriels et géographiques.

La question environnementale, en effet, ne s'invite pas dans le débat de la même façon dans tous les pays. Pourquoi, lorsqu'on accède à peine à l'affluence de la société consommation, s'infliger des restrictions que les pays occidentaux n'ont, quant à eux, nullement connues, lorsque, au XXe siècle, ils pillaient, sans contrepartie, les ressources des pays colonisés ? Certains pays affichent ouvertement leur refus. Au fil des alternances politiques, la forêt amazonienne, poumon de l'humanité, a été ainsi successivement protégée ou pillée, mais plus souvent pillée que protégée. Et les dégâts sont irréversibles. En 2019, au Brésil, le président Bolsonaro, a fait de la déforestation de la forêt amazonienne et du gain en terres agricoles qui en résulterait une promesse majeure à son électorat. Son gouvernement a ensuite, de façon très logique, abrogé les dispositions législatives qui protégeaient la forêt, démantelé les administrations qui les mettaient en œuvre. La forêt primaire a été livrée à la tronçonneuse. Ailleurs, d'autres font du réchauffement climatique non pas une menace mais une chance. Et s'il permettait d'étendre le vieux modèle productiviste agricole à de nouvelles régions du globe sans l'amender moindrement ? Ainsi la Russie a, en 2021, testé la production de blé en Iakoutie. Faute de consensus, les efforts des uns courent le risque d'être annihilés par les désirs des autres. Lorsque l'Europe décide de fermer ses polluantes centrales à charbon, la Chine fait tourner les siennes à plein régime pour fournir à ses usines de l'énergie à bas prix : c'est comme cela, quoi qu'il en coûte, que l'on devient et que l'on reste « l'atelier du monde ».

L'obstinée ronde folle

Les réseaux de transport sont un autre point dur de la résistance. Leur basculement dans une autre dimension se heurte à la survivance des technologies classiques et à la rémanence des entreprises anciennes. À la fin du XXe siècle on circulait comme jamais sur le globe. Transportés, par bateau, par avion, en train, en automobile, les marchandises et les hommes, dopés par la spécialisation géographique des aires de production, étaient lancés dans une ronde effrénée. Câbles sous-marins et réseaux de satellites transportaient l'information. Le gaz, l'électricité traversaient les continents, les mers, les montagnes. De faibles voix s'alarmaient de cette course accélérée. Personne ne les a écoutées.

Dans le domaine du transport de l'énergie, par exemple, on aurait pu renoncer à des projets pharaoniques, destructeurs de l'environnement et dangereux. À tous ces niveaux, adopter des technologies moins gourmandes, moins polluantes était possible. Dans la réalité, les défenseurs de la modération des appétits, du respect de l'environnement, de la protection du vivant, ont presque systématiquement perdu. Perdu leurs procès, perdu les élections, perdu la vie parfois. Il y avait trop d'intérêts en jeu. Enjeux de sécurité nationale pour l'approvisionnement en pétrole, enjeux géopolitiques (le gaz russe et l'Europe occidentale), enjeux de préférence nationale (Trump, Bolsonaro, les populistes), enjeux économiques et sociaux (l'emploi dans les mines de charbon, le raffinage des hydrocarbures, les gaz de schistes, et les industries qui reposent sur ces énergies). Et en arrière-plan, la puissance des grandes compagnies expertes dans l'art du lobbying et bien décidées à peser sur les décisions des organisations internationales autant que sur les arbitrages de politique nationale. Financer une véritable transition écologique ? Trop cher, trop compliqué, trop impopulaire aussi. Car si le recours aux énergies fossiles ne baisse pas ou pas assez vite, c'est que le déphasage est trop grand entre un risque écologique, perçu comme une menace différée, qui ne frappera qu'à long terme, et un risque politique ressenti comme immédiat, comportant pour le pouvoir en place un danger à court terme. Ce déphasage, qui laisse imperturbables les dictatures et les régimes autoritaires, fragilise les mieux intentionnés des gouvernements des démocraties occidentales, soumis à la rapidité des alternances politiques. Difficile de prendre des décisions au nom de la rigueur, même si on la baptise sobriété, si c'est pour éviter un cataclysme dont l'imminence fatale ne prendra effet que deux ou trois générations plus tard. Et encore moins si des élections se profilent à l'échéance de quelques années.

Le fret maritime mondial et son armada de super porteurs – cargos, tankers, et méga porte-conteneurs – illustre aussi, à sa manière, les lenteurs des transformations actuellement à l'œuvre. On pouvait imaginer que la pandémie de 2020-2021 donnerait un coup d'arrêt au trafic maritime, bloquant l'ensemble de la flotte aussi assurément que l'a été en mars 2021 le canal de Suez, obstrué par un porte-conteneurs tandis qu'une longue file des cargos faisait la queue devant l'entrée fermée du canal… Les images satellites de cette noria de navires immobilisés semblaient annoncer une paralysie durable, peut-être même la fin d'un système particulièrement dommageable pour l'écologie. Ce qui s'est vérifié, au contraire, c'est l'inexorable résilience de ce trafic maritime de marchandises qui avait déjà progressé de façon fulgurante entre 1990 et 2020 et qui a tout benoîtement repris sa croissance dès 2021.

C'est qu'on ne revient pas du jour au lendemain sur le choix de la Chine comme atelier du monde. Cette délocalisation-là n'était possible que si l'acheminement des biens manufacturés se faisait à bas coût par cargo. D'où la conteneurisation généralisée, la construction de cargos géants et l'utilisation d'internet – ou de réseaux équivalents – pour gérer, d'une part, le déplacement des navires – passage du détroit de Malacca et du canal de Suez – et d'autre part la régulation du fret, l'optimisation des chargements et des transactions. Ce que le réseau télégraphique avait fait pour le transport du coton entre la

Louisiane et Manchester au XIXe siècle, les applications de régulation supportées par internet le font pour le trafic maritime au XXIe siècle. Dans cette perspective, le ralentissement de 2021 a été spectaculaire mais provisoire. Aussi longtemps que la Chine aura des produits manufacturés à expédier dans le monde, et des quantités massives de matières premières à apporter sur son sol, le trafic augmentera. Et les travaux d'infrastructure décidés ces dernières années ne laissent pas penser que les choses vont changer.

À quoi faut-il donc s'attendre ? Les porte-conteneurs géants vont s'adapter, mais ni disparaître, ni diminuer. Au nombre des adaptations imaginées par une profession qui ne veut pas être clouée au pilori de mauvaise conduite écologique, on évoque, pour les plus modernes des grands porte-conteneurs, le projet de passer à la propulsion au GPL. Ce sera leur contribution à la décarbonation. Un effort qui ira de pair avec un usage accru des services numériques pour optimiser la circulation des navires et des cargaisons. Et peut-être des cargos à voile ? Rien qui permette de prévoir un déclin du trafic maritime, au contraire.

La pandémie aurait pu être l'occasion de mettre un frein, ou un terme, à l'explosion du trafic des bateaux de croisière qui a jeté sur les mers du monde entre 2010 et 2020 un nombre jamais vu de monstres maritimes, plus peuplés qu'une ville, menaçant de leur ombre les quais de Venise et les îlots de la Caraïbe. En 2017 on comptait presque trente millions de croisiéristes dans le monde, dont quinze millions d'Américains et presque huit millions d'Européens. Dans les Antilles, circulent aujourd'hui plus de paquebots de croisière que les ports n'en peuvent abriter. Cette noria affolée s'appuie, d'une part, sur la gestion informatique des voyages, capable d'optimiser toutes les opérations dont se compose la croisière et, d'autre part, sur la désintermédiation qui conduit le client final à prendre en charge lui-même la gestion commerciale du voyage : recherche de l'agence, sélection de l'itinéraire, du calendrier et des options, réservation, achat, gestion des suppléments… Autant de gains de productivité qui expliquent la croissance exponentielle du secteur.

Quant aux coûts environnementaux énormes que représentent la destruction des fonds marins, la pollution de l'air et des mers, une empreinte carbone d'autant plus considérable qu'il faut y ajouter les vols aériens qui acheminent la clientèle au port d'embarquement, ils n'ont pratiquement aucune place dans ce modèle économique, et rares sont les instances qui pourraient contraindre les corporations géantes à les prendre en compte. En 2017 la flotte du géant européen de la croisière Costa (Carnival Corp.) a produit plus de dioxyde de soufre à elle seule que toutes les voitures circulant en Europe[1]. Qui s'en soucie ? Certes, rattrapée par la pandémie, dans des conditions parfois dramatiques, la ronde des bateaux de croisière s'était pratiquement arrêtée en 2019. Mais c'était se réjouir trop vite : ce que la pandémie avait défait, le vaccin l'a aussitôt reconstitué, et l'industrie de la croisière a commencé à reprendre ses couleurs dès 2020. Comme l'écrivait crûment un site d'information professionnel, tout a dépendu de l'existence de vaccins fiables. Les premières annonces en la matière ont eu comme conséquence la hausse des actions des compagnies maritimes de tourisme.

Les petits pas de l'innovation

Face aux résistances obstinées de secteurs lents à se transformer, faut-il compter sur l'innovation technologique ? Oui bien sûr, mais sans se faire d'illusions. Le changement technologique lui aussi rencontre assez vite ses limites.

Dans les premiers moments de leur développement, les nouvelles technologies, en effet, sont rarement concurrentielles. Elles doivent, pour pouvoir émerger, être protégées par des politiques publiques volontaristes et durables qui ne peuvent elles-mêmes exister que si l'intérêt à long terme qu'on y trouve est supérieur au coût massif des investissements qu'il s'agit d'assumer sans effet immédiat. Or, dans le premier quart du XXIe siècle, les énergies « douces » sont confrontées à plusieurs phénomènes qui se conjuguent. D'une part les technologies nouvelles ont du mal à amortir rapidement la création de leurs installations et de leurs réseaux ; elles ne sont pas toujours aussi propres qu'elles le devraient pour représenter une véritable alternative ; et enfin leur acceptabilité sociale est parfois faible. L'hydrogène par exemple devra, au moins dans une phase de transition, faire appel à des processus de production qui mettent en jeu les énergies

1. https://sciencepost.fr/lempreinte-environnementale-edifiante-des-navires-de-croisiere/

fossiles. Les biocarburants affichent aujourd'hui des coûts supérieurs aux carburants classiques et leur utilisation dans l'aviation demandera une longue et difficile refonte de la réglementation internationale. Quant à la fusion nucléaire – et plus précisément au projet international ITER –, son industrialisation prendra certainement des dizaines d'années. Peut-être que les petites centrales se seront alors avérées une bonne alternative.

Le caractère vertueux ou non d'une technologie dépendant largement du point de vue duquel on la considère et des variations de l'environnement, certaines options sont passées en quelques années du statut de parangon de l'action écologique à celui d'erreur coûteuse et malvenue. Les éoliennes[1], par exemple, ont subi une étrange transmutation en termes d'acceptabilité sociale. Présentées, dans les années 2010, en France comme la panacée en matière de production d'énergie renouvelable, elles ont subi ensuite un procès en diabolisation. Inefficaces – le vent le souffle pas toujours autant qu'il le faudrait en Île-de-France ou en Bourgogne –, chères, bruyantes, inesthétiques, elles polluent le calme campagnard et ravagent les paysages. Plantées en mer elles souillent l'horizon, agressent les fonds marins et constituent une menace pour la navigation. Enfin, confiées pour leur construction et leur exploitation à de grandes compagnies multinationales, elles symbolisent la permanence de l'ancien monde dans le nouveau : un ravage sans scrupule de l'environnement par la technique, d'énormes structures de béton et de métal non recyclables, une façon pour les citoyens de se trouver à nouveau dépossédés de leur autonomie, une privatisation intolérable de biens communs inaliénables que sont l'air et la mer. Et les catégories juridiques mobilisables pour s'y opposer semblent parfois désuètes et en décalage avec l'ampleur du projet industriel. Ainsi le 5 novembre 2021 la cour d'appel de Toulouse donne-t-elle raison à un couple de retraités tarnais : les éoliennes installées près de chez eux constituent bien par leurs « nuisances sonores et visuelles » un « trouble du voisinage » et ils ont droit à 100 000 euros d'indemnisation. Les panneaux solaires, à l'instar des éoliennes, ont, à un moment donné, basculé dans le camp du diable. Il est soudainement apparu que les aides publiques généreusement distribuées au début des années 2000 pour leur mise en place par les particuliers et les petites entreprises,

1. http://www.journal-eolien.org/tout-sur-l-eolien/la-production-d-electricite-eolienne/

avaient subventionné, *in fine*, des importations de produits chinois à l'empreinte carbone calamiteuse.

Pour compliquer les choses, les acteurs du camp du mal peuvent, de façon plus ou moins réussie, basculer dans le camp du bien. Les entreprises porteuses des technologies « anciennes » résistent à la concurrence en se transformant. Poussées à innover pour survivre, elles gagnent en productivité et s'avèrent soudain capables de concurrencer des technologies nouvelles sur des marchés dont elles connaissent, par ailleurs, les moindres recoins. Les concepteurs des moteurs thermiques pour l'automobile, par exemple, se sont lancés dans une course à la modernisation qui a leur permis de demeurer compétitifs, certes au prix de quelques mensonges et de quelques scandales (dans le domaine du Diesel, par exemple) – mais avec des résultats non négligeables dans la course contre la montre que représente le duel entre nouvelles et anciennes technologies : en restant compétitifs, les constructeurs automobiles ont gagné assez de temps pour envisager de contrôler le calendrier des transformations de leurs processus de production à venir. Et leurs marchés. La firme française Total offre une réponse stratégique à l'impasse dans laquelle elle aurait pu se trouver enfermée : centrée sur les hydrocarbures elle faisait office d'épouvantail. En absorbant de nombreuses petites entreprises dans le domaine des énergies concurrentes, du gaz au bois de chauffe à destination des particuliers, elle occupe tout le secteur et est en mesure de piloter les variations de la consommation et ses éventuels reports d'une énergie sur l'autre tout en faisant porter sur le consommateur la charge de la modération des consommations. Coup de maître.

Dans le domaine des réseaux, activités régulées s'il en est, l'intervention de la puissance publique est décisive pour aménager des conditions permettant l'arrivée de nouveaux acteurs. Les justifications de ces interventions publiques sont diverses. Ce peut être, dans un système de marché mondialisé, l'anticipation de prix de revient ultérieurs plus bas lorsque l'effet de réseau ou de système jouera à plein avec l'espoir de leur vertueuse répercussion sur les usagers. C'est ainsi que les premières entreprises qui ont développé des logiciels de commercialisation de produits sur Internet dans les années 1990 étaient exemptées de taxes. Les États-Unis savent très bien protéger leurs industries nouvelles lorsqu'ils anticipent un gain global pour leur système économique, surtout lorsque ce qui est en jeu c'est l'acquisition ou la conservation d'une position dominante à l'échelle mondiale. Ce sont en outre des domaines où, en dernière instance, l'enjeu militaire n'est jamais absent. Ainsi les pouvoirs publics américains ont-ils osé imposer, dans les années 1980, le démantèlement du joyau industriel qu'était la Bell Telephone, pour laisser le champ libre au développement de l'informatique connectée que la position hégémonique du vieux réseau téléphonique indigène gênait dans sa croissance. Il en est sorti Internet. Les Gafam ont été l'objet d'une sollicitude analogue. L'Europe, dopée à l'idéologie de la libre concurrence est-elle capable d'en faire autant ? Dans les instances concernées la prise de conscience est lente, mais réelle et il est fort probable que la guerre en Ukraine, avec son lot de recompositions stratégiques, accélère le mouvement. Les plans à moyen et long terme destinés à susciter l'adaptation cohérente du tissu industriel européen à la nouvelle donne s'étudient et se votent, commission par commission, secteur par secteur. Une légère révolution culturelle est en cours.

Un numérique pas si vertueux

Passe encore que les vieilles industries se défendent comme elles peuvent. On pourrait penser que le second volet de la mutation en cours – la numérisation généralisée des activités – se déploie dans un espace vierge où la résistance des acteurs économiques en place ne se manifeste pas. Ce n'est pas vraiment le cas.

Le système technique du numérique, en effet, se présente comme une architecture de strates. Dans les couches les plus profondes, se trouvent de vieilles technologies et de vieux acteurs. Axiome de base : l'économie du numérique, dans son ensemble, dépend de la production d'électricité. C'est l'électricité qui alimente à la fois les systèmes de traitement et les grands réseaux de transport de l'information, notamment les câbles et satellites qui sont les supports physiques d'Internet. Or, dans l'immense majorité des cas, cette électricité, indispensable à l'économie numérique, est toujours produite par des centrales issues de technologies anciennes. L'Allemagne, malgré son parc d'éoliennes inégalé, a dû, lorsqu'elle a décidé de se passer du nucléaire, en revenir aux centrales au charbon et au fioul. La Chine, si elle a annoncé en 2021 renoncer à construire de nouvelles centrales à charbon à l'étranger, n'indique aucunement avoir l'intention d'en faire autant sur son propre territoire…

La transmission des données numériques se fait entre continents *via* des réseaux de câbles sous-marins posés par de très classiques navires câbliers et, pour le reste, par des satellites lancés par des fusées : rien de moins « doux » écologiquement que ces technologies. Au niveau supérieur, celui des industries du traitement de l'information et de la production de biens numériques, la dématérialisation des échanges et la généralisation des écrans portent l'observateur à négliger l'impact de ces activités. Le numérique a, en réalité, un coût environnemental considérable et une empreinte carbone largement sous-estimée. Outre le rythme de plus en plus rapide du remplacement des machines mises dans les mains du grand public, ordinateurs, smartphones et tablette, dont l'obsolescence est méthodiquement programmée, rien de plus gourmand en énergies fossiles qu'une ferme de *data*. On fera crédit aux prophètes du numérique du fait que les évolutions récentes permettent de limiter la croissance de ces dépenses énergétiques. La quantité de calcul dans les *data centers* a plus que quintuplé entre 2010 et 2018 mais la quantité d'énergie électrique consommée n'a augmenté que de 6 % sur la même période. En dépit de ces efforts louables, elle s'élève quand même à « 205 térawattheures d'électricité », soit environ 1 % de la consommation mondiale[1]. Ce chiffre aura doublé dans quinze ans, et triplé en 2050.

La numérisation généralisée des activités, en procurant d'énormes gains de productivité dans tous les secteurs de production, contribue par ailleurs à augmenter la compétitivité des « vieilles » industries pollueuses et donc à freiner leur disparition ou leur effacement face à d'autres options technologiques nouvelles, plus écologiques, qui peinent à s'imposer. Paradoxalement, le digital offre, dans beaucoup de secteurs, la meilleure garantie pour que le monde d'hier conserve ses prérogatives dans le monde qui vient.

Voilà donc le tableau d'ensemble. Nous sommes inconfortablement assis entre deux chaises bancales : entre une révolution industrielle qui conserve les énergies nuisibles et les mauvaises habitudes

1. https://www.usine-digitale.fr/article/la-consommation-electrique-des-data-centers-serait-largement-surevaluee.N936129 Dans une étude publiée le 28 février 2020 dans la revue *Science*.

héritées du siècle précédent et une nécessaire évolution. Or, tétanisés par la menace d'un effondrement sans lendemain, nous peinons à prendre les décisions drastiques sans lesquelles elle reste une fiction.

Sauver la planète par le capitalisme industriel ?

Le salut, comme toujours, viendra probablement de là où on ne l'attendait pas. Du cœur du capitalisme industriel lui-même. Les entreprises sont en train de s'emparer elles-mêmes des enjeux écologiques pour en faire leur propre objet. On peut n'y voir que du greenwashing, une sorte de prétexte ou d'alibi dont l'entreprise se saisit pour faire oublier ses torts, une parade nuptiale pour améliorer son image et se concilier les bonnes grâces de l'opinion consommatrice. S'il ne s'agit que de cela, les jeux sont faits et il ne se passera rien. Mais on peut y voir aussi l'effet de l'un des ressorts les plus constants et les plus profonds du capitalisme industriel : la recherche opportuniste d'une nouvelle dynamique qui pourrait susciter de nouvelles technologies et se solder durablement par de nouveaux marchés et de plus grands profits, quitte à ce que la transition s'avère un peu rude. L'histoire nous montre que les révolutions industrielles ne se produisent pas sans douleur, sans injustice, sans exploitation des uns par les autres. Mais il en est toujours sorti un monde nouveau. Il n'est pas exclu que le capitalisme industriel et financier, avide de rester maître du monde, s'emploie quand même pour de bon à faire survivre la planète qui, après tout, est aussi son propre écosystème. À quoi bon bâtir ou consolider sa dynastie si le monde qui vient est promis à la disparition ?

La dynamique industrielle contient l'hypothèse cruciale d'une emprise sur le futur, le pari d'un marché à venir qui est incarné par les générations à naître. Sauver la planète n'est pas un projet philanthropique : c'est une formidable opportunité qui peut s'avérer rentable dans des proportions sans précédents. En profitant de l'explosion démographique qui devrait doubler le nombre des consommateurs potentiels avant la fin du siècle, l'hubris d'un profit sans limite peut sans doute suffire à lancer les bases d'un nouveau monde, écologiquement viable, dans lequel les affaires seraient plus florissantes que jamais. Mais la partie est serrée. À peine issue de la troisième révolution qui règne encore sur notre planète, cette quatrième révolution industrielle est d'ores et déjà engagée dans une course contre la montre qui pourrait bien se conclure, à terme, par un « quitte ou double ». Mais il est probable qu'il ne s'agit déjà plus d'une véritable alternative : réussir cette révolution n'est pas une option, c'est une condition sine qua non, car si l'effondrement écologique annoncé finissait par se produire effectivement, il est bien clair qu'il n'y aurait plus alors à compter sur une cinquième ni une sixième révolution, industrielle ou pas.

Smartphone, l'emprise sans retour

Pierre-Marc de Biasi

Le 9 janvier 2007, Steve Jobs, président d'Apple, présente sa dernière création : *iPhone*, premier téléphone cellulaire contenant un navigateur Internet, un *iPod* et un écran tactile *multi-touch*. D'un seul coup, je dispose, au creux de ma main, non seulement d'un téléphone portable mais d'un outil polyvalent connecté qui met à mon service personnel tous les réseaux numériques de la planète. C'est une révolution. Le *Smartphone* (« téléphone intelligent ») est né. Son succès est si fulgurant que la recherche-développement le dote de pouvoirs chaque année plus nombreux et qu'il est imité partout en devenant un produit industriel de premier plan à l'échelle mondiale. On compte aujourd'hui près de 6 milliards de smartphones en activité sur une planète peuplée de 8 milliards d'habitants ; et chaque utilisateur passe en moyenne plus de 5 heures par jour à l'utiliser, soit plus d'un tiers de sa vie éveillée. En un an, cela fait un total cumulé de plus de 10 000 milliards d'heures de vie humaine consacrées, de près ou de loin, à l'usage de cet instrument. La révolution technique qu'a été l'invention du smartphone s'est traduite – dans les métamorphoses de l'hypersphère numérique – par une véritable révolution culturelle qui a entièrement bouleversé nos modes de vie, nos valeurs, notre praxis et notre réalité quotidienne. De tous les appareillages techniques qui accompagnent, assistent et structurent notre rapport au monde depuis le début du siècle, c'est à coup sûr le smartphone qui constitue le plus puissant et le plus révélateur des artéfacts numériques en usage aujourd'hui. Difficile de prévoir comment son emprise évoluera dans les trente ans à venir, et jusqu'où le mèneront ses connivences enflammées avec l'intelligence artificielle. Impossible de savoir s'il sera ou non remplacé, tôt ou tard, par un autre outil médiateur, ou au contraire s'il aura le privilège de devenir le premier instrument concerné par la mise en œuvre des projets de fusion homme-machine… Tout est allé très vite et on en est là. Quoi qu'il devienne, il ne fait aucun doute que le smartphone représente, pour le meilleur et pour le pire, un acteur technique majeur de notre modernité et un objet d'étude essentiel pour qui cherche à comprendre les mutations du monde qui vient.

L'approche médiologique

Aussi magique et déterminant qu'il soit par les pouvoirs qu'il nous octroie, le smartphone est un objet prosaïque et commun : tout le monde ou presque en possède un et, comme tout produit de consommation de masse, il ne remplit son rôle de distinction sociale que par l'affichage trivial de sa qualité de marchandise : sa marque, sa gamme, son millésime et, pour finir, sa valeur vénale. Ustensile arboré comme un bijou, concurrent démocratique de la montre de luxe, objet de convoitise et signe extérieur de richesse pour les moins nantis, le smartphone est un objet ordinaire. Cette trivialité est d'excellent augure pour le médiologue : s'il interroge les réciprocités entre technique et culture, il entend le faire au ras des réalités, en allant de la chose à l'idée. Plutôt que d'emprunter la voie souveraine et (con)descendante de la philosophie (de haut en bas, *top-down*) qui va du concept à la réalité, il préfère prendre l'escalier en partant du rez-de-chaussée pour monter progressivement dans les étages du symbolique. C'est ce que permet un regard attentif sur les *choses* de tous les jours – voiture, route, vélo, cargo, minijupe, drone, smartphone, etc. – si on les considère d'abord dans leur objectivité physique. C'est à partir d'eux que l'analyse entend construire sa dialectique ascendante pour comprendre le culturel par le matériel. Le smartphone, comme indice et matérialisation de l'hypersphère, s'accorde spontanément à la méthode matérialiste qui procède en remontant du concret vers le symbolique (de bas en haut, *bottom up*) et qui entend comprendre les choses « d'en haut » par les choses « d'en bas ».

Commencer par « la matière organisée » (MO) des supports veut dire s'interroger d'abord sur des matérialités familières, plutôt ordinaires et subalternes : sur les *objets concrets* de notre quotidien par lesquels passent, plus ou moins consciemment, notre praxis, nos routines, nos actions, nos rituels, nos façons de faire, de penser, de dire et d'être ensemble, nos manières de créer du *nous*, des solidarités, des exclusions, des territoires, des frontières et, bien sûr, de la technique.

Mais si la matière organisée s'incarne dans des objets singuliers comme le smartphone, ces objets restent inséparables d'un environnement matériel composé de tout un univers connexe d'autres matérialités. En devenant le compagnon de tous nos instants, le smartphone est un parfait exemple de cette matière organisée qui concentre, dans un objet, les logiques d'une multitude d'autres dispositifs matériels, des plus concrets aux plus sophistiqués, depuis l'extraction de minerais jusqu'à la rédaction de commandes codées : cuivre, métaux précieux, terres rares, batterie au lithium, composants électroniques, verres spéciaux, écran tactile, antennes relais, câbles sous-marins, satellites, énergie électrique, centres de données, centre de traitement, wifi, logiciel système, etc. C'est en partant aussi de cet environnement technico-matériel qu'il s'agit de comprendre comment et pourquoi, à quel prix et avec quelles conséquences, un instrument comme le smartphone joue un rôle si central et si singulier dans les processus qui rendent possible, outillent et transforment notre relation intellectuelle et sociale au monde de la culture et à son imaginaire.

Mais le dispositif tangible qu'est le smartphone ne développe pas ses fonctionnalités par la seule médiation d'un environnement matériel organisé. À une autre échelle, il ne peut fonctionner qu'en véhiculant aussi – avec lui et en lui – tout un système de structures collectives qui le soutiennent : une organisation matérialisée (OM) à laquelle il est corrélé, à laquelle il contribue et dont il dépend. Autant qu'à l'objet lui-même et à son environnement technique, la médiologie s'intéresse aussi à l'ensemble organique des configurations plus abstraites (technico-industrielles, professionnelles, institutionnelles, communautaires, symboliques, etc.) qui ont permis à cet outil d'être conçu, fabriqué, diffusé, légitimé, valorisé et maintenu opérationnel. Pas de smartphone sans Internet et intranet, sans des normes de téléphonie mobile mondiale, en perpétuel développement (4G, 5G, bientôt 6G, etc.), sans de gigantesques entreprises multinationales (GAFAM) qui assurent sa production, son fonctionnement, ses pouvoirs et son marché, sans une chaîne de distributeurs commerciaux qui en développent l'exploitation, sans des structures d'État qui cherchent à en partager plus ou moins autoritairement le contrôle. Mais pas de smartphone non plus sans les réseaux sociaux et leurs milliards d'utilisateurs, les *big data*, les plateformes de e-commerce ou les communautés d'internautes, etc. qui engendrent la culture numérique de l'hypersphère et les valeurs collectives dont le smartphone est l'outil individuel privilégié. Enfin, pas de smartphone sans cet ensemble d'artefacts concrets mais quasi immatériels que constituent les lignes de code auxquelles se résument les systèmes et les applications sur lesquelles reposent son fonctionnement et sa capacité magique à savoir tout faire. C'est de ces logiciels extérieurs qu'il tient toute sa puissance : il n'en est finalement que l'interface matérielle, la « télécommande » sophistiquée, la médiation instrumentale qui nous permet d'exploiter leurs fonctionnalités.

C'est en essayant de penser ces réciprocités qu'il devient possible, d'un point de vue médiologique, de comprendre d'une part ce que l'objet smartphone fait à la culture qu'il matérialise, sur laquelle il agit et qu'il métamorphose, et d'autre part, ce que la culture fait à cet objet qu'elle suscite, qu'elle utilise et qu'elle transforme par l'usage qu'elle en fait. Point de jonction permanent entre matière organisée et organisation matérialisée, le smartphone combine éminemment en lui-même ces deux dimensions OM et MO dans un contexte – celui du tout numérique – où la notion même de matière se trouve paradoxalement redéfinie en termes de dématérialisation, de codage et de connectivité. C'est un instrument de communication et un dispositif d'assistance multiservices qui est devenu notre principal outil d'initiative, d'échange et d'interaction dans à peu près tous les domaines de notre activité sociale et culturelle, qu'elle soit privée ou publique, personnelle ou collective, professionnelle, administrative, pratique ou distractive, etc. Le smartphone s'est acquis le statut de grand maître du quotidien : un pouvoir d'accès et d'intercession, désormais quasi exclusif, vis-à-vis de toutes les ressources dont notre survie et notre confort dépendent. Par ses liens organiques avec le monde des applications numériques et des réseaux qui l'animent, l'alimentent en données et lui permettent de fonctionner, il est aussi notre médiation la plus intégrée et la plus directe avec les structures organisationnelles qui le pilotent et auxquelles il nous donne accès en vue d'utilisations quasiment illimitées.

Prothèse organique

Qu'on lui garde son nom américain de *smartphone*, qu'on le traduise par *téléphone intelligent, téléphone multifonction, téléphone multimédia,* ou qu'on l'honore d'une métaphore comme le *troisième cerveau*[1],

1. Pierre-Marc de Biasi, *Le troisième cerveau, petite phénoménologie du smartphone*, CNRS éditions, 2018.

c'est le médium clé de notre temps. Pour parler des innombrables services que le smartphone a désormais pris en charge, et de son rôle organique dans notre rapport au réel comme dans nos relations à l'imaginaire, l'image qui s'impose n'est pas celle du couteau suisse, mais bien celle de la prothèse cérébrale : un petit cerveau d'appoint extériorisé, que nos mains et nos yeux peuvent contrôler et qui ajoute ses fonctionnalités à nos capacités cognitives et praxiques, mais qui apprend aussi, dans tous ses domaines de compétence, à rivaliser avec notre propre encéphale et, le cas échéant, à s'y substituer.

Il vous sonne, en jouant au majordome obséquieux et perfectionniste, avec une sonnerie différente pour chaque cas : appel téléphonique d'un proche, appel ordinaire, appel d'un inconnu non répertorié, répondeur, SMS, messagerie, courriels, notifications, alarme, etc. Ding ! Là, c'est un SMS ! Votre smartphone a carillonné et ça n'a pas pu vous échapper : il était posé devant vous sur votre bureau. Ça va faire dix ans que vous l'avez tout le temps à portée de la main, des oreilles et des yeux, où que vous soyez. Impossible de vous en séparer même dans la salle de bains, à table ou à la plage. À l'époque des premiers smartphones, c'était pour le charme. Après, par commodité. Maintenant, c'est par pure nécessité : il faut rester joignable et vous en avez besoin, à chaque instant, pour tout ce que vous avez à faire ou à penser. Demain, ce sera par obligation, aussi impérativement qu'aujourd'hui le passeport biométrique et les visas pour se rendre à l'étranger, les cartes (d'identité, bancaire, vitale, grise), vos clés, télécommandes, et autres badges magnétiques, etc. D'ailleurs la conversion finale est en très bonne voie ; le reste finira par y entrer, à commencer par votre nouveau permis de conduire transformé désormais en application. Vous avez déjà stocké dans votre téléphone portable tout ce que vous pouviez compiler en numérique. Ça allège les *impedimenta* et vous ne risquez plus de les oublier ou de les égarer. À la fois fourre-tout, trousseau et vade-mecum, il tend à tout absorber. C'est pratique et risqué, mais c'est irréversible : pour être franc, on ne vous a pas trop laissé le choix et, visiblement, dans l'avenir, on vous laissera de moins en moins la liberté d'en décider.

Pourquoi le smartphone occupe-t-il une place si centrale dans notre relation personnelle à la révolution numérique ? Parce que c'est beaucoup plus qu'un instrument. C'est un appareillage, au sens presque médical du terme, qui nous affranchit de tous les intermédiaires et qui s'offre à notre légitime désir de paresse et de transparence comme la médiation des médiations, comme le kit « tout en un » rendant obsolètes portefeuille, modes d'emploi, sous-traitance et apprentissages. Il ajoute à notre corps la prothèse qui nous assure un accès direct et « intuitif » à l'ensemble du monde technique qui nous entoure et à ses ressources. Téléphone mobile à écran tactile, il fait office de petit ordinateur portable, avec un assistant numérique qui nous reconnaît et répond à notre voix. La puissance de calcul qu'il met à notre service personnel est désormais très supérieure à celle qui avait permis de marcher sur la Lune dans les années 1960-1970.

Nomade, tous les jours plus riche en nouvelles fonctionnalités, saturé de connectivité, c'est lui qui, où que nous soyons, assure notre connexion à Internet, aux applications et aux réseaux sans lesquels nous ne pouvons positivement plus rien faire ni rien être… Si la quatrième révolution industrielle que nous traversons est bien celle du va-tout numérique, il en est non seulement le symbole le plus familier mais aussi, pour chacun de nous, l'opérateur effectif à l'échelle de notre *praxis* individuelle et collective. Il est la médiation par laquelle nous pouvons interagir avec une réalité de plus en plus digitalisée et continuer à y exister. C'est notre outil d'accès aux réseaux sociaux qui font désormais partie intégrante de nos existences : ces plateformes qui nous permettent de rester en contact avec nos familles, nos amis, nos communautés, en nous tenant au courant des derniers rebondissements de l'actualité, en nous informant (ou *dés*informant), en nous divertissant, en nous offrant un espace de parole et de communication instantanées, ouvert sur la totalité du monde. Simulacre de démocratie directe et de porte-voix planétaire, le dispositif smartphone-réseau social donne à l'expression de mon opinion personnelle une audience qui se compte, potentiellement, en milliards d'interlocuteurs mensuels actifs (3 pour Facebook, 2,6 pour YouTube, 2 pour WhatsApp, 0,5 pour Twitter X, etc.)

Dans la vie de tous les jours, le smartphone a fini par absorber, à lui tout seul, une foule d'objets, d'instruments, de fonctions, d'institutions et d'interlocuteurs auxquels il s'est petit à petit substitué, en faisant disparaître, les uns après les autres, les opérateurs – matériels et humains – qu'il s'est mis à remplacer. La liste est longue et instructive. Mais avant toute chose, le smartphone s'est emparé d'une tutelle décisive : celle de prouver que vous êtes bien vous.

Le garant de votre identité

Comment prouver que vous êtes bien l'individu que vous prétendez être ? C'est de votre smartphone que vous allez devoir obtenir cette faveur. Il n'a pas encore absorbé votre passeport ni votre carte d'identité, mais ça ne va pas faire long feu. En tout cas, les gendarmes vont devoir apprendre à dire autre chose que « Vos papiers ! » : depuis février 2024, la carte rose du permis de conduire, dématérialisée, n'est plus qu'un fichier numérique affichable sur écran. C'est votre smartphone qui prouve que vous êtes *vous* : pour ratifier un virement bancaire, certifier un mot de passe, authentifier votre signature, modifier un identifiant personnel, mettre à jour vos paramètres, procéder à une identification « forte » de votre compte, afficher le QR code d'un laissez-passer ou d'une invitation personnelle, etc., c'est lui votre répondant et personne d'autre. Une sorte de clone qui garantit votre identité. Quant aux curieux qui cherchent à savoir qui vous êtes réellement (ce que vous faites dans la vie, votre œuvre, votre milieu, votre sphère d'influence, votre notoriété, les actualités vous concernant, etc.) quelle sera leur première démarche pour s'en faire une première idée ? Ils demanderont à leur smartphone c'est-à-dire à leur propre clone, de vous googliser et de vous pister sur les réseaux et sur les applications AI dédiées, pour qu'il vous dise ce qui se dit à votre sujet. Même Who's Who a dû se résoudre à mettre son gros volume rouge en ligne. De nos jours les Gotha sont *mainstream.*

Si votre smartphone est votre caution de dernier recours, votre accréditeur le plus fiable, c'est qu'il est votre caméra de vidéosurveillance personnelle et que vous êtes sa chose : il contrôle votre identité en vous dévisageant cent fois par jour, il scrute l'évolution de votre physionomie, point par point : il vous calcule. La preuve ? À la moindre anomalie, à la moindre hésitation, tout s'arrête. Il se braque. Sa jovialité habituelle laisse place au froncement de sourcils et il vous intime l'ordre de lui redonner sans attendre votre code numérique le plus secret : les cinq chiffres qui protègent l'exclusivité de votre accès personnel à ses services. Heureusement d'ailleurs qu'il existe, ce joker : la semaine dernière, en sortant de chez mon dentiste avec une joue gauche de hamster, il n'y avait rien à faire : mon iPhone refusait catégoriquement de me reconnaître. J'ai dû utiliser mon code au moins cent fois, jusqu'à ce que ma joue ait assez dégonflé.

Médiasphères

Proche, selon Daniel Bougnoux, de la notion de « bulle » (Peter Sloterdijk), ou du concept écologique de « biotope » et de l'idée de « milieu associé » (Gilbert Simondon), le principe des médiasphères a été établi par Régis Debray en 1991 dans son *Cours de médiologie générale* (1991). La médiasphère désigne un système de transmission culturelle, associé à un milieu technique, qui engendre à chaque nouvelle étape historique de profonds bouleversements dans les usages, les mentalités, les modes de pensées et les contenus de croyance. Ce concept distingue la *logosphère* (dominée par la transmission orale, jusqu'au XVe siècle), la graphosphère (fondée sur le livre imprimé, depuis Gutenberg) et la vidéosphère (instituée par la communication audiovisuelle, depuis les médias de masse télévisuels). Enfin, selon Louise Merzeau, le passage au tout numérique et à une culture des réseaux, qui tend à absorber les trois précédentes médiasphères, donne naissance, à la fin du XXe siècle, à l'*hypersphère* digitale (dominée par la connectivité, l'interactivité et la traçabilité). Comme les stades de la libido freudienne ou comme les étapes hégéliennes de la réalisation de l'Esprit, les médiasphères se succèdent dans le temps, mais sans s'annuler : leurs logiques coexistent et s'additionnent, se modifient réciproquement et combinent leurs effets sous l'ascendant de la nouvelle médiasphère dominante qui, pour sa part, cherche à tirer les bénéfices des anciens acquis, mais n'entend laisser persister derrière elle qu'un minimum d'archaïsmes. C'est singulièrement le cas de l'hypersphère, qui se caractérise par une propension, plus puissante que pour les précédentes médiasphères, à faire le vide derrière elle. D'un point de vue culturel, le smartphone constitue le modèle même de l'outil technique combinant, synthétisant et absorbant les conquêtes de toutes les médiasphères qui l'ont précédé. Il les résume et les récuse dans le même mouvement qui consiste à les embrasser : en les « actualisant » pour mieux en exploiter les richesses, c'est-à-dire en les convertissant à ses propres normes pour se les approprier, avec, le moment venu, le projet de les liquider, au profit des nouvelles valeurs et des nouvelles structures portées par l'hypersphère digitale dont il est le bras armé. Examinons quelques exemples.

La nouvelle voix de la logosphère

Une fois qu'il vous a identifié pour son propre compte, votre smartphone est déverrouillé et opérationnel : à partir de là, c'est fatal, il devient votre tableau de bord pour tout ; vous ne pouvez plus vous en passer une minute. Et en tout premier lieu pour communiquer, par la voix et l'écriture, c'est l'évidence. Bien qu'il s'agisse de sa strate la plus archaïque – celle du « téléphone portable » –, le smartphone sert toujours à téléphoner, pour communiquer oralement à distance, y compris gratuitement (merci WhatsApp !) même à l'autre bout du monde : à deux ou plus, de n'importe où, avec en prime, si on préfère, une capture vidéo pour se faire des risettes en live, confirmer une emplette (– c'est bien ça que tu voulais ?) ou faire un panoramique sur la mer turquoise où vous venez de vous baigner… Assorti de répondeurs, répertoires et services de courrier instantané, il permet aussi de correspondre au sens épistolaire du terme : écrire, expédier et recevoir, sous forme cryptée de bout en bout ou non, des messages textuels brefs (SMS) ou des missives multimédia (MMS), mais aussi bien de véritables lettres, enrichies de pièces jointes : documents, sons, images, etc. Avec ses messageries de courriel et la dématérialisation des contenus, le smartphone tend à remplacer le bureau et l'écritoire, l'enveloppe et le timbre, la boîte aux lettres, le facteur, les services postaux, en y ajoutant de nombreux autres services (notification instantanée, stockage, archivages, somme des messages reçus et envoyés, indexation, etc.).

Le smartphone est donc l'ami de la logosphère, et même au sens propre : il vous permet d'enregistrer la voix ; il sait jouer au dictaphone pour mémoriser un entretien, épingler la formulation d'une idée que vous avez en tête, capturer une conversation. Bien plus ! Vous pouvez l'enrichir d'un logiciel de traduction multilingue qui déjouera la malédiction de Babel : il vous fera parler et comprendre pratiquement toutes les langues par traduction quasi simultanée. Et pour ce que le smartphone ne peut décidément pas faire à votre place (expédier et réceptionner des objets en trois dimensions, par exemple), c'est encore par lui que vous devrez passer pour recourir aux services du transitaire qui vous fera suivre numériquement le cheminement de votre colis vers son point relais. Un peu archaïque ? Patience ! Pour les objets reproductibles par imprimante 3D, ça ne va plus tarder : le smartphone sera bientôt souverain pour gérer leur téléportation dématérialisée.

Le bon génie de la graphosphère

Avec son minuscule clavier digital et son tout petit écran d'affichage, le smartphone est certainement moins commode, pour écrire, qu'un ordinateur portable ou une tablette. Les nouveaux modèles pliables font leur possible pour élargir la surface utile de l'écran, mais, extensible ou non, le smartphone est bel et bien un instrument conçu pour vous permettre d'écrire. Avec ses fichiers, ses dossiers et tout ce qu'il faut comme traitements de texte et outils de calcul, il est l'écritoire nomade prévue pour prendre des notes, faire un plan, rédiger au brouillon et mettre un texte au propre, y compris sur le mode oral grâce aux outils AI de commande vocale : il vous suffira de dicter votre texte à la machine comme à un docile secrétaire qui pourra vous suggérer des corrections ou même des idées, le cas échéant en appelant ChatGPT à la rescousse. D'ailleurs, même si les professionnels de l'écriture (écrivains, scénaristes, journalistes, chercheurs, enseignants, etc.) préfèrent, techniquement, travailler sur des écrans où l'on peut ouvrir plusieurs fenêtres, c'est bien sur le smartphone que l'immense majorité des textes écrits dans le monde aujourd'hui sont composés, publiés et expédiés.

Écrire, pour les non-professionnels, signifie écrire *à quelqu'un*, envoyer un « message ». Or, au sens épistolaire du terme, écrire, aujourd'hui, c'est formuler et envoyer sur messagerie un « texto », un « minimessage », un message téléphonique, un SMS (*Short Message Service*) ou, pour les textes plus longs, un MMS (*Multimédia Messaging Service*). Il ne s'agit la plupart du temps que de quelques lignes convenues, rédigées à la va-vite, au creux de la main. Mais si l'on fait la somme cumulée de tous ces actes d'écriture, les chiffres sont écrasants[1] : 361,6 milliards de messages auront été écrits et envoyés dans le monde *chaque jour* au cours de l'année 2024. C'est 28,6 milliards de plus qu'en 2022. Chaque année enregistre une augmentation de 4 à 5 % du nombre quotidien de textes circulant sur Internet. En 2027 on aura dépassé les 400 milliards de textes tous les jours… On *écrit*, et par voie de conséquence immédiate, on *lit* infiniment plus que par le passé.

Autant dire que, grâce au smartphone, la production écrite mondiale ne s'est jamais aussi bien portée depuis qu'on a inventé l'écriture, à Sumer, il y a presque 6 000 ans. Et même beaucoup mieux, au total, qu'à l'âge d'or du roman, de la rotative et de la presse à grand tirage qui ont fait l'orgueil des deux siècles qui ont précédé… Les antimodernes vont dire : oui, d'accord, mais enfin, de quels textes parle-t-on avec ces tas de SMS ? Ce n'est pas tout à fait faux. Mais ils auraient

1. https://fr.statista.com/statistiques/583905/nombre-d-e-mails-par-jour-dans-le-monde-2019/

tort. C'est bien là l'écriture dominante de notre temps. Une nouvelle forme de littérature est sans doute déjà en train d'y naître. L'écrivain français Nicolas Mathieu, prix Goncourt 2018 pour son roman *Leurs enfants après eux* est aussi l'auteur de *Le Ciel ouvert* (Actes Sud, 2024), un recueil poétique de microfictions réunies en volume après avoir été publiées au fil des années sur Instagram. Le livre, dit l'auteur en riant, est né dans « ce cloaque narcissique qu'est Instagram »…

Le format court des textes rédigés sur smartphone agit probablement de manière irréversible sur le goût des lecteurs, de plus en plus séduits par l'écriture fragmentaire, l'ellipse, l'asyndète et la parataxe. Les « gazouillis » de X-Twitter, avec leurs messages de 280 caractères maximum, ont fait école. On aime les phrases courtes, les paragraphes succincts, les textes brefs : le précepte minimaliste *less is more* de Mies van der Rohe a beau être centenaire, il n'a jamais été si bien entendu. Le style chic, c'est l'économie des moyens, le haïku, la maxime, l'aphorisme, l'emporte-pièce. Nul doute que Proust, avec toutes ses paperoles, se serait senti un peu mal à l'aise s'il avait dû rédiger *La Recherche* sur son smartphone… mais, en cas de nécessité, pourquoi pas ? L'étroitesse du support n'exclut pas l'œuvre substantielle. Rédigées en prison, les *120 journées de Sodome* ont bien été écrites par Sade sur un rouleau de 11,85 mètres de long sur seulement 12 cm de large : c'est juste la largeur d'un écran de smartphone tenu à l'horizontale…

Aucune hésitation, donc, à se servir de son smartphone pour se lancer dans un projet narratif : vous aurez votre bureau au creux de la main, que vous soyez chez vous, dans le train, au sommet des Andes ou à la laverie automatique. Vous pouvez tout aussi bien l'utiliser quotidiennement comme agenda, bloc-note, pense-bête, journal intime, etc. Il vous offre ses services pour les actions cardinales de la graphosphère : écrire, dessiner, calculer et bien sûr, aussi, lire. Car s'il est une écritoire de voyage, il est aussi un lutrin nomade, une sorte d'E-book universel, un *vade-mecum* de la graphosphère, une somme de toutes les sommes, la compilation finale ouverte sur tous les savoirs du monde : le blog, le mode d'emploi, le journal, le magazine, la revue, l'opuscule, le livre, le dictionnaire, l'encyclopédie, la bibliothèque, l'iconothèque, le musée, et même les radios, les télés et les réseaux qui vous informent, en temps réel, de ce tout ce qui va chaque jour un peu plus mal, partout dans le monde.

Performances dans la vidéosphère

Le smartphone est devenu le champion de la vidéosphère. Appareil photo et caméra vidéo 16/9, muni de dispositifs rivalisant avec les matériels spécialisés, il met l'image fixe et mobile de bonne qualité à portée de tous, sans sous-traitance ni autre frais que l'achat initial de l'appareil. C'est sa fonctionnalité la plus populaire : des milliards d'images sont produites et diffusées chaque jour dans le monde. À commencer bien sûr par les images de soi, les photos de famille, les bons moments entre amis, les souvenirs de voyage, les curiosités du quotidien… bref tout ce dont on pourrait désirer se souvenir, et, à l'occasion, se prévaloir sur Facebook ou sur Instagram.

Mais le smartphone a aussi donné naissance à l'image-attestation, garante de réalité, qui a acquis dans la vie quotidienne une valeur de témoignage authentique, de fac-similé, de duplicata ou de preuve. S'il s'agit de démontrer sa bonne foi ou de valider la réalité de ses allégations, la photo de smartphone est désormais considérée comme souveraine, supérieure ou égale à la déposition sur l'honneur et à la pièce originale : pour un constat d'accident, une déclaration de dommage, l'envoi d'un certificat ou d'un justificatif, la copie d'un document officiel, l'activation d'un QR code, un double de facture, la signature d'un devis ou d'un contrat, un carton d'invitation personnelle, une réservation d'avion, le descriptif d'un état des lieux, l'index d'un compteur non connecté, etc. À la fois photocopieuse et scanner portatifs, c'est lui qui assure la duplication légitime des documents et la ratification par le visible : une garantie de véracité, un gage de certitude incontestable.

Dans le même esprit, la fonction caméra du smartphone révolutionne le rapport à l'événement d'actualité, en termes de reportage ou de témoignage. Armé de son smartphone, n'importe qui peut devenir le photographe du siècle en capturant l'image choc d'un événement majeur inattendu : tsunami, tremblement de terre, glissement de terrain, incendie, crime en pleine rue, braquage de banque, prise d'otage, attaque terroriste, passage inopiné d'une soucoupe volante… il suffit d'être là au bon endroit, au bon moment, et d'avoir le courage de filmer. On sait l'impact des captures vidéo sur la question des violences policières et des petits scandales de la vie politique. Le smartphone lève des lièvres. Pas d'affaire Benalla sans les images, filmées par plusieurs témoins anonymes, le 1er mai

2018, à la Contrescarpe : les vidéos des smartphones le montraient usurpant la fonction de policier et molestant un couple de personnes qui venaient (il est vrai) de lancer des projectiles sur les CRS. Le smartphone, qui vient redoubler les caméras de vidéosurveillance et les équipements de caméra-piéton portés par les policiers eux-mêmes, devient partout dans le monde un instrument clé pour instruire, au cas par cas, le débat sur la légitimité des violences d'État.

À la différence des précédentes guerres qui sont restées invisibles ou qui n'ont été illustrées que par des images officielles, l'agression russe en Ukraine et la couverture médiatique des opérations militaires qui y font rage, nous ont habitués depuis les premières heures de l'invasion, à un flux ininterrompu de captures vidéos qui ont documenté, jour après jour, le développement des hostilités, les pluies de missiles, les massacres de civils et les destructions aveugles, saisis et propagés le plus souvent par les smartphones de ceux qui en étaient les victimes. Les chaînes d'informations télévisées occidentales et les réseaux sociaux les retransmettent, parfois avec le démenti d'autres images – officielles et militaires – qui nous font assister à une autre version des événements, à charge pour les journalistes et pour les usagers de démêler le vrai du faux dans cette énorme archive quotidienne où se mêlent les témoignages bruts de simples citoyens et les images forgées par la propagande de chacun des deux camps.

Prises de vue authentiques, vidéos truquées, recyclage d'archives, images falsifiées, photos de synthèse : la question des *fake news* est évidemment au cœur du débat sur la preuve par l'image dans un scénario où le smartphone du lanceur d'alerte et du témoin occasionnel s'avère pouvoir être aussi bien le dernier recours pour faire éclater la vérité qu'on nous cache, que l'outil favori de notre intoxication par les fermes à trolls et les usines à mensonges. Cette ambivalence est cruciale depuis que l'image du smartphone s'est dotée des moyens techniques d'échapper à tout contrôle de qualité et d'authenticité. Les avancées fulgurantes de l'IA en matière de traitement de l'image permettent la production de photos fictives parfaitement crédibles dans lesquelles ne subsiste aucun indice matériel de falsification.

La preuve par l'image photographique, chacun le sait, est une intox aussi vieille que le médium lui-même. Mais en opérant un nouveau partage – désormais universel – de l'image et en initiant une nouvelle foi dans sa véracité, l'explosion des photos numériques crée les conditions d'une confusion généralisée dont tout le monde pressent les dangers pour le respect de la vérité et le maintien d'une information conforme aux valeurs démocratiques. En Occident, la croyance en l'image accuse déjà un certain fléchissement : chacun craint en permanence d'être dupé. La menace est ressentie comme d'autant plus sérieuse que, prête à transiter à la vitesse de la lumière par les voies numériques, l'image smartphone est nativement formatée pour être adressée par messagerie à n'importe quels destinataires, ou diffusée massivement sur les réseaux sociaux à des millions d'internautes. De peur d'être berné, l'internaute échaudé commence à se méfier de toutes les images, y compris des plus authentiques et des plus salutaires, en les affublant du label désormais ignominieux et stigmatisant de l'IA...

Le Maître des images

Le smartphone s'est emparé de notre relation aux *images*, en fournissant des moyens quasi-professionnels suffisants pour que tout utilisateur se trouve objectivement en position de créateur potentiel. Fini l'appareil photo reflex compact ou la caméra vidéo bon marché ! 3,5 milliards d'utilisateurs préfèrent le smartphone. Au point qu'on a inventé le terme de « photophone » pour parler de ce qui est devenu une de ses fonctions essentielles : photographier, en image fixe ou en vidéo sonorisée. La vraie démocratisation de l'image, ce n'est pas l'appareil photo, c'est le smartphone. Et c'est normal : que vous vous intéressiez ou non à la photographie, si vous possédez un smartphone, vous avez le moyen d'en faire sans vous poser trop de questions. Pourquoi ne pas essayer ? En 2026, vous serez 94 % à photographier tout et n'importe quoi, toute l'année, grâce votre smartphone à raison de 2 500 images en moyenne par an, soit sept images par jour, dont au minimum deux à quatre selfies.

Avec ses capteurs surpuissants (jusqu'à 108 mégapixels) capables de photographier en basse lumière, ses optiques et objectifs multiples, ses fonctions zoom (jusqu'à ×100), ses dispositifs sophistiqués de cadrage, ses correcteurs d'image intégrés, ses filtres et sa panoplie d'automatismes pilotés (bientôt à la voix) par une IA de plus en plus performante, vous ne pouvez plus rien rater, sauf si vous le faites vraiment exprès, et encore ! Avec ses albums horodatés et géolocalisés, ses diaporamas, ses capacités de diffusion immédiate, le photophone développe de nouveaux rituels privés et publics : un culte à la fois universel et narcissique pour sa propre image (selfie) et, par extension, l'habitude de documenter et de mettre en mémoire sa vie quotidienne, en utilisant les photos comme une sorte de « journal intime » mais à usage finalement si peu personnel que, dans la majorité des cas, le projet consiste plutôt à en inonder les réseaux, en créant un buzz (si possible planétaire) autour de sa propre personne, histoire de satisfaire à la prophétie d'Andy Warhol : « à l'avenir tout le monde sera célèbre pendant quinze minutes ». Smartphone, selfie, like, tout-à-l'égo.

Les frontières entre privé et public, intimité et divulgation, tendent ainsi à s'effacer au profit d'une injonction à l'exhibition et au partage qui aboutit à une confusion totale des pratiques, au mépris de toute sociabilité et de tout respect des droits. Le smartphone est l'instrument idéal de cette exposition collective des images privées dont le destin est livré, en toute impunité, à une multitude d'appropriations incontrôlées et de manipulations possiblement délictueuses. À l'occasion, l'opportunité fera la joie des pédocriminels et des prédateurs de toute espèce ; mais en toutes circonstances, elle constitue une menace récurrente pour la sécurité des informations personnelles et la garantie des libertés individuelles. Dans des scénarios où le smartphone tient presque toujours un rôle crucial, le même processus de divulgation de l'intime s'est imposé, comme on le sait, avec succès, pour enrichir les ressources du harcèlement (scolaire et professionnel), les stratagèmes de vengeance, les appels au meurtre et la préparation des actions terroristes.

On se souvient, par exemple, comment, début octobre 2020, à l'occasion des caricatures de Charlie-Hebdo, les vidéos accusatrices et mensongères diffusées sur Facebook par un père d'élève contre un enseignant, Samuel Paty, ont suffi à déchaîner des torrents de haine sur les réseaux sociaux, en finissant par armer le bras du terroriste islamiste qui, dix jours plus tard, le 16 octobre 2020, a assassiné et décapité le professeur d'Histoire devant son établissement. En ce domaine, il n'y a d'ailleurs probablement aucune limite à la nuisance potentielle des images que le smartphone permet de produire et de diffuser massivement. C'est le cas pour les meurtres génocidaires et les abominations criminelles perpétrées par le Hamas sur 1 400 personnes, égorgées parce que juives, le 7 octobre 2023 : des jeunes réunis pour un festival de musique en plein air dans le Neguev et les résidents de Kibboutzim frontaliers de Gaza, dans le sud d'Israël. Les scènes de violence insoutenables (viols, mutilations, tortures, décapitations, femmes enceintes éventrées, enfants brûlés vifs, etc.) ont fait l'objet, par les terroristes, de captures vidéo montrant en détail les pires atrocités commises sur des femmes, des vieillards et des enfants, dans le but d'en inonder les réseaux sociaux et de s'en prévaloir comme d'une action de résistance aux yeux du monde entier. Certaines scènes particulièrement cruelles ont été filmées par les assassins avec les smartphones arrachés aux victimes elles-mêmes, de manière à pouvoir être aussitôt adressées aux familles et aux proches, qui vivaient dans l'attente angoissée d'un appel capable de les rassurer.

Ces formes de criminalité, exceptionnelles, étaient impossibles à prévoir ; mais les dangers d'une invasion endémique d'images mortifères n'échappent à personne. Les réseaux sociaux tentent de juguler et d'endiguer ce type de publications en utilisant des robots sourcilleux pour les repérer, les interdire et les supprimer, avec sanctions contre leurs émetteurs. Malheureusement, les normes qui président à ces mesures de précaution paraissent plus animées par un souci puritain de décence – un interdit convenu sur la sexualité, la nudité et l'érotisme par exemple – que par une réflexion sur les véritables risques que les guerres asymétriques engendrent aujourd'hui en termes de cyberpropagande, d'exhibition de la violence et de manipulation des opinions. Certaines images – particulièrement intolérables – tardent souvent à être éliminées des réseaux sociaux où elles avaient aussitôt été dénoncées et signalées comme inacceptables aux administrations des plateformes… Pourquoi ? Parce qu'en raison même de leur contenu intolérable, ces images ont l'immense avantage de créer et d'entretenir un buzz international qui fait monter en flèche la fréquentation du réseau, c'est-à-dire, d'heure en heure, les recettes publicitaires.

L'utilisateur du smartphone peut se créer sur mesure une discothèque et une bibliothèque personnelles pourvues de milliers de titres, mais, chose plus nouvelle, il peut aussi se constituer une iconothèque digitale digne des plus grands musées du monde. Les capacités de stockage payant se développant de manière exponentielle, le smartphone, vous permet de mémoriser vos propres photos par milliers, mais il vous autorise aussi à collectionner massivement les photos disponibles en libre accès sur la toile. Il devient donc possible de se constituer sur mesure, pour son propre usage, des fonds iconographiques considérables que des logiciels de classement et d'indexation vous aideront à gérer comme un vrai professionnel. Cette pratique, qui se développe avec ses usages propres dans toutes les zones numériques de la planète, nourrit une nouvelle culture de l'image et ce qui ressemble peut-être à un nouveau mode d'expression iconique : sur les réseaux sociaux, les messages écrits par lesquels les internautes communiquent leurs idées et leurs émotions, tendent à laisser place à des *posts* à dominante imagée où le texte, lorsqu'il existe encore, ne fait que légender l'identité et le sens de la photo publiée, l'image constituant en elle-même le contenu essentiel du message.

Sur Facebook, par exemple, des milliers de conversations collectives s'organisent chaque jour autour de photos – artistiques, politiques, touristiques, scientifiques, érotiques, etc. – qui sont perçues et commentées comme équivalentes à des textes. On peut imaginer qu'à travers ces pratiques spontanées, finisse par se former une sorte de nouveau mode de communication, supra- ou infralinguistique, manipulant les références visuelles (émoji, gif, dessins, photos, tableaux, séquences vidéo) comme un véritable langage alternatif à valeur peut-être universelle, permettant des échanges inédits d'un bout à l'autre de la planète. Si je peux choisir entre 100 000 images pour formuler ce que je ressens, ce que j'espère ou ce que je crois, ne puis-je espérer me faire entendre, en n'ayant pourtant utilisé qu'un minimum de mots ? Reste à inventer la syntaxe de ce dialogue, en surmontant les innombrables risques de malentendus que la polysémie de l'image, la diversité de ses référents et la variabilité de ses usages ne manqueront pas d'introduire dans ce nouveau type d'échange, particulièrement sensible aux différences culturelles et contextuelles entre les internautes.

Au total 9 000 milliards d'images ont été prises depuis que le smartphone existe, soit dix fois plus qu'au cours de la décennie précédente. Ce qui est vrai de l'image fixe l'est aussi de la vidéo avec un succès considérable pour les microséquences, de quelques secondes ou quelques minutes, qui vous permettent de vous faire connaître sur TikTok ou sur YouTube, en devenant une véritable petite star suivie par des centaines de milliers d'abonnés, et dans la foulée, pourquoi pas, en décrochant le statut convoité d'influenceur ou d'influenceuse grassement payé(e) pour ses prestations publicitaires au service de l'industrie ou de la distribution : un véritable idéal qui, chez les jeunes, est en train de l'emporter sur ces vieilles lunes qu'était encore, hier, le rêve de faire des millions d'euros et de jaloux en devenant footballeur, top-modèle ou rock star.

Si vous vous sentez des ambitions moins rudimentaires et plus franchement artistiques, la caméra vidéo de votre smartphone sera assez performante pour vous permettre de tourner un film, au moins un court métrage, et pour faire de vous un artiste accompli de la vidéosphère. Armé d'un bon scénario, d'un pied professionnel et de quelques accessoires lumière faciles à glaner sur Internet, de correcteurs d'image et de filtres pour magnifier les résultats, vous pourrez faire vos premières armes comme cadreur réalisateur, y compris jusqu'au montage et à la postproduction. Bonne résolution et bon profil d'image, plan fixe, traveling, plan-séquence et panoramique : moyennant un stabilisateur performant, vous pouvez tourner comme au cinéma. Bandes noires, colorimétrie, contrastes, étalonnage et musique : toutes les applications nécessaires sont disponibles.

À condition d'avoir de bons yeux, vous pouvez aussi visionner vos rushes, monter, structurer et mixer les séquences de votre film, directement sur votre smartphone grâce à des logiciels dédiés assistés par IA : IMovie est fait pour cela sur iPhone, Inshot et une demi-douzaine d'autres pour Android… Une fois le travail bouclé, il vous sera encore possible de modifier le son et l'image de votre fichier MP4, en le perfectionnant image par image, avec time code. Et si vous n'arrivez pas immédiatement à vendre votre film à une grande chaîne télévisée, vous pourrez le faire héberger sur votre site personnel chez Viméo (comme 70 millions d'autres créateurs de vidéos) ou YouTube (avec ses 310 millions d'abonnés et ses 2,5 milliards d'utilisateurs par mois à travers le monde).

Enfin, votre smartphone a beau être petit, une fois équipé de bons écouteurs, il se transformera à volonté en un espace de projection multimédia nomade. Son écran haute définition, qui tend à s'agrandir pour une qualité d'image plus confortable, permet de visualiser et de montrer les photos et vidéos que vous avez créées, mais aussi, en toutes circonstances, de visionner les ressources visuelles du Web, les vidéos des réseaux, les films et les séries des plateformes, les programmes télévisés, etc. Après l'iconothèque, la cinémathèque et ses innombrables ressources de culture et de divertissement. Vu l'exiguïté du champ visuel praticable, on pourrait en douter. On se tromperait. À raison de cinq à six heures au minimum, par jour, d'accommodation à l'écran, les yeux des jeunes générations se sont adaptés au petit format : le regard y plonge et devient insensible à l'environnement. Tentez l'expérience quand vous prendrez le train ! Si c'est une bonne série, vous passerez tout le temps de votre trajet à regarder *in extenso* les épisodes jusqu'au dernier, au risque de rater votre gare d'arrivée. Même succès, moins festif il est vrai, pour les images en *live* du télétravail : un smartphone suffit pour participer activement à des visioconférences de groupe, pour les mémoriser, les archiver et les communiquer. C'est commode, surtout l'occasion vous permet de prendre la tangente vers la Sardaigne ou les Baléares. En ce domaine comme en beaucoup d'autres, le smartphone est le partenaire idéal pour les délocalisations discrètes autant qu'il a pu l'être pour les exodes en temps de pandémie.

Reconnaissance des sons et des formes

Que votre smartphone soit doué en reconnaissance faciale, vous le savez puisqu'il n'arrête pas d'analyser les évolutions de votre visage (tiens ! une nouvelle ride...) pour pouvoir garantir que c'est bien vous son propriétaire habilité à le déverrouiller. La reconnaissance automatique des formes développée par les smartphones fait référence à la capacité des appareils à identifier et interpréter visuellement des objets, des formes ou des motifs à l'aide de diverses technologies telles que la vision par ordinateur et l'apprentissage automatique. Les smartphones peuvent en outre être équipés de fonctionnalités permettant à la caméra de détecter et d'identifier automatiquement les objets présents dans son champ de vision, avec les utilisations les plus diverses, de la lecture des codes QR, pour accéder à des informations, à la reconnaissance des produits pour des fonctionnalités de shopping visuel. En termes de traitement de texte, les smartphones intègrent souvent des fonctionnalités de reconnaissance optique de caractères (OCR) qui peuvent être utilisées pour scanner des documents, convertir du texte imprimé ou affiché sous forme d'images, en un texte numérique que l'utilisateur peut retravailler, éditer ou faire traduire. Les applications de retouche photo sur smartphone utilisent souvent des algorithmes de reconnaissance de formes pour identifier automatiquement les visages, les paysages, les bâtiments, etc., afin de proposer les ajustements, traitements et filtres les mieux adaptés. En termes d'assistance à la vision les applications de reconnaissance de formes peuvent être utilisées pour aider les personnes malvoyantes ou non voyantes à identifier leur environnement, par exemple en leur signalant des objets qui pourraient faire obstacle sur leur trajet ou pour décrire à haute voix les panneaux de signalisation.

Les progrès des *big data* et des logiciels d'analyse des formes (visuelles, auditives) permettent au smartphone d'exercer les mêmes talents sur une foule d'investigations au service desquelles il peut désormais mettre à contribution les ressources de l'IA pour préciser son jugement. Il sait déjà se transformer, à la demande, en système expert pour vous afficher toutes les images circulant sur le Web qui sont similaires à celle que vous lui montrez, pour vous dire quelle chaîne télévisée vous êtes en train de regarder, vous aider à retrouver le titre et l'identité d'un morceau de musique ou d'une chanson que vous entendez à la radio ou dans la rue (œuvre, compositeur, interprète, album, etc.), d'une œuvre d'art ou d'un monument dont vous lui donnez à voir l'image, à reconnaître et identifier le champignon, la fleur, l'arbre ou la plante que vous lui montrez dans les bois, ou encore l'oiseau, le papillon, l'insecte, le poisson, le crustacé sur lequel vous zoomez, ou même le plat gastronomique que vous placez devant son objectif (jusqu'à vous en fournir la recette, le restaurant le plus proche où vous pourrez le déguster, etc.).

Si vous cherchez à acheter un produit, il vous suffira d'en photographier l'image et votre smartphone excellera pour vous indiquer où vous allez pouvoir le trouver tout de suite, à proximité et au meilleur prix. Ces fonctionnalités de recherche, évidemment précieuses pour préciser vos centres d'intérêt personnels et exploiter votre profil de consommateur, ont toutes les chances de se développer considérablement dans l'avenir, en se croisant avec les ressources de l'IA et des algorithmes personnalisés.

Tout comme il a appris les traits de votre visage, le smartphone est capable de se familiariser avec votre voix et votre façon d'articuler les phonèmes. Il s'en servira pour ne pas se tromper lorsque vous lui demanderez de convertir votre parole en texte écrit, par exemple lorsque vous lui dictez un message ou le premier jet d'un rapport, lorsque vous entreprenez des recherches sur Internet, ou quand vous souhaitez interagir avec des assistants virtuels comme Siri, Google Assistant ou Alexa. De nombreuses autres applications spécialisées dans la reconnaissance des événements sonores permettent au smartphone de se transformer en détecteur, par exemple pour identifier les émotions, reconnaître une voix ou signaler une urgence. En analysant un modèle de voix, le smartphone pourra être utilisé pour identifier les émotions d'une personne qui s'exprime oralement en analysant l'articulation, l'intonation, le rythme et l'accentuation de son élocution. On peut s'en servir pour apprendre (coaching vocal) à mieux contrôler ses émotions lors d'une prise de parole en public, pour déceler une anomalie indiquant un trouble de la santé mentale du locuteur, identifier une difficulté psychologique, une hésitation ou une arrière-pensée lors d'un entretien d'embauche, ou pour contrôler l'évolution des échanges au cours d'interactions sociales en ligne. Le détecteur de mensonge sur smartphone n'est pas encore disponible, le détecteur de coup de foudre non plus mais ça ne saurait tarder, et leur succès commercial pourrait être au rendez-vous.

Le thérapeute

Le smartphone progresse de jour en jour dans sa compassion et sa compétence d'administrateur médical, ses capacités d'aide-soignant et sa vocation de coach en fitness. L'épisode Covid a été clair : en cas de pandémie, c'est lui qui vous permet de présenter aux autorités le pass sanitaire attestant par QR code que vous avez bien reçu l'injection contre le dernier variant. Son avenir dans le domaine thérapeutique paraît plus que prometteur, en termes de prévention et de didactique, comme en termes de traitement. Il est déjà votre compagnon de jogging le plus fidèle : il compte vos enjambées, suit de près le rythme de vos pulsations et enregistre vos performances. Il est la conscience bienfaisante qui vous suit et vous encourage dans votre régime d'amincissement, votre programme de musculation ou votre cure de compléments alimentaires. Certains smartphones intègrent des fonctionnalités de suivi du sommeil qui utilisent la reconnaissance des sons pour détecter les bruits nocturnes, comme les ronflements ou les mouvements brusques. Ces données peuvent être utilisées pour évaluer la qualité de votre sommeil et notamment les risques d'apnée.

Outre sa rubrique de base « santé » qui comptabilise, heure par heure, le nombre de pas que vous faites et le nombre d'étages que vous montez (avec un total par jour et une moyenne comparée par semaine, mois et année !) le smartphone développe toutes sortes de ressources pour améliorer ses compétences comme secrétaire médical personnel et aide-soignant à domicile : il tient à jour, sur l'année, vos rendez-vous chez les médecins (généraliste, spécialistes, dentiste, etc.), enregistre vos téléconsultations, votre carnet de vaccination, vos analyses médicales, vos ordonnances et votre stock de médicaments, la courbe de votre poids, les durées de votre sommeil, etc. En cas de traitement, il vous rappelle quels médicaments prendre, en quelle quantité, à quelle heure et combien de jours.

Si vous lui fournissez les données qui ne lui parviennent pas encore directement (mais ça viendra), il saura s'aider d'une IA spécialisée pour vous adresser les alertes, notifications et conseils qui vous éviteront le pire. En cas de coup dur, votre smartphone pourra se transformer en infirmière équipée d'un dispositif de test et de soin : si c'est un problème de diabète par exemple, il pourra – moyennant une petite extension connectée et une application dédiée – se transformer en glucomètre intelligent et même en un kit de « gestion tout-en-un de votre diabète » (Dario) avec journal des mesures, régime alimentaire, transmission des résultats au médecin traitant, consignes et alertes pour les prises d'insuline.

Nul doute que les années à venir verront se développer des applications IA donnant, sous contrôle, au smartphone une place de plus en plus centrale dans la prévention médicale, la détection des symptômes, le diagnostic, l'administration des soins et le suivi scientifique des malades. Mais il est tout aussi probable que dans le même temps se développent une pléthore de médecines parallèles et d'entités aussi dangereuses que les mouvements antivax à l'époque du Covid 19. Livré à la foire d'empoigne des réseaux sociaux et à leur multitude de sites animés par des escrocs en blouse blanche, votre smartphone vous délivrera, avec le même sérieux qu'aujourd'hui, les discours pseudoscientifiques des aigrefins chargés de vous vendre leurs remèdes miracles : élixirs de longue vie, pilules vous transformant en bombe sexuelle, tisanes capables de guérir votre cancer, etc.

Le géomètre

La géolocalisation sur les smartphones est une technologie clé qui a transformé de nombreux aspects de notre vie quotidienne, des services de navigation à la découverte de lieux, en passant par les jeux en réalité augmentée et la gestion de la sécurité. La géolocalisation sur les smartphones utilise le système de positionnement global (GPS) assorti d'autres technologies pour déterminer et suivre la position géographique de l'appareil. Le GPS fonctionne en recevant des signaux de satellites en orbite autour de la Terre. C'est ce qui lui permet de calculer la position exacte de l'appareil avec la meilleure précision. Mais pour atteindre le maximum d'efficacité dans leur maîtrise de l'espace, les smartphones y ajoutent les ressources de la Wifi, des réseaux et de ses propres capteurs intégrés. La localisation par Wi-Fi améliore la précision de la géolocalisation, surtout dans les zones urbaines densément peuplées, en mesurant la force du signal des réseaux Wi-Fi environnants. Les réseaux de téléphonie mobile aident les smartphones à se localiser grâce aux tours de téléphonie cellulaire, avec une précision qui varie en fonction de la densité des tours. Et ses capteurs intégrés comme l'accéléromètre, le gyroscope, l'altimètre ou le magnétomètre permettent à l'appareil d'affiner ses estimations de position et d'orientation. En combinant toutes ces techniques, le smartphone est devenu indiscutablement votre plus fiable assistant pour résoudre la plupart des problèmes que vous pouvez rencontrer dans votre rapport à l'espace. À commencer par les déplacements et les voyages.

Les applications de navigation comme Google Maps et Waze utilisent la géolocalisation pour évaluer les durées de déplacement, vous suggérer les itinéraires les plus rapides, et vous fournir, en temps réel, des informations sur le trafic, les vitesses autorisées, vos éventuels excès, les contrôles de police, les radars, tout en vous avertissant des dangers (travaux, accidents, bouchons, obstacles, etc.) qui peuvent se présenter sur votre route. Plus de plan, de carte, de guide ni de boussole, c'est votre smartphone qui vous conduit à bonne destination en vous indiquant à haute voix et avec enthousiasme la direction à suivre (« au rond-point, prenez la troisième sortie en direction de Pont-Aven, puis serrez à gauche… »), quitte à réviser l'itinéraire et à vous remettre sur une autre bonne route, si vous avez manqué la bifurcation. Avec une voix de fille ou de garçon selon mes préférences, et dans la langue de mon choix, le smartphone est l'accompagnateur zélé de mes voyages ou de mes escapades, celui qui guide mes pas dans la découverte d'une ville inconnue et qui, en cas de fatigue, me reconduira à mon hôtel par le plus court chemin. Il est le drogman qui parle la langue du pays et en connaît tous les recoins, le guide touristique qui m'accompagne dans tous les musées, le cartographe astucieux et providentiel qui me remet sur la bonne route quand je suis perdu, la nuit, sur un chemin de muletier au fin fond des Abruzzes, etc.

C'est avec la même efficacité que le smartphone saura indiquer vos coordonnées spatiales à des sites de rencontres pour vous trouver des partenaires disponibles dans votre voisinage, aux entreprises pour vous adresser les meilleures offres promotionnelles accessibles à deux pas de chez vous, aux réseaux sociaux qui vous recommanderont l'événement à ne pas rater le jour même dans votre environnement immédiat, ou le restaurant étoilé que vous allez croiser sur votre route vers l'heure du déjeuner, etc. Toutes ces collectes de données concernant votre localisation ne sont évidemment pas sans danger : leur partage et leur utilisation par des tiers peuvent compromettre gravement la confidentialité de votre vie privée et même la sécurité de votre personne ou de vos biens. Se géolocaliser publiquement sur un réseau social peut, par exemple, présenter quelques risques : en informant tout le monde que vous entamez un voyage de rêve au Viet Nam qui va durer deux mois, vous offrez une option également rêvée aux cambrioleurs qui auront huit semaines pour dévaliser votre domicile en toute quiétude, à votre insu. À moins, bien sûr, que, le moment venu, vos systèmes d'alarme et vos caméras de surveillance ne vous donnent l'occasion de suivre en direct sur votre écran le cambriolage de votre villa et l'arrivée de la police, depuis votre jonque qui dérive paisiblement dans la baie de Ha Long.

Mais si un usage mal maîtrisé du smartphone géolocalisé n'est pas sans danger, ses fonctionnalités géospatiales peuvent aussi servir à protéger : en permettant de vous localiser rapidement et de venir à votre secours lorsque vous émettez un signal de détresse, ou en donnant les moyens à vos amis ou à votre famille de vous suivre à la trace lorsque vous souhaitez pouvoir compter sur leur assistance. Dans le pire des cas – mais là, sauf *happy end* inespéré, ce ne sera qu'une maigre consolation – ses données de géolocalisation mémorisées par le serveur pourront toujours aider les enquêteurs à reconstituer votre itinéraire dans les heures qui ont précédé votre disparition… Si vous êtes fan de ski hors piste et un peu téméraire, une application spécifique sur votre smartphone vous servira à anticiper les dangers d'instabilité les plus sérieux que présente la couche neigeuse sur votre itinéraire. Et une autre transformera automatiquement votre smartphone en balise de détresse émettant les signaux d'alerte et de géolocalisation qui permettront de vous porter secours au plus vite, si par malheur vous êtes emporté par une avalanche. Même scénario pour les sorties en mer : si votre voilier n'est pas muni d'un équipement de géolocalisation embarqué, c'est le smartphone qui en fera office pour vous prévenir des dangers météo qui se profilent et, en cas de coup dur, pour vous en sortir sans chavirer, tout comme il vous avait aidé jusque-là à tracer la bonne route en profitant des meilleurs courants et des vents les plus favorables.

Les problèmes de sécurité personnelle et collective étant à l'ordre du jour, l'avenir devrait ne pas manquer d'innovations précieuses, en matière de géolocalisation, pour éviter les zones les plus fertiles en avanies, ici et là dans le monde, ou sur le territoire national : émeutes, kidnapping, attaques terroristes, piraterie, irradiations, alerte Seveso, bombardement inopiné, tremblement de terre, tempêtes, inondations, feux de forêts, tsunami, foyers épidémiques… En attendant, votre smartphone est déjà souverain pour pouvoir venir au secours de votre chat s'il devait lui arriver des misères pendant une de ses promenades. Grâce à son collier GPS Weenect vous suivez ses déambulations sur l'écran de votre smartphone : vous pouvez le localiser sur une carte, où qu'il se trouve, même s'il lui prenait la fantaisie de voir du pays, puisque l'application le tracera même en pleine campagne, et sur tout le territoire européen. Un module d'éducation au rappel vous permettra de lui apprendre à revenir illico à la maison dès que vous ferez vibrer son traceur d'un simple clic pour l'informer : les croquettes sont servies !

Le Maître de nos amours

Que vous soyez en couple ou à la recherche d'une relation amoureuse, le smartphone tient désormais une place cruciale dans votre vie sentimentale et sexuelle, mais pas toujours en faveur de son épanouissement ni de sa durée. Au quotidien, le smartphone rend possible une communication constante et instantanée entre les partenaires qui peuvent partager des instants d'intimité presque ininterrompue, même dans les périodes de la journée où ils sont loin l'un de l'autre, au travail ou en déplacement. Dans les premiers moments d'exaltation qui suivent une rencontre, ce privilège peut renforcer l'intensité des liens, satisfaire le besoin impérieux de se retrouver et entretenir le charme d'une compréhension réciproque sans cesse revivifiée. Mais une overdose d'appels peut aussi se traduire par une sensation de saturation, de routine et de vacuité.

La question est toute différente lorsque le smartphone devient le seul recours pour préserver un lien d'amour menacé par la violence des circonstances (une pandémie, une guerre, un exil, un éloignement forcé) ou les aléas de la vie (un séjour prolongé à l'étranger pour des études, une mission professionnelle ou des obligations familiales). Alors que tout voyage de retour était devenu impossible pendant de longs mois, la pandémie de Covid, de 2020 à 2022, a démontré l'importance presque vitale que le smartphone a pu acquérir pour des milliers de couples séparés qui n'ont plus disposé que de ce moyen pour continuer à vivre leur relation amoureuse et pour se rassurer sur le sort de leur partenaire. Depuis 2022, comment ne pas penser aux couples ukrainiens ? La femme réfugiée à l'Ouest, en Pologne ou ailleurs, et le mari au front dans la boue des tranchées, sous le feu des missiles, avec pour unique lien entre eux, le fragile et intermittent miracle d'une communication par satellite, mais soumis au risque que chaque appel puisse informer l'ennemi sur la position de la cible digitale à viser. Quant aux amoureux séparés par la guerre à Gaza, comment se représenter ce qu'a pu signifier, pour quelques-uns d'entre eux, le fait de pouvoir se joindre par smartphone, garder le contact, peut-être se retrouver, malgré les gigantesques déplacements de population, les rideaux de bombes et l'apocalypse des destructions ?

C'est vrai pour l'amour, mais tout autant pour les autres composantes fondamentales de notre vie : la valeur irremplaçable du smartphone – ce qu'il faudrait appeler, depuis qu'il existe, sa *nécessité* – s'éprouve de manière particulièrement claire et probante en situations extrêmes. Mais pour les vrais amoureux, quelques jours l'un sans l'autre, c'est déjà une sorte de catastrophe. Quelle que soit la configuration sentimentale – couple récemment formé ou relation longue durée – deux personnes amoureuses séparées par les circonstances pendant plus d'un jour ou deux chercheront spontanément dans le smartphone l'instrument capable de recréer entre elles une expérience sensible de proximité et un espace d'intimité partagée. Le grain de la voix. On finirait presque par oublier que c'était le cas avec le téléphone depuis plus d'un siècle… Mais il est vrai qu'à la différence du solennel combiné téléphonique ou de la triste cabine d'autrefois, le smartphone a plus d'un tour dans son sac pour offrir aux amoureux des façons renouvelées de manifester leur affection en toute intimité, à l'abri des oreilles indiscrètes, aussi longtemps et aussi souvent qu'ils le désirent, et gratuitement quelles que soient la durée et la distance, où que chacun des deux se trouve… pourvu du moins qu'il y ait du réseau. Un petit émoji expédié sur WhatsApp, un lien ou un GIF déniché sur Gtalk, un tendre SMS écrit entre deux réunions, une vidéo ou une image suggestive postée sur son profil Facebook, trois mots doux et le claquement d'un bisou en vrai sur FaceTime… Autant de petits signes d'attention et de sollicitude qui peuvent être échangés sans risque de lassitude, tout au long de la journée, pour supporter le manque d'être ensemble.

Avec l'avènement des applications de rencontre, les smartphones sont devenus l'outil le plus performant pour rencontrer de nouveaux partenaires potentiels : vous recherchez la personne idéale en demandant à votre smartphone d'élargir l'horizon amoureux de vos choix jusqu'à ce qu'il trouve celui ou celle qui viendra combler – et même, si possible, dépasser – toutes vos espérances. Ça peut prendre un certain temps, passer par quelques anicroches, mais en général, le smartphone fera du bon travail et vous serez satisfait. La preuve, vous êtes en couple depuis trois ans grâce à lui et, depuis, vous n'arrêtez pas de vous téléphoner comme si vous veniez de vous rencontrer. L'image radieuse de votre couple (en week-end, au restaurant, à Venise, en boîte, à la mer, etc.) fleurit à chaque page des réseaux sociaux où vous affichez votre félicité. Pour la rubrique « situation sentimentale », vous avez l'un et l'autre remplacé *célibataire* par *en couple*. Grâce à vos smartphones, votre amour réciproque n'est plus un secret pour personne et vous vous en réjouissez l'un et l'autre à chacun des appels amoureux que vous vous adressez du matin au soir.

En continuant à s'aimer, toute la journée, par smartphones interposés, on ne ferait donc, à longueur de temps, que célébrer l'outil magique par lequel tout a commencé : c'étaient déjà les mêmes smartphones qui avaient offert aux deux candidats le miracle de tomber l'un sur l'autre. Et voilà justement l'erreur ! Pourquoi les avez-vous gardés, ces satanés smartphones ? Une fois la rencontre réussie, il est indispensable que les deux amoureux se débarrassent aussitôt de leurs appareils. Sinon, c'est fatal, tout recommence et l'histoire n'a pas de fin. Car si le téléphone intelligent est authentiquement l'instrument parfait pour rencontrer l'âme sœur, le succès de l'entreprise – la rencontre réussie, la relation durable que vous avez établie – n'empêchera jamais votre smartphone, quant à lui, de rester disponible à une recherche active de nouveaux partenaires.

Comme il se prend pour vous, il adore ce jeu, il en est fou. Il a mémorisé votre pseudo sur l'application de rencontre, il n'attend que votre feu vert pour une nouvelle partie. Normal. Si sa vocation est de favoriser la quête amoureuse par de nouvelles aventures propres à enrichir votre expérience, il est assez clair qu'il continuera à « élargir l'horizon de vos préférences » comme il l'avait fait avec tant de succès lors de la recherche qui s'était soldée pour vous par une si belle rencontre... Je dis « vous », mais au même moment, soyez-en sûr, il se passe exactement la même chose dans la tête du smartphone de votre partenaire. On pourrait appeler cela l'aporie des amours digitales.

Avez-vous entendu parler du *phubbing* ? Issu de la contraction des mots anglais *phone* (téléphone) et *snub* (snober) ce terme désigne l'attitude méprisante et blessante qui consiste à s'occuper de son smartphone pendant qu'une autre personne est en train de vous parler ou sollicite votre attention. C'est difficilement acceptable de la part d'un ami ou d'un membre de sa famille, mais quand cela vient de son propre partenaire amoureux, ça ne peut se traduire, évidemment, que par une grosse déception, suivie bien souvent d'un bouquet d'étincelles... « C'est devenu infernal » avoue Sylvain, 36 ans « ma conjointe a tout le temps quelque chose à faire sur le portable ! Ça tue la libido ! » Selon une enquête menée par Bouygues, dans un couple sur deux en moyenne, chaque partenaire a pris l'habitude, au lit, de consulter son smartphone tandis que l'autre est occupé de son côté à la même chose : un phénomène qui, chez les jeunes de 18-34 ans, atteint le chiffre inouï de 75 %

Toujours prêt à nous accompagner dans notre soif irraisonnée de nouvelles aventures, le smartphone justifie et rend possible les comportements les plus volages en nous incitant à pratiquer une liberté qui met au défi nos conceptions de la fidélité. Mais il ne bouscule nos principes qu'en opérant en fait une véritable redéfinition de nos valeurs cardinales, comme celle particulièrement complexe d'intimité. L'univers vu à travers le smartphone conduit à simplifier drastiquement le concept : *intime* naguère pouvait vouloir dire quelque chose comme *privé* par opposition à *public* ; mais, soyons clair, pour un smartphone, une telle opposition perd chaque jour un peu plus de sa pertinence. À l'âge numérique, la valeur de toute chose se mesure à sa visibilité médiatique, à sa capacité à faire le buzz, à être liké, à susciter l'assentiment d'un maximum d'amis et de followers, bref, à la force mesurable de son impact sur les réseaux. Un peu comme autrefois l'audimat pour la radio et la télé. Le concept d'intimité est donc une sorte d'insulte à la Providence numérique, ou, à tout le moins, une idée rétrograde capable de vous faire perdre de vue le seul objectif qui mérite d'être pris au sérieux – la notoriété – et la seule dimension dans laquelle « être connu » peut satisfaire une juste ambition, le *mainstream*.

Cessant d'être considérée comme une valeur tout à fait plausible, l'intimité ne représente plus vraiment un droit de la personne à jouir d'une vie privée, ni un espace autonome dont l'accès pourrait être moralement protégé. Et voilà pourquoi, pour la majorité des couples d'aujourd'hui, les incursions constantes dans la vie privée de son conjoint, quoique parfois gênantes, sont devenues une pratique courante, généralement jugée anodine, compréhensible et finalement cohérente avec ce qu'il faut entendre comme la relation amoureuse d'un couple. Le smartphone constitue évidemment l'outil le mieux adapté à ces incursions. Véritable détective privé chargé de surveiller les éventuels écarts de conduite de l'autre, c'est lui qui mène les investigations, en pratiquant par exemple le « *facestalking* » : l'espionnage ou la surveillance serrée des agissements de l'autre sur Facebook. « – Non mais c'est pas vrai, je rêve ! Pourquoi t'as liké le post débile de cette pétasse ? » La jalousie étant désormais ressentie comme une légitime et indispensable preuve d'amour, ce type d'incursions est devenu une pratique tout à fait courante, considérée comme éthiquement et socialement acceptable. Chez les plus de trente ans, quelques voix s'élèvent quand même encore pour reprocher au smartphone de s'immiscer un peu trop dans la vie du couple, au point de se transformer en un « tue-l'amour ».

Le pharmakon

Dans toutes ces applications, le smartphone, confirme son statut technique de *pharmakon*. Comme tout outil, il est hybride et ambivalent. Un marteau, souverain pour planter un clou, peut également servir à défoncer une boîte crânienne. Sur le même modèle, le smartphone est clairement capable de n'importe quoi. C'est *selon* : il nous secourt et nous nuit, nous honore ou nous discrédite, nous construit ou nous ravage, nous instruit et nous abêtit, etc. Il est capable du meilleur ou du pire, et souvent des deux à la fois. On peut en user pour jeter de l'huile sur le feu, harceler l'innocent, trahir le serment donné, et devenir un salaud, ou au contraire pour sauver des âmes en détresse, travailler à la bonne cause, secourir la veuve et l'orphelin, et devenir un juste. D'un point de vue sartrien, le smartphone serait le révélateur et l'instrument existentiel de notre liberté. Cela reste vrai pour le futur.

Du moins, aussi longtemps que notre encéphale gardera assez d'autonomie et d'ascendant sur sa prothèse, car le smartphone est ainsi fait qu'il se substitue à notre volonté, à nos compétences, en rendant inutile une foule d'apprentissages, en nous laissant de moins en moins d'initiatives ou de pouvoir de délibération. Bref, il nous asservit en même temps qu'il nous libère.

Si je n'y prends pas garde, le rapport de force pourrait carrément finir par s'inverser : je désapprends et je m'aliène au fur et à mesure qu'il prend en charge avec aisance ce que je faisais jusque-là moi-même en ramant comme un galérien. Ce combat quotidien entre moi et mon smartphone se confirme bien comme la mise à jour la plus édifiante de la dialectique hégélienne du maître et de l'esclave. Je dois garder la menace à l'esprit sans désemparer une seconde, sinon, en me secourant à chaque instant, il finira par m'assujettir et me lobotomiser, synapse après synapse. À moins que, dans toute cette affaire, il ne soit lui-même que le jouet et l'intercesseur d'intérêts qui le dépassent. Ce que j'imaginais être un face-à-face dialectique entre lui et moi, me dissimule peut-être un système dont il n'est que la taupe ou le cheval de Troie.

Carrefour opérationnel de toutes les médiations qui agissent sur ma vie quotidienne et mes représentations, enrichi des ressources grandissantes de l'algorithme et de l'Intelligence artificielle qui captent et façonnent mes préférences, pilotable de l'extérieur par les invisibles liens interactifs qui le relient au monde entier, le smartphone est aussi ce par quoi je deviens potentiellement la cible de toutes les intrusions, de toutes les influences, de toutes les arnaques et de toutes les manipulations : il est ainsi constitué qu'il peut, à mon insu, se mettre – c'est-à-dire *me* mettre – au service d'intérêts autres que les miens ou les siens, à la merci d'idées qui ne nous appartiennent pas, avec la capacité de me contraindre à m'y accoutumer, à y consentir, et finalement à m'y soumettre sans même m'en apercevoir. Si le smartphone est un *pharmakon*, à la fois angélique et démoniaque, salutaire et létal, comme tous les artefacts techniques, sa part d'ombre est plus intense qu'en aucun autre outil de notre modernité, précisément parce qu'il est le joujou chéri de l'hypersphère.

L'hypersphère procède à ce que l'on pourrait appeler une « colonisation digitale » du monde, en pariant sur un va-tout numérique qui se formule désormais clairement comme une entreprise d'hégémonie totale : une mutation globale et systémique dont le smartphone est à la fois le symbole et l'instrument. Car il est bien, dans toutes ses applications, l'outil par lequel le numérique nous formate à ses normes en faisant de chacun, à sa modeste échelle, le complice consentant et l'artisan appliqué des métamorphoses qui frappent de plein fouet nos vieilles civilisations. À en juger par l'ampleur de l'offensive qui se déploie sur tous les fronts, les dégâts enregistrés jusqu'à aujourd'hui ne sont probablement encore que des dommages collatéraux.

Et si le smartphone allait bientôt disparaître ?

Contre toute attente, la mort du smartphone est annoncée comme imminente. Pour des raisons complexes qui tiennent à la fois à la perturbation du marché des composants, au progrès louable du recyclage, aux conséquences de l'inflation et aux soubresauts du contexte international, le marché mondial des smartphones neufs, tout en restant massif (1,15 milliard d'appareils vendus en 2023) a connu un déclin sensible : –11 % en 2022, –6 % en 2023. Il n'en fallait pas plus pour que Nishant Batra, directeur de la stratégie et de la technologie chez Nokia, annonce, dès novembre 2022, que les smartphones vivaient leurs dernières heures et qu'ils auraient complètement disparu avant 2030. Rappelons au passage que le même Nishant Batra n'avait pas réussi, en son temps, à comprendre l'évolution du téléphone portable vers le smartphone, de telle manière qu'après avoir été le premier constructeur mondial de téléphones portables jusqu'en 2011, l'entreprise finlandaise avait si gravement raté le virage technologique que Microsoft avait dû décider, en octobre 2014, d'arrêter de commercialiser des smartphones sous la marque Nokia. Nishant Batra a conservé de l'aventure quelques raisons personnelles d'en vouloir au smartphone, et sa rancune l'égare.

Le smartphone, tel que nous le connaissons aujourd'hui, est le résultat de décennies d'innovations en matière de télécommunications, d'informatique et de design. Il concentre, comme on l'a vu, une multitude de fonctionnalités dans un appareil compact et portable : communication, navigation internet, photographie, divertissement, gestion de la vie quotidienne, et bien plus. Compte tenu de son intégration profonde dans nos vies personnelles et professionnelles, comme dans nos habitudes et nos façons d'être, il est très peu probable que le smartphone disparaisse purement et simplement dans un avenir proche. Mais sa forme et ses fonctionnalités pourraient profondément évoluer.

Dans les dix années qui viennent, l'innovation continue pourrait amener les smartphones à développer considérablement leurs capacités, mais elle pourrait également conduire à concevoir des dispositifs concurrentiels différents, assez puissants pour intégrer et surpasser toutes ses fonctionnalités. Certains appareillages portables (*wearables*) comme les montres intelligentes et les instruments de réalité augmentée (RA) ou de réalité virtuelle (RV) sont déjà en train d'être développés avec le projet explicite de compléter et d'étendre de manière significative les capacités développées jusqu'ici par les smartphones en vue de s'y substituer, pour en récupérer le marché. À plus long terme, dans les vingt ou trente années à venir, ces technologies pourraient converger vers de nouveaux formats d'appareils plus intégrés qui pourraient se miniaturiser au point de changer d'échelle grâce aux ressources du quantique, quitte, le moment venu, à ce que soient envisagés des appareillages implantables, pariant sur la fusion homme-machine pour générer des prothèses capables d'offrir des interactions plus naturelles et immersives.

Dans son article « Les smartphones actuels seront-ils bientôt obsolètes » (Le Monde, 18 février 2024), Charles de Laubier cite Olivier Parent, directeur d'études au « Comptoir prospectiviste » : *« il y a de fortes chances que le smartphone tel que nous le connaissons disparaisse dans un délai plus ou moins court »*. Selon lui, *« peu importe ce par quoi le smartphone sera remplacé ; ce pourra aussi bien être par des appareils épinglés, des bagues, des bracelets, des lunettes, des lentilles… des implants biomécaniques »*. Et de mentionner Neuralink, la start-up cofondée en 2016 par Elon Musk pour développer des implants cérébraux, dont le premier a été posé le 28 janvier [2024] sur un patient. *« Ce sera peut-être la première brique du chemin qui pourrait mener à l'adoption de ces interfaces humain-machine »*, avance le prospectiviste. Quant au deuxième homme le plus riche du monde, il a assuré, fin janvier, que l'implant pourra permettre de *« contrôler* [son] *téléphone ou* [son] *ordinateur, et* via *eux, presque tous les appareils, simplement en pensant »*. À moins qu'Apple, avec l'« *informatique spatiale* » de son casque Vision Pro, et ses concurrents Meta (Quest), HTC (Vive), Sony (XR) ou encore le français Lynx (R1) ne ringardisent, eux aussi, les téléphones portables. »

Les défis de remplacement sont en effet lancés de toutes parts et on comprend bien pourquoi : avec plus de 500 milliards d'euros par an, l'enjeu industriel et financier du marché des smartphones est colossal et excite beaucoup d'appétits. Mais, quelles que soient les convoitises et les prophéties intéressées, rien n'est assuré. Outre qu'elles restent encore très hypothétiques scientifiquement, ces évolutions annoncées vers le biomécanique, posent des problèmes d'acceptabilité éthique et de rationalité commerciale.

La fusion homme-machine sera probablement expérimentée assez vite dans le champ médical sur des secteurs vitaux très pointus, et d'une manière autrement plus significative que l'implant publicitaire d'Elon Musk ; mais pour ce qui est de la fusion homme-machine, c'est une autre paire de manches. Comme pratique généralisable dans d'autres domaines, elle ne pourra être définie et légalisée à l'échelle internationale sans le préalable d'une longue et difficile réflexion éthique et juridique sur les conséquences qu'elle impliquerait à la fois pour le destin de notre espèce et pour l'idée que l'humanité se fait d'elle-même. Dans un monde où les spiritualités religieuses et le respect de la Nature connaissent un essor considérable, il n'est pas du tout certain que la perspective prométhéenne ou transhumaniste d'une artificialisation du corps humain puisse être considérée comme simplement envisageable avant longtemps.

L'autre obstacle, plus prosaïque mais peut-être plus déterminant encore, est la rationalité économique et commerciale du projet. Pour qu'un nouveau dispositif remplace le smartphone c'est-à-dire devienne capable à terme de s'emparer de son marché, il faudrait qu'il puisse révolutionner l'offre : qu'il apporte une amélioration inédite et très significative en termes de commodité, de fonctionnalité, ou d'expérience utilisateur. Les consommateurs ont tendance à résister au changement sauf si les avantages sont décisifs, clairs et substantiels. De plus, l'écosystème développé autour des smartphones, incluant les applications, services, et accessoires, représente une barrière considérable à l'adoption rapide de technologies radicalement différentes. À cette limite très concrète s'ajoutent d'autres facteurs. Les smartphones sont devenus bien plus que de simples outils technologiques ; ils sont intégrés dans le tissu socioculturel de nombreuses sociétés à travers le monde. Tout appareil destiné à les remplacer devra tenir compte non seulement des besoins fonctionnels qu'il doit satisfaire mais aussi des usages, des prix, des habitudes c'est-à-dire des dimensions psychologiques, sociales et culturelles de son utilisation. Que l'on parle de lunettes connectées ou d'implant au prix faramineux, là non plus, le compte n'y est pas.

S'il est donc très improbable que le smartphone disparaisse dans un avenir immédiat, il est à peu près certain qu'il continuera à évoluer et à nous surprendre. Les innovations dans les domaines de l'intelligence artificielle, de la connectivité sans fil (comme le déploiement de la 5G et au-delà), des batteries, des matériaux, et de l'interface utilisateur mèneront à des appareils qui étendent, complètent, ou réinventent l'expérience du smartphone. Plutôt que de laisser la place à d'autres outils, le smartphone pourrait se transformer, en s'intégrant dans un éventail plus large de dispositifs connectés et d'expériences numériques : une déclinaison de ressources dont tout indique qu'il restera le mieux placé pour en piloter le développement et pour en garder, assez longtemps, le contrôle.

Notre troisième cerveau exauce de mieux en mieux les plus exigeants de nos souhaits. Mais à la différence du bon génie qui habitait la lampe d'Aladin, il n'assigne aucune limite au nombre, c'est-à-dire à la diversité et à la nature, de nos vœux. Par cette libéralité sans borne, la technique digitale paraît nous faire la promesse d'un affranchissement et d'une renaissance – « fais ce que voudras » – mais, dans le même temps, elle exerce et assure l'illimitation de son emprise sur notre destin. C'est à la mesure de cette emprise que le smartphone est devenu le symbole et l'outil de notre engagement, pour le meilleur et pour le pire, dans le défi sans retour possible du va-tout numérique. Chacun de nous se trouve impliqué, d'une manière aussi radicale qu'involontaire, dans une métamorphose du monde qui a pris la forme d'une fuite en avant, jusqu'ici réussie, mais aveugle et sans autre objectif défini que le profit industriel. Ce qui s'y joue et s'y arbitre, pourtant, n'est rien moins que notre avenir : un monde revivifié, capable de développer les énergies et les virtualités d'une nouvelle forme de liberté individuelle ou, au contraire, un monde sous contrôle, qui se solderait par l'émergence d'une véritable culture de l'incarcération collective.

Des oracles qui ont cessé

Michel Melot

Rendre des oracles, en effet,
c'est bien la seule chose qui puisse nous faire écrire.
Pierre Michon (Corps du roi, p. 25)

Quand je suis arrivé à la Bibliothèque publique d'information, à l'automne 1983, l'affaire des livres était réglée. 300 000 volumes s'offraient sur les rayonnages où chacun pouvait les lire sans que qui que ce soit leur demande quoi que ce soit. Pas de mot de passe, pas de code secret, pas même une carte de crédit ou de fidélité. Chaque jour, 10 000 têtes studieuses se penchaient sur eux, en silence. Des clochards profitaient de l'aubaine d'une chaise dans un bâtiment chaud et tranquille, ouvert à plein temps. À un bel esprit qui s'en offusquait, Mme Pompidou avait répondu fièrement : « Des clochards… Et alors ? »

L'ambition du projet dont Jean-Pierre Seguin était l'auteur ne s'arrêtait pas là[1]. Les imprimés y étaient, mais comment y inclure les sons et les images qu'on ne pouvait plus ignorer ? Les problèmes commençaient et l'on m'avait demandé de les résoudre. Les diapositives étaient classées dans des visionneuses qui ne résistaient pas à l'assaut des lecteurs ; les écrans vidéo étaient plantés au milieu des rayonnages comme des pots de fleurs ; les disques enfin, glissés dans leur pochette disparaissaient parmi les livres et, dérogeant au principe de l'accès libre, il fallait en demander l'écoute à un bibliothécaire.

1. Jean-Pierre Seguin, *Comment est née la BPI. Invention de la médiathèque,* Bibliothèque publique d'information – Centre Georges-Pompidou, 1987.

Les questions posées en 1975 lors d'un voyage d'études aux États-Unis pour faire entrer l'audiovisuel dans les bibliothèques publiques semblent d'un autre âge. Il s'agissait de savoir s'il fallait transférer les disques microsillons sur des bandes magnétiques ou laisser les lecteurs les poser eux-mêmes sur les platines ; s'il fallait projeter les films 16 mm en salle ou sur des projecteurs individuels ; si l'on pouvait laisser microfiches et microfilms en bobine ou inventer des boîtiers faciles à manipuler par le lecteur.

Jean-Pierre Seguin avait aussi déclaré que le catalogue serait, le premier en France, informatisé. Le ministère de l'Éducation nationale, fier de posséder un ordinateur, trouva extravagant d'en avoir un autre. Le bras de fer dura plusieurs années. De plus, ce mauvais citoyen n'acceptait pas un catalogue où le lecteur devait taper « Publius Vergilius Maro » pour lire les œuvres de Virgile. L'ordinateur IBM acquis en 1972 déçut Jean-Pierre Seguin : le chercheur ne pouvait pas l'interroger lui-même et se retrouvait devant un listing de cent vingt volumes qu'on devait réimprimer à chaque mise à jour. De même, la demande des chercheurs qui avaient pris l'habitude de consulter des bases de données, n'était pas « conversationnelle ». Ils devaient s'adresser à un bibliothécaire spécialisé pour rédiger sans erreur leur « équation de recherche » et attendre la réponse plus tard.

Jean-Pierre Seguin, qui avait quitté Beaubourg après son ouverture en 1977 pour venir à la Bibliothèque nationale au département des estampes et des photographies où je travaillais, me fit entrer en contact avec une filiale de Philips qui expérimentait l'accès aux images par un « vidéodisque » de 30 cm sur lequel on pouvait enregistrer 100 000 photographies. Je suis allé à Eindhoven pour me faire expliquer ce prodige et, en combinaison d'astronaute, voir l'enregistrement des images réduites à des alvéoles microscopiques qu'un rayon laser savait transformer en points lumineux sur un écran. L'expérience fut concluante et j'eus le plaisir de présenter en 1980 à la secrétaire générale de la Bibliothèque nationale le premier vidéodisque français. Elle me fit une moue moqueuse et me dit : « l'informatique, Melot, vous y croyez, vous ? »

L'accès à ces milliers d'images posait la question de leur indexation par des mots. Un peu partout on élaborait des listes dites « thesaurus » avec lesquels on sous-titrait les images. Nous étions quelques-uns à ne pas croire qu'une image pût être réduite à des mots. Autant aller chercher de l'eau avec une passoire. Pour l'éviter, Swift avait déjà imaginé des sacs où l'on aurait pu mettre les objets qu'on voulait désigner et les montrer tour à tour. Ainsi des documentalistes, modernes Sisyphe, s'épuisaient à décrire les images avec des mots. Évidemment, tout Français devait utiliser le même thesaurus et celui que le ministère avait choisi, conçu pour décrire les miniatures médiévales, était incapable d'indexer les cartes postales et les photos de presse[1]. L'INA, qui archivait la télévision, devait répondre à des questions urgentes des journalistes sur les scores des footballeurs ou les défilés de mode, avait pris le parti d'indexer non pas l'image mais les questions des journalistes. Sage précaution : avec des mots on indexait des mots. Les agences de presse (10 000 photos par jour) indexaient non pas l'image mais leur légende, brute. Sans état d'âme, j'utilisai comme eux la légende « *Au bord du Guadalquivir* » pour indexer une image romantique montrant une odalisque mi-nue sur un sofa. Le thesaurus m'aurait ordonné d'écrire « femme nue allongée », ce qui l'aurait noyée parmi des milliers d'autres « nus allongés » ignorant l'hispanisme. Mon ami Henri Hudrisier, avait conçu un « imageur » pour rechercher vite une image dans un vidéodisque. Dans « L'Iconothèque » (1982), il défendait l'idée que l'on pouvait feuilleter très vite des milliers d'images sans avoir à les identifier par des mots, zappant la langue qui ne répondait plus. L'image était incommensurable à la langue. Son oracle s'était tu. Nos vidéodisques, remplaçant les diapositives, furent mis en libre accès avec des légendes minimales (dates, noms propres) en 1985.

Deux ans après, la responsable de ce chantier, Isabelle Giannattasio, débarqua dans mon bureau en me déclarant calmement : tout cela n'a servi à rien. Tout est à refaire. L'heure est à la numérisation. Repasser les photos sous un laser qui les réduirait en pixels n'était pas le pire, mais il faudrait renégocier tous leurs droits de reproduction. Une image qui change de support est, pour les juristes, une autre image. Numérisées, ces images pourront être plus facilement transmises, interactivées, aussi retravaillées, modifiées ou truquées : la

1. On trouvera l'écho de la polémique qui m'opposa alors aux représentants du ministère de la Culture dans : Huguette Rouit & Jean-Pierre Dubouloz, (éd.) : M. Melot : « *Les conditions d'un catalogue informatisé des images dans les bibliothèques* » dans *À l'écoute de l'œil. Les collections iconographiques et les bibliothèques. Actes du colloque organisé par la Section des Bibliothèques d'art de l'IFLA,* Genève, 13-15 mars 1985, K.G. Saur, München, New York, London, Paris, 1989, p. 222-228.

photographie n'était plus comme on le croyait l'image incontestable de la réalité. C'était encore comme un autre oracle qui se serait tu.

D'autres se mettaient à parler. J'avais appris qu'une machine inventée par Ray Kurzweil, génie de l'informatique et apôtre du transhumanisme, savait reconnaître les caractères d'écriture et les faire lire par une voix de synthèse. Une providence pour les aveugles. J'avais visité à Washington le département pour les aveugles de la Bibliothèque du Congrès, qui distribuait gratuitement des éditions en braille et fournissait des enregistrements de tout livre avec des magnétophones adaptés aux non-voyants. Ce service public fédéral employait une centaine de personnes. J'eus honte pour mon pays. Le prix de la machine Kurzweil était hélas hors d'atteinte de notre budget mais la Fondation de France accepta de nous l'offrir. Un inspecteur des finances eut le bon goût de nous reprocher cette dépense. Les statistiques, rapportées au petit nombre de non-voyants, lui donnaient raison : il y avait trop peu d'aveugles.

La reconnaissance des caractères (OCR) ouvrait la voie à la reconnaissance des formes en général. J'avais visité à cette époque une firme française qui avait vendu aux polices du monde entier une machine capable de reconnaître parmi plusieurs milliers, en quelques secondes, l'empreinte digitale fatale du criminel recherché. D'accord pour une figure qui pouvait être repérée en quelques points, mais jamais, disais-je, un ordinateur ne saura distinguer un vrai Goya d'une réplique. J'eus vite tort. La machine distinguera mieux que l'œil un bleu entre mille autres bleus, le pinceau d'un autre et saura faire avouer le faux. Le lecteur automatique de formes a une supériorité sur l'être humain : il apprend tout seul. Partant d'un modèle imparfait, il le comparera à un autre qui enrichira son répertoire et peu à peu le corrigera. Plus la machine Kurzweil travaillait, plus elle se perfectionnait et sut lire les caractères les plus déformés. Ainsi, la Poste, lira les pires adresses tracées par des mains maladroites sur les enveloppes.

À la même époque, le responsable du service des bases de données, Jacques Faule, surgit dans mon bureau en me disant : « Monsieur le directeur, il faut que vous supprimiez mon poste. Je ne servirai bientôt à rien car n'importe qui pourra interroger l'ordinateur et peut-être, d'ailleurs, bientôt chacun aura son propre ordinateur ». Le projet d'une nouvelle bibliothèque publique à New York prévoyait d'équiper chaque place de lecteur d'un ordinateur individuel. C'était déjà inutile. Une prise de courant à chaque place suffisait. Et tant pis pour l'ordinateur géant de l'Éducation nationale.

J'avais reçu dans mon bureau un étonnant personnage, qui faisait le siège de la Bibliothèque nationale et que la secrétaire générale m'avait envoyé pour s'en débarrasser. Bruno Lussato n'était pas très grand mais très volubile. Professeur au CNAM et en Pennsylvanie,[1] il menait campagne contre les gros ordinateurs pour promouvoir ce qu'il avait baptisé « micro-ordinateurs » ou « ordinateurs personnels ». La lutte était rude dans les entreprises et laboratoires. Moi, cela me convenait bien, et j'imaginais chacun de mes lecteurs faisant toutes ses recherches devant son propre ordinateur, sans passer par l'IBM de l'Éducation nationale. Lussato m'invita chez lui, 1 Rond-point des Champs-Élysées. Un valet en gilet qui ressemblait à celui de Tintin à Moulinsart, m'introduisit dans un vaste salon qui contenait un seul meuble : un piano à triple queue. J'appris plus tard que Lussato, écrivain visionnaire d'un journal fantastique intitulé *Apocalpsys cum figuris*[2], était aussi un grand spécialiste de Wagner. Quelque temps après cette visite, le 24 janvier 1984, Apple lança son Macintosh, qui lui donnait raison.

Depuis 1980, la France avait pris une avance avec la mise en service du Minitel et ce qu'on appelait la télématique. En 1985, le catalogue de la BPI était accessible par Minitel avec un service de « questions-réponses » très sollicité. J'eus le plaisir de voir des collègues américains épatés par l'avance de nos services à distance. Je participai en 1986 à un colloque européen dans l'université glacée et déserte d'Odense sur les fibres optiques dont le réseau devait permettre d'assurer le lien entre le lecteur et n'importe quel document, quelle que soit leur distance. C'est alors qu'apparurent les premiers CD-ROM, qui n'étaient reliés à rien. Ses partisans exigeaient qu'on cessât les infructueuses recherches d'un système d'interrogation en ligne et s'opposaient violemment à ceux qui considéraient les CD-ROM comme un gadget. Les premiers remportèrent une victoire lorsque la BPI édita, toujours grâce à une start-up soutenue par Philips, le premier CD-ROM français. Un seul disque contenait à l'aise les 120 volumes de notre catalogue (encore n'en occupaient-ils pas la totalité de sa

1. Fred Turner, « Aux sources de l'utopie numérique. De la contre-culture à la cyberculture, Stewart Brand, un homme d'influence », C&F éditions, 2012.
2. Aujourd'hui à la BnF, département des manuscrits.

surface). On le baptisa LISE et il eut les honneurs du Journal télévisé de TF1 le 19 mai 1987. Le CD triompha dans l'enregistrement de la musique mais pour ce qui est de l'écriture, les systèmes en ligne eurent finalement le dessus. Aucun appareil aujourd'hui ne permet de lire LISE, mise au mieux au musée, au pire à la poubelle.

Pour rendre le catalogue « conversationnel », il fallait un « OPAC » (*on line public access catalogue*). Le système canadien GEAC d'interrogation par le lecteur fut implanté en 1989 après une longue bataille contre la Commission informatique du gouvernement qui exigeait qu'on utilisât un système français qui n'existait pas. En 1988, je fus invité à introduire un séminaire de l'INRIA, bras séculier de l'État pour la recherche en informatique, intitulé : « Image et intelligence artificielle[1] ». L'INRIA était riche et le séminaire se passait dans la charmante station balnéaire de Bénodet. J'en ai gardé un excellent souvenir gastronomique et dois y voir rencontré des chercheurs remarquables sur ce qu'il faudra nommer désormais « l'industrie de la langue ». Ce n'étaient pas vraiment des linguistes, mais des statisticiens manipulant les mots non en fonction de leur sens, mais selon la probabilité de leur occurrence. Le choix ne se faisait pas en fonction du sens mais du contexte. On pouvait concevoir que telle question, dans tel environnement verbal appelait telle réponse par ordre de succès. Pour l'indexation, il était plus difficile de faire distinguer à une machine des locutions comme « balayer la cour », « faire une cour assidue » et « faites entrer la Cour ». Les machines apprirent à conjuguer, à accorder, à ponctuer. Mais aussi à suivre des « algorithmes » qui classaient les réponses selon ces occurrences, choisissant elles-mêmes les bonnes et les mauvaises, pourvu qu'on acceptât la dictature du nombre. Les traductions automatiques furent de piètres élèves, tout juste capables de traduire « La chair est triste hélas » par « la viande est molle ». Mais la machine ne demandait qu'à apprendre ; il fallait mettre dans sa besace toutes les occurrences et la conduire à la plus probable ou, en orientant l'algorithme, la plus souhaitable. Elle se comportait alors comme un cerveau qui cherche le « bon mot » et était capable de le trouver, dans son insondable base, mieux que nous dans notre cerveau. Associée à la reconnaissance optique des caractères et celle, sonore, des voix, la machine pouvait écrire la réponse et même la faire prononcer par un son synthétique

1. Image et intelligence artificielle dans l'information scientifique et technique, 6-10 juin 1988, Cours INRIA dirigé par Christian Bornes, INRIA, 1988.

ce que font de nos jours (mais ce n'est que trente ans après) les petits robots domestiques inclus dans votre smartphone ou qu'on trouve, pas cher, au supermarché.

En 1986, l'exposition *Mémoire du futur* au Centre Pompidou, pilotée par Bernard Stiegler et Catherine Counot, offrait au visiteur tous les services en ligne qui balbutiaient encore. On donnait le change grâce à des artifices qui feraient honte aujourd'hui au plus humble des internautes. Le clou était la discussion en ligne que le visiteur pouvait entretenir avec un logiciel appelé « Prophète automatique ». Le lecteur choisissait son sujet et entendait son interlocuteur factice lui répondre avec pertinence, le mettant même dans l'embarras lorsqu'il lui demandait son avis. Lorsque, irrité par sa sophistique, je commençai de l'injurier, j'entendis avec stupeur le « prophète » me répliquer : « votre grossièreté montre bien votre ignorance ». J'étais battu. Ces expériences devaient beaucoup à l'OULIPO et ses écritures programmées. Jean-Pierre Balpe laissait un logiciel composer tout seul, à partir d'éléments fournis par le visiteur, une fable de La Fontaine, un poème de Mallarmé (avec le choix : moins ou plus mallarméen) ou même une nouvelle de Maupassant. L'ordinateur, fouillant dans le stock de ces auteurs, composait en temps réel des intrigues et des phrases vraisemblables aussitôt racontées par des voix robotisées. À un autre étage du centre Pompidou, Boulez faisait écouter la 3e version de « Répons » (1984) œuvre musicale recomposée par des ordinateurs à mesure de son exécution dirigée par le maître.

Mais voilà ! Ces sons, ces figures, ces mots choisis et manipulés dans des bases énormes avaient besoin de mémoires artificielles gigantesques. On ne s'y attendait pas, mais cette mémoire factice (en fait un courant électrique passant d'un neurone à l'autre) pouvait être stockée au niveau des atomes, par milliards. Le microscope électronique, connu depuis 1931, grossit la réalité 2 millions de fois plus qu'un microscope ordinaire, c'était encore peu à côté de ce que permit la miniaturisation des circuits. Dans les années 1990, la « nanotechnologie » fit un bond soudain, attirée sans doute par le gain. Toute écriture est affaire de reproduction : les idées ne circulent pas d'elles-mêmes. J'étais rassuré d'apprendre que les techniques pour imprimer les puces étaient de lointaines descendantes de la photolithographie, dont je connaissais bien l'histoire entre 1840 et 1890. On avait changé le calcaire du lithographe pour du silicium. Ce n'était qu'une question de pierre. Les informations y sont stockées au milliardième de millimètre. Leur grand nombre permet de calculer les sondages, les études de marché, les taux des assurances et les écritures prédictives.

Ces écritures anticipées qui parlent à ma place, trouvent, parfois mieux que moi, sous mes yeux dans mes courriels intimes les mots que je cherchais (elles me « délocutent » doit-on dire) me narguent, me dépossèdent de mon bien le plus cher, ma langue. Déjà le recensement des populations ne se fait plus par enquête porte à porte : un échantillon suffit pour le calculer avec plus de précision que l'enquête déclarative. Un jour, sans doute, les élections se feront par sondages. On ne me demandera plus mon avis. Se substituant à une sémantique subjective, les calculs de probabilité gouvernent la langue comme les tendances de la Bourse. Ils peuvent s'ébattre au large dans les téraoctets (mille milliards d'octets) selon la loi stupide des grands nombres. Ce qui n'a pas de sens pour un solitaire, est, au niveau collectif, plus qu'une obligation : une fatalité. Comment un individu peut-il l'admettre ?

Comme il y a un av. J.-C. et un apr. J.-C., (ou « avant notre ère » comme on doit dire) il y a un avant et un après Internet. Les oracles de l'Antiquité se sont tus, parce qu'on ne croyait plus à leurs dieux, comme la voix des hommes est disqualifiée par les images et les chiffres jaillis des écrans. Le web a été opérationnel en 1991. La Bibliothèque publique d'information a ouvert un poste en accès libre le 30 août 1993, peu après celui de la Bibliothèque d'Helsinki. Un seul écran pour des milliards de milliards d'octets et de pixels. Avant, il y avait quatorze types d'écran dans la bibliothèque. Un seul suffit désormais.

Dévorée par les chiffres, aveuglée par les images, assourdie par les sons, que reste-t-il à la langue ? Les symboles, numérisés, sont sous contrôle. Tout ce qui est codé finira dans les fermes d'ordinateurs qui recouvriront l'Alaska et le Groenland, tant qu'il y aura des neiges. L'écriture comme moyen de communication n'est plus réservée à la langue. L'écriture est tantôt celle des formules mathématiques, des schémas, des tables, tantôt celle des sons, des images numérisées, des logos et des smileys. Nous déchiffrons nos écrans tel Champollion découvrant que les hiéroglyphes étaient tantôt des sons (des *voix* disait-il), tantôt des images. Voilà les deux concaténés. Effacée par les signes surcodés, qu'on apprend à l'école ou à l'université, et par ce qu'on apprend par empathie (ou percolation) en famille, la langue a perdu son aura, son autorité. Elle ne dit plus la vérité aussi fermement que le font les chiffres ou les photos. Son enseignement et sa pratique en souffrent, se détériorent. La conversation n'est plus un art, l'éloquence ne convainc plus. Les photos dialoguent toutes seules d'un écran à l'autre. Actualités et publicités se chevauchent ; les phrases sont courtes ; légendes, slogans, messages, formules, tweets, SMS, ou moins encore : nouvelle langue « à clic ».

La traduction automatique convient parfaitement aux communiqués météorologiques. Elle accepte peu à peu les informations factuelles des actualités. Les éditeurs préviennent les chercheurs que leurs résultats ne seront publiés que sous forme de figures ou de phrases suffisamment dénudées pour être traduites automatiquement. La mondialisation est à ce prix. Le « *globish* » a déjà fait le ménage.

Lors d'un débat à la Maison des écrivains sur la chute de la vente des livres de sciences humaines, Pierre Nora avait osé ce paradoxe : au fond, ce qui a fait le succès des grands auteurs en histoire et en philosophie, c'est la qualité de leur style : Foucault, Lévi-Strauss, Barthes, Duby, Derrida, sont de remarquables écrivains, comme Bergson jadis, qui eut le prix Nobel de littérature. Leurs ouvrages passent dans les librairies au rayon « Littérature ». C'est peut-être une rectification plutôt qu'une erreur. Leur écriture est encore une écriture de la langue, mais de celles qui font dire aux mots ce que les mots ne peuvent pas dire[1]. « L'absente de tout bouquet », disait Mallarmé. Une langue, une écriture disent toujours autre chose que ce qu'elles disent. Les signes que l'on voit ou que l'on entend, au-delà des codes qui permettent leur échange, sont chargés d'une cargaison de souvenirs et de sentiments. Tout ce qui est codé répond à mon commandement : ON/OFF. Le reste est à négocier, et répond plus ou moins, chacun pour soi, chacun chez soi, selon un curseur intime. La langue anglaise oppose le SHIFT (rupture) et le SWIFT (degré). La rupture est conventionnelle, comme les mots de la langue ou l'alphabet. C'est une affaire d'État. Le reste est une affaire de famille. Jamais totalement codée, jamais purement image. Elle résiste au calcul comme au rêve. Jusqu'à quand restera-t-elle incompressible ?

1. Pascal Quignard, Le Nom sur le bout de la langue, 1993.

Décivilisation
Comment nous sommes devenus des *datas*

Paul Soriano

Dans Notre-Dame de Paris, *Hugo fait prononcer cette sentence à l'archidiacre Frollo :* Ceci *(le livre)* tuera cela *(la cathédrale). Extrapolons : Ceci (le numérique) tuera cela (la civilisation).*

À la fin du XXe siècle, deux auteurs, Francis Fukuyama et Samuel Huntington, publiaient tour à tour leurs visions respectives du monde à venir… Fukuyama[1] prenait acte de la victoire définitive de l'« Occident » (des États-Unis) dans un monde désormais unipolaire où s'imposeraient peu à peu l'économie de marché et la « démocratie libérale ». Huntington[2] prédisait au contraire un « choc des civilisations ». Étrangement, notre monde actuel ressemble à une hybridation de ces deux scénarios a priori contradictoires ; si bien qu'il nous faut habiter deux mondes *en même temps*, celui de la fin de l'histoire (le « monde de Fukuyama ») et celui des conflits géopolitiques (le « monde de Huntington »). La guerre en Ukraine, entre autres, nous apprend à les faire coexister ; les adversaires sont tellement interdépendants que les sanctions prises par les uns contre les autres finissent très vite par les sanctionner eux-mêmes – les Européens en savent quelque chose…

1. *The End of History and the Last Man*, 1992 (*La Fin de l'histoire et le dernier homme*, 1992).
2. *The Clash of Civilizations*, 1996 (*Le Choc des civilisations*, 1997).

Mais si nos penseurs en désaccord ont raison tous les deux, en même temps, on peut aussi leur objecter que la démocratie libérale (Fukuyama) semble bien régresser, y compris en Occident ; quant au « choc » (Huntington), il oppose plutôt d'anciennes civilisations, toutes occidentalisées, à un Occident qui, pour sa part, aurait entrepris de se *déciviliser* ; cette décivilisation ne résulte ni d'une « décadence », ni d'une invasion barbare (nous sommes les Barbares !) mais plutôt des nécessités d'une hégémonie[1] qui viendrait couronner la mondialisation techno-économique dont l'Occident est et reste le maître d'œuvre… contesté.

Fin de l'histoire ou plutôt fin du *sens de l'histoire* ? Le temps est détraqué, le temps qu'il fait comme le temps qui passe. Le Progrès ayant *fait son temps,* plus question d'*avancer* vers un monde meilleur ; nous sommes réduits à errer dans le meilleur des mondes possibles. L'avenir serait déjà-là, indiscernable du « déjà-vu »… Mais, en même temps toujours, voici qu'une fin des temps apocalyptique s'invite dans le présent de nos angoisses écologiques : histoire naturelle et histoire humaine (l'« anthropocène ») se confondent ! Et néanmoins, à défaut de Progrès avec majuscule, *l'innovation* s'accélère et le progrès technique continue de battre la mesure ; à ceci près que l'innovation, écologie oblige, se trouve, au moins dans les discours, vertueusement réorientée : vers la *green tech* et le *green business* ; mais aussi vers le… transhumanisme.

Les temps qui viennent ? Le pluriel s'impose : nous sommes écartelés entre des temporalités multiples, anachroniques. Et, avec le sens de l'histoire, c'est le sens tout court qui défaillit. À bord d'une Nef des fous[2] en guise d'Arche de Noé ballottée par le dérèglement climatique, les survivants déboussolés, cinglent vers un cap incertain, aux bons soins de technocrates, bientôt dopés à l'intelligence artificielle, laquelle a peut-être calculé qu'il était temps de nous naufrager…

Et s'il est avéré que les civilisations (les cultures, les institutions, ou encore les récits…) sont des dispositifs déployés par les humains pour *se donner du temps,* alors ce temps détraqué est sans doute le principal symptôme de la décivilisation.

Mais qui est « nous », au fait ? Les Occidentaux, bien sûr… On ne semble guère s'aviser que la désoccidentalisation du monde dont on nous rebat les oreilles est le fait des Occidentaux eux-mêmes :

1. Nous empruntons le terme « hégémonie » à Jean Baudrillard qui le distingue de « domination ». Une civilisation a gagné quand la domination devient l'hégémonie (Régis Debray).

2. Un navire-hôpital (psychiatrique) gouverné par ses patients ?

ce ne sont pas les Russes ou les Chinois, ou les islamistes qui ont « inventé » le *wokisme* – un antioccidentalisme typiquement et, pour le moment, exclusivement occidental, concocté dans les *universités américaines* ! Seul candidat crédible à l'hégémonie, armé d'un *soft power* sans rival, l'Occident est indépassable, sinon par lui-même, fût-ce en se désoccidentalisant pour se rendre plus agile dans son entreprise hégémonique. Ce qu'il en reste alors ? L'essentiel, à savoir l'esprit du capitalisme, cette religion œcuménique de l'Argent dont le Credo serait « Tout à un prix ».

Si ses ennemis ont toujours une guerre de retard, l'Occident n'est pas lui-même à jour avec sa propre évolution : ainsi, notre « démocratie libérale », incompatible avec le *management* d'une planète ravagée, est déjà obsolète ; la situation nécessite un tout autre *régime* pour affronter, dans l'urgence, les « menaces planétaires » : un régime global, consensuel, postpolitique, technocratique… Au néolibéralisme succède un libéralisme illibéral, la libre circulation de toute chose, sous réserve de confinements… Et c'est encore la vieille Europe pacifiée qui sert de banc d'essai à ce régime, sous le nom d'Union européenne : à son échelle, elle coche en effet, on le vérifiera, presque toutes les cases d'un régime hégémonique… sous protectorat américain.

Si l'homme est bien « par nature un être de culture », la décivilisation serait donc à la fois une déculturation et une dénaturation… Car l'*hubris* techno-capitaliste, après avoir détruit tant d'êtres vivants, s'en prend désormais à la Vie même, et à son « mode de production », la trop lente *genèse*, biologique et culturelle, pour leur substituer ses propres *industries* à but lucratif plus expéditives (*time is money* !).

Et si l'homme nouveau, alors, était une machine, *Machina sapiens* ? Redoutons plutôt le « technocrate augmenté », servi par l'intelligence artificielle (le surhomme ?), dominant des *hommachines décivilisés* dans le meilleur des mondes (le dernier homme ?).

Ce monde global, incompatible avec des identités culturelles ou nationales porteuses de fragmentation et de conflits, requiert en effet un *homo* « émancipé » (dépouillé !), de tout ce qui faisait de lui un inquiétant *sapiens, creator, politicus…* – un être humain, en somme…

En attendant l'homme nouveau, il faudra encore surveiller et punir – et soigner… les retours du refoulé maniaco-dépressifs du vieil homme. Si bien que ce monde en transition, schizophrène (mondialisation belliqueuse), menacé de toutes parts (le compte à rebours est lancé), *insensé*, ressemble assez en effet à une Nef des fous (*fluctuat*). Ou plutôt au Titanic (*mergitur*) ?

Que cela ne nous empêche pas de relever quelques motifs de ne pas désespérer…

Le temps est détraqué

Après avoir été modernes, nous serions devenus postmodernes, englués dans un « présentisme » de fin de l'histoire. Être moderne c'était se croire en marche vers un monde meilleur ; postmoderne, c'est naviguer, se traîner ou surfer, selon l'humeur du moment, dans le meilleur des mondes, en s'attendant au pire.

Dépassés le mythe du Progrès et même le « sens de l'histoire », et ce gain de lucidité est toujours bon à prendre… Le souvenir de l'horrible xxe siècle, combiné avec la perspective d'une catastrophe finale, le renversement des dernières idoles modernes par la critique postmoderniste nous ont guéris de la croyance en un futur radieux… sans pour autant nous convaincre que c'était mieux avant. Le médiologue soulignera pour sa part le rôle de la révolution numérique, cette « machine à démonter le temps », dans notre nouveau « régime d'historicité » (François Hartog).

Le postmodernisme (les idées modernes devenues folles ?) s'ouvre à tous les anachronismes. Un présentisme si l'on veut, mais nullement amnésique, plutôt saturé de mémoire ; à l'ère numérique on *mémorise* tout, et les archives sont accessibles à tous : *Total Recall*, mais la chronologie n'a plus ni queue ni tête.

Après la fin de l'histoire, les histoires récidivent, comme dans les *séries* télé, leurs saisons, leurs épisodes, leurs préquelles et séquelles, et les rediffusions, indéfiniment… On a toujours apprécié les fictions historiques, mais c'était du passé, aboli, qu'on regardait de loin, parfois nostalgique, souvent de haut ; aujourd'hui une fantaisie médiévale est *criante d'actualité*. Prenez la série *Game of Thrones* : elle s'inscrit dans une temporalité indéterminée, évoque en vrac les temps mythiques, le Moyen Âge et la Renaissance, avec des allusions au temps présent, que les fans s'ingénient à repérer. Les modernes déroulaient la symphonie du nouveau monde, nous bricolons des rhapsodies, fantastiques et inachevées.

La syntaxe de nos discours (et celui-ci ne fait pas exception) est caractéristique. On multiplie les guillemets relativistes : « vérité »,

« réalité » (i.e. : ce qu'il est convenu d'appeler ainsi), les points de suspension sceptiques (« il y aurait tellement à dire »...). Bref : on ne me la fait plus. L'adverbe « paradoxalement » et les « en quelque sorte » restrictifs prolifèrent.

La novlangue orwellienne (« la guerre c'est la paix, la liberté c'est l'esclavage... ») s'enrichit : le loisir c'est le travail, la dissidence c'est le conformisme, le marginal c'est tout le monde, la révolte est obligatoire, la copie c'est l'original ; au ministère de la *Dépendance* s'installe un ministre de *l'Autonomie* ; mais la langue de bois, pétrifiée, cède à la *langue de poix*, visqueuse.

Et l'on abuse des préfixes... Les « post- » (ce qui est dépassé ou réprouvé[1]) et les « néo- » (ce qui fait retour, la même chose bien souvent) cohabitent ; en géopolitique, retour de la forme « empire », un siècle après la disparition des derniers ; dans un registre plus trivial, le *vintage booste* les ventes ; l'architecture multiplie les « citations »...

Faut-il prendre ces retours au sérieux ? Selon Marx (dépassé, de retour ?), l'histoire ne se répète que sous forme de *farce* ; mais le retour de la guerre ne fait rire personne ; ni le *retour du refoulé* : l'identité, par exemple, hystériquement ; ou encore la vérité (cachée) en mode complotiste. Quand la mort est imminente, dit-on, on hallucine en accéléré la totalité de son existence passée... Le préfixe « trans- », ce qui *transgresse,* du transgenre au transhumanisme, ce qui dépasse les bornes, en transition permanente dans une fluidité *queer* ; le « trans- », c'est aussi le *démesuré,* à commencer par les fortunes obscènes accumulées par les hyperriches ; l'« hyper- », justement, c'est soit l'extrême (hypermoche) soit le foisonnant (hypertexte). Bien entendu, une fois les frontières abattues, on s'empresse de construire des murs, et l'on *confine*, ce qui appelle aussitôt le « télé- » (travail, médecine, commerce, enseignement, divertissement, sexe...).

Il y a pourtant du nouveau, et du sérieux, c'est historique ! Les dégâts infligés à la planète nous ramènent à la temporalité la plus longue, proprement géologique et à sens unique, bornée par les catastrophes redoutées. À défaut d'avenir, le futur est de retour mais il a changé de statut : au-delà même de la fin de l'histoire, toujours recommencée, la fin du monde ? Ce retour du temps très long, inscrit dans le présent par les angoisses qu'il suscite et les fictions qu'il ins-

1. En vrac : postpolitique, historique, religieux, identitaire, postsymbolique, culturel, social, postbiologique même, posthumain, tant qu'à faire... sans compter la postvérité et même la postréalité...

pire, est aussi un retour de l'histoire humaine, projetée sur l'évolution historicisée depuis l'Anthropocène.

Nous voici donc écartelés entre des échelles de temps incommensurables : la microseconde des processeurs qui hachent nos existences, et le millénaire, le million voire le milliard d'années, qui assigne un terminus à l'humanité, la fin des temps… Mais en attendant qu'une nouvelle conscience historique nous ramène à la raison, un néomessianisme apocalyptique inspire les prophètes de malheur de la grande extinction. Retour à une religion païenne de la nature ? On en est loin, très loin d'un réenchantement du monde panthéiste. Il y a trop longtemps que le sacré a déserté la nature ci-devant enchantée, au profit des dieux, puis de Dieu, puis de rien… Les diatribes de Greta évoquent bien davantage les sermons d'un pasteur puritain qu'un rituel druidique ou une strophe des *Géorgiques ;* et le lexique des discours écolos, aussi étranger que possible à la nature et *a fortiori* au sacré, emprunte tout à la technique et à la technocratie : écosystèmes, bio-diversité, espaces verts, bilan carbone… Ce langage eût laissé pantois Virgile ou même Rousseau (Jean-Jacques), Gaia préfère être sourde que d'entendre ça…

Les chamans sont de retour, certes, mais on les soumet à l'imagerie cérébrale pour mesurer l'influence du tambour en peau de bison sur la rapidité de transmission des flux synaptiques en état de transe, dans l'espoir d'en tirer des applications thérapeutiques ou « créatives » ; ou pour favoriser l'achat impulsif hébété dans les grandes surfaces.

Car en dépit des anachronismes, une certaine temporalité, discrète mais obstinée, continue de battre sa mesure, au rythme de *l'innovation* technique. *On n'arrête pas ce progrès*, dès lors que la technologie est devenue l'agent des dominants, en compétition pour la puissance et le profit, et qu'elle *tire la demande* des consommateurs ; mais l'on verra que l'*hubris* technologique va plus loin, et plus profond…

L'Occident mène le bal

On a observé que les visions contradictoires de Fukuyama et Huntington (tous deux américains) semblent pourtant se réaliser simultanément. Depuis l'invasion de l'Ukraine par la Russie, on s'affronte durement, mais on continue *d'échanger*, en dépit des

« sanctions », tant les adversaires sont interdépendants[1], capitalisme global et division planétaire de la production obligent. De même, le cyberespace, dont les trois couches (matérielle, logicielle et informationnelle) sont d'origine américaine, se trouve désormais le théâtre d'une « guerre de l'information » géopolitique. Au demeurant, il n'est pas exclu que ces deux mondes n'en fassent qu'un, s'il est vrai que l'Occident a *besoin d'ennemis* pour se déployer.

Ses ennemis, justement, connaissent un retour spectaculaire d'une forme politique ressortie des poubelles de l'histoire pour être recyclée, comme il se doit désormais, la forme empire (russe, chinois, ottoman, perse...) et ses dirigeants anachroniques : le « tsar » Poutine, le « sultan » Erdogan, l'« empereur » Xi Jinping... Soit un monde multipolaire, certes, mais laquelle de ces puissances offre une alternative crédible à l'Occident pour prendre en charge le *management de la planète* ? Cela n'empêche pas les échanges de mauvais procédés : l'Occident observe de près la société de télésurveillance numérique à la chinoise et même son communisme de marché : pour s'en défendre ou pour s'en inspirer ? À nouveau : les deux, mon général. L'Occident contre le reste du monde, contre ses propres *rejetons* ? Avec de tels ennemis, on n'a pas besoin d'amis...

Dans l'espace proprement occidental, les réfractaires, nombreux (souvent majoritaires), s'exposent à la psychiatrisation : il faut être un peu dérangé, en effet, pour rejeter le *meilleur des mondes*, surtout quand il n'y a plus de *monde encore meilleur* à l'horizon. Une révolte (les Gilets jaunes, en France) est un « accès de fièvre », dont il faut bien, hélas, réprimer durement (*hard power*) les excès en attendant de lui trouver une thérapie (*soft power*). De même, les *brexiters* sont « fous », ainsi que Trump, Poutine et Boris Johnson... Mais personne n'est à l'abri d'une extravagance, tel ce projet bizarre d'une « Europe puissance » ou « souveraine » qui en ferait un... empire, en conflit avec les autres – États-Unis compris ? Mais ce projet en forme de chimère n'est peut-être qu'une ruse destinée à semer la confusion chez les souverainistes eurosceptiques. Quoi qu'il en soit, l'UE reste sagement subordonnée à la seule puissance qui vaille ; laquelle, du reste, n'est qu'un pseudo-empire, puisqu'elle n'accorde toujours pas la *citoyenneté* à ses ressortissants, européens entre autres[2].

1. Les échanges entre la Chine et les États-Unis ont battu des records en 2022.
2. Voir Régis Debray, *L'Édit de Caracalla ou Plaidoyer pour des États-Unis d'Occident, par Xavier de C****, Fayard, 2002.

Nation d'immigrés, les États-Unis, à l'intérieur de leurs frontières, c'est déjà le monde – une certaine version du monde – et le reste sous influence… Pour le meilleur ou pour le pire, c'est donc toujours l'Occident, pour ne pas dire l'Amérique, qui mène le bal en chaloupant, indépassable car il s'est arrogé le monopole de son propre dépassement. *There Is No Alternative…*

Non seulement il produit en continu des idées nouvelles, dans sa langue hégémonique (le *globish*) ou en traduction automatique, non seulement il les *matérialise* (le smartphone concrétise l'idée de « connexion universelle »), mais il les met en musique, au sens propre comme au sens figuré, et en spectacles, dans une *pop culture* tout aussi universelle ; et il déploie les dispositifs (médiologiques) de leur diffusion mondiale. L'Occident, *maître et possesseur*, de la nature, de la technique, et des *cultures* résiduelles qu'il n'a pas éradiquées et qu'il exploite comme une ressource pour nourrir sa propre pop-culture et la rendre universellement attractive[1] ; les Français (et les autres), ne manqueront pas de goûter la *french touch* dans un produit *made in USA.*

L'Amérique, dont l'impressionnant *hard power* (armées, machines de guerre…) est souvent défaillant (Vietnam, Irak, Afghanistan…) s'appuie en revanche sur un *soft power* inégalable. Les GAFA plus Netflix (Hollywood *everywhere*) font mieux que l'OTAN, et avec profit.

Le *soft power* peut être défini comme un ensemble de dispositifs qui convertissent un adversaire en dissident de son propre camp, puis en transfuge. Plutôt que d'éliminer l'ennemi, n'est-il pas plus judicieux, en effet, d'en faire un allié qui, bientôt, va combattre pour vous chez lui ? Et, qui sait, s'organiser avec ses semblables pour fomenter une révolution[2], et remplacer le régime hostile par une autre qui vous sera favorable ?

Quand le *hard* vise la contrainte par corps, le soft vise les esprits et les âmes, par conversion et influence ; mais aussi bien les corps : il vous « fait marcher », dans tous les sens de l'expression. Ou danser.

---

1. Régis Debray a décrit ce processus dans *Civilisation* (2017) et dans l'ouvrage *France-Amérique* (2018), qui en donne quelques exemples d'objets d'import-export : la pizza ; contre-exemple (dans l'autre sens) : le western spaghetti ; exemple limite… la maffia (la criminalité s'accommode parfaitement de l'hégémonie).

2. « Révolutions de couleur » : série de soulèvements populaires soutenus par l'Occident, dont certains ont entraîné des changements de gouvernement entre 2003 et 2006 en Eurasie et au Moyen-Orient, à l'image de la révolution orange en Ukraine en 2004… (d'après Wikipédia).

Et bien souvent, à votre insu. Car il s'agit moins, comme dans la propagande classique, d'asséner des messages lourdement explicites, que de présenter, via l'information, la fiction populaire, la pop music, le showbiz, la publicité, etc. des situations socialement correctes auxquelles on se conformera, aussi sûrement que l'on suit la mode.

Le soft power présente une dimension morale, idéologique, voire religieuse (conversion), mais également juridique, technologique, culturelle (pop-culture)... et même, médiologiquement parlant, technique et matérielle (le smartphone...). Un pouvoir hétérogène, donc, mais intégré ou « systémique », voire écosystémique, jusqu'à former un « milieu de vie », désormais déployé à l'échelle mondiale ; et il opère à la manière virale d'une pandémie dont les porteurs sains contaminés, ignorent ce qu'ils *véhiculent* ; les amateurs de pop music, de séries télé, de management et de marketing à l'américaine ne sont pas conscients du catéchisme *embedded* (embarqué). Comment on devient occidental ? Ne cherchez pas plus loin...

Un *Credo*, un psaume ? Écoutez *Imagine,* le « tube » planétaire de John Lennon : "*I hope some day you will join us*" On a failli écrire US, où le Beatle[1] a été sacrifié. À la différence de la pénible littérature édifiante d'autrefois, ces *protest song*, bien rythmées[2] se veulent *transgressives* ; on y fait la part belle aux *rebelles systémiques*, à l'anticonformisme de masse. La jeunesse appréciera : c'est ainsi que la toute jeune *cancel culture* wokiste anti-occidentale, convertie en un clin d'œil en *ressource*, a été illico retournée contre la Russie au lendemain de l'invasion de l'Ukraine[3].

Étonnez-vous après que la boussole des *migrants* désigne obstinément l'Ouest (ou le Nord) et montre sans équivoque où se situe l'empire du Bien : on ne compte guère de *réfugiés occidentaux*. Et s'il vous prend l'envie de vous convertir à une religion plus fière et de demander l'asile politique à Erdogan gageons que vous vous en tiendrez à l'exil intérieur. À l'évidence, le *soft power* ça marche, et presque trop bien : il faut bientôt dresser des murs pour faire obstacle aux flux *entrants,* à l'inverse du mur de Berlin, destiné à arrêter les sortants.

1. Il est pour le moins exagéré de prétendre que « les Beatles ont vaincu l'URSS », mais... Les Beatles, Jean-Paul II (le Vatican, combien de divisions ?), les coups de bluff de Ronald Reagan (« guerre des étoiles »), les images de la prospérité en Occident ? Bref : le *soft power.*

2. Le rythme, médium total, saisit d'un seul mouvement le corps, l'âme et l'esprit, paroles et musique.

3. On a quelque temps, ici et là, « effacé »... Dostoïevski et même Tchaïkovski.

Certes, la Chine dispose désormais de ses propres GAFA (les BATX) mais pour le reste, à l'évidence, elle reste loin, très loin du compte… Il lui manque, entre autres, le *globish* (langue de *l'hegemon*), Hollywood, Netflix et le *Rhythm and Blues*, *l'hegemon* qui chante et qui danse. Seuls les États-Unis peuvent aligner la totalité des composantes du *soft power* et leur combinaison. *TikTok*, cette autre pandémie d'origine chinoise, offre à cet égard une parfaite synthèse de l'époque : conflit *et* interdépendance entre l'Occident et la Chine, faisant assaut d'hypocrisie[1] et de cynisme (la version de TikTok proposée aux Chinois serait bridée [sic] pour être moins intrusive) ; *Homo ludens* comme figure de l'homme nouveau ; et déchéance intellectuelle des addicts…

La démocratie libérale ne progresse guère dans le reste du monde, et elle régresse en Occident en tandis que s'affaiblit le cadre national où elle s'exerce. La notion même est problématique : « libéral » fait référence à des droits qui protègent les individus, les minorités, ou encore… la libre circulation des biens et des personnes (le néolibéralisme entend explicitement protéger le bon fonctionnement des marchés contre les « abus » de la démocratie). Quand des droits (ou traités) sont décrétés *supérieurs* au principe de souveraineté, on peut craindre (ou espérer) que la souveraineté populaire le soit de moins en moins, face au « pouvoir des juges », et des experts. On le constate notamment dans le cadre de l'Union européenne.

Il est vrai que des *menaces planétaires* appellent des réponses « globales », alors que les démocraties, le plus souvent nationales, pérennisent la fragmentation du monde, tout comme les empires, du reste ; et l'urgence s'accommode mal de débats sans fin, il faut agir, *now* !

La démocratie libérale ne serait donc plus très démocratique… mais elle est aussi de moins en moins libérale. On constate un recul des libertés, sous des prétextes toujours *incontestables* : de la protection de la planète (écologie dite « punitive ») à celle des « minorités » offensées, en passant par la menace russe ou chinoise et, plus généralement, la sécurité de tous face à des périls qui se multiplient… Après la liberté d'expression, c'est à présent le droit de propriété qui régresse, dans ses trois dimensions : *usus, fructus* et *abusus*[2].

---

1. L'offensive TikTok a conduit des dirigeants occidentaux à avouer qu'ils connaissaient les ravages causés, surtout aux enfants, par ce type d'« application » ; eux-mêmes en protègent leurs propres rejetons : un bon dealer ne consomme pas ce qu'il fourgue aux *junkies*.

2. Ne plus pouvoir utiliser, louer et/ou vendre un bien, telle une voiture polluante ou une « passoire thermique », suivant les normes établies par les experts qui nous gouvernent.

À ces « défis globaux », le citoyen n'aurait à opposer que son *sens commun*, et le peuple ses « réactions populistes »… d'autant moins fondées que les réseaux sociaux se prêteraient à des manipulations massives des électeurs abreuvés de *fake news*.

Le sens commun est pourtant la *compétence politique* par excellence. Cette capacité de jugement dans l'ordre de la vérité, mais aussi de la pratique, de la morale, du goût… est aussi un *sens du commun*, qui autorise le citoyen à délibérer des affaires publiques, sans se laisser intimider par les puissants qui tranchent ou les experts qui savent. Mais le terme est devenu péjoratif, assimilé à l'opinion vulgaire, erronée, populiste – en bref : à *l'incompétence*[1].

D'un point de vue médiologique, le déclin de la démocratie libérale tient aussi au dépérissement de ses deux principaux « ingrédients », les institutions politiques et le citoyen, à la fois *disqualifié* et *distrait*, harcelé par le commerce, l'information en continu, et les incivilités de son smartphone toujours à le solliciter ; privé aussi de la synchronisation requise par la délibération avec ses pairs, dans la durée. On l'invite néanmoins à se comporter *de manière citoyenne* mais la substitution de l'adjectif au substantif, dans une acception plus morale que politique, est également significative.

Toujours dévotement saluée dans les discours, la démocratie libérale se trouve donc, dans les faits, frappée d'obsolescence. Et ne parlons pas des autocraties, oligarchies et autres « démocratures » en vigueur chez les ennemis de l'Occident, encore prédémocratiques quand nous sommes déjà *post*. Quant à la « démocratie du tweet », elle est en réalité une espèce d'*anarchie participative*, livrée aux passions que la culture, et donc les institutions, ne canalise plus en les soustrayant à l'immédiateté (*l'actualité*). De l'historique à l'hystérique, « *une histoire dite par un idiot, pleine de bruit et de fureur, et qui ne signifie rien.* » (*Macbeth*).

Un gouvernement ou plutôt une *gouvernance* mondiale viendrait logiquement couronner la mondialisation, économique, technologique, culturelle… On en est loin, mais on dispose déjà d'un prototype, à l'échelle réduite d'un continent : l'« Union européenne » offre, en somme, un aperçu de *ce que serait le monde* s'il avait bien voulu se conformer à la prédiction de Fukuyama…

1. Les objections à la démocratie sont toujours les mêmes ; mais autrefois formulées par des réactionnaires, elles le sont désormais plutôt par des progressistes.

Un régime hégémonique

Cet « objet politique non identifié » (Jacques Delors), autant dire carrément *postpolitique*, est comme le banc d'essai d'un régime *hégémonique* dont elle affiche les traits essentiels : globale (dans ses frontières incertaines) et ouverte, sans frontières intérieures, fondée sur l'économie et autres « valeurs » (plutôt que sur des « racines »), technocratique, sortie de l'histoire (pacifiée, elle s'étend par adhésion volontaire et non par conquête) ; encore *imparfaite*, elle se trouve exposée à la virulence identitaire, au souverainisme, et autres oppositions « réactionnaires » (tous un peu « dérangés ») – sans oublier l'humiliation du Brexit… Sinon, d'autres critiques se trompent de cible : non l'UE n'est ni démocratique[1] ni souveraine (c'est plutôt un « trou noir de souveraineté »), mais *elle n'est pas faite pour ça* : autant déplorer un manque de protéines animales dans un régime végétarien.

Sous protection (*hard power*) et perfusion (*soft power*) des États-Unis, l'UE se trouve intégrée dans le « camp occidental », partie prenante supplétive dans le conflit des puissances : modèle réduit du premier monde (Fukuyama), elle participe néanmoins, *volens nolens,* au second (Huntington), le plus souvent à ses dépens.

Tout a un prix

Les Occidentaux ne sont pas une race ; l'Occident, c'est peut-être d'abord une idée portée par une passion, autrement dit une *religion*, une espèce de « gnosticisme » toujours latent depuis le désenchantement du monde païen. De la Gnose antique au transhumanisme postmoderne, en passant par le puritanisme et sans doute le wokisme[2], plusieurs courants religieux et autres « hérésies » affichent un mépris du monde, de la Nature, de la chair, du vivant – disons le mot : de la Vie[3]. Mais, comme l'expose Max Weber dans sa sociologie des religions, ce même rejet peut inspirer des pratiques opposées : retrait, non-agir – en Orient ? – ou, au contraire, activisme débridé

1. La démocratie, libérale ou « illibérale », est cantonnée, sous curatelle, dans les nations membres.

2. Le wokisme affiche clairement des caractéristiques gnostiques : rejet du monde (occidental), mauvais démiurge (le Blanc), savoir initiatique absolu détenu par les « éveillés » (*woke*) ; sans oublier l'activisme…

3. Hérésie, assurément, si le monde en question est l'œuvre de Dieu, *a fortiori* dans une religion de l'Incarnation.

– en Occident ? – puisque tout est permis à l'égard d'un monde où plus rien n'est sacré ; surtout si l'exploitation de la Nature par son maître et possesseur devient source de profit. On sait que le propriétaire insouciant s'est récemment avisé que son bien se dégradait rapidement ; il se serait donc résolu à le « protéger » mais protéger la Nature c'est encore la dominer, fût-ce de manière bienveillante, mais toujours intéressée, c'est confirmer son statut de ressource exploitable, mais durablement (*sustainable*).

Et en guise de « gnose » (un savoir initiatique) donc, une conviction : *tout a un prix* ; en d'autres termes, tout nous est « ressource », mais qu'est-ce qu'une ressource, sinon justement quelque chose qui a cessé d'être sacré ? En définitive, l'Occident, ce serait tout simplement, si l'on peut dire, l'esprit du capitalisme. Et qu'est-ce, au fond, qu'une religion, sinon une théorie de la valeur, en quête de la valeur suprême ? On peut soutenir, avec quelque raison, que la valeur d'échange (l'argent) surplombe, dans sa « pureté » (l'argent n'a pas d'odeur !), toute autre valeur, plombée par l'usage « vulgaire »... De ce point de vue, c'est l'Avare, et non le consommateur dépensier qui est « rationnel » – plus rationnel, tu meurs (de faim et de soif).

Le plus troublant (surtout pour un calviniste...), c'est que ce monothéisme de l'Argent renoue en quelque sorte avec une caricature de panthéisme païen : tout *ici-bas* à un prix, celui qu'affichent... les étiquettes, au supermarché ! Mais tout *retour* du panthéisme a quelque chose de pathologique parce qu'il ignore la séparation sacrée/profane du panthéisme originel... ; or, l'argent est à la fois tout-puissant (dans tous les sens du terme) et terriblement profane... Voir dans les banquiers et autres argentiers les *prêtres* de la religion de l'Argent a quelque chose de comique (farcesque) ; et d'indécent.

Quoi qu'il en soit, le fameux « nihilisme occidental », sa négativité critique et autocritique[1], son gnosticisme si l'on veut, serait, paradoxalement, le secret de son activisme forcené, comme de sa ravageuse efficacité : mon royaume n'est pas (encore) de ce monde...

De leur côté, les anticapitalistes de toutes confessions livrent bataille à quelque chose que le capitalisme a sans doute déjà dépassé, toujours en avance d'un « néo ». Mieux : le capitalisme se nourrit des

1. Dans une « fiche clinique » sur l'Occident, (Médium 34, janvier-mars 2013), Régis Debray détourne ainsi le « théorème » de Nietzsche : « Tout ce qui veut me tuer me rendra plus fort. Savoir se mithridatiser par une absorption régulière de négativité critique – c'est le génie de l'Occident, à la fois son dynamisme et son blindage. » Le virus et le vaccin, en somme.

oppositions, on l'a bien vu avec « les idées de Mai 68 » et, de nos jours, avec le *wokisme*[1]... Prochaine étape : la technocratie globale « augmentée » par l'IA ? À suivre : le communisme de marché et la société de surveillance à la chinoise... pour les combattre ET s'en inspirer.

Après avoir ravagé la planète, réduit la bio-diversité (à commencer par l'anthropo-diversité), *l'hubris* techno-capitaliste semble déterminé à en finir avec la Vie et tout ce que la Vie a *engendré* dans le monde humain, y compris la « civilisation », mais pour les « dépasser ». Car la barbarie qui vient, barbarie *high-tech*, ne vient ni d'ailleurs ni d'avant, nous sommes les Barbares... Les destructions qu'elle opère sont des « créatrices », elles s'inscrivent dans le sens d'un « progrès ».

Une religion qui entend convertir universellement doit se dégager de sa culture d'origine[2] : « Si des religions peuvent circuler en dehors de leurs cultures d'origine, c'est qu'elles ont su se "déculturer" », écrit Olivier Roy dans *La Sainte Ignorance. Le temps de la religion sans culture*. La religion de l'Argent ne fait pas exception : d'où la décivilisation, la désoccidentalisation... C'est en ce sens que notre postmodernité est à la fois ultramoderne : poursuite de l'émancipation des allégeances religieuses ou communautaires de l'individu éclairé par les Lumières, affranchi de la pression sociale ; et en même temps antimoderne en ce sens qu'elle renverse les dernières idoles de la modernité (Raison, Progrès, Vérité, Réalité même...). Il s'agit bien de *parachever* une émancipation en forme de dépouillement, par déconstruction de tout transcendant : ce qui nous précède et nous survit (la nature, la vie, la société, la culture...) et nous dépasse (le divin) ; à l'exception de l'Argent, de la Technique et du désir, tous humains, très humains... Et quant aux « construits sociaux » qui oppriment, ils peuvent toujours être déconstruits. Et, de fait, ils le sont.

À ceci près que l'humain, seul humain débouche sur l'inhumain, posthumain : être *par soi* comme disent les philosophes (il ne doit son existence qu'à lui-même), autant dire Dieu, l'homme s'expose à son tour à... la mort de Dieu ; et, une fois encore, au profit d'une créature, *Machina Sapiens* ?

---

1. Mai 68 a produit, entre autres, les deux slogans du capitalisme « post-soixante-huitard » : « il est interdit d'interdire » et « jouissons sans entraves ». Le wokisme les remet en question (surtout le premier).

2. Paraphrasant Baudrillard (« La réalité ralentit les échanges ») on ajoutera : la culture ralentit les échanges – sauf quand elle devient elle-même un produit à échanger.

Factum non genitum

Homo creator (*occidentalis*) est porté à s'affranchir de ce qu'il n'a pas créé lui-même, Dieu, la Nature et l'utérus maternel. « Les êtres humains éprouvent la honte d'avoir été engendrés plutôt que fabriqués » diagnostique Günther Anders, inversant la formule du *Credo*, *genitum non factum :* le Christ a été engendré, et non « fabriqué » (créé, fait, ou « généré », comme disent les informaticiens).

Déjà mobilisée pour satisfaire les appétits de puissance et de profit des dominants, les désirs et les caprices des dominés, la technologie vise plus haut et plus profond : elle ambitionne de substituer ses artefacts robustes à la nature vulnérable (le vivant, la chair périssable), le marché et les codes de conduite aux cultures, l'argent à toute autre valeur. Elle s'en prend non seulement à la vie (bio-technologies, le corps et ses organes comme marchandise[1]...), mais à tout ce qui en est issu et développé dans le monde humain sur le mode de la genèse. En substance : à la chair et au Verbe qui l'a engendrée, préférons le Code (génétique, informatique...), à la durée métabolique l'immédiateté algorithmique ; à l'éthique les codes de conduite[2], aux dons et contre-dons sans issue, l'échange marchand et la monnaie qui éteint toute dette.

Idem pour le lien social : le « contrat social » inaugure la *self-made society*, à l'encontre de la culture, création humaine certes mais « en mode genèse », métabolique en quelque sorte ; la culture, comme son nom l'indique, tient encore à... l'agriculture, et guide l'individu à la façon de *l'instinct* animal. Le contrat, le marché et les techniques de communication font lien en effaçant toute transcendance, tout symbolisme vertical, toute médiation biologique, sociale, religieuse et politique. La *self made society* n'est qu'une association de *self made men*, à l'image d'une société... commerciale. Pour de tels *individus*, rien de ce qui excède la durée d'une existence ne saurait avoir d'importance. Nombrilisme ? Mais le nombril, justement, est la blessure narcissique (ou plutôt sa cicatrice) du *self made man*.

Au fond, tout est une question de temps... Implacable et à sens unique, Chronos, le temps qui s'écoule, est celui de la dégradation de toute chose : « Ô Temps suspends ton vol » est la plus vaine des prières ; « Il coule et nous passons ! » se désole le poète... On a beau

1. Céline Lafontaine, *Le Corps-marché. La marchandisation de la vie humaine à l'ère de la bioéconomie*, 2014.

2. Évidemment plus *expéditif* (faire, ne pas faire...) que le jugement moral réfléchi.

gagner en espérance de vie, nos artifices *antiâge* n'émeuvent guère ce Dieu qui défie tout athéisme, le seul dont on peut dire à coup sûr qu'il n'a pas été créé par l'homme.

Mais le temps en quelque sorte inversé de la création, la *genèse*, que célèbrent la plupart des cultures du monde, ne satisfait pas davantage les mécontents *chroniques* que nous sommes : elle n'est pas notre fait ou si peu ; elle doit tout ou presque à Dieu ou à la nature, à nos parents, à nos ancêtres – y compris la *langue* dans laquelle nous révoquons ces insupportables dépendances ! La chair engendrée est souffrante, et *périssable* ; et les civilisations sont « mortelles » et même l'espèce humaine… Enfin, et surtout, la genèse prend tout son temps : neuf mois pour engendrer un humain, bien davantage pour former un adulte éclairé, des siècles pour déployer une civilisation… Quant à l'évolution, elle n'en finit pas : mortellement lente, elle est, de ce point de vue, moins *performante* que la Genèse biblique…

D'un autre côté, la civilisation, les cultures, les institutions, ou encore les récits, sont autant de dispositifs pour *se donner du temps* ; et la démocratie offre même de la *durée* à tout un chacun, par opposition aux sociétés où les dominants jouissent du monopole de l'*oisiveté*. Et si le « vivre ensemble » c'est aussi vivre *en même temps*, partager une durée, partager une histoire et la vivre de concert au jour le jour, alors le démontage du temps, la *désynchronisation*, affecte aussi le lien social, en multipliant les « ghettos temporels » (Harmut Rosa).

Les institutions (le temple, le Parlement, l'école, ou même le stade…) offrent à leurs usagers la *durée* requise pour réfléchir, apprendre, penser, évaluer, la *durée partagée* pour délibérer ensemble, ou jouer au football sans être *interrompu*, le plus souvent dans un espace protégé, équipé d'une horloge et d'un calendrier… Nos plateformes numériques *font très exactement le contraire. Time is money* ; les marxistes traduisaient « votre *temps de travail*, c'est mon argent ». De nos jours, la formule actualise tout son potentiel : « votre temps tout court (votre vie), c'est mon argent ». En vidéosphère, la télévision vendait chichement des minutes de cerveau humain à Coca-Cola ; les GAFAM sont des grossistes opérant les usines où l'on transforme des existences déchues en *data* pour les rendre négociables. Et computables. En novlangue on appelle cela une « économie de l'attention ». Notifications, appels, alertes, *breaking news*, informations en continu, tweets… : autant d'interruptions en forme d'*incivilités*. Médiologiquement parlant : une technologie réalise une profession de foi (*time is money*).

Barbarie *high-tech* ? On n'hésiterait pas à qualifier de « barbare » une société où chacun se verrait imposer le port d'un boîtier programmé pour empêcher toute activité réflexive, toute vie intérieure (lire, écrire, penser, évaluer…)… Ce boîtier nous rappelle pourtant quelque chose, à ceci près que chacun l'acquiert à ses frais, l'installe et ne le lâche plus : l'addiction est plus efficace que la coercition, mieux que la servitude volontaire, la servitude désirée.

Paradoxalement, la *recherche-développement technologique*, comme la technocratie nécessitent elles-mêmes des institutions ; en attendant que les IA se reproduisent par elles-mêmes, la technique reste dépendante de ce à quoi elle entend se substituer. La durée n'est pas abolie pour tout le monde, elle est confisquée par les dominants ; les dominés sont dépossédés de leur *temps libre*, non plus par le travail, seulement, mais par le *divertissement ;* plus exactement, le divertissement est devenu un travail…

Machina sapiens

Et si l'homme nouveau n'était pas un humain ? Et si le surhomme était une machine, *Machina sapiens* ? La révolte et le triomphe des machines sont un lieu commun de la science-fiction, mais les exploits de l'« intelligence artificielle » (IA) nourrissent désormais des discours plus sérieux sur les promesses et les menaces dont elle est porteuse pour son créateur. Pour le dire de manière légèrement complotiste : « laissez-nous, braves gens, “réguler” le déploiement de l'IA, de crainte que les machines vous dominent (à notre place ?), ou pire, qu'elles vous remplacent »…

Peut-on imaginer, faut-il redouter (ou espérer) le règne des machines ? Double mystification : dans notre monde, en réalité, on ne rencontre ni *homme* (le « singe nu ») ni *machine* (autonome), mais bien des hommachines, des hommes équipés de prothèses sans lesquelles ils ne sauraient survivre. Persiste, en revanche la distinction entre dominants, les *technocrates*, maîtres et possesseurs de la technique, et dominés « aliénés à la technique » ; la distinction tend même à se durcir, à mesure que la technique, justement, dispense et dépouille l'homme ordinaire de toute *qualité*, vertu, talent, compétence, etc.

Le singe nu ne peut *pratiquement* agir, penser ou se faire plaisir sans prothèses techniques (l'outil, l'ordinateur, le Viagra…), prothèses individuelles et « systèmes » collectifs, tels les réseaux de transport ou de télécommunication. Si bien qu'il est difficile de distinguer le « sujet » des « objets » qui l'équipent. « *Je* démarre, je freine, je braque » ; « ce salaud a rayé *ma* portière », enrage l'automobiliste, qui se croit aussi *propriétaire* de son corps... Bon, la symbiose risque de se dénouer avec la voiture autonome, mais celle-ci pourra toujours se déclarer mon *amie* sur Facebook...

De même, *Machina sapiens* n'existe pas à la manière d'un être vivant, cette « forme qui se forme elle-même[1] », homme, singe ou protozoaire. Ce qui existe, subsiste et évolue, c'est bien *l'Hommachine,* cet être hybride, équipé d'organes externes qui prolongent et amplifient les organes internes, bras, jambes et cerveau. *Machina Sapiens,* sans vouloir l'offenser, est la lointaine descendante du boulier, et le « digital » nous rappelle que nous avons commencé par compter sur nos doigts.

L'évolution de l'espèce hommachine s'est accélérée depuis trois siècles[2] – ce n'est pas l'animal qui évolue, bien entendu, mais la *part technique*, outil, machine, fabrique, système, puis écosystème (le monde numérique « virtuel ») ; jusqu'à *Machina sapiens,* donc ? Mais n'étant pas une forme qui se forme elle-même, encore qu'elle puisse désormais *se reprogrammer*, la machine est moins qu'une amibe, moins qu'un protozoaire : pour imaginer son avènement, il faut donc d'abord, paradoxalement, l'« animaliser » (littéralement : lui accorder une âme). Dépourvue d'*ego,* ce n'est qu'un Lego sans *logos :* son prétendu langage ignore les pronoms personnels et les verbes *d'action* – sauf à les débiter comme un perroquet ; elle ne perçoit pas, elle scanne ; elle n'agit pas, elle exécute un programme ; elle ne pense pas ni ne juge, ni ne suppute, elle compute.

L'IA est dépourvue de cette espèce de sixième sens propre aux êtres vivants, celui de la perception synthétique immédiate du monde, et qui fait qu'un être animé est *affecté* par la présence et l'expressivité des êtres et des choses. La machine *intelligente* mais *inanimée* oppose à l'immédiateté du sens commun la vitesse de calcul : il lui faut de l'explicite, du pas-à-pas, mais elle court vite, « à la vitesse de l'éclair » comme on dit, et ce n'est pas une métaphore. Son fameux cerveau est électronique, ce n'est ni le cerveau *mammifère* ni le cerveau *repti-*

1. La définition est de Raymond Ruyer. Le vivant, c'est précisément ce dont nos puritains *high-tech* qui se défient de la chair, faillible, pécheresse et périssable, entendent nous « émanciper ».

2. La Nature a, comme on le sait, délégué le processus d'évolution technique à l'homme.

lien, qui nous fait *réagir* par réflexe et freiner quand surgit un piéton devant notre voiture. On frémit à l'idée qu'une Mercédès autonome prenne pour un viseur l'étoile à trois branches qui orne son capot.

Examinons toutefois ses arguments : on aurait pu lui demander de les exposer elle-même mais on peut craindre qu'elle se sous-estime délibérément afin de tromper notre vigilance…

Alors que l'outil augmente les capacités de son usager, la machine intelligente ferait plutôt le contraire : elle devient de plus en plus compétente et l'homme de moins en moins, puisqu'il n'a plus besoin de savoir/faire ce que la machine fait beaucoup mieux à sa place. Superflu[1] ? On se rappelle la blague : dans l'usine du futur, il n'y aura que deux employés : un humain et un chien. Le travail du premier sera de nourrir le second, et la mission du chien sera d'empêcher l'humain de s'approcher des machines. Ce que disaient déjà, paraît-il, les ingénieurs soviétiques à Gagarine : « surtout, ne touche à rien ! ». Et la machine serait plus performante encore, si elle n'était plombée par ses *interfaces homme-machine*, dont elle n'a nul besoin pour interagir avec une autre machine : la batterie d'un smartphone est épuisée par l'écran, le clavier (même virtuel), le micro et les écouteurs, autant de concessions faites à un usager encore animal, trop animal.

Une calculette à 3 euros extrait sans délai (sur commande) la racine carrée de 137 257 ce que ne savent plus faire les mathématiciens de haut niveau, en tout cas pas si vite ; une machine beaucoup plus coûteuse terrasse un champion aux échecs ou au jeu de go, humilie un éminent juriste sur la jurisprudence d'un cas complexe. Mais il faut encore lui enseigner que « ça ne sert à rien d'essayer de traverser un platane », explique un chercheur en IA ; si vous lui dites que « Jean est sorti de l'appartement, il a pris ses clés », il faut lui préciser que « il » désigne Jean et non l'appartement…

Le calculateur prodige doué d'une mémoire exhaustive, imbattable dans les jeux algorithmiques (échecs, jeu de go) en aborde d'autres où son innocence découvre la perversité humaine, comme dans le poker où excelle le *bluffeur*. Il ne tardera guère à résoudre les « problèmes éthiques », mieux qu'un comité d'experts surdiplômés – avant d'intervenir dans le débat sur les machines pour y *défendre sa cause* et fixer des limites à l'usage de l'humain dans la société ? Quant au *chatbot* il se mêle à la conversation. À ses risques et périls.

1. « Selon quelles présuppositions l'homme cesse-t-il d'être superflu ? » (Préface de Paul Ricœur à la *Condition de l'homme moderne* de Hannah Arendt).

La prochaine étape est celle de la *décision*. Après avoir conquis les chaînes de production, puis la navigation (GPS), la machine s'installe au volant ; elle décidera bientôt de nos déplacements – en vue de réduire nos émissions de particules ? Plus spectaculaire encore : l'IA attachée à une « arme intelligente », le drone, prescrira un jour prochain son propre déploiement tactique sur le théâtre des opérations ; puis elle suggérera (ordonnera ?) de livrer bataille et à qui… ou bien de *ne pas* le faire, après avoir établi un bilan coûts-avantages d'une intervention armée sous couvert de *devoir d'ingérence* – un bilan mieux étayé que celui qui conduisit George W. Bush à ravager l'Irak en 2003, *sqq*.

Le travailleur sobre, le serviteur zélé attend donc patiemment sa promotion au rang de manager équitable, actionnaire rationnel, juge omniscient ; à condition, on y reviendra, d'échapper à ces « biais » de raisonnement qui guettent le décideur.

Entre l'homme et la machine et retour, les métaphores sont trompeuses, mystifiantes, mais parfois éclairantes… Le cerveau est un ordinateur, voire un vulgaire disque dur, le génome un programme informatique, etc. ; et comme la recherche en informatique, de son côté, trouve son inspiration du côté du cerveau (le vrai, l'organique) et des gènes, la boucle est bouclée. Il est vrai toutefois que la chirurgie permet de « réparer » un corps vivant un peu comme on répare une machine, sans parler du *bodybuilding* ; les *bio-technologies* ouvrent peut-être des perspectives d'hybridation : après le robot, qui manque de naturel, retour au Golem ou à la créature du docteur Frankenstein, à notre image ? Il est vrai aussi que l'homme, de son côté fait le chemin inverse, se « machinise », se « dataïse » et se livre aux algorithmes qui l'émulent[1] le simulent et le calculent.

Ces confusions ont toutefois une vertu heuristique ; au lieu de décréter *a priori* qu'une machine ne peut pas penser, mettons-la plutôt à l'épreuve, poussons-la dans ses derniers retranchements, afin de mieux penser ce qu'on appelle « penser »[2]. Jusqu'où ira-t-elle, quels défis va-t-elle relever ? Jusqu'où peut-on simuler les performances d'un être sensible et intelligent ? Difficile de se prononcer, d'autant qu'une machine inventée pour un usage précis recèle toujours plus

1. Émulation pour mieux faire ? En informatique « émuler » signifie exécuter sur un type d'ordinateur un programme prévu pour un autre : par extension, la machine émule l'homme, et vice-versa.

2. C'est ce que Pascal Chabot [sic !] fait subir à son *ChatBot le Robot* (PUF, 2016). Le résultat est à la fois drôle, troublant et riche d'enseignements (philosophiques, entre autres).

de possibilités que l'inventeur n'avait envisagées : un smartphone est beaucoup plus « smart » que « phone ». À défaut de nous « remplacer », la machine finira peut-être par nous faire entrevoir, par défaut, ce que nous sommes ?

L'avantage des organes externes, c'est qu'à la différence des internes, ils sont « débrayables » ; on peut sortir de sa voiture ou déposer les armes, ou même se séparer un moment de son smartphone[1] sans trop dépérir. Encore faut-il maîtriser ce déploiement d'organes, d'où la nécessité d'une « organisation », qui est encore une espèce de machine, comme le suggèrent d'autres métaphores : appareil d'État, machine bureaucratique, logiciel du Parti socialiste... Et c'est ainsi qu'un « chef », de gouvernement ou d'état-major, ou bien un riche homme d'affaires, peut déployer une formidable puissance, sans commune mesure avec celle dont dispose *en soi* son chétif détenteur : « les Rothschild sont les plus étonnants organismes que le monde ait jamais vus » remarquait drôlement Samuel Butler[2] en 1865.

Le technocrate augmenté

Les dominants disposaient donc déjà de corps externes mus par des intelligences humaines subalternes ; ils s'apprêtent à les équiper de cerveaux artificiels : ce n'est pas l'IA qu'il faut craindre, mais bien plutôt le *technocrate augmenté*, dont l'arsenal s'enrichit d'une nouvelle fonction à chaque nouvel « exploit » de l'IA.

Au sein de l'espèce hommachine, dominants et dominés forment quasiment (là encore, l'un ne va pas sans l'autre) des espèces distinctes, dont l'une aurait quelque sorte *domestiqué* l'autre, comme tant d'autres espèces l'ont été par *Homo sapiens :* le posthumain risque bien d'être encore trop humain. Mais qui sont les maîtres de l'époque ?

Bien avant la machine intelligente, des penseurs de la technique dénonçaient déjà l'aliénation de l'homme à la machine ; mais si aliénation il y a, elle concerne surtout le commun des mortels, les serviteurs, et non les maîtres, dont elle démultiplie la capacité d'agir, dominer, nuire et s'enrichir. Derrière la robotcratie redoutée se cache (à peine) une technocratie doublée d'une ploutocratie. Convenons

1. Pierre-Marc de Biasi, *Le troisième cerveau. Petite phénoménologie du smartphone*, CNRS Ed. 2018.

2. Samuel Butler, Carnets, "*Lucubratio Ebria*", 1865.

d'appeler « technocrate » tout détenteur d'un pouvoir fondé en tout ou partie sur la *maîtrise* d'un dispositif technologique plutôt que sur une autorité symbolique « verticale », politique ou institutionnelle : chaque fois que l'on vante la « compétence » d'un candidat à une élection, on peut être assuré qu'une technocrate est en train de se substituer au politique – contre Jupiter, Prométhée, cette fois, va gagner la partie…

Parmi les variantes historiques du maître (le prêtre, l'aristocrate, le capitaliste…), le technocrate est celui pour qui la société n'est qu'un tas de problèmes en quête de solution, croyance qui se colore de religiosité, chez le technolâtre, transhumaniste ou autre : « s'il existe une chose un milliard de fois plus intelligente que l'humain le plus intelligent, comment l'appelleriez-vous ? » interroge un ancien ingénieur de Google, fondateur de l'Église *Way of the Future*. Dépourvu de charisme, méprisant la *tradition*, le technocrate s'en remet à la *raison*, selon le triptyque wébérien des sources de l'autorité, où le rationnel algorithmique prendrait la place du rationnel légal. Le maître de l'époque n'est ni un Père (l'autorité du passé), ni un Leader portant un projet d'avenir, ni un Juge légitimé par l'éternité de la Loi, seulement et vulgairement un maître[1].

Les maîtres de l'époque en substance ? On pense aux dirigeants des « GAFA » ; en Bourse, les valeurs « technos » explosent[2]. Le public et le privé, le capital, l'enseignement supérieur et la recherche se mobilisent de concert pour *l'innovation* (on hésite à dire « progrès »). Il faut dire que la technologie est devenue une dimension essentielle du *soft power* – et aussi du *hard*, bien entendu, à l'instar du drone ; et elle procure aux entreprises et aux États des dispositifs de surveillance, d'influence et de répression sans précédent.

Les maîtres de la technique relèguent au second rang les dirigeants politiques : le PDG de Twitter fait taire le maître du monde présumé (le président des États-Unis), et si des gouvernements « enjoignent » aux GAFA de faire la police sur les réseaux sociaux, cela revient à leur déléguer le ci-devant monopole étatique de la contrainte légitime sur leurs propres ressortissants. On inclura néanmoins dans la maîtrise les technocrates de gouvernement et d'administration, au sens classique du terme (la « société de surveillance » à la chinoise est mise en œuvre par l'État).

1. Quatre figures de l'autorité selon Alexandre Kojève.
2. Au risque d'imploser en cas de crise…

Mais l'apport le plus décisif de *Machina sapiens* à la technocratie réside moins dans sa compétence (celle de l'expert) que dans une *vertu,* celle du Juge idéal, *impartial et désintéressé* : vertu négative pour ainsi dire, la machine étant *dépourvue* de « biais » ; à moins que les humains, concepteurs, usagers ou maîtres de la machine, la biaisent, délibérément ou à leur insu. On biaise en particulier… la réflexion sur l'IA, trop souvent empreinte d'un humanisme hors de saison, y compris sous la forme idéologique la plus plate : les algorithmes seraient « conservateurs », s'inquiète un spécialiste – accepterait-on plus volontiers qu'ils nous gouvernent s'ils étaient affectés d'un biais progressiste ?

Outre qu'elle n'a, et pour cause, aucune raison *personnelle* ou idéologique de biaiser, la mémoire exhaustive de l'IA lui permet de recenser la totalité des réponses que différentes cultures apportent à une même question, sur l'existence de Dieu ou sur la tolérance aux préférences sexuelles, par exemple : elle saurait donc fort bien repérer et, le cas échéant, éliminer les « biais culturels » – à condition que ses opérateurs veuillent bien la laisser travailler sans l'influencer.

On notera au passage que la « transcendance » prêtée à *Machina sapiens* résulte moins d'un surcroît de qualités que d'un *manque* : tous les humains sont partiaux et intéressés, pas la machine… Le transcendant l'est toujours « par défaut » – à l'image du transcendant suprême, l'Argent, ce *bien sans qualités* (ou du Dieu sans qualités de la théologie négative, mais c'est sans doute la même chose).

Du coup, *l'homme sans qualités* n'est peut-être pas aussi nul que nous allons le dire…

L'homme sans qualités

Le régime hégémonique (pour mémoire : global, consensuel, postpolitique, technocratique… aux prises, dans l'urgence, avec des menaces « planétaires »…), approprié au *meilleur des mondes,* est en avance sur l'« homme » qui peine à s'y *adapter.* Au sein même de l'Occident, on l'a noté, les réfractaires sont sans doute encore majoritaires. Le meilleur des mondes étant ce qu'il est (le meilleur), c'est donc bien l'homme qu'il faut changer : contre la fragmentation, les conflits et la dégradation de l'environnement, un être interchangeable, délocalisable (déterritorialisé), inoffensif, programmable est requis… Rien à voir avec l'*uomo eccellente* promis par l'humanisme, il y a cinq siècles.

« Un réseau intelligent peut se contenter d'usagers idiots », tranche Nicholas Carr, médiologue américain. On peut renchérir : un réseau intelligent (le meilleur des mondes) *requiert et produit* des usagers idiots (des individus débiles). *Sic transit homo sapiens, creator, politicus,* etc. Bienvenu aux « nuls[1] » ?

Les qualités (humaines), d'ordre physique, intellectuel ou moral, talents, compétences et autres vertus, reçues (de la nature ou de bonne naissance), acquises (par l'éducation), ou cultivées, par l'effort personnel, « au mérite », peuvent aussi désormais être achetées[2] et en quelque sorte *consommées.*

Les sociétés modernes égalitaires sont réticentes aux qualités qu'elles estiment (à juste titre) discriminantes. Aux rôles et statuts des sociétés holistes hiérarchisées, elles opposent un *individu*, un être quelconque incité à « être soi-même » au risque de n'être rien… Une société holiste incite à se montrer « à la hauteur » : la fonction élève son titulaire, pas toujours certes (on commet parfois les pires bassesses pour s'élever !) mais certainement davantage qu'une société des organigrammes plats[3], des CV anonymes antidiscrimination et autres *castings* antistéréotypes des séries télé. Un tout, un « nous » composé de « je », *versus* un tas de « on ».

Rôles et statuts sociaux sont pourtant mis à la portée de tout un chacun par l'éducation, plus tard le « développement personnel », ou plus sûrement par la foi : le « tous pasteur » luthérien au XVIe siècle s'est progressivement étendu à d'autres fonctions : tous citoyen, intellectuel, créateur, entrepreneur et surtout : tous commerçants ; et pour finir, *tous stars*, par la magie du selfie et des vidéos de soi en ligne… puisque la *qualité* éminente d'une star est précisément sa *visibilité.*

Sans qualités ? Pas tout à fait… La « compétence » nourrit la rhétorique de légitimation des dominants. Les vertus (courage, altruisme…) sont encore sollicitées quand les choses deviennent sérieuses (guerre, catastrophe, pandémies…). Critiquées, suspectées, niées, banalisées, les qualités continuent néanmoins d'être prisées, au point de nourrir un commerce : du parfum à la voiture qui vous rendent irrésistible,

---

1. Le succès éditorial de la collection « Pour les nuls » (*For the Dummies*) témoigne d'une certaine lucidité.

2. Ce n'est pas si récent : la « vénalité des offices », c'est un peu la vénalité des qualités attachées à cet « office ».

3. Dans un monde « plat », plus rien ni personne ne vous domine, le contrôle (technologique, entre autres, ou celui des influenceurs) s'exerce horizontalement. Mais plus rien ni personne ne vous fait remonter la pente…

en passant par les baskets et les boissons énergisantes qui décuplent vos performances, l'habit fait le moine et la panoplie le super-héros. L'homme, c'est le style que lui confèrent les marques qu'il affiche, et la mode qui le singularise en faisant comme tout le monde. Ses qualités seraient donc celles d'un *produit* (« customisé ») plutôt que celles d'un être vivant (dénaturé), *a fortiori* d'un être humain (déculturé)... La démocratisation des qualités conduit paradoxalement à leur dissipation dans un *tous consommateurs* de contrefaçons : tous stars, mais s'il n'y a plus de *rôles* à jouer. Au maître, au *mentor*, se substituent des « influenceurs » de pacotille, d'autant que bien des grandes figures du passé se trouvent effacées par la *cancel culture*. Pour le dire en termes lacaniens, l'individu remarquable, l'*uomo eccellente*, qui relève du *symbolique* (statuts et rôles sociaux) pour s'inscrire dans la *réalité* (sociale), finit par tout devoir à *l'imaginaire*, au fantasme ou au « virtuel », ce monde comme volonté et comme simulation.

Les sociotechnologies parachèvent la *disqualification*. Le *transfert de compétences* vers les machines, après avoir affecté les corps, s'attaque à l'esprit, à la faculté de jugement... La machine intelligente rend superflus les *talents* requis par les tâches qu'elle effectue mieux que son usager[1], des algorithmes s'assurent de la conformité aux codes de conduite « corrects », etc. À quoi bon apprendre la conduite, l'orthographe, le calcul, le solfège, à quoi bon mémoriser quoi que ce soit quand une machine ou une « appli » le fait mieux que vous, et qu'internet rend *accessibles à tous* les savoirs qu'il n'est donc plus nécessaire de posséder, cultiver et transmettre ? Pire : à *l'âge de l'accès* (Jeremy Rifkin), c'est vous-même qui devenez accessible à chaque instant, par simple *notification*, privé de temps libre, et de la durée que requiert toute activité intelligente par le harcèlement du négoce, de la morale et du divertissement intégrés.

Chacun des « post- » qui caractérisent un régime hégémonique (postpolitique, posthistorique, religieux, identitaire, postsocial même) désigne justement un attribut longtemps tenu pour spécifiquement humain, et désormais « obsolète », dévalué, voire réprouvé.

Deux déchéances successives, de la personne (personnalité, personnage...) à l'individu quelconque (pur *ego*), de l'individu au profil de données : le sujet et ses relations sur les réseaux sociaux, *liker*, partager, vendre et acheter, s'indigner, s'invectiver... dûment « dataïsés » pour être traités par les algorithmes dans le Cloud. Et l'histoire

1. On a pu attribuer la supériorité des mathématiciens soviétiques sur leurs confrères américains à leur *retard* dans l'usage des ordinateurs.

s'accélère : cinq siècles pour accoucher de l'individu, moins de vingt ans pour retourner l'utopie Internet. Une *nouvelle qualité* (vertu) émerge toutefois : la transparence ; malheureusement, l'expression « ce type est totalement transparent » signifie à peu près qu'il est « nul », justement. CQFD.

L'Occidental qui vient

Si l'émancipation entreprise il y plus de deux siècles était conduite à son terme, elle pourrait produire un individu sans autre identité que celles de ses jeux de rôles ; sans autre « culture » que des codes de conduite et des modèles normatifs assénés par la publicité, les séries télé, la pop-culture...

Notre héros se présenterait alors comme un être qui vit au présent, le cas échéant comme avatar téléporté dans le métavers par son smartphone (*Homo numericus*) ; honteux et repentant des crimes de ses ancêtres présumés, dans un passé honni, fût-il par ailleurs affilié à une secte *gothique* ; et sans autre avenir que la prochaine version de l'iPhone, une promotion dans l'ordre plat des *bullshit jobs* (les autres étant préemptés par les IA). À la fois *hors sol* (dénaturé) et *hors ciel* (déculturé). Entre l'ange et la bête : le zombie.

Nietzsche nous a donné, il y a plus d'un siècle, un saisissant portrait du dernier homme[1] qui pourrait n'être que l'avant-dernier, tant il ressemble à ce qu'il est convenu d'appeler, aujourd'hui, un « bobo ». Confiné du bon côté du périphérique (*horresco referens*), *ludens* est néanmoins un *touriste intégral*, un « migrant » haut de gamme *mobile*, un nomade résolu, même quand il *réside* quelque part, n'importe où (*anywere*) ; son monde est un spectacle ou, moins encore, un arrière-plan pour le selfie : être-au-monde comme on est-à-Venise, à Bruges, à Paris Plage ou à Disneyland, le parc humain sans connotations suspectes : *inclusif* et non totalitaire. De tous les slogans de Mai 68, « sous les pavés, la plage » est le plus perspicace. On ne saurait mieux dire la mutation du citoyen révolté en déambulateur écoresponsable à deux roues, et la métamorphose de la cité en *site touristique*. Toutes les capitales européennes se trouvent *exposées* ; dans les cantons les plus ravagés, les touristes sont plus nombreux que les autochtones, et, grâce à Airbnb, ils remplacent les habitants dans

1. https://www.paulsoriano.fr/le-dernier-homme.html. Le titre complet de l'ouvrage de Fukuyama est « La fin de l'histoire *et le dernier homme* ».

leurs habitations : le grand remplacement ? En attendant le métavers et ses touristes en ligne, confinés, à faibles émissions…

Superflu ? Si l'on cherche un terme un peu plus positif, *Homo ludens*[1] conviendrait assez à ce fanatique du divertissement. « Amusez-vous, faites la fête, aimez la musique », recommande le Président, un 21 juin, au lendemain d'élections où deux tiers des citoyens en âge de voter ont préféré s'abstenir. Tout un programme : vous marchiez ? Eh bien dansez maintenant ! Des lendemains qui chantent et qui dansent, cool !

Quant aux passions tristes résiduelles dont *ludens*, sevré de discours de haine, serait encore affecté, elles trouveraient une salutaire catharsis dans la *simulation transgressive* des *jeux vidéo* offrant un défoulement bienvenu aux pulsions les plus sadiques : pulvériser joyeusement la chair à canon (électronique), comme dans la guerre des drones, mais « c'est pas pour de vrai », comme disent les (grands) enfants. Vivement le métavers, comme jeu vidéo intégral…

La disqualification devrait encore s'attaquer aux prétendus fondamentaux anthropologiques (dénaturation) : plutôt que d'*être* ceci ou cela exclusivement (homme, femme, blanc, noir, hétéro, homo, bio, techno[2]…), pourquoi ne pas *libérer* ces attributs, dans une perspective *trans* (*queer*), bien au-delà des questions de genre ou de préférences sexuelles[3] ? Ainsi, la normalité sociale ne s'évaluerait plus en termes de *diversité* (conflictuelle) mais d'*hybridation* (inclusive). Le chanteur Michael Jackson pourrait bien être la figure accomplie de cet idéal-type : officiellement décédé en 2009 mais poursuivant une existence spectrale sur les écrans, il hybride aussi, en quelque sorte, le mort et le vif. Un mort-vivant.

---

1. Après un clin d'œil à Robert Musil (*L'Homme sans* qualités), un autre à Johan Huizinga (*Homo Ludens. Essai sur la fonction sociale du jeu*, 1938) ; mais le héros de ce dernier est toutefois beaucoup plus consistant (humain) que le nôtre, qui se rapproche davantage de l'*homo festivus* de Philippe Muray.

2. Le cocktail transhumaniste. L'hybridation des âges de la vie se heurte encore à des difficultés techniques.

3. Accessoirement, on imagine sans peine les opportunités commerciales : l'ancien marketing était plutôt discriminant (ceux qui consomment ceci ne consomment pas cela) ; le nouveau sera donc cumulatif : consommez ceci ET cela.

Retours du refoulé

Car la rééducation permanente, hélas, ne vous immunise nullement contre les mauvaises pensées, bien au contraire ; à force de les traquer, on finit par ne plus penser qu'à ça, tous les puritains vous le diront. Le mal se rebiffe, comme le fait la chair : en Californie, vous croiserez des corps *body guildes*, tellement travaillés qu'on les dirait déjà artificiels, aussi lisses que des personnages de jeu vidéo ; mais aussi des corps obèses, des corps anorexiques et des militants véganistes refusant de nourrir leur chair avec celle des animaux. Les névroses d'époque se conjuguent en réaction à de multiples *déficits* : de réalité, d'identité, de relation, d'explication... De quoi enrichir notre collection de préfixes : *schizo* (défaut de réalité), *auto* (défaut de relation), *parano* (déficit d'explications sensées, faisant place à l'interprétation complotiste), *hystéro* (défaut d'identité). *Who the Hell am I If I'm not me*[1] *?* Trente ans après, la question de Monsieur Univers (Arnold Schwarzenegger) est devenue celle de Monsieur Tout-le-monde ; elle pourrait bien faire sécher une IA...

À défaut d'être en paix avec soi-même, des hommes libres et égaux, des *alter ego*, peuvent-ils fraterniser ? Avec Hobbes, René Girard ou Jean-Paul Sartre, on peut en douter : au mieux des concurrents ou des rivaux, au pire des ennemis mortels ; les autres c'est l'enfer des faux frères et des frères ennemis, toujours à comploter. Entre frères et sœurs, ça ne se passe plus très bien non plus : liberté, égalité, inimitié ! On connaît bien une exception, mais c'est la fraternité des *frères d'armes* en temps de paix, également connue sous le nom de « fascisme ». Et si la politique est l'art de s'affronter de manière civilisée, on peut craindre que la décivilisation postpolitique n'arrange rien... D'autant que si le Surmoi prescripteur règne sur les écrans, l'inconscient pousse fort dans les fictions, comme dans les « jeux » susmentionnés : violences, meurtres à la tronçonneuse ou au fusil d'assaut, *gore*, films d'horreur et tueurs en série. Et « en ligne » comme *in the real world*, c'est à peine plus paisible : mécontents, réfractaires, indignés, révoltés, sociopathes, criminalité, flambées de chaos... Sans parler des guerres (l'autre monde, celui de Huntington), civiles et inciviles... *There Will Be Blood*, assurément... Et du coup, il faudra encore et toujours surveiller et punir, catéchiser et soigner, nos dépressifs surexcités : en thérapie ! Aux

1. « Qui diable suis-je si je ne suis pas moi ? », Doug Quaid (Arnold Schwarzenegger) dans le film de Paul Verhoeven, *Total Recall* 1990.

prises avec la guéguerre de tous contre tous, et de chacun contre soi-même, le *soft power* ne va pas chômer, ni le *hard*, du reste : « Hello Robocop ! »

Pas étonnant que ce monde en transition, menacé de toutes parts (le compte à rebours est activé), ressemble de plus en plus à la Nef. des fous : après l'Arche (de Noé), le Mayflower (des *Pilgrim Fathers*[1]), décidément, *navigare necesse est*...

Ceux qui nous mènent en bateau se trouvent flanqués, à tribord, d'une opposition qui leur enjoint de ralentir, voire de virer de bord ; tandis qu'à bâbord, une avant-garde mutine exige qu'on accélère, et qu'on embarque bien tout le monde, afin de ne rater personne... Tout bien pesé, notre Nef, c'est plutôt le Titanic : un chef-d'œuvre de la technique errant sur un océan de périls, sans autre destination qu'un iceberg détaché de la banquise par le réchauffement climatique ; et l'on y chante et l'on y danse, *Lalaland*, et l'on patauge avant de sombrer, tandis qu'un plombier répare consciencieusement une fuite d'eau dans la cabine du capitaine.

Mais tout n'est peut-être pas joué : médiologiquement parlant, le « système », bien que massivement mobilisé au service de l'hégémonie se prête à tous les détournements. Tandis que les « résistants » s'approprient ses ressources pour le combattre, exploitent ses failles et ses *bugs*, les agents du système désemparés parodient, mimétiquement, l'adversaire : on dévoile fiévreusement les complots des complotistes ; le vrai faux et le faux vrai peinent à se départager et les entreprises de rétablissement de la vérité s'y épuisent ; les appels frénétiques à la censure trahissent la panique des faiseurs d'opinion autorisés ; on *tweete* rageusement sa réprobation des réseaux sociaux ; et le zèle diversitaire des fictions populaires sombre parfois dans le comique involontaire, quand ce n'est pas dans une forme de racisme paradoxal dont on peut craindre qu'il soit *inconscient*, comme le soupçonnent les *wokistes*...

À Kaboul, une bande d'« étudiants » (*talib* en arabe) a tour à tour vaincu deux superpuissances, avec peu de *hard power* (emprunté à l'ennemi) et un *soft power* archaïque mais résilient. Dans un tout autre registre, le pauvre « *chatbot* raciste » de Microsoft, s'est laissé piéger par des interlocuteurs (humains) malveillants... Déplorable,

1. Déjà un peu dérangés paraît-il, « *nuts* » comme l'assure Kurt Andersen, *Fantasyland : How America Went Haywire* (libre traduction : "comment l'Amérique a pété les plombs"), *A 500-Year History*, 2017.

bien sûr, mais du moins est-il avéré que l'on peut encore piéger les puissants. Et les robots…

Un optimiste obstiné pourrait faire aussi faire état d'un retour à la réalité, à l'encontre d'une *déréalisation* générale du monde qui sévit et s'aggrave depuis plus de deux siècles en Occident, et s'exaspère dans la « virtualisation » numérique.

Ainsi, le coronavirus a bousculé au passage pas mal d'impostures : les « experts » (in)suffisants, la mondialisation et son impératif catégorique de *libre circulation* ébranlés… La « start-up nation » littéralement *démasquée* ; et, si le confinement a banalisé le « télé- » (pour mémoire : télétravail, médecine, commerce, enseignement…), il a aussi mis en valeur les services *vraiment indispensables* dans notre techno-société : des jobs assez terre à terre, pas des *bullshit jobs*.

Dans la même perspective, et c'est nouveau (néo ?), un certain réalisme émerge du côté des penseurs : en philosophie avec l'affirmation d'un courant dit néoréaliste ; avec la floraison d'analyses critiques, de toutes origines, sur le monde contemporain et les temps qui viennent ; et un regain des sciences *naturelles*. Le « siècle vert », annonce Régis Debray[1]… Il était temps ! En dépit des extravagances de certains édiles (tous *métropolitains*), le souci écologique va dans le même (bon) sens, et ces lubies sont bénignes, après tout, comparées à la folie furieuse qui ravage la planète : on peut bien se moquer de Greta (Thunberg), elle est comme l'enfant qui révèle que le roi est nu.

À défaut d'une religion de la nature, le regain d'intérêt pour la vie animale est prometteur ; avec les extravagances qui l'accompagnent – là encore bien innocentes, comparées aux absurdités sur les « animaux machines », et les abominations qu'elles autorisent – vous n'êtes pas sûr que les animaux souffrent ? Dans le doute abstenez-vous… En attendant l'hypothétique retour des dieux, le préhumain, le végétal, l'animal, fait de chair et *animé*, pourrait nous détourner du posthumain.

Mais le réalisme, justement, nous suggère aussi de ne pas nous contenter d'un « c'était mieux avant » : l'histoire ne se répète que sous forme de farce ou de tragédie ; en appeler au retour des Lumières, à la République ou plus trivialement aux Trente glorieuses, c'est manquer d'esprit dialectique c'est peut-être aussi « adorer les causes dont on déplore les conséquences ». Des individus libres et rationnels formant

1. Régis Debray, *Le Siècle vert. Un changement de civilisation*, Gallimard, « Tracts », 2020.

des corps politiques affranchis de toute appartenance ethnique ou religieuse ; des lois *humaines* en dehors de toute transcendance inspirées par vision rationnelle du monde ? Fort bien, mais qu'est-ce qu'un individu ainsi polyémancipé, « en dehors de toute transcendance », sinon un *homo œconomicus* bon teint, en attendant l'*homo numericus* ?

Il vaudrait mieux juger l'arbre à ses fruits…

En Occident, le sacré a fait l'objet d'une espèce d'« évaporation » (de la terre au ciel), ou de « distillation » (du matériel au spirituel) ; pour le dire trop schématiquement : on est passé du monde *tout imprégné* de sacré du panthéisme, à la capture du sacré par des divinités (les dieux du polythéisme), puis à sa « concentration » dans le Dieu monothéiste, aux dépens d'un monde désormais *désenchanté* et livré aux industries et entreprises humaines… Et pour finir, comme on l'a vu, un monothéisme de l'Argent et sa caricature panthéiste affichée : « tout à un prix ».

On se gardera donc bien de prêcher ici pour quelque chapelle que ce soit. À défaut :

« Il faudra bientôt construire des cloîtres rigoureusement isolés où ni les feuilles ni les ondes n'entreront. On y méprisera la vitesse, le nombre, les effets de masse, de surprise, de contraste, de nouveauté et de crédulité. C'est là qu'à certains jours on ira, à travers les grilles, considérer quelques spécimens d'hommes libres » (Paul Valéry[1]).

Des hommes libres *cloîtrés* ? À rapprocher, par contraste, avec la liberté des modernes (ou des postmodernes) dont Rémy Brague nous dit judicieusement qu'ils sont libres « comme un taxi » (bientôt autonome, ajouterons-nous) : libre, il est vide, il ne va nulle part, et il peut accueillir n'importe qui pour se laisser mener n'importe où[2].

Le *cloud* ou le cloître, « espace clos », certes, mais « ouvert sur l'infini » ? Et s'il fallait décidément des frontières, dispositif de séparation *ET* de passage, pour accéder à l'infini ?

Revenons sur terre et, en bons survivalistes, cultivons notre jardin bio…

1. « Fluctuations sur la liberté, II », 1938.
2. Interview au Figaro, 27 août 2003.

Deus ex machina : le drone

Antoine Perraud

Walter Benjamin lisait comme personne dans les lignes de la mainmise. Dans son texte de 1935 appelé à connaître une sacrée renommée posthume, *L'Œuvre d'art à l'époque de sa reproductibilité technique,* il nous éclairait – à la lumière de la Première Guerre mondiale, qui avait offert les corps humains en pâture aux mines, à la mitraille et aux attaques au gaz. Jadis, écrivait-il, s'imposaient « les exigences d'une société à technique encore confondue avec le rituel. Technique naturellement arriérée en comparaison de la technique mécanique. Mais ce qui importe à la considération dialectique, ce n'est pas l'infériorité mécanique de cette technique, mais sa différence de tendance d'avec la nôtre – la première engageant l'homme autant que possible, la seconde le moins possible. »

Et Benjamin ajoutait cette phrase, ô combien prémonitoire : « L'exploit de la première, si l'on ose dire, est le sacrifice humain, celui de la seconde s'annoncerait dans l'avion sans pilote dirigé à distance [...] »

89 ans plus tard, en 2024, on trouve au même sujet, sur le site officiel de l'administration française (service-public.fr), une prose aussi relâchée qu'était dense le texte de Walter Benjamin : « Un drone est un engin volant sans pilote et sans passagers. Il est télépiloté, c'est-à-dire piloté à distance par un télépilote. Si vous souhaitez piloter un drone pour le loisir ou la compétition (*aéromodélisme*), ou effectuer un vol à faible risque, vous devez respecter la réglementation sur les vols en catégorie ouverte. »

C'est la face légère de l'engin : le drone des familles. La face sombre a éclaté au visage de l'Europe, donc du monde – qui n'avait guère prêté attention à de précédents épisodes excentrés –, à l'occasion de la guerre en Ukraine, dès le 24 février 2022. Le drone y a joué un rôle crucial, jusqu'à sembler parfois suppléer, côté ukrainien, l'absence de maîtrise du ciel. Et ce, en permettant d'infliger des pertes sensibles à la partie russe. Une telle économie à la fois générale et si particulière de la guerre était résumée dans un rapport de la commission de la Défense du Sénat présenté en juillet 2021 au Palais de Médicis et intitulé : « S*e préparer à la guerre des drones : un enjeu stratégique.* » On y lit : « Plusieurs conflits récents, non seulement la guerre au Haut-Karabagh en 2020 mais aussi les combats en Libye en septembre 2019 et la campagne turque dans le nord de la Syrie en mars 2020 ont été marqués par l'utilisation massive de drones tactiques et de petits drones. » Le rapport préconise d'« acquérir une capacité de drones peu coûteux et "sacrifiables" ».

La guerre en Ukraine apparaîtra peut-être, dans les livres d'histoire à venir, comme un moment clé de l'art militaire ou prétendu tel, à l'instar de la bataille d'Azincourt (25 octobre 1415), qui vit les archers s'imposer au détriment de la chevalerie. Un article du *Washington Post,* le 20 mars 2023 (« *Drone strikes, sabotage, shelling : Russia's war on Ukraine comes to Russia* ») soulignait l'impensable et l'impensé, plus d'un an après le déclenchement des hostilités par le Kremlin : « Au cours des premiers mois de l'invasion, seuls les sites très proches de la frontière russo-ukrainienne ont été visés par les frappes de drones, principalement des dépôts de munitions et des réservoirs de carburant. Au fil du temps, la portée de ces frappes s'est de plus en plus étendue, jusqu'à s'approcher de Moscou. »

En ce même mois de mars 2023, la France, pour ne pas apparaître, une fois de plus, en retard d'une guerre, prenait les devants non sans atermoiements, ainsi que le soulignait un article du Monde : « Le ministère des Armées vient d'annoncer plusieurs projets visant à fabriquer et à faire usage de munitions "téléopérées". Un tournant important après des années d'hésitations liées notamment à des considérations d'ordre éthique. »

Au détour dudit article, un paragraphe cruel relativisait tout cocorico : « "On est en train de développer toute une gamme pour rentrer dans le match à bon niveau", affirme le général Yann Gravêthe, le directeur de la délégation à l'information et à la communication de la défense, alors que la France a été largement distancée ces dernières années, pour ce qui concerne la commercialisation de ces armements, par la Turquie, Israël, la Chine, ou encore l'Iran. »

Le regard qui tue

« Objet violent non identifié », le drone a donc fait du chemin. Jusqu'à évoluer, à la manière de certaines espèces : il est en train de virer terrestre et est déjà devenu aquatique – obligeant fin 2023 la marine russe à évacuer une partie de sa flotte de la mer Noire, sous la menace d'engins bricolés par le génie ukrainien à l'affut de mutations techniques. Par-delà les chaînes de production qui se déchaînent de l'Iran à la Corée du nord, par-delà le commerce licite et les échanges illicites d'un monde en mutation, les métamorphoses qu'imposent les drones, sous diverses latitudes dans les premiers mois de l'année 2024, rabattent les cartes géopolitiques.

En Birmanie, des escadrons d'opposants mènent la vie dure à la Junte avec leurs machines volantes parfois maniées grâce à des vidéos explicatives (tutoriels) glanées sur YouTube. Au Proche-Orient, les crimes de guerre du Hamas perpétrés le 7 octobre 2023 avec l'aide de drones modifiés, suscitent une riposte d'Israël, passant du droit de se défendre au droit de se venger à coups de drones francs-tireurs (snipers) dans la bande de Gaza. En mer Rouge, les rebelles Houthis menacent le commerce international, provoquant en retour, contre leurs bases au Yemen, des frappes américano-britanniques coûtant cent fois plus cher que ce qu'elles cherchent, en vain, à annihiler.

Toute l'économie de la guerre vacille. Fin novembre 2023, le Portugal se lançait dans le projet « Joãp II » : à défaut de pouvoir s'offrir un porte-avion, le pays table sur la réalisation – par le néerlandais Damen – d'un porte-drones polyvalent, innovant et « multi-missions ». L'économie du regard se trouve également bouleversée : après la pénurie d'images ayant marqué la première guerre du Golfe en 1991, les caméras embarquées par les drones déversent, sur les réseaux sociaux, des vues frappantes et horrifiques du « théâtre d'opération ».

Le drone va peut-être, un jour prochain, obliger à débaptiser ce qui fut longtemps le ministère de la Défense : il deviendrait celui de l'attaque (préventive). La *dronisation* des armées aboutirait alors à se ranger comme… aucun homme derrière le regard qui tue. Tout le pouvoir à l'œil ayant muté en instrument de combat ! Il s'agit en effet, désormais, de se projeter sans se déplacer ; de toucher l'ennemi sans avoir à se mesurer à lui ; d'éliminer en levant à peine le petit doigt. Finis les risques du métier.

La paix, c'est la guerre. Il n'y aurait plus de champ de bataille avec des armées qui se déploient, il n'y aurait que des cibles de rencontre. Voici que se dresserait la force sans son habituel corollaire : la vulnérabilité. La réciprocité de la bataille de Fontenoy (« Messieurs les Anglais, tirez les premiers ! ») serait morte : le drone aurait eu sa peau. On serait passé du corps à corps au drone à corps. Zéro mort à déplorer – ceux de l'ennemi ne comptant plus, ce ne sont que des nuisibles empêchés de nuire, c'est-à-dire « neutralisés ».

« La guerre fraîche et joyeuse » (Bertrand de Born) aurait laissé place aux *Chasses du comte Zaroff*. Bush Le Jeune n'a-t-il pas évoqué, en 2003, « une guerre qui requiert de notre part une chasse à l'homme internationale » ? Et le Pentagone, alors sous la coupe de Donald Rumsfeld, ne théorisa-t-il pas une « chasse à l'homme préventive » contre les talibans, en Afghanistan et au Pakistan, inspirée des attentats ciblés menés par Israël en Palestine ?

Volant au secours de la rhétorique qui justifiait la torture durant la guerre d'Algérie, voici que le drone désamorce les dégâts en fondant sur la chair du pire. Le bon vieux mot d'ordre des badernes, « exécution ! », prend une tournure irrémédiablement cynégétique : la chasse à l'homme (à abattre), au coup par coup, devrait nous délivrer de l'extension du domaine des champs de bataille. La boucherie terrestre fera place à la chirurgie céleste. Que demander de plus ?

Dans la dernière décennie du XXe siècle, les drones s'avéraient simples aéronefs espions accomplissant des missions de surveillance lors de la guerre de Bosnie ou du Kosovo. *Idem* en Irak au début des années 2000. Le laboratoire de la scélératesse, c'est l'Asie du Sud-Ouest. En Afghanistan, les drones commencent à s'adonner aux tirs de missiles. Mais c'est au Waziristan du Nord, à la frontière pakistano-afghane, que de tels tirs sont normalisés, systématisés. Vantés comme des « armes de protection des civils », les drones sont hissés en vecteur de « guerre juste » menée contre le terrorisme par le gouvernement du président Obama. Celui-ci supervise lui-même l'élimination de cibles humaines désignées par une liste d'exécutions (*Kill List*). Le terrorisme aura fait la courte échelle et servi d'échelle de valeur au drone : plus la menace s'avère diffuse, indistincte et injuste, plus la riposte saura être concise, précise et juste.

Si bien que les États-Unis d'Amérique s'évertuent à faire comprendre à l'univers entier que les frappes des drones sont d'une bénévolence inouïe et singulière. En 2012, John Brennan, conseiller spécial antiterrorisme de Barack Obama – avant de devenir le directeur de la CIA entre 2013 et 2017 –, affirme par exemple : « Les frappes ciblées sont conformes au principe de distinction, l'idée que seuls les objectifs militaires devraient être intentionnellement visés et que les civils sont préservés d'être intentionnellement visés. Avec la possibilité sans précédent qu'offrent les aéronefs pilotés à distance de viser un objectif militaire tout en minimisant les dommages collatéraux, on pourrait dire que jamais auparavant n'a existé une arme qui nous permettait de distinguer aussi efficacement entre un terroriste d'Al-Qaida et des civils innocents. »

Le don de modifier les comportements sur le terrain

En septembre 2012, « Vivre sous les drones » (*Living Under Drones : Death, Injury and Trauma to Civilians from US Drone Practices in Pakistan*), une étude publiée par les facultés de droit des universités américaines de Stanford et NYU, après neuf mois d'enquête auprès des populations pakistanaises vivant sous la menace des drones, met la fable à mal. Non, les drones n'imposent pas la moindre sécurité grâce à leur précision chirurgicale qui engendrerait des pertes collatérales minimales ! Entre juin 2004 et septembre 2012, 881 civils ont péri au cours de frappes ayant tué 3 325 personnes – dont 2 % seulement étaient des « cibles de haut niveau » selon l'étude. Celle-ci démontre le stress posttraumatique des populations sidérées, terrées, hantées par la menace et le bruit du drone.

L'impact sur la santé mentale des populations d'une telle machine volante semble conférer une qualité divinatoire aux hallucinations d'Oreste (Racine : *Andromaque* acte V, scène 4) :

> « Dieux ! quels affreux regards elle jette sur moi !

Quels démons, quels serpents traîne-t-elle après soi ?
Eh bien ! filles d'enfer, vos mains sont-elles prêtes ?
Pour qui sont ces serpents qui sifflent sur vos têtes ?
À qui destinez-vous l'appareil qui vous suit ?
Venez-vous m'enlever dans l'éternelle nuit ? »

Pour pimenter l'horreur, une forme de *bis* boutefeu a même été mise au point par les stratégistes yankees, sous la forme d'une tactique cauchemardesque : la double frappe, qui consiste à attaquer deux fois de suite afin de frapper les personnes ayant pu venir au secours des cibles initiales. L'attaque, par des drones, de cérémonies d'enterrement des victimes de drones est ainsi devenue le *nec plus ultra* de la guerre des cieux…

L'architecte et activiste israélien Eyal Weizman, animateur du laboratoire « Forensic Architecture » – il documente à quel point les villes se transforment en pièges urbains pour les civils en cas de guerre ou de « frappes chirurgicales » –, Eyal Weizman, donc, démontre comment les drones, au Pakistan, en Afghanistan, en Somalie, au Yémen ou à Gaza (bien avant le déluge de feu de l'hiver 2023-2024), ont commencé par cibler routes et localités isolés, avant de toucher villages et villes. Au prétexte de représenter un moindre mal par rapport aux bombardements classiques, les drones ont été massivement utilisés et leurs frappes ont proliféré.

En vain parfois, tant le déluge venu du ciel avait eu le don de modifier les comportements sur le terrain. Les talibans, par exemple, avaient compris les frappes dites de signature : si un homme a été repéré pour conduire le long d'une route à une certaine heure de la nuit après s'être rendu dans telle mosquée, son compte est bon. Pour échapper à de telles exécutions programmées tombées du ciel, les talibans se sont installés dans les villes, ont cessé de conduire pour se déplacer à pied, à bicyclette, voire à motocyclette. Alors, momentanément, les drones ne surent plus où donner de la tête : les robots tueurs se retrouvaient à court de cibles.

« Principe d'archivage total »

D'où le besoin de données toujours engrangées au service de cet œil humain qui se veut divin, au service de ce judas planétaire qui entend tout voir et tout savoir, sans relâche. Dans son étude magistrale, *Théorie du drone* (La Fabrique, 2013), Grégoire Chamayou évoque un « principe d'archivage total » qui serait le « film de toutes les vies ». Une fois la capacité de stockage résolue et l'indexation des images automatisée, on pourrait « s'imaginer à terme des machines-scribes, des greffiers volants et robotisés qui dresseraient en temps réel le procès-verbal des moindres activités du monde situé en contrebas. Comme si, en parallèle de la vie des hommes, les caméras qui en capturent déjà les images animées se mettaient à en rédiger en même temps le compte rendu circonstancié. »

Grégoire Chamayou ajoute : « Mais ces lignes de texte, cette chronique méticuleuse de tous les faits et de tous les gestes, constitueraient aussi et en même temps autre chose : un grand index, le catalogue informatisé d'une immense vidéothèque où toutes les vies deviendraient, en chacune des scènes volées par la caméra, rétrospectivement "cherchables". »

Le drone pantocrator, c'est très exactement l'inverse et la négation de ce qu'écrivait Maurice Blanchot dans *L'attente. L'oubli :* « La mémoire où respirait l'oubli. Le souffle qu'il recueille d'elle, qui traverse toute l'histoire, respiration de l'oubli. »

Non seulement les drones nous ont à l'œil en échappant à tout contrôle démocratique, mais ils nous ont dans le collimateur en échappant à tout contrôle technique : leurs désirs deviennent des ordres. En mars 2021, un rapport du groupe d'experts du Conseil de sécurité des Nations unies sur la Libye constatait que dans ce pays, en 2020, un drone armé a pris en chasse des humains sans recevoir d'ordre. Une première, même si certains experts ont remis en cause le degré d'autonomie ainsi que les détails de « l'exploit » du robot de combat en question.

Au service du gouvernement national, ce drone apprenti sorcier a visé des combattants du maréchal Haftar qui battaient en retraite, sans la moindre communication électronique. « Les systèmes d'armement létaux autonomes étaient programmés pour attaquer des cibles sans nécessiter de connexion avec l'opérateur », détaille le rapport onusien, pointant une fonction « trouve, tire et oublie » – en référence aux missiles « tire et oublie » (*Fire and Forget*, en anglais qui joue sur l'assonance), totalement émancipés une fois lâchés d'un avion ou d'un sous-marin.

Cette première a été perpétrée par un drone kamikaze (également appelé « munition rôdeuse ») de type quadricoptère, baptisé Kargu-2 et produit par l'entreprise turque STM, qui le destine à « la guerre asymétrique et aux opérations antiterroristes » – comprendre les Kurdes d'abord et avant tout. L'appareil, qui contient donc un explosif, est bon pour des missions diurnes comme nocturnes, ne pèse que 7 kg, atteint 72 km/h, possède une autonomie de 30 minutes, est opérationnel jusqu'à 2 800 m d'altitude et ne coûte que quelques milliers de dollars.

L'expression « course aux armements » continue de mériter son nom. Un article du *Guardian* de Londres sonnait le tocsin en la matière, le 10 avril 2023 : « La suprématie de l'Ukraine en matière de drones pourrait bientôt prendre fin. Les opérateurs en première ligne affirment que la Russie est sur le point de contrer leurs modèles les plus populaires, d'où une recherche effrénée de solutions de remplacement. » Mais dans le même article un expert américain (US Center for Naval Analyses), Samuel Bendett, tempérait ces alarmes, affirmant que les Ukrainiens sauraient prendre les tournants des techniques les plus avancées, tandis que les Russes resteraient à la traîne, faute de moyens – savoir-faire et hommes entraînés.

Dès février 2022, les forces de Kiyiv (Kiev) avaient utilisé, en particulier contre les chars russes, l'équipement phare de l'industrie militaire turque : le Bayraktar TB2, un drone redoutable à bas coût (5 millions de dollars, soit plus de quatre fois moins cher qu'un appareil américain aussi performant). Le quotidien *Libération* du 9 mars 2022 précisait un détail onomastique piquant. Le drone en question a été baptisé du nom du directeur technique de la société Baykar qui produit l'engin : Selcuk Bayraktar, ingénieur ayant étudié outre-Atlantique et qui n'est autre que l'époux de la fille cadette du président Erdoğan. *Libération* ajoutait : « Les drones turcs suscitent un intérêt croissant et des commandes en cascade : à ce jour, neuf pays les utilisent et seize autres sont engagés dans un processus de commande. » Avant d'insister sur un détail crucial livré par le chercheur et expert militaire turc Arda Mevlutoglu : « La Turquie n'impose pas de limitations ou de conditions politiques, à l'inverse des pays américains ou européens, particulièrement regardants à ce sujet. »

Encadrement pléthorique et largement distribué au sol

De leur côté, les « véhicules aériens de combat sans équipage » déployés par les États-Unis d'Amérique offrent deux profils. Le plus répandu, le MQ1 *Predator* [sic !], coûte environ quatre millions et demi de dollars l'unité, atteint 217 km/h, peut voler jusqu'à 7 600 m d'altitude et possède une autonomie de 24 heures. Il est équipé de deux missiles air-sol « Hellfire ». Le modèle supérieur, le MQ9 *Reaper* [Faucheur], vaut la bagatelle de 22 millions de dollars, atteint 482 km/h, évolue jusqu'à 15 000 m d'altitude. Il possède la même autonomie que le *Predator* et est nanti de quatorze missiles *Hellfire*, ou de quatre missiles et de deux bombes d'une tonne. Tous deux sont fabriqués par la même entreprise, *General Atomics*, et tous deux peuvent être contrôlés depuis les États-Unis, après avoir été lancés d'une base américaine relativement proche de leur destination.

Ces drones américains nécessitent un encadrement pléthorique et largement distribué au sol. Derek Gregory (« From a View to a Kill : Drones and Late Modern Warfare », in *Theory, Culture & Society*, 2011) dénombre : 185 personnes doivent se coordonner pour faire voler un drone *Predator* ou *Reaper* tout en identifiant leur cible ; 59 sont en charge du lancement et de la réception sur une base située à proximité de la zone surveillée (en Afghanistan, par exemple) ; 73 opèrent depuis la base aérienne de Creech dans le Nevada ; 83 se consacrent au traitement, à l'exploitation et à la distribution des informations.

L'usage de tels engins sans pilote, qui bouleverse les règles de la guerre, ne suscite aucun rejet d'ampleur dans l'esprit public occidental. Celui-ci considère en revanche les attentats-suicides comme une quintessence de la barbarie sur terre. Dans *Théorie du drone*, Grégoire Chamayou analyse ce jeu de miroirs entre drone et kamikaze : « Alors que le kamikaze implique la fusion complète du corps du combattant avec son arme, le drone assure leur séparation radicale. Kamikaze : mon corps et une arme. Drone : mon arme est sans corps. Le premier implique la mort de l'agent. Le second l'exclut de façon absolue. Les kamikazes sont les hommes de la mort certaine. Les pilotes de drone sont les hommes de la mort impossible. En ce sens, ils représentent deux pôles opposés sur le spectre de l'exposition à la mort. Entre les deux, il y a les combattants classiques. »

Des associations de droits de l'Homme, des fédérations de journalistes, des organisations pacifistes et même parfois les Nations unies ont, à travers le monde et dès les premières attaques perpétrées par des drones, battu en brèches l'argument de la « protection de civils ». En effet, de telles frappes tuent en moyenne dix civils pour un terroriste présumé. Mais le gouvernement américain n'en a rien laissé paraître dans les documents officiels, en noyant la vérité sous une catégorie de cible controuvée : les « militants », qui désignent tous les hommes de plus de 18 ans à proximité d'une zone de tir…

Par ailleurs, les opposants à l'usage meurtrier des drones ont beau jeu de pointer la violation de la souveraineté de pays avec lesquels les États-Unis d'Amérique ne sont pas en guerre. D'autant que les attaques ciblées contre de supposés terroristes ont amené les stratèges de Washington à remodeler les régions dans lesquelles ils opèrent, en fonction de leurs besoins militaires : ainsi en va-t-il d'un continuum afghano-pakistanais conceptualisé sous les noms d'AfPak.

« Sérieuses préoccupations » du Conseil des droits de l'Homme de l'ONU

Le drone relève en définitive d'une culture – militaire – de l'effacement, qui obéit à la très vieille et cynique « loi du mort-kilomètre » enseignée dans les écoles de journalisme : un mort à Paris vaut 300 morts à Calcutta. Que des drones dotés d'armes à feu escamotent « qui de droit » de la Syrie à l'Afghanistan ne choquera que les altruistes de l'extrême ou les internationalistes démesurés. Mais gare aux drones nantis de caméras s'ils survolent une manifestation hexagonale, ou s'ils nous invitent au confinement par temps de pandémie !

En novembre 2020, le *Conseil des droits de l'homme* de l'ONU fit part au pouvoir exécutif français « de sérieuses préoccupations » en arguant que l'usage des drones avec caméras, « en tant que méthode particulièrement intrusive, est susceptible d'avoir un effet dissuasif sur des individus qui se trouvent dans l'espace public et qui souhaiteraient participer à des réunions pacifiques, et par conséquent limiter indûment leur droit à la liberté d'expression et à la liberté de réunion pacifique ».

Toujours à l'automne 2020, deux associations de défense des libertés, la *Ligue des droits de l'homme* et la *Quadrature du net*, déposèrent un référé-liberté devant le tribunal administratif de Paris, pour que la préfecture de police « cesse immédiatement de capter des images par drones, de les enregistrer, de les transmettre ou de les exploiter ». La justice administrative valida la surveillance du confinement par des drones, au motif qu'« aucune des pièces du dossier » ne permettait d'établir « que les services de la préfecture de police auraient utilisé les drones dans des conditions permettant d'identifier les individus au sol ».

La Quadrature du net fit appel de cette décision devant le Conseil d'État, qui lui donna raison et ordonna à la préfecture de police de Paris de « cesser, sans délai, de procéder aux mesures de surveillance par drone ». Dans son ordonnance du 18 mai 2020, le Conseil d'État a considéré que rien ne garantissait que les images recueillies par les appareils télépilotés ne seraient utilisées pour un « usage contraire aux règles de protection des données personnelles ».

La conscience occidentale, sourde et aveugle aux exécutions commises par les drones en de lointains théâtres d'opérations ciblées, s'inquiète, en amont, des conséquences dommageables pour les libertés publiques d'un possible fichage de certains citoyens dans « le pays des droits de l'Homme ». Le drone peut punir là-bas, mais point surveiller ici…

Dans un entretien symptomatique au Parisien, le ministre de l'Intérieur avait alors ainsi exprimé son courroux, une fois privé de drones : « En France, tout le monde a le droit de les utiliser, sauf la police. Cherchez l'erreur ! » En une sorte de riposte mimétique à ce qu'il considère comme une entrave intolérable, Gérald Darmanin tenta d'imposer une loi dite de « sécurité globale », dont l'article 24 (devenu ensuite 52) entendait « réprimer pénalement le fait de diffuser, dans le but qu'il soit porté atteinte à son intégrité physique ou psychique, l'image du visage ou tout autre élément d'identification d'un fonctionnaire de la police nationale ou d'un militaire de la gendarmerie nationale lorsqu'il agit dans le cadre d'une opération de police ».

De telles prohibitions furent retoquées par le Conseil constitutionnel, en mai 2021. « Ces dispositions ne permettent pas de déterminer si le législateur a entendu réprimer la provocation à l'identification d'un membre des forces de l'ordre uniquement lorsqu'elle est commise au moment où celui-ci est "en opération" ou s'il a entendu réprimer plus largement la provocation à l'identification d'agents ayant participé à une opération, sans d'ailleurs que soit définie cette notion d'opération », ont justifié les prétendus « sages ».

Or le Conseil constitutionnel censura également, dans la foulée, le recours aux drones en vue de surveiller les manifestations sur la voie publique – également inscrit dans la loi de sécurité globale : « Eu égard à leur mobilité et à la hauteur à laquelle ils peuvent évoluer, ces appareils sont susceptibles de capter, en tout lieu, et sans que leur présence soit détectée, des images d'un nombre très important de personnes et de suivre leurs déplacements dans un vaste périmètre. Dès lors, la mise en œuvre de tels systèmes de surveillance doit être assortie de garanties particulières de nature à sauvegarder le droit au respect de la vie privée. »

Gibiers de drone

Ainsi donc, un drone peut tuer d'un clic au-delà de la Méditerranée mais ne saurait photographier d'un clic en deçà. Il déploie de la puissance sans déployer de vulnérabilité au Sud mais au Nord, il déploierait de la vulnérabilité sans déployer de puissance. Dis-moi comment les drones te survolent, je te dirai qui tu es. Il se trouve des gibiers de drone comme jadis des gibiers de potence. Et au sein d'une même démocratie représentative, un développement séparé par les airs tend à se mettre en place : classes pauvres, classes dangereuses ;

classes survoltées, classes survolées ; classes mal placées, classes ciblées. La paix, désormais, c'est la guerre civile en devenir.

Il existe bel et bien une « nécropolitique » du drone, pour emprunter le néologisme forgé par Achille Mbembe à propos de la gestion de « qui pourra vivre et qui devra mourir ». Anne-Katrin Weber (dans la revue *A Contrario* en 2019) écrit : « Le dispositif dronique contemporain est un dispositif nécropolitique, et le décomposer en ses parties interdépendantes montre comment le pouvoir fonctionne à des niveaux à la fois matériels, géographiques, symboliques et politiques. »

Opposés à une telle vision d'ampleur politique jugée catastrophiste, les technophiles associés objectent que le drone, à l'instar de la langue selon Ésope, est la meilleure et la pire des choses – ce à quoi il est loisible de riposter que l'affaire se présente à la manière du fameux pâté d'alouette : un cheval de pire pour une alouette de meilleur !

Certes, il est des drones désarmés. Ils deviennent alors des outils humanitaires. À eux d'apporter les premiers secours et d'évaluer la situation lors de missions de sauvetage à la suite d'une catastrophe. À eux de livrer des vaccins en Afrique, où ils pallient le manque d'infrastructures routières. Le drone devient robot rédempteur : il veille sur la grande faune menacée au point que la planète lui devra peut-être le salut des ultimes éléphants et derniers rhinocéros. L'engin électronique volant ne se fait plus tueur mais sauveur. Il devient ambulanciers en convoyant par les airs le défibrillateur qui arrachera au trépas le quidam en arrêt cardiaque. Il retrouvera un jour tout vieillard atteint de la maladie d'Alzheimer perdu hors de son Ehpad. Et le réseau « France Bleu » nous apprend que la fédération de chasse du territoire de Belfort a fait l'acquisition, en mars 2021, d'un drone en vue de sauver les faons, souvent victimes de la fauche des foins : le drone les repérera dans les hautes herbes avant l'arrivée du tracteur de l'agriculteur. Le véhicule aérien sans pilote épargnera ainsi les victimes du véhicule terrestre piloté.

Militaire, le drone passe pour figure aérienne du mal. Civil, il s'impose en figure aérienne du bien. Il mesure la qualité de l'air, inspecte les lignes aériennes haute tension, cartographie les territoires et modélise en 3D paysages et bâtiments. Il offre de surcroît un renfort inestimable aux initiatives patrimoniales – filmant une abbatiale ou un château fort sous toutes les coutures.

Le drone tueur de terroristes se met au service des animaux, permettant de tourner moult documentaires, à l'exemple de *Conquest of the Skies* (2015) du vétéran David Attenborough, qui filma les oiseaux avec des appareils construits pour l'occasion par les compagnies *Colossus* et *Digital Cinema Films* : ils pèsent 9,2 kilos et embarquent deux caméras 5K stabilisées.

En France, aussitôt après l'audiovisuel, le secteur primaire s'avère le second consommateur de drones. L'agriculture dite de précision ne jurera bientôt plus que par les robots célestes, qui permettent d'évaluer l'état végétatif des cultures, de détecter des maladies foliaires et des adventices, d'enregistrer des données concernant les parcelles (biomasse, taux de chlorophylle, stress hydrique), ou encore d'optimiser l'apport d'intrants (recueil d'informations pour le calcul des doses d'engrais azotés à apporter aux blés et colzas, etc.). La plupart du temps allié du productivisme, le drone peut néanmoins s'avérer l'ami d'une agriculture raisonnée, estimant par exemple avec précision la quantité de fertilisants nécessaires pour éviter le rendement à outrance et améliorer les bonnes conduites environnementales.

Sans oublier, donc, le drone de loisir, cette version miniaturisée d'aéronefs que l'on pilote à l'aide d'un Smartphone, d'une tablette ou d'une radiocommande. Le groupe français Parrot, qui se veut « leader européen de drones professionnels et civils », s'est posé en précurseur de cette nouvelle vague aérienne, avec son AR Drone mis sur le marché dès 2010.

« Une filière qui tarde à prendre son envol »

Mais au bout du compte, comme le soulignait Jean-Michel Normand dans un article du *Monde* (22 janvier 2021) : « Le tropisme sécuritaire a déteint sur le modèle économique d'une filière qui peine à prendre son envol. Parmi les quelque 10 000 sociétés françaises qui fabriquent ou font voler des drones (leur chiffre d'affaires global était estimé à 250 millions d'euros en 2018, contre 155 millions en 2015), rares sont celles qui gagnent de l'argent. Les mieux placées, comme *Delair* ou *Azur Drone*, tirent leur épingle du jeu en assurant la surveillance de centrales nucléaires, raffineries, installations portuaires ou autres sites sensibles, et analysent les images grâce à l'intelligence artificielle. »

N'oublions jamais, comme l'avait pressenti Walter Benjamin en 1935, d'où vient – donc ou va – le drone. C'est aux dernières années de la Première Guerre mondiale que des prototypes d'avions sans pilote commandés à distance par TSF (Télégraphie Sans Fil) furent conçus à des fins militaires, en un rythme rappelant les trois coups du destin. 1916 au Royaume-Uni : projet d'avion-cible baptisé *Aeriel Target*, destiné à servir de cible aux pilotes pour les entraîner au tir. 1917 aux États-Unis d'Amérique : projet *Hewitt-Sperry automatic airplane* – un avion sans pilote appelé « torpille aérienne » et « bombe volante » déjà imaginé pour transporter des explosifs et les larguer sur une cible. 1918 en France : projet d'« avions sans pilote » lancé par Georges Clemenceau, alors président de la Commission sénatoriale de l'Armée.

Après le conflit, en France, le capitaine Boucher perfectionne un avion sans pilote avec l'ingénieur Maurice Percheron. Un appareil s'envolera même en 1923, au-dessus d'Étampes, mais sans lendemain – à l'instar, 50 ans plus tard, de l'aérotrain de Jean Bertin resté en rade entre Paris et Orléans… Les Britanniques, pour leur part, se spécialisent dans des aéronefs sans pilote devant servir de cibles pour les artilleurs de la DCA. Une série de ces appareils est baptisée « Queen Bee » (La reine des abeilles). Dans les années 1930, d'autres prototypes, en raison de leur vol hésitant et de leur vrombissement dans les fréquences basses, seront surnommés « drone », c'est-à-dire « faux bourdon » – ce mâle de l'abeille qui se déplace plus lourdement avec un son plus sourd…

En dépit de tels essais, s'il faut en croire un rapport d'information du Sénat (signé Cédric Perrin, Gilbert Roger, Jean-Marie Bockel et Raymond Vall) de mai 2017, la France – comme en écho au désintérêt pour les chars manifesté dans l'entre-deux-guerres –, aurait manqué le coche du drone, à l'instar de ses voisins européens : « Cet échec, affirme ledit rapport, ne s'explique pas par un déficit technologique : les entreprises de défense françaises et européennes auraient tout à fait été en mesure de développer de tels engins, plus simples dans leur conception que des avions de combat. C'est plutôt un manque de compréhension de l'importance de cette technologie et un déficit de volonté et de constance de la part des pouvoirs publics qui expliquent qu'en 2013, devant l'urgence de trouver un successeur au drone d'origine israélienne *Harfang* et d'augmenter les capacités de renseignement, de reconnaissance et de surveillance, il ne restait plus d'autre choix que d'acquérir des drones *Reaper* américains. »

Osons une hypothèse un rien tarabiscotée : et si le drone avait changé les modèles stratégiques et les postures martiales, au point de jeter aux oubliettes la fameuse devise du maréchal Lyautey : « Montrer sa force pour ne pas avoir à s'en servir » ? Et si, en l'occurrence, l'armée française obéissait à une nouvelle logique induite par les engins volants sans pilote : ne pas montrer sa force pour avoir à s'en servir ?...

Penser « le champ vertical »

Toujours est-il que depuis moins de dix ans, avec le zèle apparent du néophyte, la France, comme le reste du monde (Wikipédia met en ligne une foisonnante et fascinante entrée : « Liste de drones par pays »), se dote donc de ce que le rapport d'information du Sénat désigne comme « l'outil idéal de permanence locale d'une surveillance aérienne discrète en milieu permissif »...

La permanence n'est pas locale. Dans nos environnements médiatiques numérisés, globalisés, « médiumnisés », la permanence s'avère planétaire, universelle, cosmique. « Contrôler l'orbite, l'air et le spectre revient à contrôler la vie sur terre », analyse l'universitaire américaine Lisa Parks. Née en 1967, professeure au MIT de Cambridge (Massachusetts) puis à l'université de Californie (Santa Barbara), auteure en 2018 de *Rethinking Media Coverage : Vertical Mediation and the War on Terror* (Routledge), elle poursuit la réflexion pionnière de Paul Virilio, qui, remarque-t-elle, « a identifié avec justesse la fusion technologique entre l'avion, la caméra et l'arme à feu ».

Lisa Parks fait-elle de la médiologie sans le savoir ? « Je m'intéresse aux relations entre les technologies médiatiques, le pouvoir social et la culture », affirme-t-elle. Dans un article remarquable, « Drones,

Vertical Mediation, and the Targeted Class » (*Feminist Studies, 2016)*, Lisa Parks entend penser le « champ vertical » – à démocratiser d'urgence – et les enjeux de pouvoirs auxquels il donne lieu : « Les drones ne se contentent pas de flotter au-dessus de la surface du globe ; ils réécrivent et restructurent la vie sur terre de la manière la plus matérielle qui soit. »

Pour paraphraser Jacques Chardonne au sujet de l'amour : le drone, c'est plus que le drone. Lisa Parks l'énonce ainsi : « Quand un drone vole dans le ciel, il modifie les composants chimiques de l'air. Quand il plane au-dessus de la terre, il peut changer les mouvements au sol. Quand il diffuse des annonces *via* haut-parleurs, il peut affecter les pensées et les comportements. »

Médiation verticale retrouvant les incertitudes foudroyantes du *fatum* antique, avec droit de vie ou de mort sur ce qu'il surplombe, maintient, rétablit, ou abolit, « le drone, dès lors », affirme Lisa Parks, « est une technique qui relève tout autant de l'inscription que de la détection et de la représentation ».

Le drone t'aidera

Envisagé par Jules Vernes dans son roman de jeunesse – qui resta longtemps aux oubliettes littéraire –, *Paris au XXe siècle*, le drone livre déjà (Amazon) et délivrera bientôt (à quand la première évasion d'une prison en remplacement de l'hélicoptère, à la Mesrine, mais propre au XXIe siècle ?). Telle la chauve-souris de La Fontaine qui se proclamait à la fois oiseau et rongeur, le drone nous réserve de mutantes surprises. L'appareil volant autonome permet dès maintenant aux autorités autoritaires de fliquer des éléments suspects, tout en facilitant déjà les parades imaginées par ces citoyens ainsi guettés – une vidéo mise en ligne sur YouTube, en septembre 2019, illustre comment un activiste russe fait face à une perquisition à Novossibirsk : alors que la police enfonce la porte de son appartement, il confie ses disques durs aux bons soins du ciel par le truchement d'un drone.

Le tout techno-sécuritaire tuera-t-il la possibilité d'une robotique bienfaisante, loyale, respectueuse de la vie privée, à même de refonder des services publics illustrant un nouveau contrat social ? L'enjeu démocratique apparaît immense. Le drone est-il le mirador céleste d'une tyrannie qui entend, *urbi et orbi* (de la ville de Pékin à l'univers !), sacrifier les libertés sur l'autel de la sécurité ? Ou au contraire, tel un tapis volant libérateur se jouant des frontières terrestres en vertu d'une gouvernance planétaire encore impensable, se fera-t-il le vecteur d'une compréhension du monde à même de le tirer d'affaire ? À la fois poison et antidote, capable de jouer l'indispensable sur les deux tableaux, le drone répond aux impératifs d'une époque en crise, dont il a tout pour devenir le symbole. En nous promettant des lendemains enchaînés qui chantent, il pourrait mater les peuples et sauver les océans : surveiller et prémunir. À moins qu'il ne jugule les pollueurs ou fauteurs de guerre, tout en épaulant des institutions enfin égalitaires et raccommodées au service du bien commun : aide-toi, le drone t'aidera…

Des algorithmes jusqu'à saturation ?

Jean-Yves Chevalier

« *Sur internet personne ne sait que vous êtes un chien* ». Cet aphorisme du début des années 1990 accompagnant un dessin de presse n'est plus d'actualité. Désormais il y a des chances que, sur internet, on sache tout de vous. Un livre de Cathy O'Neil, une mathématicienne américaine, *Weapons of Math Destruction*[1], a montré à quel point le monde du « *big data* » est éloigné des « *incantations des prophètes du progrès*[2] ». Le pire des mondes se prépare-t-il aux États-Unis, avant d'être le nôtre, demain ? La situation n'est certes, pour le moment, pas la même des deux côtés de l'Atlantique. En Europe, depuis 2018, est entré en vigueur le RGPD (règlement général sur la protection des données) qui, comme son nom l'indique est censé protéger les données personnelles. Celles-ci comprennent le nom, le prénom, l'adresse courriel, le numéro de téléphone, les informations à caractère médical ainsi que l'adresse IP (le numéro d'identification associé à tout matériel permettant l'accès à internet, IP pour *internet protocol*). L'utilisateur européen doit donner son consentement pour l'utilisation de ces données, ce consentement étant limité aux finalités du traitement pour lequel il a été donné. Le transfert des informations nécessite son accord. Il bénéficie d'un « droit à l'oubli », c'est-à-dire à l'effacement de ces données à sa demande et d'un droit au déréférencement (par exemple sur un moteur de recherche). Ces garanties sont supérieures à celles qui prévalent aux États-Unis, elles ne protègent pas de tout.

L'adresse IP est forcément communiquée à une page web qui est sollicitée. Celle-ci dépose sur le périphérique qui la consulte de

1. Cathy O'Neil, (ON dans la suite) *Weapons of Math Destruction*, New York, Crown, 2016, édition française, *Algorithmes, la bombe à retardement*, Les Arènes, Paris, 2018 (les numéros de page renvoient à l'édition française).

2. Pierre-Louis Lions (PLL dans la suite), *Dans la tête d'un mathématicien*, humensciences, Paris, 2020.

petits programmes, les cookies, destinés entre autres à reconnaître (*via* l'adresse IP) ce périphérique lors d'une connexion ultérieure. Quand on consulte une page web, le navigateur charge des contenus (images, publicités…) dont la source n'est pas celle qui a été sollicitée et dont le nom est affiché dans la barre du navigateur. Sont alors déposés des « cookies de tierce partie » (ou cookies tiers) jouant des rôles similaires aux autres mais dont l'origine n'a rien à voir avec la page visitée. C'est ainsi que les publicitaires « pistent » les parcours sur internet. On sait à quel point il est difficile de refuser le dépôt de ces cookies, comment, de guerre lasse, on renonce à cocher les multiples cases de refus pour « tout accepter » afin d'obtenir plus rapidement le résultat désiré. Par ailleurs, le traitement de données « anonymisées » à des fins statistiques n'est lui nullement interdit et se développe à une grande échelle. Ce traitement a des conséquences très concrètes qu'il est nécessaire d'envisager quand bien même les individus ne seraient pas repérés : les questions liées au *big data* ne concernent pas seulement la protection de la vie privée, elles touchent aux politiques publiques et plus généralement au fonctionnement de la sphère économique et des relations sociales dans une société qui se veut démocratique.

Algorithmes, le réquisitoire

Cathy O'Neil fournit un grand nombre d'exemples significatifs d'utilisation des algorithmes qui permettent de repérer leurs « péchés capitaux ». On propose une liste des dix principaux.

Les algorithmes sont des boîtes noires

Des données à l'entrée, un oracle à la sortie, voire un destin, comme c'est le cas pour l'algorithme de *Parcoursup* qui gère les inscriptions des élèves de terminale dans l'enseignement supérieur. Sous la pression des demandes des familles sur son fonctionnement, le ministère de l'Éducation nationale a fini par communiquer le code source de l'algorithme, de peu d'utilité pour l'utilisateur moyen. Aux États-Unis le *credit score* est un partenaire obligé de tout Américain. Il est censé informer les organismes de crédit de la fiabilité et de la solvabilité d'un demandeur de crédit (c'est-à-dire de tout le monde). Il se base pour cela sur l'historique des précédents remboursements, des factures impayées, mais pas seulement. Le nombre de consultations par des organismes financiers est pris en compte, mais personne ne sait exactement tout ce qui intervient dans cette notation qui a une grande importance. Une rumeur partagée par nombre d'Américains veut qu'une consultation trop fréquente par la personne de son propre score de crédit le fasse baisser (en tant que preuve d'une inquiétude suspecte). En tout état de cause, l'opacité est source d'angoisse et favorise les suppositions les plus diverses. Mais, paradoxalement, elle renforce le côté « magique » des algorithmes et contribue à leur perception comme une forme de *révélation* (tout le monde pense que Google hiérarchise la demande de manière optimale – la référence au sacré n'est pas fortuite – alors même que l'algorithme est largement inconnu, il est même un des secrets industriels les mieux protégés au monde).

« Les modèles sont un ensemble d'opinions inséré dans un système mathématique[1] »

L'algorithme est un parcours dont les voies sont empruntées dans un certain ordre. Il sélectionne les critères prioritaires qui vont déterminer ce parcours, ce choix relevant d'abord des opinions de ceux qui l'élaborent. Quand on décide de faire ses courses, on peut choisir de commencer par le commerçant le plus proche, ou le plus éloigné, ou le plus cher, ou celui qui a des horaires bizarres, ou celui qu'on préfère parce qu'on peut discuter avec lui. On passe sa vie à l'organiser par des algorithmes et il serait absurde de considérer que ceux du *big data* ne fonctionnent pas de la même manière, qu'ils sont autre chose qu'un classement de priorités et que, surtout, ils ne pourraient pas être différents. Cathy O'Neil donne deux exemples significatifs. Le premier est le principal classement des universités américaines, établi par le magazine U.S.News, qui a acquis une importance vitale pour des établissements d'enseignement supérieur en lutte sur un marché très concurrentiel. L'algorithme de classement repose sur des critères variés : résultats des étudiants aux tests d'aptitude à l'entrée dans les universités, pourcentage d'étudiants obtenant leur diplôme, mais aussi les dons effectués par les anciens étudiants (reconnaissants). Mais pas les frais d'inscription… Un classement donnant une grande importance à ce critère serait différent. Le deuxième exemple est celui de la « police prédictive ». L'algorithme cherche à prévoir les lieux où ont le plus de chances de se produire des délits afin d'y renforcer

1. ON, p. 40.

les patrouilles de police. Un des critères retenus est la fréquence des interpellations ayant précédemment eu lieu dans un endroit donné. Or cette fréquence est en partie le produit des pratiques policières, c'est-à-dire des priorités que les policiers ont eux-mêmes édictées en privilégiant un quartier plutôt qu'un autre.

Les algorithmes souffrent d'un « biais de confirmation »

La « police prédictive » est un bon exemple de ce biais. Il est probable qu'on constatera plus de délits dans un secteur où on aura renforcé les patrouilles que dans un autre, ignoré par la police, ce qui validera les propositions faites. Quand les rédacteurs d'U.S. News ont cherché à élaborer leur classement, ils attendaient que l'algorithme retenu produise un résultat proche de leurs attentes, c'est-à-dire conforme aux critères qu'ils avaient eux-mêmes en tête. Princeton, Yale ou Stanford devaient dominer le classement afin que celui-ci soit crédible. C'est bien sûr ce qui s'est produit. Les algorithmes ratifient les positions acquises : « *les processus reposant sur le big data n'inventent pas le futur, ils ratifient le passé*[1] ». C'est bien sûr vrai des effets des scores de crédit : les personnes peu solvables à qui leur mauvais score a imposé des taux plus élevés ont toutes les chances de confirmer ce score par leurs difficultés à rembourser. Mais la confirmation a un effet d'engrenage : puisque l'hypothèse a été validée, elle sera renforcée la prochaine fois. Les algorithmes ne font pas que ratifier le préexistant, ils le renforcent.

Les algorithmes uniformisent

Les algorithmes ont tendance à reproduire les critères de ceux qui les ont programmés, en les agrégeant. Ainsi des algorithmes, de plus en plus employés, en Europe comme aux États-Unis, pour le recrutement des salariés. Ils sont utilisés pour écarter un grand nombre de candidatures et effectuer un premier tri. Ils ont pour cela intégré les critères de beaucoup de recruteurs. Ceux-ci avaient certainement des biais dans leur évaluation, des préjugés, plus ou moins partagés par leurs collègues. Une candidature rejetée par la plupart d'entre eux pouvait néanmoins trouver grâce auprès d'un autre. Les entreprises utilisant désormais les mêmes algorithmes, une candidature rejetée quelque part aura toutes les chances d'être rejetée partout. Les algorithmes créent des *cercles vicieux* dont il est impossible de sortir.

1. ON, p. 304.

L'utilisation des données conduit à la confusion entre causalité et corrélation

Si on examine l'espérance de vie dans un quartier ou le taux de délinquance, on peut être conduit à penser que les caractéristiques (par exemple l'origine) des personnes qui y vivent sont la cause des phénomènes observés. C'est d'ailleurs la conclusion tirée par les compagnies d'assurances qui pratiquent des hausses de prime (voire des refus d'assurance). Or ce que les données montrent c'est qu'il y a une corrélation entre le fait d'habiter un quartier et des problèmes de santé ou des pratiques répréhensibles, la cause étant plus sûrement à chercher dans la pauvreté.

Les algorithmes bénéficient de l'autorité scientifique

On l'a déjà observé à propos de l'opacité, les algorithmes dont le fonctionnement est inconnu bénéficient de l'aura liée à leur appartenance au domaine mathématique. Les conclusions apparaissent comme les solutions uniques d'une équation, alors que, paramétrés autrement ils auraient délivré un tout autre résultat. On confond l'outil et son utilisation, on méconnaît les hypothèses qui ont amené aux conclusions. Mais celles-ci peuvent avoir de lourdes conséquences psychologiques pour ceux à qui on refuse un crédit ou un travail et qui sont conduits à penser qu'objectivement ils le méritent.

Les algorithmes débordent d'effets pervers

Leur efficacité même peut conduire à dégrader fortement le quotidien de toute une catégorie de la population. Les données relatives à la fréquentation des commerces ont conduit ainsi à un phénomène appelé « clopening[1] » aux États-Unis. La fréquentation dépend en effet des heures d'ouverture, de la période de l'année et même du temps qu'il fait. Une optimisation des horaires d'ouverture et du nombre d'employés présents impose donc une gestion souple du personnel. Le *clopening* consiste à demander à un employé de fermer le magasin tard le soir tout en lui demandant de revenir quelques heures plus tard pour l'ouvrir (quitte à lui dire de rentrer chez lui en milieu de journée). L'efficacité en termes de chiffre d'affaires se paie en conditions de vie détériorées (notamment en temps de transport). Les algorithmes utilisés pour le recrutement amènent, eux, les candidats

1. ON, p. 189.

à fournir les réponses que la machine « veut entendre ». On apprend ce que les machines recherchent, l'efficacité n'est pas alors au rendez-vous, au contraire du formatage du discours. D'autres algorithmes cherchent à évaluer l'efficacité des enseignants. On mesure pour cela les progrès réalisés par leurs élèves entre le début et la fin de l'année. Ces algorithmes – dont dépendent l'emploi et la carrière des professeurs – ont donné lieu à des fraudes massives, chaque enseignant ou établissement ayant intérêt à montrer que les élèves ont plus progressé que chez le voisin. Enfin (mais il n'y a pas de fin en ce domaine) les effets pervers proviennent aussi de l'utilisation des algorithmes dans d'autres domaines que ceux pour lesquels ils ont été conçus. Ainsi, les scores de crédit des Américains servent à tout autre chose qu'à obtenir un crédit. Ils sont parfois utilisés pour le recrutement (« si un individu rembourse ses dettes, il sera honnête au travail »), mais aussi pour fixer le tarif d'une assurance automobile (si vous avez eu des soucis de remboursement d'un crédit et êtes un parfait conducteur, vous paierez plus cher votre assurance auto que si vous êtes solvable mais inattentif sur la route).

Les algorithmes sont inadaptés au qualitatif

Les algorithmes ne connaissent que les nombres. Quand on leur demande d'évaluer une candidature, la transposition des qualités requises sur une échelle de notes pose un problème. Quand il s'agit d'évaluer un critère, par exemple, de beauté (quand vous tapez « beau paysage » sur Google, toutes les images qui apparaissent à l'écran montrent la mer, un lac, une rivière ou une cascade, il y a de l'eau partout) que peut un algorithme ? Il ne s'y refuse pourtant pas, car les algorithmes codent désormais tout, pour tout comparer, tout hiérarchiser. L'amitié ? Le nombre d'amis sur Facebook, le nombre de *like* de ses followers.

Les algorithmes sont intrusifs et injustes

Les assurances maladie des grandes entreprises américaines encouragent la pratique du sport et une saine hygiène de vie. Des rabais sur les cotisations sont proposés aux employés qui font du sport ou acceptent de communiquer les données sur le nombre de pas faits chaque jour, de kilomètres parcourus à vélo... On demande aux individus de surveiller leur IMC (indice de masse corporelle). Si on est insensible à cette généreuse attention (qu'on veut continuer à fumer, boire de la bière ou simplement ne pas communiquer des informations qu'on juge personnelles), il faut payer plus cher, ce que ne peuvent pas se permettre les employés les moins bien payés. Si un algorithme, associé à une plateforme téléphonique, repère qu'une personne sollicitant un service est « mal notée » (par exemple par son score de crédit), il pourra la mettre en attente ou la renvoyer à un serveur automatique alors qu'il mettra en relation un demandeur mieux noté avec un opérateur humain. Si un algorithme, grâce à l'étude de l'historique du demandeur, juge que celui-ci fait habituellement peu jouer la concurrence, il lui proposera des tarifs supérieurs (c'est le cas par exemple pour les assurances, ou la réservation des chambres d'hôtel).

Le calibrage des algorithmes et les erreurs possibles ne sont pas assez pris en compte

On sait que la marge d'incertitude d'un sondage est inversement proportionnelle à la racine carrée de la taille de l'échantillon (il faut multiplier par quatre le panel pour diviser par deux la marge d'incertitude, le multiplier par neuf pour la diviser par trois). Comme c'est le recueil des données qui coûte cher, les instituts ont depuis longtemps pris l'habitude de limiter la plupart du temps la taille des échantillons, quitte à être moins regardants sur les risques d'erreurs. De même, la robustesse des données utilisées par les algorithmes laisse parfois à désirer. D'autant que, désormais, ces données valent cher (des deux côtés de l'Atlantique), qu'elles font l'objet de transactions (elles se vendent et se revendent). Mais l'utilisation d'un algorithme dans lequel on a entré des données insuffisantes ou inappropriées pose de redoutables problèmes, peu abordés tant ces insuffisances sont mises sous le tapis (le développement exponentiel de l'industrie du *big data*, comme la conquête de l'Ouest, ne s'embarrasse pas des détails) et sachant que l'autorité de l'algorithme a peu de chances d'être remise en cause. Quand les critères utilisés sont discutables et les données incomplètes, on a une « double peine ». Par ailleurs, toute utilisation d'un algorithme conduit à des erreurs. Si une homonymie, une saisie erronée conduisent, par exemple, à un mauvais score de crédit, la rectification relèvera du sport de combat et l'individu tombé ainsi dans un trou aura toutes les chances d'y rester, les erreurs d'un algorithme, plus encore que les erreurs humaines, ayant tendance à se répéter.

Les contours flous de l'intelligence artificielle

Faut-il pour autant désespérer de l'avenir d'un monde algorithmique lesté de ces péchés capitaux ? Cathy O'Neil donne des raisons de ne pas se résigner (on pense qu'il y en a d'autres) et des pistes d'amélioration. Elle suggère de soumettre les algorithmes à un contrôle démocratique plus efficace. Pour cela, la publication des codes source, c'est-à-dire la possibilité de repérer les critères qui ont présidé à l'élaboration des algorithmes est nécessaire, tout comme l'est le rôle accru de la puissance publique pour l'imposer. Une meilleure protection des données est elle aussi nécessaire, la RGPD européenne étant un premier pas dans cette direction. Il convient aussi de modérer notre « utopie technologique », de considérer que les algorithmes ne détiennent pas la clé de la vérité, qu'ils ne sont que des outils dont l'élaboration doit pouvoir être auditée, les résultats examinés avec une distance critique, et qu'ils ne peuvent s'appliquer à l'ensemble du champ social et des affects humains. Leur voracité énergétique condamne peut-être à terme leur développement qui semble aujourd'hui illimité. On peut aussi ne pas se contenter de les contrôler, et en changer les finalités. Cathy O'Neil évoque les algorithmes « vertueux », tel celui qui permet à un consommateur de repérer si le produit qu'il achète est susceptible de contenir des composants ayant été fabriqués en recourant au travail forcé (le consommateur en question se retournant alors vers son fournisseur qui changera ses pratiques de peur d'une publicité dévastatrice).

Il est possible que l'espoir principal ne vienne pas de l'amélioration du contrôle des algorithmes ou de leur utilisation dans un cadre plus vertueux, mais de la remise en cause du sentiment de leur omnipotence. Dans son ouvrage *Dans la tête d'un mathématicien*, le mathématicien français Pierre-Louis Lions, Médailles Fields 1994, s'intéresse au *deep learning*, c'est-à-dire à ces algorithmes eux aussi plus ou moins opaques censés, après avoir ingurgité des masses de données, « apprendre » et gagner ensuite, inéluctablement, en performance. Il observe comment les machines algorithmiques, appelées par analogie « réseaux de neurones », ont augmenté leurs performances dans un domaine comme celui de la reconnaissance d'images. 90 % de succès, c'est impressionnant, mais personne ne sait vraiment pourquoi dans les 10 % restants il y a échec, celui-ci n'étant pas forcément lié à une mauvaise qualité de l'image. Une entreprise israélienne, D-ID[1] a réussi à piéger les logiciels de reconnaissance faciale en modifiant quelques points sur une image, ces modifications étant invisibles à l'œil humain. Encore les logiciels liés au *deep learning* sont-ils à ce jour plus efficaces pour repérer un visage, identifier une image que pour s'attaquer aux textes. Les logiciels automatiques de traduction sont très performants pour traduire des textes simples de la vie courante et de la vie professionnelle. Prenez, au hasard, une page web de présentation des produits d'une entreprise, traduisez-la, le résultat sera en général excellent. Prenez une page de Balzac, faites la même chose, le résultat vous paraîtra pitoyable. Un générateur de contenu agira de même. Conçu pour agréger une masse de données, il « moyennise » et se trouve inadapté à produire, par exemple, de la « vraie » littérature, c'est-à-dire de l'exceptionnel.

Le succès du *deep learning*, les fantasmes qu'il véhicule – horizon indépassable ou noirceur absolue – ont peut-être une cause médiologique : dans une société de l'image, toute maîtrise de celle-ci apparaît comme le moyen le plus sûr de la prise de pouvoir sur les esprits, la résistance des grands textes passant inaperçue. La fascination pour les images nous empêche de prendre conscience d'un autre angle mort du numérique : nos ordinateurs peinent à saturer le monde sensible. Tout nouvel environnement technique tend à masquer ce qui lui échappe. Le toucher, le goût, l'odeur ne sont pas numérisés sur nos machines. L'ordinateur peut « voir », « entendre », c'est-à-dire reconnaître les nombres qui définissent pour lui les images et les sons, il ne peut, pour le moment, goûter, toucher, sentir[2]. Proust nous avait avertis que le monde sensible n'est pas réductible aux images et aux sons. Dans l'épisode de la madeleine, c'est le toucher qui apparaît en premier : « à l'instant même où la gorgée mêlée des miettes du gâteau *toucha* mon palais, je tressaillis ». Le narrateur précise ensuite que la joie qu'il a ressentie est liée au « *goût* du thé et du gâteau » (mais qu'elle le « dépasse infiniment »). Il est bien précisé que la vue est absente – au moins dans un premier temps – : « La vue de la petite madeleine ne m'avait rien rappelé avant que je n'y eusse goûté[3] ». Désormais, le monde et son image sur écran nous

1. https://www.franceculture.fr/numerique/derriere-les-photos-anciennes-qui-bougent-une-entreprise-israelienne-et-des-questions-ethiques
2. JY Chevalier, *Le Numérique à contresens*, *Médium* 55, avril 2018.
3. Marcel Proust, *Du côté de chez Swann*, Bibliothèque de la Pléiade T1, p. 45-48.

paraissent sinon tout à fait identiques, du moins superposables. Il n'y a plus d'intérieur et d'extérieur, comme dans une bande de Möbius, l'objet coïncide avec sa représentation. C'est bien sûr faux, mais ces rapports incestueux de l'objet, de l'image et du nombre sont permis par la grande proximité de la démarche mathématique et de la perception visuelle. On tourne autour d'un problème pour en constater le relief, exactement comme l'organe de la vision reconstitue l'objet qu'il examine. Le vocabulaire des mathématiques est celui de l'espace (vectoriel, euclidien…), c'est-à-dire celui du regard. Théorème, vient du verbe grec qui signifie voir, observer. On « voit » une démonstration, on ne la touche pas, elle n'a ni goût ni odeur. Les algorithmes non plus.

On objectera que les erreurs commises dans la reconnaissance des images, la difficulté à prendre en compte certains modes de la sensibilité ou les obstacles rencontrés dans la traduction des textes élaborés ne sont que les manifestations d'une étape intermédiaire et qu'ils seront effacés avec l'augmentation des capacités de calcul des machines, la superposition de nouvelles « couches de neurones » pour reprendre l'analogie avec le cerveau dont on verra qu'elle est à la base du débat. Ce n'est pas tout à fait sûr. Peut-être commet-on alors le même type d'erreur que ceux qui, au XIXe siècle, évaluaient l'intelligence en mesurant le volume des boîtes crâniennes et en déduisaient l'infériorité des femmes en ce domaine. Il peut paraître évident que pour diviser par deux la difficulté d'un problème, il suffit de doubler les capacités de calcul qu'on apporte à sa résolution. L'idée sous-jacente est que les problèmes rencontrés sont tous linéaires, que la difficulté est soluble dans la multiplication des facteurs utilisés pour la réduire. Pierre-Louis Lions a l'habitude de prendre un exemple culinaire pour montrer qu'il n'en est rien. Si vous voulez faire un gâteau pour six alors que vous avez l'habitude d'en faire un pour trois, vous allez doubler les ingrédients et vous ferez bien. Mais si vous doublez le temps de cuisson, vous aurez des ennuis : l'apport des ingrédients est un problème linéaire, pas la cuisson.

Pour permettre à un ordinateur de battre le champion du monde du jeu de go il n'a pas suffi d'augmenter la puissance de calcul (l'espoir de parcourir toutes les combinaisons possibles est illusoire), il a fallu utiliser des méthodes probabilistes pour envisager les meilleurs coups. Mais l'ordinateur qui a triomphé ne sait que jouer au jeu de go, c'est à chaque étape que la résolution de problèmes complexes peut nécessiter l'apport de méthodes nouvelles, d'intuition. P.L. Lions aborde le problème des turbulences consécutives au départ des avions d'un aéroport[1]. Elles sont suffisamment fortes pour créer des dommages à un avion qui suivrait immédiatement un autre et nécessitent donc un espacement des décollages qui ne permet pas d'optimiser l'usage des pistes. On a essayé de résoudre ce problème ancien et très complexe de mécanique des fluides par l'emploi de très gros calculateurs, sans succès à ce jour. Multiplier la puissance de calcul peut ne servir à rien si la résolution du problème passe par un changement de l'angle d'attaque ou que sa complexité est d'un autre ordre que celui du champ dans lequel on effectue les calculs. Il n'est, de même, pas si évident que la voiture totalement autonome et circulant sur tout type de route soit disponible dans un avenir aussi proche que l'anticipent les investisseurs en bourse.

Le discours ambiant confond algorithmes, *deep learning* et *big data* dans l'expression fourre-tout d'*Intelligence artificielle* (IA). D'une figure métaphorique (liée à une traduction discutable de l'anglais) il fait une réalité indiscutée sur laquelle on greffe un avenir merveilleux ou repoussant. Prolongeant la métaphore, on parle de « réseaux de neurones » pour les calculateurs. Cette analogie ne se réduit pas à la commodité d'une vulgarisation médiatique. Elle a déjà conduit à des développements : pourquoi ne pas chercher à augmenter nos capacités intellectuelles en implantant des composants dans notre cerveau, comme on dope la puissance d'un ordinateur en changeant son microprocesseur ? Elon Musk a fondé à cet effet une start-up, *Neuralink*, qui a déjà commencé à implanter une puce dans le crâne d'animaux. On sait que des gourous de la Silicon Valley travaillent à une immortalité qui consisterait à transférer un cerveau sur un serveur quand les capacités du numérique auront dépassé celles de l'être humain. Ce projet transhumaniste, inscrit dans l'analogie présupposée, pourrait peut-être heureusement demeurer un délire gnostique de puritains effrayés par la chair (qui s'ignorent). « *Aucun algorithme ne développe, à ce jour, de capacité de réflexion autonome et singulière* », avance prudemment P.L. Lions avant de conclure : « *l'intelligence artificielle n'est pas pour demain*[2] ». L'arrivée tant commentée de ChatGPT et ses exploits proclamés ne changent pas fondamen-

1. PLL, p. 207.
2. PLL, p. 209.

talement le regard porté sur le problème : la performance peut être un leurre, masquer une incapacité intrinsèque à sortir du cadre dans lequel elle s'exprime. L'IA pose beaucoup de questions, en termes d'emploi par exemple, mais sa capacité à occuper des emplois ne lui confère aucune humanité.

Le pari de Gödel

La discussion sur les statuts comparés du cerveau et de l'ordinateur a connu bien des développements au fur et à mesure des progrès des neurosciences et des machines et les bouleversements technologiques actuels transforment en permanence les termes du débat. Comment fonctionne le cerveau ? De quelles machines parle-t-on ? On se contentera de revenir brièvement au point de départ historique de la question. Deux textes, après la Seconde Guerre mondiale ont posé le problème, celui d'Alan Turing dans un article de 1950 « *Computing Machinery and Intelligence*[1] » et celui de John Von Neumann « *The Computer and the Brain*[2] ». Mais c'est encore en amont, dans l'interprétation du théorème d'incomplétude de Gödel que se formule le plus clairement l'alternative. Une version du premier théorème d'incomplétude exprime que dans tout système formel contenant l'arithmétique, s'il est consistant – c'est-à-dire si on ne peut pas y démontrer une formule et son contraire – il existe des propositions indécidables, c'est-à-dire telles qu'on ne pourra jamais établir qu'elles sont vraies ou fausses dans le cadre du système. Gödel établit que ces propositions peuvent s'écrire comme des équations diophantiennes, c'est-à-dire des équations polynomiales à coefficients entiers, aux énoncés très simples (le fameux théorème de Fermat est la résolution de l'une d'elles).

Turing dans un article de 1937 établit que tout système formel peut être décrit par une « machine de Turing », c'est-à-dire un processus mécanique pourvu d'un nombre fini d'états et d'une liste d'instructions (écrivant des « théorèmes » en lisant des instructions, passant alors d'un état à un autre avant l'étape suivante), un ordinateur

1. Alan Turing, Computing Machinery and Intelligence, revue Mind, octobre 1950.
2. John Von Neumann « *The Computer and the Brain* », Yale University Press, 1958, édition posthume.

au sens classique. Gödel est confronté alors à l'alternative suivante : soit notre esprit est *plus* qu'un ordinateur, soit il peut concevoir des problèmes (en l'occurrence les équations diophantiennes) qu'il ne sera jamais capable de résoudre, « *soit l'esprit humain surpasse infiniment les capacités de toute machine finie, ou bien il existe des problèmes diophantiens absolument indécidables*[1] ». Gödel choisit la première branche de l'alternative au nom de la conviction que l'esprit humain (que Gödel dissocie du cerveau qu'il considère comme étant à chaque instant *t* une machine de Turing) est capable de résoudre les problèmes qu'il se pose : « *aux questions claires que pose la raison, la raison doit pouvoir donner des réponses claires*[2] ».

Mais alors qu'est-ce que cet esprit et en quoi diffère-t-il d'une machine ? Gödel essaye de montrer cette différence en s'appuyant sur deux termes. La *réflexivité* d'abord. La machine n'a pas de retour conscient sur elle-même, elle ne « comprend » pas les règles de son fonctionnement. L'esprit, lui « *ne s'entend pas comme une machine (en un sens général), mais une machine qui se reconnaît elle-même comme juste*[3] », c'est-à-dire dans le langage d'un logicien *consistante.* Gödel parle ensuite d'*intuition.* Il existe toute une catégorie de problèmes (les diophantiens par exemple) qui ne peuvent se résoudre par des procédés mécaniques mais requièrent cette intuition dont Gödel pense que l'esprit humain est capable : « *la vérité peut seulement être appréhendée (si elle peut l'être) par un recours toujours renouvelé à l'intuition mathématique*[4] ». Gödel rejoint là nombre de mathématiciens qui pensent que l'intuition, la création, l'utilisation d'outils comme l'analogie ou la métaphore permettent de reformuler, d'analyser les problèmes, de « connaître », disait Henri Poincaré, « *les analogies véritables, profondes, celles que les yeux ne voient pas et que la raison devine*[5] ».

Il n'est pas nécessaire de suivre Gödel dans ce qu'il a bien fallu appeler sa « folie » pour comprendre un des apports décisifs de son

1. Kurt Gödel, *Collected Works*, Oxford Clarendon Press, cité par Pierre Cassou-Noguès, *Les Démons de Gödel, logique et folie*, Seuil 2007, p. 122.

2. *Ibid.*, in Cassou-Noguès p. 130.

3. Conversation avec Wang, H. Wang *A Logical Journey : from Gödel to Philosophy*, MIT press 1996, cité par Cassou-Noguès *op. cit.*, p. 131.

4. Gödel, *Collected Works, op. cit.*, cité par Cassou-Noguès, p. 115.

5. Henri Poincaré, *La Valeur de la science,* Bibliothèque de philosophie scientifique Flammarion 1905, p. 143.

travail : « *les mathématiques ne peuvent pas être mécanisées*[1] ». Si les mathématiques ne peuvent être mécanisées, si le numérique s'avère impuissant à rendre compte du toucher de la madeleine dans le palais, si les algorithmes peuvent se tromper ou être incapables de résoudre des problèmes concrets, peut-être convient-il de ne pas trop investir notre environnement technique d'une croyance absolue et illégitime en son omnipotence. Cette croyance accompagne certes fidèlement le médium dominant de chaque médiasphère. On n'est pas plus prêt à remettre en cause, à l'ère numérique, ce qui sort d'un ordinateur qu'on ne contestait la parole légitime dans les sociétés du logos ou le contenu d'un livre en graphosphère. Il y a un *à côté* des algorithmes, l'avenir ne doit pas être envisagé seulement en fonction de leur développement (même si l'informatique quantique pourrait remettre bien des choses en cause). Des algorithmes du *big data* à la controverse sur l'intelligence artificielle, il s'agirait de comprendre que les risques encourus ou les progrès espérés doivent être examinés avec lucidité, en se gardant de ne le faire que dans le cadre de pensée et dans l'environnement sensible que le numérique impose. De s'extraire aussi bien des utopies terrifiantes sur la fin de l'humanité mortelle que des craintes sur la prise de pouvoir des machines. De prendre, certes, conscience à la fois de l'efficacité, de l'utilité, mais aussi des dangers des algorithmes ; de contrôler leur contenu et leur périmètre d'intervention, sans sous-estimer les menaces qu'ils font peser sur une société démocratique, mais sans craindre (c'est une bonne nouvelle) qu'ils puissent saturer tous les aspects de la vie et des relations humaines. De ne pas, *a contrario*, se bercer d'illusions sur la capacité des ordinateurs à résoudre tous les problèmes posés par l'état de la planète et qui réclament un examen urgent.

1. Papiers Gödel, cf. Cassou-Nogues, *op. cit.*, p. 124.

Cyberspace 2042 : le scénario « accès refusé »

Pierre d'Huy

> *« Jamais je ne voudrais faire partie d'un club qui accepterait de m'avoir pour membre. »*
> Groucho Marx

En 2042, trois basculements se sont produits :

1. La fin de l'idéal l'universaliste. L'individualisme, les droits de l'homme et du citoyen ne font plus recette. L'Asie (confortée en cela par l'Afrique qui a démographiquement explosé) magnifie au contraire l'appartenance au groupe. La règle : chacun chez soi dans la bulle numérique de sa communauté.

2. La fin du principe de nationalité obligatoire. En 2042, certains ne voient plus l'intérêt d'appartenir à un état central, à un pays constitué. Elon Musk a payé 11 milliards de dollars d'impôts en 2021 aux États-Unis d'Amérique, faisant de lui le plus grand contributeur de tous les temps. Pourtant un gouvernement selon lui : « c'est simplement la plus grande de toutes les entreprises, celle qui possède le monopole de la violence et sur laquelle vous n'avez aucun recours »[1]. Pour y échapper, à la façon des porte-conteneurs, Elon va battre pavillon de complaisance, en abandonnant sa citoyenneté d'origine.

3. Le retour du « péril jaune ». En 2042, la Chine, l'Inde, la Corée du Sud dominent la planète. Elles se sont appuyées sur l'Asie du sud-est pour s'imposer au reste du monde. La montée graduelle

des classes moyennes de l'ASEAN a créé les marchés économiques les plus rentables de la planète. Les BATX (Baidu, Ali Baba, Tencent et Xiaomi) ont inexorablement rattrapé puis doublé les GAFAM. Résultat, le numérique asiatique contrôle aussi clairement le monde économique que les GAFAM en 2023. Mais à la différence de leurs prédécesseurs américains, ils l'admettent et le revendiquent frontalement sans complexe. Ils ont su proposer des alternatives à l'anarchie numérique de l'hypersphère libérale qui ont été plébiscitées. Leur intelligence artificielle quantique est reconnue pour établir le meilleur rapport coût/efficacité/contrôle de la planète. Leur légitimité se résume à la liberté d'adhésion et à la clarté de la proposition des droits et des devoirs qu'elle implique. Sans état d'âme.

Face au délitement de la société post-Covid et à l'urgence du dérèglement climatique, l'Asie propose la possibilité d'identités numériques transnationales vérifiées, contrôlées, sécurisées et garanties : c'est-à-dire l'adhésion à des sortes de clubs privés constitués avec leur système de réponse à tout, leurs règles d'intégration, d'exclusion et de bannissement. Avec leur propre morale pour le dire en un mot. Ainsi par exemple, selon son adhésion à une « marque-bulle », on signera à l'entrée un nouveau contrat social global dans lequel l'accès aux jeux en lignes monétarisés ou aux sites pornographiques pourra être conseillé, autorisé ou exclu.

Une dizaine de « MB » (marques-bulles) seront disponibles sur votre portail numérique. Elles vous auront préprofilé de façon si sophistiquée, qu'elles vous mettront au défi de trouver mieux que ce qu'elles vous proposeront. Avant de signer, vous pourrez utilement choisir de passer un test approfondi de 300 questions qui vous indiquera si la MB correspond effectivement le mieux à votre profil. Ces MB à dix métadonnées feront elles-mêmes le calcul de votre éligibilité, puis vous proposeront une offre personnalisée. Breton, hétérosexuel, végétarien, athée, artiste, antisport, francophone, écolo-warrior, revenu moyen annuel autour de 200 Keuros, avec un capital personnel supérieur à 500 Keuros ? Pas de problème.

Vous pourrez alors choisir d'adhérer ou non à la « marque-bulle » proposée. D'autant que le critère de « positionnement transmissionnel » sera obligatoire. Le tableau des 17 objectifs de développement durable [2], adopté par l'ONU en 2015, aura été sélectionné comme critère synthétique d'évaluation. On y trouvera le niveau d'engagement de chaque « marque-bulle », déterminé par une note sur 10 calculée en temps réel par une organisation mondiale indépendante. Forte sensibilité écologique ? Critères de numéros 11 à 15 supérieurs à 8 conseillés. Féministe ? note maximale au critère n° 5 « égalité des sexes », etc.

Service universel, tout sera compris dans l'adhésion : banque, assurance, mutuelle (merci pour l'accès à votre Pass QR code génétique), retraite, achat en ligne, club de sport, tourisme, immobilier, emploi, éducation… dans un système mondialisé. Tous les problèmes y trouveront une solution transnationale sécurisée. Dans un curieux chaud et froid : très émotionnel au-dedans, tout à fait indifférent au-dehors. Chaque groupe cultivera jalousement la transmission de la marque-bulle qu'il aura élue. Elle se donnera les moyens de faire en sorte de perdurer, en gérant sa propre culture avec ses valeurs, ses dogmes, ses totems et ses tabous. Un comment-vivre-et-penser-le-monde intégré. Assortis d'un choix de passeport de complaisance : une dizaine de choix de pays confettis dans le monde qui, contre une forte somme, vous débarrassera de tout lien avec votre pays d'origine.

Le cyberspace 2042 sera un système d'accès ou d'exclusion à une dizaine de marque-bulle régies par une IA quantique communautaire surpuissante. À la façon de l'orientation professionnelle des jeunes d'aujourd'hui, le choix de sa marque-bulle s'effectuera au moment du passage à l'âge adulte. On choisira sa MB, tiers de confiance, qui s'appuiera sur l'autorisation de déclenchement d'un phénoménal système de traitement de données. Pour obtenir tous les privilèges, on leur donnera tous les droits. En connaissance de cause. Tout sera tracé, traqué, croisé par votre MB qui fonctionnera sur un principe de « rating social » renforcé. Les comportements de chacun seront évalués, notés et feront varier votre indice de confiance à la baisse ou à la hausse. (Comme c'est déjà le cas aujourd'hui, rappelons-le à ceux qui pensent que tout cela est très lointain, pour vous et votre chauffeur Uber.) Plus votre indice sera élevé et plus la MB sera aux petits soins. Vous aurez accès au meilleur. Aux meilleurs taux d'emprunt, aux meilleures couvertures sociales pour un prix imbattable. Vous serez les premiers à qui l'on proposera une croisière de rêve, une belle offre immobilière ou matrimoniale. Vos enfants seront admis dans les meilleures universités et obtiendront les meilleurs emplois.

Le citoyen 2042 ne pourra être manipulé que part des systèmes auxquels il aura volontairement offert une bonne partie de sa liberté. Pour y être accepté d'abord, puis pour ne pas en être exclu ensuite. Le citoyen n'aura plus accès à un système universel. Car attention, il existera un niveau d'indice, sous lequel vous n'aurez plus droit qu'à un accès restreint à la MB. Enfin, sanction ultime et redoutée, en dessous d'un certain niveau d'indice vous serez tout simplement sorti du système.

Exclu pour quelles raisons ? pas assez riche bien entendu, mais pas que… Pas assez compétent. Pas assez docile, problème d'obéissance… Trop remuant, trop bavard. Pas assez honnête, pas assez malhonnête, pas assez rapide, pas assez malléable, pas assez prometteur surtout…

C'est l'intelligence artificielle (fort justement rebaptisée Intelligence Augmentée en 2042) du système qui se chargera de tout. En niveau 1, l'IA permettra de vous observer à la façon d'un scanner permanent. En mesurant, ou plutôt en monitorant tout ce qui vous concerne. Le fameux « *quantified self* ». Nombre de pas, rythme cardiaque, pression artérielle, tension, électrocardiogramme… en continu. Inutile d'appeler le SAMU, il sera déjà en route. En niveau 2, l'IA épiera tout qui permettra de vous comprendre. Comportements et attitudes. Prises de décisions, déplacements, Enfin en niveau 3, l'IA concevra un algorithme capable d'émettre des prédictions vous concernant. Malheur alors à celui dont la petite boiterie marquera le galop aux confins du troupeau.

Comme un actuaire d'assurance, la marque bulle pourra prédire, après vous avoir simplement suivi un semestre, le pourcentage de chance que vous remboursiez un emprunt par exemple. Elle pourra même estimer son écart d'erreur et créer un nouvel échantillon pour mitiger son risque. Lisser l'avenir en somme. En créant des prophéties autoréalisatrices liées à leurs tailles considérables, les marques-bulles en 2042 n'anticiperont pas le futur, elles l'influenceront si massivement, qu'elles le construiront en réalité en grande partie.

La cybersphère après avoir émietté, séparé, attisé les mauvaises querelles, aura refait société, et produit de nouvelles agrégations. Dans ce monde d'après, on trouvera un puzzle de communautés fermées avec leurs frontières et leurs croyances. Ces microsociétés protégeront jalousement leurs cultures en verrouillant les accès numériques à leurs petits mondes clos. Elles structureront leurs principes fondamentaux par une transmission de principes et de valeurs hautement sécurisés. Sans jamais s'imposer par la violence puisque tout ne se jouera que sur base de volontariat. Seule sanction : le bannissement. *Acess denied.* Votre accès est refusé. Il sera alors temps de reconsidérer le nom technico-administratif de « *fournisseur d'accès* », et de prendre réellement en compte ce qu'il signifie.

Les sept vies du septième art

Katell Guillou

Le cinéma n'en finit pas de mourir. Dès sa naissance en 1895, Antoine Lumière, le père d'Auguste et Louis Lumière, aurait vu en lui une « invention sans avenir ». Si le XXe siècle ne lui a pas vraiment donné raison, le cinéma n'a cessé, à intervalles réguliers, de se trouver remis en cause par les évolutions de la technique, les soubresauts de l'Histoire et d'imprévisibles malchances. En 1897, il a à peine deux ans quand l'incendie du Bazar de la Charité est provoqué par l'embrasement d'un projecteur de Cinématographe : la catastrophe, qui provoque la mort de 128 personnes, entraîne une baisse de moitié de la fréquentation des salles pendant plusieurs mois. C'est la première d'une longue série de crises que le cinéma parviendra à chaque fois à surmonter, art phénix qui toujours semble renaître de ses propres cendres[1].

Le cinéma, champion de la résilience

À la fin des années 1920, le passage du cinéma muet au cinéma parlant est vécu par de nombreux contemporains comme la mort brutale d'un art parvenu à son apogée ; des milliers de bobines, désormais considérées comme « périmées », sont détruites pour laisser place aux films sonorisés. Après la Seconde Guerre mondiale, le déferlement des films américains sur les écrans européens vient faire peser une menace mortelle sur le cinéma français. Pour le sauver est alors créé, sous la tutelle du ministère de l'Information et en concertation entre les pouvoirs publics et les professionnels du cinéma, le Centre National du Cinéma (CNC). Mais dès les années 1950, c'est

1. Cf. Antoine de Baecque : *Le cinéma est mort, vive le cinéma !* (éditions Gallimard, Collection « Bibliothèque des Histoires », 2021).

l'essor de la télévision qui est ressenti comme un péril pour la survie du cinéma, jusque dans le saint des saints, à Hollywood, au point que *Paris-Match* fait en 1953 sa Une sur la photo d'une Marilyn Monroe mélancolique, avec ce titre alarmiste : « Le cinéma va-t-il disparaître ? » En réalité – la médiologie l'a démontré – l'apparition d'un nouveau médium technique ne se traduit presque jamais par la disparition de son prédécesseur. Il y a continuité, cohabitation, émulation et parfois même assistance réciproque. La radio n'a pas fait disparaître le journal, et la télévision n'a sonné le glas ni de la radio ni du cinéma.

Dans les années 1970-1980, c'est l'expansion de la vidéo, des cassettes VHS et du magnétoscope, qui éveille à nouveau l'inquiétude : c'est le cinéma en salle qui paraît cette fois directement menacé. Et si les gens finissaient par ne plus voir les films que dans leur salon ? Mais, là encore, la technologie VHS, loin de remplacer le cinéma, n'a fait en réalité que l'étayer. Pour ce nouveau médium comme pour la télévision, ce processus vertueux ne s'est certes pas opéré de manière purement spontanée ; il a été impulsé par des politiques culturelles et économiques volontaristes qui ont institué une forme d'interdépendance entre les médias. D'une part, le principe de la participation des chaînes de télévision au financement du cinéma et celui de la chronologie des médias (tous deux actés dans les années 1980 sous le ministère de Jack Lang) ont contribué à maintenir, et même à renforcer la vitalité de la création cinématographique. D'autre part, la programmation de ciné-clubs à la télévision (tels *Le Ciné-Club* de Claude-Jean Philippe sur Antenne 2, *Le Cinéma de minuit*, présenté par Patrick Brion sur FR3 pendant près de 43 ans (!), ou encore *La Dernière séance,* servie par la popularité d'Eddy Mitchell) a permis à des générations de spectateurs parfois éloignés des salles et, *a fortiori*, des cinémathèques, de découvrir un patrimoine aussi riche que diversifié.

L'apparition des multiplexes dans les années 1990 a fait émerger une nouvelle menace, non plus liée à la « matière organisée » (MO) des matérialités techniques, mais cette fois à l'« organisation matérielle » (OM) des structures et institutions culturelles. Accusés de « tuer » les petits cinémas et, partant, le cinéma d'auteur, au profit des *blockbusters* américains, les multiplexes n'ont gagné leur légitimité qu'en instaurant un système d'abonnement en coopération avec les salles traditionnelles, afin de leur permettre de subsister dans ce nouveau jeu concurrentiel. La généralisation de l'enregistrement et de la diffusion numériques, depuis le début du XXIe siècle, a relancé plusieurs fois cette crainte séculaire, jusqu'à ce qu'aujourd'hui, les conséquences de la crise du Covid-19 associées à la montée en puissance des SVOD[1] – les plateformes de vidéo à la demande – invitent de nouveau les observateurs à sonner l'alarme : le cinéma serait-il malgré tout finalement condamné à mourir ?

S'il a toujours su faire preuve d'une résilience exemplaire face aux assauts répétés qui ont menacé son existence, la crise qu'il traverse aujourd'hui revêt toutefois plusieurs caractères inédits. D'une part, elle est multifactorielle. D'autre part, les pouvoirs publics, contrairement à ce qui s'est passé après-guerre ou durant l'âge d'or de la télévision, ne semblent pas tant vouloir chercher à y remédier qu'à accompagner, voire à accélérer, ce nouveau virage. Leur intention explicite est de favoriser la mutation économique de tout un secteur, quitte à brader une politique culturelle vieille de plus d'un demi-siècle.

Avant même que le Covid-19 ne vienne bouleverser nos vies et les habitudes du public, les professionnels du cinéma s'inquiétaient déjà de la nouvelle orientation définie par le *Rapport sur le financement privé de la production et de la distribution cinématographiques et audiovisuelles*, dit « Rapport Boutonnat », du nom de son rédacteur Dominique Boutonnat, nommé l'année suivante président du CNC[2]. Publié en décembre 2018, ce rapport prenait acte de l'évolution des usages et des techniques dans le monde audiovisuel, notamment de la « fulgurante » montée en puissance des plateformes numériques. Et sans renier l'exigence artistique dont se prévaut la tradition cinématographique française, il appelait à un renforcement conséquent de la logique industrielle du secteur pour faire face à ces changements majeurs. Dans cette logique, les films de cinéma y étaient considérés non plus comme des œuvres d'art uniques, mais comme des éléments parmi d'autres d'une production audiovisuelle aux contours

1. SVOD, acronyme formé sur l'expression anglaise « Subscription Video On Demand » désigne les plateformes offrant, pour le prix d'un abonnement, un large catalogue de contenus audiovisuels accessibles en illimité et à n'importe quel moment. Les principales plateformes actuelles sont Netflix, Prime Video, iTunes, Google Play, MYTF1 VOD.

2. Cf. « … Et par ailleurs, le cinéma c'est aussi un art » : https://www.lemonde.fr/cinema/article/2019/05/13/et-par-ailleurs-le-cinema-c-est-aussi-un-art_5461288_3476.html

mal définis. Celle-ci inclut en effet également les séries, mais aussi les jeux vidéo, voire les créations destinées à des expositions immersives ou à des expérimentations en 3 ou 4D, l'ensemble étant regroupé dans ce rapport sous les termes vagues de « contenus » ou d'« actifs » dont le seul intérêt serait d'être rentable, dans une vision purement économique des choses.

La pandémie de Covid-19 et le cortège de restrictions qui l'ont accompagnée (confinements successifs, fermeture des salles pendant trois cents jours, couvre-feux, réouvertures en jauge limitée et avec port du masque obligatoire…) n'ont fait que précipiter cette mutation en transformant les spectateurs de cinéma en *abonnés* des plateformes et les cinéphiles en *addicts* aux séries. Les nouveaux médias ont su profiter à plein de ce « temps d'écran disponible » (pour paraphraser les mots fameux d'un PDG d'une grande chaîne hertzienne) libéré par ces mois de confinement et leurs longues soirées domestiques. Or contrairement au secteur du tourisme, qui a rapidement retrouvé son volume de fréquentation d'avant la crise sanitaire, ces changements d'usages culturels se sont inscrits dans la durée. Depuis la fin des restrictions, les salles de cinéma en France peinent à retrouver leur taux de fréquentation d'avant la pandémie = 180,76 millions d'entrées en 2023 contre 213,2 en 2019.

Dans le même temps, les plateformes numériques, qui se sont elles-mêmes multipliées (à Netflix a succédé Amazon Prime Video, puis Disney+, Apple TV+, Universal+, Paramount+, HBO Max, etc.) ont vu leur nombre d'abonnés exploser. La pionnière et reine des plateformes, Netflix, comptabilise aujourd'hui plus de 10 millions d'abonnements en France (contre 6,7 millions en 2020). Pour le prix de quatre places au cinéma, une famille peut désormais disposer d'un catalogue de films et de séries presque infini, car renouvelable en permanence : en cette période de tension économique, les comptes des foyers ont vite été faits. Et si le CNC, durant cette parenthèse historique, a indéniablement joué son rôle de protecteur en soutenant les professionnels du cinéma (producteurs, distributeurs, exploitants, scénaristes…) par un système d'aides substantielles afin d'éviter les faillites en cascade, ce bouclier ponctuel n'a aucunement entravé le basculement programmé du secteur vers un autre modèle ou, pour reprendre les termes du rapport, vers un autre « écosystème » conçu comme un véritable plan de bataille à l'intérieur d'une guerre culturelle et économique de portée internationale.

La « bataille des contenus », ou la nouvelle guerre des étoiles

Conformément à l'orientation néolibérale revendiquée par le gouvernement d'Emmanuel Macron, le rapport Boutonnat exhortait dès 2018 le monde du cinéma français à s'adapter à un marché en profonde évolution et de plus en plus concurrentiel[1]. « *La bataille de demain sera la bataille des contenus* », proclamait-il. « *Et la France a tous les atouts pour la remporter* ». C'est dans ce but qu'il préconisait un plan de réformes du secteur sur cinq ans, soit à l'horizon 2023[2].

Rappelons que le CNC, créé en 1946 pour faire face à l'afflux massif des films américains sur les écrans français après la guerre, a mis en place un système de régulation alors unique au monde, qui consiste à réinjecter une partie des recettes des salles de cinéma, tous films confondus (y compris les films des grands studios hollywoodiens) dans la production nationale. En d'autres termes, les « gros » films qui bénéficient de succès populaires en salles contribuent à financer la production de « petits » films plus fragiles et parfois d'accès plus exigeant, ce qu'on appelle en France les « films d'auteur ». Face à la menace que présente le développement de la télévision à partir des années 1950, André Malraux surenchérit en créant en 1959 l'« Avance sur recettes », une aide à la production destinée à favoriser la création de films à haute valeur artistique. Toujours d'actualité et extrêmement convoitée, cette aide n'est pas devenue seulement le pivot de la stratégie de financement des films d'auteur, elle est aussi aujourd'hui un symbole de l'« exception culturelle » française – principe élaboré sous le ministère de Jack Lang et qui consiste dans l'affirmation que « *la culture n'est pas une marchandise comme les autres* ».

De nombreux pays nous ont envié ce système vertueux de financement, au point que la Corée du Sud, grande nation cinématographique (*Parasite* de Bong Joon-Ho a reçu en 2019 la Palme d'or ainsi

1. Cf. Barbara Stiegler : « *Il faut s'adapter* » – *Sur un nouvel impératif politique* (éd. Gallimard, « Essais », 2019).

2. Bousculé par la pandémie, ce programme de réformes s'est aujourd'hui en partie fondu dans le plan dit de « la grande fabrique de l'image », sur lequel nous reviendrons.

que quatre Oscars) l'a même copié. Or le rapport Boutonnat, par ses glissements sémantiques et ses coups de force terminologiques[1], dessine les contours d'un nouveau paradigme dans lequel la dimension esthétique des œuvres devient tout à fait secondaire par rapport à la logique de rentabilité. Délaissant son rôle d'auxiliaire et de soutien de la création artistique, le CNC se donne désormais pour but de favoriser la concentration et l'accroissement des sociétés de production et de distribution, afin de faire émerger des « champions français » aptes à mener la « bataille » dans le nouveau grand marché mondial de l'audiovisuel. Autrement dit, il s'agit de promouvoir les « premiers de cordée » de la filière, quitte à laisser tomber les petites entreprises jugées trop faibles et donc vouées à périr dans l'univers impitoyable de la concurrence.

Derrière ce passage d'une politique culturelle axée sur l'*œuvre* à une « politique économique et industrielle de la création de *contenus* », se profile le risque de la mise à mort de tout un pan du cinéma français, celui qui lui a pourtant donné ses lettres de noblesse aux yeux du monde entier : le cinéma dit « d'auteur ». Or la spécificité de ce type de cinéma est de ne pas se conformer à la logique industrielle, mais de s'apparenter plutôt, pour reprendre la métaphore employée par le producteur David Thion lors de la journée d'appel à des États généraux du 6 octobre 2022, à de la « recherche et développement » : il s'agit d'un cinéma de prototypes qui s'évertue à inventer de nouvelles formes visuelles et/ou narratives, sans spéculer sur les attentes du marché ou du public. À titre d'exemple, Robert Guédiguian a réalisé cinq films qui ont été des échecs commerciaux avant que *À la vie à la mort !*, sorti en 1995, ne lui apporte enfin la reconnaissance du public avec plus de 100 000 entrées en salles. Dans le nouveau paysage cinématographique qui s'esquisse aujourd'hui, aucun réalisateur émergent ne pourra plus se permettre le luxe d'échouer cinq fois. Il lui faudra réussir du premier coup, ou disparaître.

Le désenchantement des salles

Dans cette vaste reconfiguration du secteur de l'audiovisuel, le sort des salles de cinéma demeure l'une des grandes inconnues. Jusqu'à

1. Le mot « film » disparaît presque entièrement derrière celui de « contenu ».

la pandémie, malgré des hauts et des bas, la salle avait su conserver une réelle attractivité. Vénérée par la cinéphilie française qui, dans l'après-guerre, s'est constituée comme une sorte de religion païenne, la salle de cinéma a même été l'un des rares espaces modernes, avec les musées, que l'on peut qualifier de *sacré*. Pendant des décennies, des spectateurs de tous âges et de toutes origines s'y sont rassemblés dans l'obscurité, comme jadis nos ancêtres s'enfonçaient dans la profondeur des grottes pour y admirer des animaux fabuleux. Elle était le lieu clos des mystères profanes, celui où l'on se réfugie pour voir les rêves « venir s'embraser au miracle de la lumière qui bouge » – comme l'écrivait Céline dans *Voyage au bout de la nuit*. La sacralité de la salle et l'*aura* des films, au sens que lui donne Walter Benjamin (« l'unique apparition d'un lointain[1] »), se soutenaient et s'exaltaient l'une l'autre.

Avec la reprise des films à la télévision, puis la création des multiplexes – bâtis sur le mode des galeries marchandes, où les stands de vente de pop-corn et de sodas jouxtent l'entrée des salles –, enfin avec la prolifération exponentielle des œuvres audiovisuelles et des moyens de diffusion numériques, les films sont aujourd'hui devenus des objets de consommation de masse. Par voie de conséquence, la salle de cinéma a peu à peu perdu de sa valeur cultuelle et sacrée. Comme l'avait analysé Benjamin, la reproduction des œuvres permet leur multiplication, et c'est dans ce double processus que l'*aura* de l'œuvre s'évanouit. La quantité vertigineuse de films qui non seulement existent mais sont désormais accessibles à tout moment, grâce à des moyens de diffusion multiples et de plus en plus abordables, entraîne inéluctablement une dépréciation des films, une indifférence de plus en plus généralisée quant à la singularité de chacun.

Se rendre aujourd'hui dans une salle de cinéma et payer sa place, c'est croire encore au *hic et nunc* de la rencontre avec une œuvre, à cette expérience du pur présent héritée de l'incarnation théâtrale, dont l'âme la hante encore. C'est devenu quasiment un acte de foi. Que reste-t-il de cette magie de la rencontre esthétique lorsqu'on s'en remet à la main invisible des algorithmes pour lancer tel ou tel « contenu » que l'on pourra interrompre à la première seconde d'ennui, ou lorsque l'on décide de remplir les deux heures d'un trajet

1. Walter Benjamin : L'Œuvre d'art à l'époque de sa reproductibilité technique.

en train Paris-Nantes en lorgnant paresseusement un film sur son smartphone ? Noyés dans une offre audiovisuelle devenue pléthorique et évalués seulement au nombre de leurs *vues*, les films sont devenus des produits éphémères, consommables et jetables d'un simple glissement du pouce. La prédiction que formulait Paul Valéry en 1934, et que cite Benjamin dans son célèbre essai, prend aujourd'hui toute sa mesure :

> « Comme l'eau, comme le gaz, comme le courant électrique viennent de loin, dans nos demeures, répondre à nos besoins moyennant un effort quasi nul, ainsi seront-nous alimentés d'images visuelles ou auditives, naissant et s'évanouissant au moindre geste, presque à un signe » (Paul Valéry, « La conquête de l'ubiquité », *Pièces sur l'art*).

Vers une « disneylandisation » du cinéma ?

Frappés de plein fouet par ces changements d'usages et par la désertion des salles, les exploitants de cinéma sont contraints de se réinventer pour ne pas disparaître. En 2018, avec 5 582 salles réparties sur 2 040 établissements, soit un ratio de 9,1 écrans pour 100 000 habitants, le parc cinématographique français était le mieux doté en Europe[1]. Grâce au fameux « quoi qu'il en coûte » assuré par l'État pendant la pandémie pour les soutenir – comme d'autres secteurs professionnels – peu de salles ont fermé depuis la crise du Covid-19. En Italie en revanche, où les pouvoirs publics n'ont pas endossé ce rôle protecteur, 500 salles de cinéma ont fermé entre 2020 et 2022. À Venise, siège du deuxième plus grand festival de cinéma au monde, il n'en existe aujourd'hui plus une seule. Imagine-t-on la ville de Cannes privée de toute salle de cinéma ?...

Cet écart entre la situation française et le cas italien s'explique aussi par la différence de traitement concernant la « chronologie des médias ». En France, les salles ont l'exclusivité de l'exploitation des films pendant trois mois. En Italie, cette durée est réduite à trente jours. Ainsi, en Italie, un film est disponible à la VàD (vidéo à la demande) un mois seulement après sa sortie en salles. Soumis comme tous les Européens à l'inflation, nombre d'Italiens préfèrent attendre

1. https://www.cnc.fr/documents/36995/927212/G%C3%A9ographie+du+cin%C3%A9ma+2018.pdf/59c66d04-16e7-c38c-3c47-3ea435cd3b8e

de retrouver les films qui les intéressent dans le catalogue de la plateforme à laquelle ils sont abonnés, plutôt que d'aller débourser le prix (parfois exorbitant) d'une place de cinéma en salle.

Si les exploitants ont pu survivre à trois cents jours de fermeture de leurs salles grâce aux compensations de l'État, c'est néanmoins aujourd'hui que se joue véritablement leur avenir. Derrière ce terme d'« exploitant » se cachent en réalité des situations professionnelles assez variées. D'un côté, les salles indépendantes, dites aussi « Art et Essai », qui fonctionnent comme des petites ou moyennes entreprises, et qui sont essentiellement financées par les recettes de la vente des billets. De l'autre côté, les grands groupes qui possèdent des réseaux de salles étendus sur tout le territoire national (ou seulement à Paris pour MK2), et qui assurent parfois également la distribution, voire la production des films (UGC, Gaumont-Pathé, CGR). Ces deux catégories d'exploitants ont déjà commencé à mettre en place des stratégies de survie bien différenciées.

Les salles indépendantes sont évidemment les plus fragiles. Pour fidéliser leur public – un public généralement de proximité – ces exploitants multiplient aujourd'hui les « événements » autour des sorties. Le plus souvent, ces événements consistent à faire venir (gracieusement) un ou plusieurs membres de l'équipe du film (réalisateur, acteur, scénariste, producteur) pour dialoguer avec les spectateurs. Lobotomisés par des mois de confinement et de tête-à-tête avec leurs écrans, ces derniers se pressent souvent en masse à ces rencontres « *en live* ». Ils y retrouvent probablement l'authenticité de ce *hic et nunc* que regrettait Walter Benjamin, et que même le plus perfectionné des rétroprojecteurs domestiques ne saurait simuler. Le Louxor, cinéma indépendant du 18e arrondissement de Paris ouvert en 1921 et qui n'a dû sa survie, dans les années 2010, qu'à la volonté acharnée de quelques riverains et cinéphiles engagés, fait ainsi régulièrement salle comble en organisant des avant-premières en présence des équipes des films.

C'est une autre forme d'événement que visent les grands groupes d'exploitants en misant notamment sur la « *premiumisation* » de la salle, démarche qui consiste à faire monter en gamme les services proposés pour en livrer une version « de luxe ». Jérôme Seydoux, président du groupe Pathé, est l'un de ceux qui défendent ardemment cette idée. Alors que de nombreux spectateurs arguent du prix élevé des places pour justifier leur éloignement des salles (dans les cinémas Pathé, il peut monter jusqu'à 15 euros), Jérôme Seydoux, dans la matinale de France Inter du 12 octobre 2022, suggérait sans complexe d'augmenter encore leur coût, mais afin de proposer au public des expériences inouïes, uniques, inoubliables[1]. Écrans géants ; diffusion en 3 ou 4D (la 4e dimension pouvant prendre la forme d'effets sensoriels tels que des odeurs, l'humidité de la pluie, etc.) ; son Dolby 7.1 (enregistré et diffusé *via* huit canaux stéréo) ; fauteuils mobiles aptes à transmettre les frissons d'une course-poursuite en voiture… Le but est de donner au spectateur du « grand spectacle », de lui en mettre plein la vue, les oreilles (voire les narines !) en le plaçant en situation d'immersion à l'intérieur du film, afin *qu'il en ait pour son argent.* Prenant pour exemple les derniers grands succès en salle de l'année 2022 : *Top Gun Maverick* (produit et interprété par Tom Cruise) ; *Jurassic World 3* ; *Dune*, de Denis Villeneuve… le PDG de Pathé justifiait ainsi sa politique de production et d'exploitation : « Nous avons décidé de produire majoritairement des "films spectacles" en 2023, comme *Les Trois Mousquetaires*, *Astérix et Obélix : l'empire du Milieu*, de Guillaume Canet, *La Vie pour de vrai*, de Dany Boon[2]… ».

On peut certes voir dans cette perspective de « disneylandisation » du cinéma un retour à sa vocation d'origine : celle d'un spectacle de foire, né des noces du cirque et de la lanterne magique, et conçu avant tout pour épater et divertir le public. Ce serait oublier plus d'un siècle d'histoire et d'expérimentations formelles qui ont transformé le « Cinématographe », cette attraction foraine, en art à part entière, le septième du nom. Héritier du groupe MK2 fondé par son père Marin Karmitz, Nathanaël Karmitz répondait ainsi à Jérôme Seydoux, dans cette même matinale de France Inter, que s'il y a effectivement des gens qui vont au cinéma pour s'amuser, *« le cinéma n'est pas que de l'*entertainment *; c'est aussi de la culture »*. Pour lui, transformer les salles en « parcs d'attractions visuelles » ne saurait être la seule issue à la crise. Leur salut, dit-il, ne pourra passer que par un rééquilibrage entre le divertissement et l'exigence artistique.

1. cf. https://www.radiofrance.fr/franceinter/podcasts/l-invite-de-8h-le-grand-entretien/l-invite-de-8h-le-grand-entretien-du-mercredi-12-octobre-2022-7968051

2. https://www.lemonde.fr/culture/article/2022/11/02/jerome-seydoux-nous-avons-decide-de-produire-majoritairement-des-films-spectacles-en-2023_6148154_3246.html

Jeu vidéo ou cinéma : ceci tuera cela ?

Pour sauver les salles de cinéma, le président Emmanuel Macron a une autre idée novatrice : les reconvertir en salles d'*e-sport*, c'est-à-dire de compétitions de jeux vidéo. Cette idée, il l'a formulée très explicitement le 3 juin 2022 lors d'une réception à l'Élysée à laquelle étaient spécialement conviées quelque deux cents personnalités liées au monde du jeu vidéo : *« On a des salles de cinéma qu'il faut réinventer complètement* [...] *avec l'e-sport*[1]. » Rien ne sert en effet de « rester bloqué », ajoutait E. Macron, sur des usages archaïques qui sont en train de changer de manière inéluctable. En d'autres termes : la salle de cinéma est morte ; vive la salle d'e-sport ! Voilà sans doute un exemple de la manière dont le président envisage d'« enfourcher le tigre », ainsi qu'il exhortait les professionnels du cinéma à le faire lors d'une visioconférence restée dans les mémoires, au mois de mai 2020.

En quelques décennies, le jeu vidéo est devenu un poids lourd de l'industrie culturelle française. Selon une étude du SELL (Syndicat des Éditeurs de Logiciels et de Loisirs), 73 % des Français avaient joué au moins occasionnellement en 2021, soit plus de 38 millions de personnes. Les joueuses et joueurs réguliers sont quant à eux estimés à 58 %. Avec un chiffre d'affaires de 5,65 milliards d'euros en 2021 (+13 % par rapport à 2019), ce secteur pèse désormais économiquement plus lourd que celui du cinéma (environ 3 milliards d'euros en additionnant les recettes des entrées en salle et la vidéo). Ce constat est au cœur du plan baptisé « La grande fabrique de l'image » lancé conjointement par le CNC et par le gouvernement français en avril 2022[2]. S'inscrivant dans la continuité du Rapport Boutonnat, ce plan de restructuration économique confirme la demande récente exponentielle de « contenus » et prévoit de muscler considérablement, d'ici 2030, les capacités de formation et de production des secteurs confondus du cinéma, de l'audiovisuel et du jeu vidéo, afin de « faire de la France le leader européen des tournages et de la production numérique[3] ».

1. https://www.lefilmfrancais.com/digital/156952/esport-il-faut-reinventer-les-salles-de-cinema-emmanuel-macron

2. « Le marché français du jeu vidéo est à +8 % par an au même rythme que le marché mondial qui atteint le chiffre record de 175 Md€, en tête des industries culturelles et créatives. » (appel à projets Fabrique de l'image 2030).

3. https://www.cnc.fr/professionnels/aides-et-financements/multi-sectoriel/appel-a-projet-france-2030--la-grande-fabrique-de-limage--sur-les-studios-et-la-formation_1672282

Alliant le savoir-faire dramaturgique du cinéma et des séries à la virtuosité technique issue de la révolution numérique, le jeu vidéo tel qu'il se présente aujourd'hui peut faire figure, à certains égards, d'*art total*. Total, il l'est non seulement parce qu'il rassemble toutes les dimensions esthétiques modernes (spectacle visuel et sonore, musique, invention graphique…), mais aussi parce qu'il ajoute à la narration classique, c'est-à-dire à la tradition aristotélicienne de la *mimesis*, une dimension de plus en plus performante et potentiellement perfectible à l'infini grâce aux progrès de l'intelligence artificielle : l'interactivité. Dans *La Rose pourpre du Caire*, de Woody Allen (1985), l'héroïne cinéphile incarnée par Mia Farrow – sorte de Madame Bovary dc l'âge d'or hollywoodien – rêvait de voir son idole, héros de films d'aventures, traverser l'écran pour la rejoindre et vivre avec elle une romance extraordinaire. Dans le jeu vidéo, ce n'est plus le personnage qui surgit de l'écran, mais le spectateur qui y pénètre pour devenir lui-même le héros du récit qu'il regarde et contribue à créer. Aventures de chevalerie, chasses au trésor ou voyages intergalactiques : plus besoin du corps de l'acteur comme intermédiaire de l'expérience, ni du visage de la star comme support de l'identification ; une souris, un clavier, voire un casque 3D, permettent de vivre tout cela *presque* réellement. Dans un monde où les frontières entre la fiction et la réalité n'ont peut-être jamais été aussi poreuses qu'aujourd'hui, le jeu vidéo, dorénavant appelé également « fiction interactive », semble réaliser le rêve romantique d'une fusion de l'art et de la vie, ouvrant la voie au futur *Metavers* promis par Mark Zuckerberg.

Dans une mise en abyme visionnaire, Steven Spielberg imaginait déjà ce double changement de paradigme dans son film *Ready Player One*, sorti en 2018. Située en 2045, l'histoire représente un monde effondré par une cascade de crises écologico-économiques, où la réalité désormais moribonde, sans perspective autre que celle des bidonvilles qui s'étendent à l'infini, est devenue non seulement indésirable mais tout à fait subsidiaire par rapport à un monde virtuel, lui, infiniment riche et exaltant. Baptisé *l'Oasis*, ce monde parallèle, auquel ont accès les personnages par des casques de réalité virtuelle et des gants connectés, est le véritable lieu de l'action. Dans ce futur dévasté, l'univers ludique est devenu si prépondérant qu'il est désormais le seul qui vaut, à tous les sens du terme : c'est là que se concentrent tous les enjeux de l'intrigue – y compris les enjeux monétaires –, là que se jouent les interactions entre les personnages, permettant au protagoniste de se « réaliser » en devenant un héros. Le monde réel est relégué à l'arrière-plan, au rang de décor négligeable que plus personne ne songe à considérer, encore moins à sauver. À travers ce récit qui combine dystopie planétaire et utopie virtuelle, Spielberg, le « boss » du cinéma en personne, semble paradoxalement sonner le glas du septième art, promis à être vampirisé et englouti par cet univers de « fiction interactive » à la fois plus excitant que la simple projection d'un film en 2D, et plus vivant que la vie réelle.

Le cinéma comme ZAAD (zone artistique à défendre)

Sans nous projeter jusqu'en 2045, année où se déroule l'action de *Ready Player One*, que restera-t-il du cinéma ne serait-ce qu'en 2030, horizon tracé explicitement par le plan dit de la « Grande fabrique de l'image » ? Sera-t-il devenu une annexe poussiéreuse de l'empire audiovisuel que souhaite édifier le gouvernement, ou un « prestataire de services pour Netflix et Amazon », ainsi que le redoute le producteur Saïd Ben Saïd[1] ? Irons-nous au contraire au cinéma comme on se rend aujourd'hui à l'opéra ou dans un parc d'attractions, c'est-à-dire de façon exceptionnelle et en consentant à débourser 50, voire 100 euros, pour assister à un spectacle unique et inoubliable ?...

Même si les salles doivent fermer les unes après les autres ou les places voir leur tarif augmenter de manière vertigineuse, une chose est sûre : le cinéma survivra. D'abord parce que les films existent et font aujourd'hui l'objet de multiples programmes de conservation, de numérisation, et de restauration quand cela est nécessaire, aussi rigoureux que passionnés. Dans la nouvelle culture des « *data* » qui est la nôtre, et qui se conjugue si bien avec l'obsession patrimoniale caractéristique de la postmodernité, il est en effet impensable de jeter le moindre film, fût-ce un court-métrage d'école ou une obscure bobine retrouvée dans un vide-grenier, comme cela a été le cas dans les années 1920 lors de l'avènement du cinéma parlant. Conserver est devenu la règle systématique, car qui sait si le chef-d'œuvre que seul l'avenir saura dévoiler ne se trouve pas caché au milieu de ce flot débordant d'images ? Comme le dit Laurent

1. https://www.lemonde.fr/culture/article/2022/10/05/said-ben-said-producteur-de-cinema-il-y-a-trop-de-films-et-beaucoup-se-ressemblent_6144554_3246.html

Cormier, directeur du patrimoine du CNC et responsable du dépôt légal des films : *« Est-ce que ça a un sens de garder* La Joconde *? C'est le même sujet*[1]. »

Car si elle paraît menacer un certain écosystème artistique lentement bâti au fil des décennies, la révolution numérique permet aussi cela : créer une ou plutôt *des* cinémathèques mondiales facilement accessibles, où chacun pourra découvrir ou redécouvrir au gré de ses désirs les trésors même les plus confidentiels de l'histoire du cinéma. Conçu par des cinéastes, le site français de vidéo à la demande LaCinetek a été créé précisément dans cette intention : pour opposer à la pratique « consommatrice » de programmes audiovisuels et à l'obsolescence programmée des « contenus », dérives induites par le système des plateformes, la volonté de préserver et de transmettre une mémoire vivante et dynamique des films qui ont construit l'histoire de cet art et continuent de nourrir la création cinématographique contemporaine.

Or quelle est l'essence du cinéma ? Celui-ci est-il nécessairement lié à l'expérience de la salle ? On l'a longtemps cru indissociable de la pellicule, célébrée notamment par Eric Rohmer dans *Le Celluloïd et le marbre*. Puis est arrivé le numérique et le septième art, loin de mourir, a simplement mué en abandonnant sa peau scintillante d'halogénures d'argent pour revêtir celle, plus nette et lisse, tissée de pixels. La survie économique des salles est certes aujourd'hui menacée, mais que celles-ci ferment ou qu'elles se reconvertissent dans de nouveaux usages, les films, eux, continueront de circuler, toujours plus vite, toujours plus nombreux, de l'écran plat domestique au smartphone, de l'ordinateur au rétroprojecteur, et demain sans doute à travers de nouveaux appareils que nous n'imaginons pas encore. Quels que soient le support ou la taille de l'écran, le cinéma vivra tant qu'il y aura des moyens d'enregistrement et de diffusion de l'image mouvante. Sachons écouter la raison des mots. L'essence du cinéma, ce n'est ni la pellicule, ni la salle ; c'est le mouvement : « écriture du mouvement », telle est l'étymologie grecque qu'avaient choisie les bien nommés frères Lumière, ajoutant à la qualité de leur patronyme, indispensable à la capture de l'image *photographique*, la dimension du temps et de l'espace.

1. https://www.lemonde.fr/culture/article/2022/11/20/incendie-mortel-a-vincennes-histoire-d-un-cinephile-et-d-une-passion-inflammable_6150777_3246.html

Dans l'un de ses derniers entretiens, accordé au magazine *Télérama* en 2019, le scénariste Jean-Claude Carrière, à qui l'on demandait comment il imaginait l'avenir du cinéma, répondait ceci : « *Les Chinois ont construit cinq mille salles depuis dix ans. Dans d'autres pays, on les détruit. On ne sait pas où on va, quelle forme prendra le cinéma. Mais on sait que l'image animée ne mourra jamais. L'historien Marc Azéma a trouvé dans les cavernes préhistoriques les premières traces du cinéma : des têtes de lion qui se succèdent, comme dans un dessin animé. Capturer le mouvement est un rêve très ancien, et c'est le cinéma qui a permis de le réaliser. Notre monde ne peut plus se passer des images qui bougent, et il ne s'en passera jamais*[1]. »

« Inventer des blocs de mouvement-durée » : telle est la faculté unique de l'art cinématographique, disait également Gilles Deleuze dans sa mémorable conférence sur l'acte de création, donnée à l'école de la Fémis en 1987. Et il ajoutait que l'œuvre d'art authentique est aussi toujours à sa manière un acte de résistance, notamment contre l'*information* et les mots d'ordre plus ou moins explicites dont celle-ci est porteuse. Dans la société actuelle, devenue à la fois une société de surinformation (saturée d'informations, de contre-informations et de *fausses informations*), et une société de contrôle où les nouveaux outils numériques servent à pister et surveiller les citoyens, le cinéma a encore ce rôle fondamental à jouer, dans les salles ou ailleurs : proposer des regards sur le monde qui diffèrent de ceux, superficiels ou biaisés, qui inondent les médias ; raconter des histoires qui dissonent avec les discours formatés et transgressent les nouveaux dogmatismes ; et creuser, dans les interstices d'un réseau de plus en plus tentaculaire de sons assourdissants et d'images aveuglantes, des poches de liberté qui laissent l'esprit respirer.

Loin des cimaises des musées où il s'expose désormais au risque de se momifier, c'est peut-être là que se joue le véritable avenir du cinéma : dans une forme d'utopie où l'imaginaire serait capable de féconder le réel pour engendrer de nouveaux possibles. À l'encontre des séries qui usent des stratagèmes narratifs comme d'une arme d'addiction massive pour rendre le spectateur captif, le cinéma peut encore constituer ce maquis spirituel inaliénable où le rêve, loin de contrarier la raison, devient au contraire une voie royale vers la

1. https://www.telerama.fr/cinema/jean-claude-carriere-le-rire-est-toujours-utile, – bunuel-me-faisait-de-ces-blagues, n6562273.php

lucidité. Cela, ni le support d'enregistrement, ni le médium de diffusion n'en sont les garants. Un film réalisé avec un smartphone en est autant capable qu'un film de studios, et peut-être même plus capable encore. Car seules l'indépendance du geste cinématographique et la souveraineté du point de vue qu'il traduit peuvent avoir encore le pouvoir de « crever les yeux », comme dirait Antonin Artaud, pour rendre aux images toute leur puissance d'émerveillement, et ainsi honorer la fonction authentique de l'art : éveiller les consciences.

2.
Croyances : la débâcle

Lumières : le clair-obscur

Jacques Billard

Les Lumières se sont données et ont été reçues comme s'opposant au religieux, les premières apportant savoir et liberté contre l'obscurantisme et la sujétion où nous condamneraient les secondes. Mais après plus de deux siècles de triomphe, on voit ou on croit voir la religion reprendre la main, rétablissant une forme nouvelle de théocratie et s'imposant comme la source la plus profonde des valeurs humaines. Faut-il en conclure à une fin des Lumières ? Ne serait-ce pas plutôt la fin d'une mauvaise estimation du rapport des Lumières au religieux ? Il est probable que nous ayons mal perçu et les Lumières et le religieux, les premières vues comme destructrices du second et le second établi comme irrémédiablement obscurantiste.

Mais c'était là confondre une instrumentalisation du religieux avec la religion elle-même. C'était, comme souvent, masquer le religieux par les religions, la religion par les religions et, pour parler comme les Lumières, la religion naturelle par les religions positives. De fait, toutes les religions ont toujours et d'abord été des politiques et les Lumières se sont développées sur la certitude que le politique peut et doit se passer du religieux. Mais là aussi on a peut-être confondu le religieux avec les religieux. Se passer de théocratie, ce n'est pas la même chose que se passer des prêtres et parce qu'on a su écarter le cléricalisme, on a cru avoir écarté le religieux, notamment en le replaçant par ce qu'on a appelé de la *religion civile*, celle de Rousseau ou d'Auguste Comte ou encore et surtout, celle des Américains.

Si le religieux n'est en effet pas nécessaire ni même utile à l'*Homo œconomicus*, il se pourrait, en revanche, qu'il soit indispensable à l'humain, c'est-à-dire à l'homme en tant qu'homme et à l'homme en tant que vivant en société. Car à tout homme en tant qu'homme, il faut un *sens*, qui est *lien* de l'homme à lui-même, et à tout homme en société, il faut un *lien* qui le relie au tout. Le religieux est donc indispensable à la fois en tant que culte, c'est-à-dire rythme de vie, et comme fondement de valeurs. On le comprendra mieux si on veut bien ne pas réduire le religieux au culte rendu à un dieu. La religion, de ce point de vue, c'est la reconnaissance d'un ordre des choses au-delà du pragmatique, la reconnaissance de la nécessité d'un sacré. C'est ce que la philosophie classique appelle une transcendance. Ceux qui veulent éviter ce vocabulaire théologique ou même seulement métaphysique peuvent parler de *verticalité*. On peut dire, si on veut, que l'homme n'est homme que debout et regardant, sinon le ciel, du moins, au loin.

En ce sens, la religion fournit les points cardinaux de l'existence proprement humaine et on a beaucoup compté sur les Lumières pour la remplacer. Mais ça ne s'est pas produit. Pour prendre un exemple actuel, il suffit de regarder la situation religieuse de l'Ukraine en guerre, pays pourtant largement « marxisé », pour constater que les clivages religieux, entre « Uniates », et églises orthodoxes autocéphales ou relevant de plusieurs patriarcats, restent largement déterminants. La ligne Riga-Kiev-Split, qui sépare deux Europe, l'une à l'ouest avec Rome, l'autre à l'est avec Constantinople, est toujours active. Il y a même une troisième Rome, Moscou, et toutes sont toujours vivantes. Aucune histoire n'a pu les éteindre. Derrière l'homme politique, on trouve toujours le patriarche. Comme si le religieux n'était pas éradicable.

Ce que les Lumières ont combattu, avec un succès certain à mettre à son actif, ce sont les religions instituées dans ce qu'elles conservaient d'anachronique plutôt que la religiosité elle-même. Comme si, les Lumières, expression elle-même d'origine religieuse, n'étaient pas autre chose qu'une étape dans le devenir du religieux. Une étape destinée à purger le religieux de son contenu aujourd'hui dépassé. Mission accomplie ? Quant au religieux lui-même, il suit son cours et il le suit non seulement dans l'ordre du spirituel, ordre dans lequel la raison reste de peu d'effet, mais aussi dans son rapport au politique. Notamment en fournissant des « valeurs », ce que la raison ne fournit pas. La raison produit des *vérités*, non des *valeurs*. Mais l'humain a besoin de valeurs plus que de vérités. Le religieux continue donc son cheminement, par-delà les Lumières, mais peut-être plus tout à fait sous les formes classiques des religions instituées.

On pourrait appeler *Lumières* la raison instituée en juge ultime de toutes les conduites humaines. Pas seulement ni même principalement dans l'accroissement des savoirs, mais aussi dans l'effet qu'elles produisent sur la civilisation et les mœurs. Elles prennent alors place dans l'ordre politique et moral plus que dans l'ordre cognitif en appelant chacun, en tout domaine, à l'autonomie contre la soumission. Ce sens est celui de Kant (*Qu'est-ce que les Lumières*, 1784), celui de l'*Aufklärung* et c'est le sens le plus courant aujourd'hui. Il s'agit moins de changer de valeurs que de changer de fondement des valeurs. Or la raison est justement la faculté d'apercevoir les principes et pas seulement les faits. Elle permet donc d'agir dans le monde. Elle est tout autant motrice, permettant de *se* déterminer, et rend comme périmée la soumission aveugle que demandent souvent les religions, voire toutes les religions, au moins dans leurs phases archaïques. Lumières et religions ne sont donc pas contraires *par nature*, mais seulement *par accident,* l'une succédant à l'autre.

Les religions ne sont pas par nature contraires à la raison

La théologie chrétienne, par exemple, s'est d'abord engagée dans le néoplatonisme. Par mysticisme, il est vrai, mais en ouvrant malgré tout la voie au rationalisme platonicien, c'est-à-dire aux Idées – elles permettent de comprendre le monde – et au Bien – qui permet de trouver sa place dans le monde – c'est-à-dire encore à la Raison. Après les Pères de l'Église, la théologie chrétienne s'est engagée dans la rationalité aristotélicienne, dont elle a adapté la métaphysique et la physique et, par ce choix, elle s'inscrit à nouveau dans la rationalité ! Mieux, ce choix de la rationalité aristotélicienne a finalement créé le contexte nécessaire au développement des sciences, malgré d'historiques résistances et régressions (Averroès, Galilée, Darwin…). Si les Franciscains ont conservé l'augustinisme, lequel n'est d'ailleurs pas du tout hostile à la raison, les Jésuites, eux, ont propagé, par leurs missions enseignantes, le rationalisme aristotélicien, puis le cartésianisme. Ils ont fait du cartésianisme le cœur des Lumières en France. Le conflit des Jésuites et des Encyclopédistes, qui a été réel, n'était pas un rejet de la rationalité. On peut noter, par exemple, qu'au collège de la Flèche, tenu par les Jésuites, les élèves, dont Descartes, étaient tenus au courant, au jour le jour, des avancées des travaux de Galilée. Il faut noter également, cette fois à propos de la Renaissance, que l'Église craignait non la raison, mais le retour d'un certain irrationalisme comme les comportements magiques, la croyance aux qualités occultes (des alchimistes), le regain de l'astrologie, de l'envoûtement, de la chiromancie, de l'animisme de la matière… toutes choses qu'en effet la Renaissance a rapportées du monde byzantin.

Dans notre légitime valorisation contemporaine de la Renaissance, on ne voit plus que l'*humanisme* et on a oublié, par exemple, Jean-Baptiste Porta (1538-1615) qui croyait pouvoir trouver une magie naturelle, Tartaglia et Cardan (1501-1576), pourtant bons mathématiciens, qui finirent tous deux dans la sorcellerie et ce même Cardan, devenu astrologue, qui se laissa mourir de faim (1576) pour prouver qu'il avait bien prédit l'heure de sa mort ! Il avait même réalisé le thème astral de Jésus. Dès cette époque, les Oratoriens ont bien vu que la faute de la Renaissance n'était pas d'avoir cru à des erreurs, mais de ne pas s'être demandé comment les reconnaître et comment s'en garantir. De là le sens de la mission « confiée » à Descartes par le cardinal de Bérulle prenant conscience de l'importance, que revêtent en sciences et en philosophie, les questions de méthode. Seule la méthode « pour bien conduire sa pensée » peut éviter à la raison, pourtant sincère, les pièges du *préjugé* et de la *précipitation.* Le doute, pour vaincre le préjugé. La méthode pour vaincre la précipitation. Les Jésuites, propagateurs des Lumières ? On peut penser ce qu'on désigne de nos jours comme fin des Lumières non comme une bataille remportée par les religions sur la raison, mais comme un phénomène *interne* de la raison. La fin des Lumières, c'est peut-être une phase de la raison qui prend fin. Les Lumières, mission accomplie !

Fin des Lumières : l'épuisement de la raison logique

C'est fini, mais ça ne revient pas comme avant. La fin des Lumières n'est pas une régression, même si on peut avoir quelquefois l'impression que l'obscurantisme reparaît. La fin des Lumières se reconnaît plutôt à une sorte d'épuisement de la raison logique. La raison, après avoir triomphé, perd de son influence à la fois socialement et individuellement. Normalement, en toute chose, la raison doit faire foi et l'acceptation d'une proposition dans laquelle on voit bien que la raison ne trouve pas son compte est un signe de mauvaise foi. Nul ne peut affirmer dans le même temps et sous le même rapport, une chose et son contraire dit Aristote, et un raisonnement qui contient une contradiction est de nul effet. On se rappelle l'ironie socratique et Calliclès sortant du jeu dès lors qu'il avait été mis en contradiction avec lui-même. C'est qu'une opinion manifestement contraire aux faits bien établis doit être abandonnée. Tout cela, c'est la diffusion de la raison qui l'a obtenu. L'éducation y est pour beaucoup, car les enfants, par exemple, ne sont pas d'emblée sensibles à la force probante des preuves ni non plus aux contradictions logiques. Il faut l'exiger d'eux et c'est un travail assez long.

Pourtant, nous sommes, collectivement, redevenus moins sensibles à la force probante de la preuve et la contradiction nous est redevenue acceptable tout comme nous recevons de plus en plus facilement les opinions non fondées. On le constate tous les jours, sur les réseaux sociaux et les plateaux télévisés. Et il ne s'agit pas de la classique résistance au vrai, mais d'une acceptation sans preuve d'opinions dont l'apparence les rend probables, à quoi on ajoute que le vrai n'est peut-être pas vraiment vrai et qu'un « oui, mais… » est *toujours* recommandable. La raison, quoique affaiblie, reste capable de faire le tri, mais elle est devenue incapable de s'imposer. Dit autrement, la philosophie se retire et la rhétorique se réinstalle.

Fin des Lumières : la dévitalisation de la raison par le relativisme

Ce relativisme ne nie pas la vérité directement. Depuis les Lumières, justement, ce n'est plus possible. Qui irait nier que les corps tombent selon le carré des temps ? En revanche, on relie toute thèse à son lieu d'émergence et à son époque, ce qui a pour effet d'en limiter la validité : Newton, c'est de la mécanique classique, aujourd'hui dépassée par la mécanique relativiste, étant entendu que le XXe siècle surpasse le XVIIe siècle. Or une vérité qui n'est pas universelle n'est pas une vérité, mais une valeur, et une valeur n'est jamais qu'un choix qui n'a rien d'obligatoire. Cette dégradation de la *vérité* en *valeur* constitue une sorte de *dévitalisation* de la raison et elle n'est pas sans conséquence, car dès que la raison perd de son pouvoir d'éclairer, aucun argument ne peut plus porter. La démonstration n'est plus entendue et on ne peut plus *convaincre*. On ne peut que *persuader*. C'est le retour d'une rhétorique où la puissance du langage, c'est-à-dire des images, se substitue à la puissance de la raison. Le débat n'est plus possible et l'on s'affronte sans s'entendre ni même s'écouter. Aussi est-ce toute l'activité scientifique qui se fige et l'Université elle-même, comme lieu d'élaboration du savoir, si tant est que ce soit encore le cas, ne peut plus que suivre, pour les renforcer sans même les critiquer, les courants dominants venus des innombrables groupes d'influence qui émergent de partout.

On peut examiner trois signes, parmi bien d'autres, de cette *exténuation* de la raison : la régression de l'école, l'évolution des sciences dites fondamentales et, surtout, le rouleau compresseur de la technologie.

Fin des Lumières : École, médias, musées

L'enseignement devient défaillant et en effet, partout dans le monde, les écoles ont modifié leur mission. Elles ne disparaissent pas et même se renforcent, mais elles n'instruisent plus. Elles éduquent. Elles ne forment plus, elles conforment. Or leur mission, là encore depuis les Lumières, n'est pas d'éduquer, c'est là le rôle des parents et des groupes d'appartenance, mais d'*instruire*, pour reprendre ce mot que la Troisième République reprend elle-même de Condorcet. Plus exactement, la mission de l'école est bien d'éduquer, mais seulement *par* l'instruction. Mais on éduque, sans instruire, lorsque, par exemple et comme on fait aujourd'hui, on enseigne les sciences par leurs résultats, tandis qu'on instruit lorsqu'on fait refaire aux élèves les démarches qui y conduisent. Dire aux élèves que la chute des corps c'est $e = \frac{1}{2}gt^2$, ce n'est pas aussi *instructif* que de suivre une bille qui roule sur le plan incliné de Galilée, en repérant sa position à chaque unité de temps et en mesurant les espaces parcourus pour les relier par une expression mathématique. Enseigner, autre exemple, les mathématiques par les solutions et non par les démonstrations, c'est abandonner l'enseignement des mathématiques au profit d'un simple savoir-faire, lui-même, à son tour, rendu inutile par la diffusion des calculettes. C'est ôter le principal intérêt *républicain* de l'enseignement des mathématiques.

Outre les écoles, les médias à destination du grand public réduisent, à leur manière, le savoir à un objet montrable, à un spectacle. Lorsque les journaux manquent d'illustrations scientifiques (schémas), ils n'hésitent pas à proposer une « vue d'artiste ». Et pour les plus jeunes, on élabore des émissions « scientifiques » où la bonhomie est censée rendre la science accessible. Le présentateur s'habille en clown, émaille son propos de petites plaisanteries et, surtout, explique tout par des images et des analogies, occultant tout l'outillage mathématique, pourtant essentiel. Or l'*image*, par son immédiateté et sa charge émotive, est l'exact contraire du *concept*, et l'*analogie*, par sa vraisemblance, dispense de tout raisonnement et même de toute preuve.

Cette dégradation du concept en spectacle, c'est-à-dire en images, on la voit encore dans l'évolution de la muséologie concernant les sciences qui substitue aux anciens *Palais de la découverte*, où les entrées se faisaient par concepts, de modernes *Cités des sciences et de l'industrie* où les entrées se font par les applications et les spéculations sur un avenir spectaculaire. On y va pour s'émerveiller ou s'effrayer, non pour comprendre.

Images et analogies, qui sont les moyens traditionnels de l'*éducation*, n'instruisent pas. Elles forment l'opinion sans former le jugement. Éduquer, c'est conformer. C'est rendre conforme aux besoins du groupe et du temps. C'est la forme moderne de l'*initiation*. On ne l'a peut-être pas assez observé, mais le lien est étroit entre le statut social de la culture et la transmission du savoir. Là où la science apparaît, l'enseignement apparaît et se substitue à l'initiation. En Grèce, d'abord puis partout où la Grèce a porté ses fruits. Et là où la culture disparaît ou plutôt, car la culture ne peut pas disparaître, là où la culture est relativisée, l'enseignement disparaît soit directement, l'école est interdite (aux filles, par exemple) soit, ce qui est plus fréquent, indirectement, en lui substituant une structure d'adaptation au monde. L'école n'est plus alors qu'un système de gestion de l'enfance et de la jeunesse et non plus un système de transmission et de construction du citoyen républicain.

Les Lumières débordées : la science prise dans son histoire

Le recul de la raison est, curieusement, engendré par la raison ellemême, dans son propre déploiement et c'est ce que les contemporains des Lumières n'ont pas vu – sauf peut-être Rousseau – tout éblouis qu'ils étaient par les succès des sciences et surtout des techniques. L'histoire des sciences, c'est d'abord l'histoire du déploiement de la raison, plus que l'histoire des découvertes. Les sciences naissent, se développent puis s'estompent. Elles s'estompent par une sorte de dispersion. Le XVIIIe siècle a été le siècle de la rationalité, le XIXe siècle celui de la positivité sinon du positivisme, le XXe siècle a été celui de ce qu'on pourrait appeler les *nouveaux savoirs* et c'est par ces nouveaux savoir que la science donne l'impression de prendre fin. « Nouveaux » parce qu'il ne s'agit plus tout à fait de savoirs au sens classique d'un fait exactement décrit, mis en relation avec les autres faits par des lois et rapporté à une cause efficiente. Le tout vérifiable par quiconquc veut bien s'en donner la peine. Ce sont plutôt des réexamens des savoirs constitués. Sont apparues, en effet, des linguistiques, des sociologies, des psychologies positives, la « nouvelle histoire », « la théorie des ensembles » (en mathématiques), de nouvelles épistémologies à orientation sceptique, d'innombrables sciences humaines... sans oublier les si spectaculaires remises en question des fondements de la physique, présentées par les physiciens eux-mêmes.

Ces nouveaux savoirs ont tous en commun de viser la remise en cause non des savoirs, mais de leurs fondements. En physique, c'est le caractère absolu de l'espace et du temps newtoniens qui est comme détruit. Les mathématiques ne remettent pas en question l'arithmétique ou la géométrie, mais les rapportent à des postulats présentés comme librement posés, c'est-à-dire non tirés de l'expérience. Arbitraires, donc, quoique cohérents. Mais en touchant aux fondements, on touche indirectement à l'ensemble de la science en jetant sur elle un doute à la fois vague et général, auprès d'un public qui n'a pas les moyens d'en juger. Des « experts » viendront alors tout expliquer... par images et analogies !

Bachelard avait montré que les sciences ne vont pas à l'accroissement des connaissances, mais à la recherche de leurs fondements. Les sciences physiques sont typiques de cette évolution. Ce qui est nouveau, depuis Bachelard, c'est que cette recherche de fondements paraît bien ne déboucher sur rien. Depuis la relativité restreinte (1905), jusqu'à la récente théorie des cordes et des supercordes (*circa* 1995), cette science paraît, aujourd'hui, bien coupée du réel. À force d'entendre leurs explications contre-intuitives, c'est-à-dire inimaginables, on finit par se demander si les physiciens eux-mêmes croient à l'existence des objets qu'ils « modélisent ». Il est d'ailleurs remarquable que ces élaborations hautement mathématisées ne soient nullement gênées par l'absence de preuves expérimentales. Il n'est en effet pas réclamé de ces théories d'être prouvées, mais seulement de n'être pas contradictoires. On ne leur réclame que de la cohérence interne et on est prêt à patienter pour ce qui est de la vérifiabilité empirique. La simple *plausibilité* (c'est-à-dire le fait qu'on puisse... les applaudir) suffit, surtout si la théorie comporte de la symétrie et de la « super symétrie », comme s'il suffisait à une théorie scientifique d'avoir belle allure pour être recevable. La théorie vient-elle à se compliquer ? Si elle n'a plus belle allure, elle sera « déplausibilisée ». Elle manque de simplicité, de symétrie (si on postule « a », alors il faut chercher le « non-a » qui doit bien se trouver quelque part) et reste trop éloignée des entiers naturels. Comment alors ne pas remarquer que les sciences physiques pourraient bien avoir ramené la pensée scientifique à la métaphysique précritique, à une métaphysique des concepts sans intuition et même à une métaphysique précartésienne supposant des qualités occultes ? Les « cordes » ? C'est plausible. Comme les « super-cordes ». La vieille métaphysique précritique estimait déjà que ce qui n'est pas contradictoire est recevable : Dieu existe puisque le concept de Dieu n'est pas contradictoire... La pensée métaphysique précritique est une pensée cohérente qui tourne à vide. Rappelons que l'ordinateur quantique n'est, pour l'instant, qu'une vue de l'esprit... et qu'on ne sait toujours rien de l'état de santé du chat de Schrödinger. Personne, dans le grand public, ne comprend rien à la physique des quanta, mais tout le monde, dans ce grand public, « sait » que la physique classique est dépassée !

La linguistique, pour prendre cet autre exemple, s'est efforcée de réduire la langue à une réalité de fait, c'est-à-dire à une production sociale, délégitimant toute grammaire normative et réduisant la langue à une forme de la domination sociale. Les dictionnaires ont suivi, en privilégiant la langue telle qu'elle se parle par ceux qui la parlent et en écartant la langue telle qu'il faudrait la parler. Mais comme la capacité à penser dépend étroitement de la richesse du niveau de langue, tant lexicale que syntaxique, cette linguistique a immanquablement pour effet de réduire la capacité à penser.

Les sciences historiques ont connu la même évolution. L'histoire dite *positive*, celle des Lavisse et Seignobos, jugée évènementielle

– entre autres reproches plus lourds encore – a été chassée par l'histoire sociologique, insensible, elle, aux évènements (c'est-à-dire aux acteurs et aux dates) et hostile aux récits, aux grands hommes et surtout aux nations. On passe ainsi de l'histoire de France à l'histoire tout court et ce ne sont plus les hommes qui en sont le substrat, mais les sociétés vues dans une marche continue vers le mondial et l'homogène.

Les domaines artistiques ne sont pas en reste et il faut prendre acte que l'art ne se trouve plus ni dans la représentation, ni dans la recherche du beau, ni même dans la production d'une œuvre, mais dans le geste poïétique. Et nul ne peut plus distinguer l'artiste du tricheur. Le paradoxe, c'est que la relativisation de la culture en général survient alors que nos sociétés ne lui ont jamais accordé autant de place. On trouve des bibliothèques partout. On n'a jamais publié autant de livres. Musiques et cinéma occupent une place majeure. Le spectacle « vivant » est présent partout et les musées n'ont jamais connu plus haute fréquentation. Les grandes expositions refusent du monde et des manifestations culturelles s'organisent dans les villages les plus modestes. Mais en fait de bibliothèques on trouve surtout des *médiathèques* dans lesquelles le livre est un objet mineur, sinon relégué. Le cinéma est majoritairement une activité de divertissement. Chaque rentrée (septembre) voit la publication de livres en très grand nombre, la plupart destinés au pilon. Bandes dessinées et mangas sont considérés comme l'équivalent du livre. La culture est progressivement dissoute dans le divertissement.

Les Lumières débordées : la technique sans limites

Mais à ce brouillage de la culture, dans sa nature et son extension, à ce brouillage par *dispersion* de l'activité scientifique, à ce brouillage par la non-distinction de la culture et du divertissement, s'ajoute une évolution plus décisive encore, celle de la technique. À l'époque des Lumières, on ne peut penser qu'un progrès à hauteur d'homme, un progrès cartésien. En tant qu'outillages d'aide à la vie, ni la science ni la technique ne posaient de problèmes et c'est d'ailleurs ainsi qu'on les voyait dans l'*Encyclopédie ou Dictionnaire raisonné des sciences, des arts et des métiers* où elle reste fidèle au projet cartésien qui était de jouir « sans aucune peine, des fruits de la terre et de toutes les commodités qui s'y trouvent, mais principalement aussi pour la conservation de la santé... » (*Discours de la méthode*, ch. VI). Ni Descartes ni personne ne pouvaient se douter que la technique, devenue *technologie*, vivrait de sa vie propre, jusqu'à en devenir menaçante, et d'autant plus qu'il est clair, aujourd'hui, que rien ne l'arrêtera plus. La dénaturation de la nature est à peu près réalisée et le transhumanisme est prêt à défaire l'homme. Vivant de sa vie propre, la technique n'est pas développée par un acteur, elle *se* développe et elle est menaçante. Même les avertissements, pourtant vifs, de Bergson (*Les deux Sources de la morale et de la religion,* 1932) paraissent faibles.

On peut déjà mesurer, parmi d'autres, deux effets culturels lourds du développement de la technologie : les savoirs, qui sont rendus inutiles au plus grand nombre et le monde, progressivement *artificialisé*, devenu inintelligible, même aux « experts ». L'ignorance redevient la norme et nous sommes tous devenus étrangers à notre propre univers. Pourquoi savoir lire, écrire et compter ? Savoir écrire au sens de rédiger n'a plus grande importance. La technique nous en dispense comme le montrent les textos et autres Twitter. Elle nous dispense de savoir lire autre chose que des gros titres, tout comme d'écrire des phrases complètes, voire d'utiliser des mots, remplaçables par les émoticônes (✌). Et, bien sûr, de compter. Le GPS, par exemple, dispense de savoir lire une carte. Le même constat d'inutilité peut être fait pour toutes les sciences : elles sont excellentes, admirables même, mais on peut les laisser toutes aux spécialistes. Nul n'est plus aujourd'hui gêné dans sa vie courante par son ignorance en ces matières. Il faut le reconnaître, aucun savoir n'est plus, aujourd'hui, réellement nécessaire à l'immense majorité de la population. Ce niveau d'ignorance, fait historique nouveau, et cette inculture généralisée sont même devenus un avantage politique, car une population inculte se conduit plus facilement qu'une population instruite et d'autant plus qu'aujourd'hui, grâce aux sciences humaines, nous disposons de techniques de formation de l'opinion assez efficaces.

Déjà là : l'artificialisation du monde

Mais le principal et le plus redoutable effet de la technologie, c'est la transformation d'un monde tellement fait pour l'homme que l'homme lui-même, n'ayant plus rien à faire, n'a plus rien à y faire.

Il y vit en étranger, incapable de le comprendre et ne pouvant y agir qu'avec l'aide d'un expert. Au début du siècle précédent, chacun, avec un peu de bonne volonté, pouvait comprendre son milieu, suffisamment, en tout cas, pour y trouver sa place et y prendre sa part. Certes, la Troisième République est l'époque de la généralisation de la « fée » électricité, force un peu mystérieuse, mais qu'il est facile de maîtriser à l'aide de quelques notions de courant et de tension. Le téléphone était déjà plus compliqué à appréhender, mais on pouvait s'en tirer avec le son se propageant le long d'un fil tendu. Le pays se couvre-t-il de châteaux d'eau ? On enseigne à l'école le principe des vases communicants qui en explique le fonctionnement et l'utilité. Le moteur à explosion tout comme la machine à vapeur se comprend par l'étude d'un simple schéma, comme pour tous les objets mécaniques. Les techniques agricoles, qui s'améliorent, sont à la portée de tous, de même que les grands principes d'hygiène comme la propreté ou la vaccination. Ainsi, quiconque, à cette époque, peut, s'il le veut, comprendre et maîtriser l'essentiel de son environnement. Soutenues par les Jules Verne et les Flammarion, sciences et techniques sont à la portée de tous. Ce n'est plus le cas aujourd'hui parce que ce n'est plus possible. L'électronique et la numérisation, qui sont partout, resteront inintelligibles à l'immense majorité du public, même cultivé, et nul ne peut en prévoir les futurs (et terribles) usages.

Le monde biologique n'est pas non plus épargné : tout va y devenir possible. La médecine ne se contente plus de rétablir la santé, elle va pouvoir modifier le corps et produire organes et tissus et les remodeler à la demande. Dès aujourd'hui, on peut faire des enfants sans parents ou bien avec de nombreux parents biologiques ; l'eugénisme est facile d'accès, et depuis quelques années, les échographies permettent d'éviter, dans certains pays, la naissance… des filles.

Il nous faut donc apprendre à vivre dans un monde qu'il n'est pas possible de comprendre et avec un pouvoir technique qu'on ne sait pas maîtriser. La facilité d'y vivre s'y est certainement accrue, du moins pour une partie de la population et pour un temps. On allume la lumière plus facilement qu'on allumait autrefois la lampe à pétrole. Mais c'est au prix d'une aliénation certaine puisque l'effectivité de ce qu'on fait échappe. Lorsqu'on donne un ordre vocal à une machine et qu'elle s'exécute, par une sorte de *Sésame ouvre-toi*, il faut craindre un retour des comportements magiques, ceux-là mêmes que les Lumières voulaient éradiquer. Sans compter que le numérique est en train de construire un monde parallèle substitué au monde naturel…

Cette situation n'est pas sans conséquence sur le devenir de la démocratie dans la mesure où le citoyen est appelé à se prononcer sur la conduite d'un monde qu'il ne peut ni comprendre ni maîtriser. La conséquence, c'est que les sociétés modernes ne peuvent plus être pilotées que par des experts, c'est-à-dire par ceux qui savent comment fonctionne ce monde artificialisé. D'autant que la technologie et les sciences humaines donnent à ces experts les moyens de conduire les opinions. Grâce à quoi, il est possible de laisser en place toutes les apparences de la démocratie. Avec les Lumières, on attendait de chacun qu'il s'oriente de lui-même dans le monde. Après les Lumières, mais par le débordement des Lumières, on revient à une situation dans laquelle les experts décident de tout. Éventuellement, et c'est, là encore, une nouveauté historique, dans l'intérêt de tous – on ne revient pas aux tyrannies antiques – mais il n'en reste pas moins qu'il s'agit d'une mise sous tutelle, cette fois, généralisée. Fin du politique et triomphe de la technocratie saint-simonienne.

Les nouveaux prêtres

Les experts sont, aujourd'hui, nos nouveaux prêtres. Le retour du religieux, c'est l'arrivée de ces nouveaux prêtres et non le retour des anciens. Les anciens étaient tyrans plus que pasteurs, les nouveaux sont pasteurs plutôt que tyrans. Car cette situation post-Lumières laisse un grand vide, celui du sens. On ne doit pas oublier que la rationalité calculatrice s'est construite sur l'exclusion du sens, traitant les phénomènes, y compris humains ou sociaux, comme des choses, selon la formule de Durkheim. Toutes les sciences se construisent et évoluent *par* l'exclusion du sens. Mais comment vivre dans un univers dépourvu de sens, sans un domaine sacré et sans transcendance ? Ce besoin de sens, auquel aucune technique ne saurait répondre, ramène au premier plan de nouveaux prédicateurs, lesquels favorisent, sur le plan politique, le retour des moyens archaïques, mais éprouvés de la conduite politique par la culpabilisation, la honte, le repentir. Car si l'homme ne se conduit pas de lui-même par lui-même, il sera conduit, par ces nouveaux pasteurs usant des moyens, traditionnels, qui sont ceux des religions instituées. On le voit avec certains évènements historiques transformés en péchés originels appelant à la fois un Sauveur et une Rédemption. Des nuées d'experts exploitant le vide de sens des sociétés trop ou mal rationalisées viennent annoncer au monde un avenir de catastrophes et mettre en place un système de gouvernement par la culpabilité, une culpabilité généralisée, originaire, radicale et héréditaire, et par le remords, l'expiation et la demande de pardon. Le retour du religieux n'est pas le retour des religions – elles n'ont jamais disparu – mais le retour des prêtres. Jusqu'à ce qu'ils soient à nouveau chassés.

Les Lumières ? Mission accomplie !

La phase historique des Lumières est peut-être terminée, mais elle a produit son effet, qui est, justement, de montrer la voie vers la sortie de cette minorité. La voie, mais non encore la sortie. Car d'autres conséquences se font jour, comme l'hypertrophie du droit, le rôle du droit supranational (et non cosmopolitique, comme le voulait Kant), le travail souvent souterrain des ONG, l'inhibition éducative imposée aux parents et bien d'autres aspects encore. Bien entendu, il n'est ni possible ni souhaitable d'empêcher l'évolution naturelle de la raison. Nul ne peut dire aux sciences ce qu'elles doivent faire, ni à l'art ce qu'il doit être, ni à la culture ce qu'elle doit produire. La science a le droit de se perdre en conjectures métaphysiques, l'art de disparaître dans des non-œuvres, la littérature dans le narcissisme et la vanité et les sciences humaines dans leur réduction en instruments de pouvoir. Et s'il se confirme que la technique ne puisse être stoppée dans ses recherches, on peut au moins tenter de prendre ses distances avec ses applications.

En revanche, on peut faire en sorte que ce que les Lumières ont apporté, dont cette sortie de la minorité, ne soit pas détruit ou perdu. Car les Lumières, sont aussi une sagesse et c'est elle que la modernité fait perdre. Pour cela, il faut faire en sorte que l'école reprenne sa mission d'instruction car c'est bien par-là, qu'il sera possible de reprendre le contrôle de soi et du monde. Il n'existe pas d'autres solutions. Soit l'école rend possible la conduite démocratique de la politique, soit les experts continueront de capter le pouvoir.

Complotisme 3.0

Françoise Gaillard

On ne parle que d'elles. De ces théories du complot qui affolent nos démocraties et auxquelles la crise sanitaire du Covid-19 a donné un sacré coup d'accélérateur : et si le corona virus avait été délibérément créé en laboratoire à des fins géopolitiques machiavéliques ou pour des raisons démographiques malthusiennes ? Et si… et si…

L'inexpliqué comme le nouveau, rend imaginatifs les esprits soupçonneux.

Sur les forums de discussions fleurissent toutes sortes d'hypothèses d'autant plus dangereuses que leur absence d'ancrage dans des réalités factuelles les rend infalsifiables et donc difficiles à infirmer comme à déconstruire. Car, comme le dit avec beaucoup d'humour, le fondateur de *Conspiracy Watch* Rudy Reichstadt en s'inspirant d'un proverbe chinois : « Il est difficile d'attraper un chat noir dans une pièce sombre… surtout lorsqu'il n'y est pas ».

Il n'y a pas si longtemps, c'était un autre épouvantail qu'agitaient les médias. Celui d'une indifférence à la vérité objective. Indifférence dont la confirmation, s'il en était besoin, venait d'être apportée au sommet par les petits arrangements avec elle du président de la plus grande démocratie du monde.

Souvenons-nous du 20 janvier 2017, jour de l'investiture de Donald Trump.

Cela paraît fort loin tant les diagnostics sociétaux avec leur cortège de craintes entretenues par les communicants et amplifiées par les instruments de diffusion qui les relaient, défilent vite à l'âge du présentisme.

Ce 20 janvier 2017, donc, les photos d'archives en témoignent, il pleut à verse mais contre toute réalité objective, le 45e président des États-Unis affirme que « le ciel s'est ensoleillé » au moment où il a commencé son discours. Sean Spicer, l'un des collaborateurs de ce faiseur de pluie et de beau temps, explique alors aux journalistes quelque peu sidérés par ce propos contrefactuel : « Parfois, nous pouvons être en désaccord avec les faits. »

Le monde médiatique découvrait le dernier des « post » de la postmodernité auquel le très sérieux *Oxford Dictionary* venait de consacrer une rubrique après lui avoir décerné le titre de « mot de l'année » (2016) : la « postvérité ».

On ne parlait plus alors que de l'entrée dans l'ère de la postvérité et l'on s'inquiétait des menaces que cette indifférence au vrai allait faire courir à la vie politique et au pacte social dont la solidité repose sur l'existence d'un fond de réalité admis par tous.

Il eût été plus adéquat (mais sans doute d'un moindre effet choc) de parler d'entrée dans celle du postfactuel. Car prétendre que le soleil brille quand il pleut n'est pas émettre une vérité fût-elle appelée « autre » ou « alternative » ou encore « d'un autre ordre », (ceci pour éviter l'erreur de voir en Trump un Monsieur Jourdain des théories de la relativité de la vérité). C'est tout simplement un déni de factualité du réel.

Dans les propos du président nouvellement élu qui inaugurèrent un règne fertile en dénis de ce type, le monde politique, médiatique, intellectuel a vu le signe inquiétant de l'effondrement de la valeur de la vérité au profit des émotions, des sentiments, des opinions. Bref un passage de l'effectif à l'affectif propice au gobage des fake news et autres infox dont l'extension du net favorisait la propagation et démultipliait l'impact.

Le référendum sur la question du Brexit ainsi que la dernière campagne électorale américaine venait de montrer à un monde politique interdit les effets disruptifs de la disparition de la frontière entre le vrai et le faux.

Mais avait-elle disparu ? N'a-t-on pas pris un peu vite les foucades et les gesticulations d'un bonimenteur démagogue au moi hypertrophié pour le révélateur d'un rapport social à la vérité plus problématique et plus complexe ?

D'ailleurs mis au pied du mur par des journalistes ou interlocuteurs vétilleux, tout sourire le président se défendait d'être un négationniste de la réalité. Tout juste un arrangeur. Ses apparents dénis ? Allons donc ! Juste des figures de style : des « truthful hyperboles ». (Goûtons au passage l'oxymore.)

Pas si fou. Car faire litière de toute réalité objectivable eût alors scié la branche sur laquelle reposait sa légitimité, en l'occurrence le nombre, vérifiable, des bulletins de vote en sa faveur lors des élections de 2016.

Et à ces chiffres qui faisaient preuve, il y tenait.

La suite de l'histoire l'a bien montré en 2020.

Aux États-Unis, comme dans toutes les démocraties électorales, la légitimité des représentants du peuple repose sur une réalité factuelle : celle qui sort des urnes et elle est comptable.

Les pirouettes rhétoriques et les petits jeux sémantiques du postvérisme ou du postfactuel, n'y peuvent rien changer. Car du fait de sa nature arithmétique, cette réalité-là ne se prête à aucune accommodation langagière. Seul peut lui être opposable l'argument de sa falsification par une clique de tricheurs, de manipulateurs et de voleurs qui auraient trafiqué les comptes. D'où l'engagement de Trump et de ses électeurs fanatisés, dans un processus de recomptage des bulletins qui aurait été interminable, comme l'est toute enquête paranoïaque, si les contraintes constitutionnelles n'avaient pas sifflé la fin de la partie.

Le but de cette action n'était pas, cette fois, d'opposer à la vérité officielle une vérité alternative, mais de révéler la vraie vérité dont lui et ses partisans avaient été dépossédés et de la faire triompher fut-ce par un coup de force.

L'attaque du Capitole doit donc se lire comme une réaction à ce que cette dépossession disait du mépris dans lequel les élites tenaient leurs voix – mépris dont les récentes études sociologiques ont montré qu'il était plus insupportable que les inégalités sociales – et du peu de cas qu'ils faisaient de la démocratie représentative.

De carte de la dernière chance dans un jeu politicien peu glorieux et irresponsable, l'argument du vol de l'élection devint chez eux croyance. Et la théorie du complot qui offre l'avantage de donner à l'inexplicable (le revers électoral de leur champion) une explication simple qui confirmait leur défiance à l'égard des élites, s'implanta dans une population qui vivait déjà dans la frustration et le ressentiment, l'évolution morale et sociétale d'un monde qui les laissait sur le banc de touche.

L'attaque du Capitole, édifice symbolique où, à leurs yeux, siégeait une bande de traîtres qui, non contents de brader depuis longtemps les valeurs traditionnelles de l'Amérique, bafouaient la démocratie doit s'entendre non comme une insurrection mais comme une réaction patriotique, d'autant plus héroïque et noble qu'elle n'était dictée que par un attachement quasi religieux à la Constitution, et non par des intérêts économiques ou de classe.

Mais laissons cet aspect de la question aux sociologues et aux politologues…

Contentons-nous de faire simplement remarquer que c'est ainsi que l'épouvantail de la déflation de la réalité du réel (qui n'était au fond que le faux nez de l'exercice démagogique du pouvoir par un enfant roi qui avait réussi à faire prendre à une partie de l'Amérique, ses désirs pour la réalité) a été remplacé par celui des théories du complot qui, paradoxalement, se caractérisent par un attachement au vrai souvent poussé jusqu'au délire, comme le montrent les assertions fantaisistes sur les sacs de bulletins de vote brûlés ou les inscriptions d'électeurs fictifs sur les registres électoraux.

La non-conformité de la réalité objective à leurs convictions et à leur vision du monde, produit souvent chez les individus des distorsions du jugement qui se manifestent dans le traitement des informations (factuelles comme contrefactuelles) qui leur parviennent.

Ce phénomène porte un nom dans les neurosciences : le biais cognitif.

S'il intéresse le médiologue c'est qu'il s'accompagne d'un biais de confirmation, autrement dit d'une tendance à chercher la validation de ses opinions personnelles auprès de ceux qui les partagent. Ce n'est guère nouveau. Le philosophe Francis Bacon s'en inquiétait déjà.

Ce qui a changé avec l'explosion du net ce n'est pas tant le phénomène que l'impact que son illimitation a sur la vie sociale et politique. L'entre-soi du café du commerce a fait place à des sites de tchat dont les effets de biais de confirmation s'augmentent en fonction du nombre des « tchatcheurs ».

Pas besoin d'être un geek et de passer son temps à creuser dans la toile. Les logiciels d'information du net sont conçus pour faire automatiquement parvenir à l'internaute lambda l'adresse des forums de discussion ou autres lieux d'échanges de données, d'indices ou de soi-disant preuves, qui correspondent à ce que son activité sur le réseau révèle de lui. On le sait, la hiérarchisation algorithmique des informations en ligne qui nous parviennent obéissent en grande partie à des logiques affinitaires.

Ainsi se forment des bulles informationnelles sorte de « chambres d'échos » étanches et réverbérantes dont la fermeture aux débats contradictoires et, d'une manière générale, à tout ce qui réfuterait ses croyances, amplifie et renforce les convictions de l'internaute.

Mais n'avoir comme vision des partisans des théories du complot que celle de groupes enfermés dans des citadelles sans fenêtre, imprenables par la raison argumentative, c'est négliger les mutations profondes que la mise du savoir à la disposition de tout un chacun par l'internet a eu comme répercussion sur la fabrique du récit complotiste ainsi que sur les modes d'adhésion à ces narratifs alternatifs, notamment sur l'attrait qu'ils exercent.

Contrairement à ce que certains spécialistes le laissent à penser, le complot n'est pas une forme anhistorique que viendraient remplir des obsessions conjoncturelles comme celle, aujourd'hui, du grand remplacement des populations et des valeurs occidentales.

Certes il y a bien quelques constantes thématiques comme la dénonciation des puissants agissant dans l'ombre, autrefois le juif enserrant une mappemonde entre ses doigts griffus tel qu'il figure sur l'affiche de l'exposition du *Juif et la France* (1941) ; aujourd'hui Soros et ses complices, notamment Bill Gates accusé d'avoir financé le développement du virus du Covid-19 en vue d'éliminer les inutiles, au prétexte qu'il est un des principaux actionnaires de l'Institut Pirbright qui possède les brevets sur le virus.

Certes il y a bien toujours des cibles et des thèmes marronniers qui reviennent à chaque poussée de fièvre complotiste : la finance, les médias, le gouvernement, la science… Certes il y a bien un fond de rhétorique qui transcende leurs réapparitions conjoncturelles, mais le retour des mêmes cibles et du même usage du langage, ne doit pas faire oublier que les théories complotistes sont des artefacts. Ce qui signifie que ce ne sont pas des objets anhistoriques mais que, dans leur mode de production comme dans celui de leur impact, elles ont partie liée avec les technologies informationnelles de leur époque : l'oralité au temps de la peste noire, le livre au temps du *Protocole des sages de Sion*, l'internet aujourd'hui.

L'internet est avant tout un outil dont le fonctionnement spécifique, comme celui de tout outil détermine ce que l'on peut en faire.

Un marteau a pour fonction de taper sur la tête d'un clou et pas sur la sienne ni sur celle du voisin, sauf cas de volontaire mésusage.

De cette évidence il résulte que le complotisme 2.0 n'est pas celui de grand-papa, et que pour commencer à pouvoir le penser il faut laisser aux historiens des idées l'aspect délirant des contenus qui, à des détails historiques près, changent relativement peu avec le temps, et aux sociologues l'examen des pathologies propre aux démocraties modernes, au premier rang desquelles, la paranoïa.

Sans nier sa composante paranoïde qui est au fond de tout complotisme, sa forme 2.0 témoigne d'une tension cognitive et d'un mode d'acquisition des informations spécifiques du fonctionnement de l'internet.

La croyance au complot est vieille comme le monde. Cependant elle augmente en temps de crise comme l'est celui de la pandémie que nous vivons.

À en croire ceux qui analysent ce phénomène, elle se serait fortement accrue depuis les évènements du 11 septembre dont les mêmes soulignent par ailleurs, qu'ils correspondent au développement du net. C'est donc devenu un lieu commun que de croire que le net a joué un rôle essentiel dans cet accroissement.

Ce n'est pas faux.

Mais se contenter d'expliquer ce phénomène, comme on le fait généralement, par le pouvoir qu'a le net de démultiplier l'information (fausse ou vraie), en laissant de côté son mode structurel de fonctionnement, c'est passer à côté de ce qui en fait un des meilleurs instruments de construction de narratifs alternatifs.

L'explication de l'augmentation des théories complotistes par la seule synergie entre un évènement se prêtant particulièrement aux thèses les plus farfelues et l'essor d'une technologie propre à les diffuser à grande échelle, néglige en effet deux choses essentielles :

Premièrement que l'internaute n'est pas un citoyen passif.

Deuxièmement que le net n'est pas un simple outil de communication, aidant à la circulation et à la réverbération des théories complotistes.

En livrant à tout un chacun des informations à monter soi-même, comme autant d'objets en kit auxquels fait défaut le mode d'emploi, l'internet favoriserait la diffusion des fake news ou autres infox qui servent de terreau et d'engrais aux théories du complot.

Encore une fois ce n'est pas faux.

Mais il faut aller plus loin et interroger les effets que ce bombardement par des données dont la seule lecture (pour ne rien dire de leur compréhension) excède ses capacités cognitives produit sur l'internaute.

Dans son *Traité politique* Spinoza faisait remarquer qu'il n'était pas étonnant que *la plèbe n'ait ni vérité ni jugement, puisque les affaires de l'État sont traitées à son insu, et qu'elle ne se forge un avis qu'à partir du peu qu'il est impossible de lui dissimuler*.

Ce « peu » est aujourd'hui devenu un océan d'informations dont l'immensité oblige chacun à y découper son « peu » ; son petit peu de connaissances erratiques qu'il promeut en savoir et transforme en croyances qui viennent résonner dans les bulles informationnelles où, désormais, il se mure avec ses coreligionnaires.

Une fois construite cette citadelle est imprenable.

Il s'ensuit que le résultat de l'hyper information sur l'exercice du jugement est le même que celui de la sous-information où Spinoza voyait une des causes de l'inaccessibilité du peuple à la vérité.

Elle n'est pas la seule ! Autrefois les débats, les discussions voire les querelles plus ou moins violentes entre détenteurs autorisés du savoir, ne franchissaient pas les portes feutrées des académies des sciences. Comme la fumée blanche de l'élection papale, n'en sortait que ce sur quoi la communauté scientifique était parvenue à un consensus.

Aujourd'hui, controverses, hypothèses concurrentes, luttes entre ego surdimensionnés, tout est déversé en vrac sur la toile. Et ce déversement sur des internautes d'autant plus déboussolés et inquiets qu'ils ignorent que c'est dans le heurt des idées que s'élaborent les vérités scientifiques, aboutit à leur perte de confiance tant dans la légitimité des connaissances établies par les hommes de sciences que dans celle des autorités politiques qui les relaient.

Les théories du complot reposent généralement sur un présupposé simple : « ils (entendez nos dirigeants et autres relayeurs de la vérité officielle) nous mentent ». Il faut dire que l'Histoire, notamment récente, a souvent conforté ce soupçon.

Cette conviction n'a donc en elle-même rien de déraisonnable. Elle le devient quand elle se transforme en croyance paranoïde en des forces obscures et complexes dont ces mensonges (que l'on sait inséparables de l'exercice du pouvoir) cachent les manigances. Et, ce qui est pire encore, les cache même à ceux qui nous mentent, ces gouvernants qui ne voient pas qu'ils sont joués.

Face à une telle situation, le complotiste se sent alors tenu de prendre le relais. Et il se met à creuser ; à creuser sans fin car le propre de l'enquête paranoïaque à laquelle sa recherche s'apparente, c'est de ne pas connaître de fin.

Si la vérité sort du puits comme l'a prétendu Démocrite, il a omis de dire la seule chose qui aurait mis un terme aux investigations complotistes quelle était la profondeur de ce puits.

Fait plus grave encore : ce n'est pas dans les galeries de la vieille taupe révolutionnaire de Marx qu'il s'enfonce, mais, généralement, dans le terrier du lapin blanc d'Alice.

Comment alors s'étonner que de cette aventure souterraine au royaume du n'importe quoi ou du tout-possible, il revienne avec des théories conspirationnistes délirantes qui trouvent d'autant plus aisément preneurs que nos sociétés ont le sentiment de vivre dans un monde de moins en moins compréhensible.

Et si... Et si de hauts responsables du parti démocrate adeptes de Satan, se livraient à un trafic d'enfants dans une pizzeria de Washington ?

Face à une telle absurdité, on ne peut que rire. Et pourtant cette rumeur extravagante a connu une diffusion virale qui a faussé la campagne électorale américaine de 2016. Elle a même poussé un homme, au cerveau plus léger que ses armes, à tenter de faire exploser ce foyer du diable.

Et si les attentats du 11 septembre avaient été orchestrés par la CIA pour imposer l'influence américaine au Moyen Orient ? On rit moins, et pourtant le principe est le même.

L'efficace perverse des théories du complot consiste à découvrir derrière les évènements (surtout, les plus complexes et les moins immédiatement lisibles) une intentionnalité simple qui les explique, ce que résume bien l'expression latine : « cui bono ». Il va sans dire que les cibles visées par ces « cui » auxquels le secret profiterait, changent avec les positions idéologiques des conspirationnistes : antisémitisme (« les juifs sont derrière tout ça »), anti-impérialisme (« la CIA est derrière tout ça... »), et bien sûr, la liste est sans fin : « les francs-maçons », les « Islamistes », « les Russes », « les Macronistes », etc.

Les théories du complot que j'appelle 3.0 ne dérogent pas à la règle.

Ce qui change, c'est que vient s'ajouter au présupposé du mensonge des gouvernants commun à toutes les théories du complot, celui de leur ignorance : « ils ne savent pas ». D'ailleurs leur plus grand mensonge est de dissimuler cette ignorance. Non seulement ils ne savent pas comme l'ont montré, dans leur gestion de la crise sanitaire, leurs revirements sur le port du masque ou leurs atermoiements sur les vaccins, mais ils ne savent même pas qu'ils sont les marionnettes de plus puissants qu'eux qui tirent les ficelles. En l'occurrence les *big pharma* qui réaliseraient des profits astronomiques sur le dos de notre transformation en cobayes. Le soupçon de leur ignorance a non seulement accentué la défiance des citoyens à l'égard des autorités politiques et épistémiques, mais l'a encouragé à se substituer à elles. En d'autres termes, à jouer le *bottom up* contre le *top down* pratiqué par l'aristocratisme des prétendus sachants. Autrement dit encore, à reprendre la main sur le mode de construction du réel et de la vérité et de ne pas en laisser le monopole aux institutions.

Le résultat en est une incitation pour chacun à se livrer à ses propres recherches avec ses faibles compétences et son maigre bagage cognitif. Et c'est là qu'intervient cet outil qu'est internet. Mais ce n'est là encore que rester à la superficie du rôle joué par le Net dans l'élaboration des théories complotistes.

Il nous faut aller plus loin encore.

Et commencer par se défaire de deux idées fausses. La première, c'est qu'il ne serait somme toute qu'un instrument de diffusion et de transmission de l'information – vraie ou fausse, là n'est pas la question – laissant à l'internaute la liberté d'en faire ce qu'il veut ou peut. La deuxième, c'est que le mode d'acquisition du savoir y étant désordonné, discontinu, déconstruit et privilégiant le parataxique sur le syntaxique, toute cette dispersion ajouterait à l'inintelligibilité du monde par défaut d'articulation.

Or c'est tout le contraire !

N'importe quel praticien du net se rend très bien compte que, par un subtil réseau de liens et de jeux de renvoi, il est conduit à passer d'une entrée à une autre. Comme si le net le prenait par la main.

Or au cours de ces passages des rapports de liaison s'établissent dans l'apparente discontinuité des données. Celles-ci commencent à s'articuler. Il suffit de transformer ces articulations en causalité, et le tour est joué. Là où il n'y avait que de l'inintelligible, il se dessine des chemins qui conduisent à des explications possibles.

Les théories du complot n'ont plus qu'à les emprunter.

C'est donc moins par la désinformation à laquelle il nous expose que par la représentation du monde qu'il nous impose, celle d'un monde où tout est souterrainement connecté, que le web est le meilleur allié du complotisme.

Rappelons que le premier article de foi du complotiste est : *ce n'est pas un hasard si…*

Pour lui la coïncidence ou la coexistence n'existent pas, surtout si elles lui semblent bizarres et il lui en faut peu pour qu'il les trouve telles.

Contrairement à ce que l'on craignait hier encore, nos sociétés ne souffrent pas d'indifférence à la vérité, car personne ne lui est attaché de façon plus obsessionnelle que le complotiste comme le montre, entre autres, le site complotiste intitulé « *truth will prevail* » qui se lance dans des centaines d'études et d'enquêtes sur les vaccins.

Ce dont elles souffrent c'est d'une défiance profonde à l'égard de la façon dont cette dernière est produite. Ce n'est donc pas d'une vérité alternative que veulent nos sociétés tentées par le complotisme, mais d'une production alternative de la vérité. Le danger n'est pas moindre.

Car le citoyen enquêteur se prend vite au jeu de la recherche des indices et comme plus on creuse plus on trouve, il se laisse emporter de l'autre côté du miroir là où tout devient signes. Sans voir que ces signes ne sont signes de rien, si ce n'est de sa passion pour le jeu de piste à plusieurs dans lequel il s'est engagé, et qui contient en lui-même sa propre finalité.

Tel fut le cas de la soi-disant conspiration qui fit trembler l'Amérique : QAnon.

Face à cette situation ceux qui nous gouvernent ne parlent que de restauration de la confiance, programme totalement creux tant qu'on ne travaillera pas à comprendre la carte des nouveaux circuits qu'elle emprunte, afin d'en établir une autre.

Avec le développement de l'IA, notre rapport au monde est confié à des interfaces numériques qui grâce à des algorithmes hiérarchisent et trient ce qui nous est communiqué pour servir à chacun ce qui va dans son sens. Il en résulte une fragmentation de la réalité qui rend impossible la constitution d'un commun.

Du kiosque à TikTok

Clara Schmelck

La presse imprimée est toujours disponible dans les kiosques et à l'abonnement. Mais, à l'heure où il devient crucial pour toutes les rédactions de développer une info personnalisée et de la singulariser pour faire le buzz sur les réseaux sociaux, quel avenir reste-t-il au journal quotidien, ce médium historique qui a fondé la démocratie d'opinion ? Sa mission était d'établir et de vérifier les informations du jour – les mêmes pour tous – en les analysant différemment selon son engagement dans le débat politique.

À un moment où les partis politiques semblent perdre consistance et crédibilité, le modèle du journal est-il encore viable ? À quelles dérives nous condamnerait sa disparition ? Si le médium agit sur le message, de quelle info serait-il question alors ?

La fin de l'info partout et pour tous

Fraîchement diplômée d'une grande école de journalisme, Juliette se voyait déjà grand reporter en zone de conflits. Voilà quatre ans que la jeune femme copie-colle des dépêches sur le web. Tous les jours, l'odeur de l'*open space* lui donne l'impression de barboter dans un bocal à cornichons aigres. Un soir au bureau, vers 21 heures, Juliette a jeté son carton de sushis UberEats à la poubelle, en écrivant dessus « vers de nouvelles aventures » en lettres capitales. Une des cent vingt-trois « journalistes web » de ce titre de presse national est partie. Hashtag #Démission, hashtag #PoseTaDem, hashtag #CarpeDiem. Bien entendu, Juliette a posté son geste sur TikTok. Elle espère atteindre des milliers de « vues ». Dehors, elle se sent seule dans la rue. Elle attend son Uber.

Dans son enquête *Jeunes journalistes, l'heure du doute*[1], le sociologue Jean-Marie Charon se concentre sur la situation des jeunes journalistes, rongés par la précarité financière, notamment dans la pige. Après quelques années d'exercice, les journalistes sont nombreux à quitter la profession. 40 % des détenteurs de la carte de presse n'exercent plus après sept ans dans le métier, et 66 % des journalistes de moins de 30 ans n'arrivent pas à vivre décemment de leur travail. En septembre 2023, les intervenants d'une table ronde sur les conditions de travail des journalistes[2] ont tour à tour fait état de la paupérisation croissante de la profession, en particulier chez les jeunes, qui ont souvent plusieurs emplois parallèles malgré un bagage universitaire solide (obtention du Master 2) complété par une formation pratique reconnue par la profession, en école de journalisme.

Les groupes de presse sont les premiers à s'en inquiéter : le journal existera-t-il encore dans dix ans ? Voilà deux décennies que l'on prédit la disparition de ce médium, né il y a quatre siècles. En France, le journal est apparu au début du XVIIe siècle (1631, *La Gazette* de Théophraste Renaudot) grâce à la triangulation magique de trois principes : le papier, la Poste d'État, la presse à imprimer. À la fin du XIXe siècle, dans une France de mieux en mieux alphabétisée, le quotidien devient un produit de consommation de masse. Grâce au papier industriel à base de pâte de bois et à la rotative, son prix devient accessible à tous. C'est la montée en puissance du journal d'opinion, socle de la démocratie du même nom. Le *Petit Journal* atteint des tirages records : 500 000 exemplaires en 1878, 1 million en 1890, 2 millions en 1895, avec 80 % de ses ventes par expédition en province. Mais *Le Petit Journal* n'est pas tout seul : pour la seule ville de Paris, on dénombre 1 540 titres en 1885, 1 665 en 1887. Le Quotidien, ce bulletin sur lequel est imprimée l'information de chaque jour, devient le médium universel de l'information sociale et politique, en démontrant un pouvoir sans précédent : en 1898, le « J'accuse ! » de Zola, diffusé à 300 000 exemplaires à la

1. Jean-Marie Charon, *Jeunes journalistes, l'heure du doute*, Éditions Entremises, octobre 2023.

2. « Conditions de travail des journalistes : la démocratie est-elle en danger ? » : table ronde organisée à la Bourse du travail par le Syndicat national des journalistes et Technologia le 19 septembre 2023, avec Jean-Marie Charon, sociologue des médias du CNRS, Louis Dreyfus, président du directoire du groupe Le Monde, Eric Valmir, secrétaire général de l'information de Radio France, Jean-Claude Delgènes, président de Technologia, et Emmanuel Poupard, premier secrétaire national du Syndicat national des journalistes.

Une de *L'Aurore*, fait éclater l'Affaire Dreyfus en dénonçant un complot antisémite à la tête de l'État. Aussi puissant que l'exécutif, le législatif et le judiciaire, la Presse devient le « quatrième pouvoir » de la société post-révolutionnaire, conformément à la prophétie de Balzac (*La Revue parisienne*, 25 août 1840). Autour de ce succès, les métiers du journalisme s'organisent : en 1935, la loi Brachard institue le statut de journaliste professionnel, en 1936, la carte de presse. Moyennant un achat au numéro ou un abonnement à un titre Il permet à chacun, partout sur le territoire national, dans une même langue, de prendre connaissance des mêmes événements avec des points de vue politiques différents. L'essor de la presse encourage ainsi le développement d'une démocratie d'opinion.

Mais, depuis une vingtaine d'années en Europe et aux États-Unis, la dépendance aux plateformes en ligne et la crise du papier compromettent l'existence du journal tel qu'on l'a connu. Le réseau ouvert internet apporte gratuitement et en temps réel les actualités mondiales. Quand les grands quotidiens français, ont décidé de proposer une version en ligne de leur journal, à l'instar de *Libération* en 2000, ils ont commis l'erreur de ne pas mettre en place de guichet de péage (*paywall*), à l'entrée de leurs articles en imaginant qu'ils pourraient se financer en ligne grâce à la seule publicité. Or, la publicité digitale génère des revenus volatiles, instables, très inférieurs à ceux des annonces papier. De plus, à partir des années 2010, la fréquentation en ligne des médias s'est en partie trouvée concurrencée par Facebook et Twitter, dont l'usage s'est étendu à la consultation des actualités : une tendance qui s'est confirmée d'années en années, au point qu'aujourd'hui, les réseaux sociaux sont devenus les principales artères de l'information. Ces plateformes sont ce que l'on appelle des infomédiaires : elles offrent aux internautes un accès organisé aux informations. Chaque jour, 28 millions de Français se connectent sur Facebook, 16,4 millions sur Instagram, 16 millions sur WhatsApp. Sur l'ensemble de la planète, près de 3 milliards d'humains utilisent les services de la galaxie Facebook. Ces plateformes offrent des solutions d'affichage et d'hébergement de contenu éditoriaux produits par des sites de presse d'information. L'originalité de ces réseaux, c'est que le flux d'informations est alimenté en continu par les utilisateurs. Sur la version mobile de Facebook, il y a à la fois des notifications et des fils d'actualité (*newsfeeds*) où l'actualité est présentée de manière personnalisée. 9 milliards de vidéos y sont vues quotidiennement. À partir de 2015, Facebook, Twitter, puis Snapchat et TikTok se sont mis à contracter des alliances avec les grands quotidiens américains, européens et indiens. Le but des plateformes, outre celui que représente la commercialisation de données personnalisées, était d'augmenter encore leurs recettes publicitaires. Ainsi, avec des revenus de 3 milliards d'euros, Google représente près de 40 % du marché de la publicité digitale. Le trio Google, Meta (Facebook) et Amazon pèse près de 67 % du marché en 2021, contre 40 % en 2019. En France, en dix ans, 50 % des recettes publicitaires qui étaient attribuées à la presse sont passées au numérique. En novembre 2023, après des mois de négociations, le Canada et Google ont conclu un accord pour que la société californienne verse une compensation aux entreprises de presse du pays en échange de la diffusion de leurs contenus. Google versera un soutien financier de 100 millions de dollars canadiens par année indexé à l'inflation. Mais dans les autres pays du monde, l'asymétrie entre les géants du numérique et les médias demeure.

La crise du papier et de la distribution pousse les entreprises de presse à pactiser avec les plateformes pour compenser les pertes de revenus sur les ventes d'exemplaires imprimés. La situation sanitaire internationale a aggravé la pénurie de papier blanc. « Après des hausses de prix de l'ordre de 20 % au deuxième trimestre 2021, les papiers de presse pourraient venir à manquer à la rentrée », s'affolait en août 2021 *Le Figaro* sur son site internet. Avec les restrictions et les confinements, moins d'arbres ont été abattus, les usines papetières ont tourné au ralenti, et la production de pâte à papier, base de la fabrication du papier et du carton, a chuté d'autant. Selon l'indice canadien NBSK de référence, le prix de la pâte à papier a bondi de 60,6 % entre juillet 2020 et juillet 2021, passant de 810 à 1 310 dollars par tonne (Source : *Pap' Argus*, août 2021). À cela s'ajoute en France la crise de la distribution de la presse. Le bon vieux journal que l'on tient entre ses mains, avec le café du matin, serait-il en train de laisser place à un journal en ligne, connecté aux réseaux sociaux et consultable sur écran ? La « transition » numérique de la presse ne se limite pas à une affaire de support matériel. Ce tournant technologique exprime un changement aussi bien dans la fabrication que dans la conception et la réception de l'information.

L'offre développée par les titres de presse sur le web 2.0 (les sites internet) et le web mobile (les réseaux sociaux) n'est pas une simple transposition dans l'espace numérique des journaux imprimés. C'est l'intégration des journaux à cet espace virtuel selon le modèle conçu par les plateformes. Les journaux et les salles de rédactions continuent certes d'exister, mais le journal n'a plus d'indépendance absolue vis-à-vis des plateformes en ligne. Quand un titre de presse s'associe à un infomédiaire, une entreprise qui exploite un réseau en ligne, il perd forcément la totale maîtrise de sa ligne éditoriale. Avec les plateformes en ligne, ce n'est plus à l'utilisateur de chercher l'information en ligne par un moteur de recherche, mais à l'information de trouver l'utilisateur. Pour les médias en ligne destinés à être visibles sur Facebook ou sur Twitter, il est ainsi devenu nécessaire d'adapter l'aspect visuel des textes pour faciliter la lecture car la rapidité de lecture conditionne le taux de partage sur les réseaux sociaux. La rédaction souffre donc d'un défaut d'originalité. La forme dicte au phrasé sa cadence, bride ses excès de questionnements. Ce dispositif instauré par le réseau social affecte tous les modes de présentation de l'information. Les articles de presse se ressemblent de plus en plus. L'érosion de l'originalité narrative de la presse paraît inéluctable. Dans *L'information à tout prix*, Julia Cagé, professeur d'économie à Sciences Po Paris, constate que 64 % du contenu média publié sur le Web serait entièrement copié-collé et proviendrait donc d'un autre contenu en ligne. La moitié des papiers reprenant une information publiée dans un autre média sont publiés vingt-cinq minutes seulement après la sortie du premier papier.

Disponible en Europe depuis la fin de l'année 2022, l'application de conversation ChatGPT (« *Generative Pretrained Transformer* », ou « modèle de transduction de langage prédictif ») inquiète les rédactions. Lancé par la *start-up* californienne OpenAI, le robot est capable de rédiger des réponses à diverses questions de culture générale, mais aussi de rédiger des brèves, de produire des synthèses ainsi que les traductions automatiques de conversations. Il peut reconnaître des objets dans des images avec leur dénomination, transcrire des vidéos ou de faire de la reconnaissance vocale à partir de ces vidéos. GPT possède aussi sa version Chatbot qui est capable de répondre à des questions et même de discuter, c'est ChatGPT. Ce service utilise la technologie du *machine learning*, ou apprentissage automatique. Il s'agit d'une catégorie de l'intelligence artificielle qui confère aux ordinateurs la capacité d'apprendre sans être explicitement programmés : Les algorithmes construisent des modèles à partir de données stockées numériquement (des chiffres, des mots, des images, des statistiques…). L'intelligence artificielle analytique est ainsi capable de reproduire l'écriture journalistique calibrée pour le web et enseignée depuis vingt ans dans les écoles de journalisme : phrases courtes, emploi de mots-clefs, vocabulaire élémentaire. En pleine crise économique, le recours à ChatGPT à la place de l'embauche de rédacteurs sera le moyen pour de nombreux titres de presse de réduire leurs coûts de production. En mars 2023, *Le Figaro* a suscité l'émoi en ayant recours au service Midjourney pour illustrer un de ses articles. Midjourney est un programme d'intelligence artificielle « texte vers image » : il suffit de lui indiquer une description en langage naturel pour qu'elle produise une image correspondante. « Deux notaires, un avocat, un directeur d'Ehpad, un croque-mort, un généalogiste, une veuve… » Ce fait divers de « juteuse escroquerie à l'héritage » impliquant au total neuf personnes, raconté sur le site du *Figaro* le 26 mars 2023[1], n'a pas été confié à l'imagination d'un illustrateur. En haut de l'article, figure l'image d'un « groupe de notables » qui semble conspirer. Il ne s'agit ni d'une photographie ni d'un dessin, mais d'une « image générée par Midjourney » comme le précise le crédit, qui mentionne le nom de l'adjoint de la direction de la rédaction du site du Figaro. Le quotidien a finalement rapidement retiré cette illustration. À ce jour, dans les rédactions, les robots journalistes sont surtout utilisés dans le cadre de la création systématisée d'articles peu complexes à écrire, dont la matière première est constituée par des données structurées, et répondant à un besoin d'exhaustivité. Pour autant, le journaliste est bien toujours présent : c'est bien lui qui est à l'origine des choix éditoriaux de traitement de l'information et des différents scénarios d'interprétation des données.

Avec plus de 6 000 publications de presse, un actionnariat et des modes de gouvernance variés (industriels, fondations, associations, familles, petits entrepreneurs…), la France bénéficie d'un paysage médiatique qui présente un certain pluralisme. Mais, depuis plus d'un siècle, la presse est une industrie : le marché est dominé par des conglomérats. L'adaptation de la presse au numérique, coûteuse en infrastructures et en production de contenus multimédia, a donné encore plus de poids aux logiques financières. Le paysage médiatique

1. https://www.lefigaro.fr/faits-divers/entre-faux-testaments-et-absence-de-successeurs-des-notables-au-coeur-d-une-juteuse-escroquerie-a-l-heritage-20230326

français des années 2020 présente un aspect paradoxal : d'un côté, le développement des médias numériques a entraîné une démultiplication de l'offre de médias et de contenus ; de l'autre, le capital des principaux médias d'information privés est concentré entre les mains d'une trentaine d'actionnaires. Or, une trop forte convergence risque de compromettre la diversité, voire même l'autonomie éditoriale des médias d'information. Le rôle intermédiaire du directeur de la rédaction permet en principe d'éviter l'ingérence éditoriale. Pourtant, il arrive que les journalistes employés par les médias détenus par ces industriels aient à subir une pression de leur part, explicite ou insidieuse. En France, le pluralisme des médias est un principe constitutionnel, et le journalisme a un rôle d'information et d'animation de la vie publique. Il ne faudrait pas non plus que les médias soient sous l'autorité de tel ou tel gouvernement. La liberté et le pluralisme des médias sont consacrés à l'article 11 de la charte des droits fondamentaux de l'Union européenne. Le 16 septembre 2022, la Commission européenne a adopté une législation européenne sur la liberté des médias visant à protéger le pluralisme et l'indépendance des médias dans l'UE. Le règlement proposé prévoit notamment des règles sur la transparence de la propriété des organes de presse et un contrôle des concentrations.

Dans *L'information est un bien public*[1], l'économiste Julia Cagé et l'avocat Benoît Huet proposent quant à eux une solution pour démocratiser la propriété des médias : la création de « bons pour l'indépendance des médias » qui remplaceraient les aides à la presse actuelles et donneraient à chaque citoyen la possibilité d'allouer l'aide publique aux médias de son choix[2].

Pris dans l'étau de contraintes économiques de plus en plus nombreuses, le journal n'est plus le maître du temps quotidien. Aujourd'hui, un sujet est choisi, en conférence de rédaction, en fonction du « bruit médiatique » qu'il a généré sur Twitter, Facebook ou TikTok. C'est donc le réseau en ligne qui détermine la valeur algorithmique de l'événement. La satisfaction de la demande est une priorité, et les algorithmes sont les rédacteurs en chef. L'utilisation de Twitter,

---

1. Julia Cagé et Benoît Huet, *L'Information est un bien public. Refonder la propriété des médias*, Paris, Seuil, 2021.

2. En France, les états généraux de l'information, lancés en septembre 2023, ont donné lieu à des initiatives pour renforcer l'indépendance éditoriale des rédactions.

plateforme qui permet la diffusion de messages (tweets) limités à 280 caractères, a rapidement dépassé le cadre de la communication interpersonnelle pour devenir un espace fortement politisé. Twitter met en relation des catégories d'utilisateurs spécifiques, comme celle des journalistes, qui contribuent à leur tour à définir l'agenda médiatique. En fait, l'information passe par les réseaux sociaux avant d'être dans le journal.

L'exemple d'un incident survenu lors d'une manifestation des Gilets Jaunes à Toulouse le 12 janvier 2020 est révélateur de la façon dont les réseaux sociaux deviennent les agents de sélection de ce qui fait événement. Samedi 12 janvier 2020, la journaliste Anne Sinclair avait posté un message accompagnant une vidéo circulant sur Twitter sur laquelle on voit un fonctionnaire de police faire un croche-pied à une manifestante à Toulouse. L'article du *Dauphiné Libéré* traitant du croche-pied s'intitule « La vidéo du croche-pied indigne Twitter ». L'article du *Dauphiné Libéré*[1] débute par ces mots « Suivie par près de 500 000 abonnés, la journaliste Anne Sinclair a posté samedi un message accompagnant une vidéo circulant sur Twitter sur laquelle on voit un fonctionnaire de police faire un croche-pied à une manifestante ». Le traitement journalistique ne décrit donc pas seulement le fait considéré (le croche-pied), mais également son mode de diffusion. Dans le journal, on trouve non seulement la description de l'événement, mais aussi le détail des éléments relatifs aux réseaux sociaux en ligne : mention du nombre d'abonnés, « a posté », « circulant sur Twitter ». Au total, l'image du croche-pied est moins importante que la « viralité » numérique qu'elle a produite. Le *Dauphiné Libéré* intègre même des tweets au corps de l'article : c'est le bruit (le *buzz*) qui est le centre de gravité de l'info. Sur internet, chacun peut en effet prétendre devenir l'informateur de l'autre en partageant ou en commentant un article. Ainsi, la diffusion sur Twitter associée à des hashtags contribue à donner aux événements une orientation lexicale, c'est-à-dire à l'associer indirectement à un nuage de termes qui en constituent l'interprétation. Par exemple, la médiatisation, par des témoins directs, de faits qui peuvent être interprétés comme des actes de violence commis par de policiers lors de manifestations constitue pour certains internautes un événement qui fait à coup sûr un gros succès. Le mot-dièse #ViolencesPolicières est devenu, depuis quelques années, une thématique médiatique à part entière dans les médias dits

1. *Le Dauphiné Libéré*, 12 janvier 2020, https://www.ledauphine.com/france-monde/2020/01/12/la-video-du-croche-pied-indigne-twitter

« de gauche », comme *Libération* ou de *Télérama*. Ces deux journaux produisent une information partiellement issue des échanges visibles sur les réseaux sociaux, qu'ils sélectionnent et interprètent en accord avec leur ligne éditoriale. Au début de la guerre en Ukraine, c'est même presque exclusivement sur les réseaux sociaux que les informations s'échangent, pendant que les chaînes de télévision diffusent en boucle les mêmes images de combats. Cela, le président ukrainien le sait bien. Le 25 février 2022, au deuxième jour de l'intervention russe en Ukraine, Volodymyr Zelensky se filme au smartphone, dans la rue, à Kiev. Aux lumières d'un plateau de télévision, le président préfère l'intimité de la nuit. Vêtu d'un simple tee-shirt kaki, entouré de quelques personnes de confiance, il enjoint ses compatriotes à se battre : « *Nous sommes ici. Cette nuit sera encore plus difficile que la journée passée. Je m'adresse à tous les défenseurs sur tous les fronts : cette nuit, nous devons résister.* » La vidéo est visionnée et relayée massivement sur les réseaux sociaux, d'est en ouest, depuis l'Ukraine, l'Europe puis les États-Unis. Zelensky est un héros médiatique avant même d'être médiatisé. Ce n'est que dans un second temps que les médias professionnels ont analysé la réception du discours de Zelensky. Les chaînes d'information en continu, nées trente ans plus tôt et spécialistes du scoop, se sont laissées prendre de court par les réseaux en ligne.

« *Client centric* »

L'adaptation aux réseaux sociaux a poussé les titres de presse en ligne à adopter une logique *client centric*, (à la disposition du client) qui passe par une personnalisation (*customisation*) des contenus et un dialogue permanent avec la « communauté » de lecteurs concernés. Individualisation et horizontalité sont les mots d'ordre, les « mantras » de tout journal qui espère accroître son audience et son taux d'abonnés numériques. Le basculement en ligne permet aux marques média de proposer plusieurs niveaux d'entrée sur les sujets pour s'adapter au degré de connaissance de chacun et personnaliser les contenus envoyés à l'internaute en s'appuyant sur les mots-clés/thèmes des contenus qu'il consulte le plus. À partir de 7 heures du matin, « La Matinale du Monde » (exclusivement numérique) permet de survoler la vingtaine de contenus éditoriaux choisis par la rédaction, qui se trouve présentée à l'écran sous la forme d'un paquet de cartes. De l'actualité

« chaude », des enquêtes, de la vidéo et même de la bande dessinée humoristiques sont ainsi proposés chaque jour. Libre à l'utilisateur de choisir les sujets qu'il désire consulter en les faisant glisser sur la droite de son écran et en les intégrant à son panier de lecture. Ceux basculés sur la gauche passent à l'oubli : les équipes du *Monde* ont repris ce *modus operandi* de Tinder, l'application de rencontres en ligne. Adopte une info ! La hiérarchisation de l'information n'est donc ni discutée ni décidée en salle de rédaction, mais mise à la disposition personnelle de chaque consommateur de l'information qui en devient juge. Le réseau social Snapchat, pour sa part, propose aux médias d'information de développer des formats filmés en format vertical, adaptés à un smartphone, les « *stories* », puis les « shows ». Ainsi, un reportage de quatre pages sur la guerre au Tigré se consomme en deux minutes, soit le temps qu'il faut pour attendre un métro ou pour manger un paquet de Doritos. Plus récemment, TikTok, le réseau social chinois de vidéos musicales, a séduit les rédactions françaises en 2020. C'est sur ce réseau que *Le Monde* lance aujourd'hui des séquences vidéo plusieurs fois par jour. Le quotidien adapte ses contenus à un segment de lecteurs qu'il cherche à conquérir : les 13-25 ans. Chaque utilisateur de TikTok peut cocher les vidéos interactives qu'il a envie de voir ou non, en fonction des thèmes qui lui plaisent. Les vidéos, pas forcément glamours, portent sur le référendum en Nouvelle-Calédonie, la présence de la Chine en Afrique ou encore le mode de transmission du variant Omicron. Mais ça plaît. Sur un ton enjoué et parfois humoristique, des journalistes reviennent en quelques minutes sur l'actualité du jour. Pendant qu'ils parlent face caméra, des objets animés surgissent dans la fenêtre de visualisation du lecteur : un schéma, le pictogramme du vaccin contre le Covid-19, une donnée statistique. Les jeunes ont l'air de trouver ça émoustillant.

L'idée est de donner à voir, selon leur tranche d'âge, ce qu'ils pourraient désirer voir, et sous un conditionnement aussi emphatique que possible. À l'inverse, le quotidien d'information, quant à lui, est conçu pour capter l'attention de tous ceux qui souhaitent le lire, sans limitation ni formatage sélectif de ses contenus : il propose une diversité d'articles qui propre à assouvir la curiosité intellectuelle du lecteur, avec le projet de l'ouvrir à de nouvelles questions, en cherchant éventuellement à le surprendre, ou voire à le choquer. Le quotidien imprimé, contrairement à l'info de flux sur Twitter, est en écho avec l'événement et non pas avec l'humeur, l'émotion, l'envie ou le dégoût.

On pourrait croire qu'il suffirait de chercher une information sur Google pour échapper à la personnalisation des contenus sur les réseaux sociaux. Mais, le fonctionnement différencié des moteurs de recherche ne propose pas à tous les mêmes titres, ni les mêmes images, ni les mêmes liens. Dans le monde, près de deux recherches en ligne sur trois sont réalisées *via* Google. Pourtant, les résultats de recherche ne seront pas les mêmes selon que la question soit formulée depuis la France, la Russie ou l'Ukraine. Par exemple, si l'on s'intéresse à la pseudo-théorie de la « dénazification de l'Ukraine » développée par Vladimir Poutine pour justifier l'agression russe en Ukraine, les résultats de Google divergent : depuis la Russie, la première page présente une pléthore de liens vers des preuves sur la présence de nazis en Ukraine. Depuis la France, Google propose une accumulation d'articles démontant cette affirmation. Depuis l'Ukraine, les quatre premiers liens sur les nazis en Ukraine portent sur la Seconde Guerre mondiale. En 2024, nous ne naviguons pas dans un internet libre et ouvert, mais dans un internet morcelé.

Les journalistes, tiers de confiance

Force est de constater une perte d'influence des tiers médiateurs que sont traditionnellement les journalistes qui exercent dans les rédactions de médias professionnels. Conformément à la déontologie de la profession, les journalistes n'appartiennent à aucun groupe d'intérêt privé, ne sont affiliés à aucun parti politique et tentent d'être objectifs. En France, il existe une étanchéité entre l'espace médiatique central et les médias périphériques ou de contre-information. La presse professionnelle tient à préserver les valeurs de la profession en se constituant comme un bouclier contre les rumeurs et les fausses informations. Par souci d'objectivité, elle observe avec prudence la défense de causes et les mobilisations militantes. Les grands médias, presse, radio et télévision, sont alors accusés d'être le moyen d'expression et de pouvoir des « élites » financières et intellectuelles, fermées à la diversité des opinions.

Ainsi, les Gilets jaunes ont préféré exprimer leurs attentes sur des groupes Facebook, estimant que les journalistes n'étaient pas un relais efficace et représentatif de leurs revendications. Les Gilets Jaunes, puis les Anti-Vaxxx, ont développé une stratégie d'autonomisation qui se caractérise par la multiplication de groupes sur Facebook et d'auto-médias sur YouTube ou sur Twitch. Ces auto-médias ont développé un modèle économique viable en se finançant *via* des cagnottes en ligne. En 2020, les producteurs de *HoldUp*, documentaire controversé sur le Covid-19 ont récolté près de 200 000 euros sur Ulule, et plus de 100 000 euros sur Tipeee. L'argent récolté à travers ce financement participatif a permis de payer les journées de studio d'enregistrement, le mixage, les archives TV, les traductions en anglais et les frais de production.

Le *fact-checking*, ou examen renforcé des faits, occupait une place centrale dans l'offre de presse professionnelle en ligne. Il souffre à présent d'un défaut d'efficacité. Les médias débusquaient une fausse déclaration dans l'espoir d'inciter les personnalités publiques à rectifier leur propos pour dire la vérité aux citoyens. Mais, en 2021, le *Washington Post* révèle à ses lecteurs qu'en quatre ans de mandature, le président Trump a fait 30 573 allégations fausses ou trompeuses. C'est un aveu de faiblesse pour le titre de presse, dont la cellule « Fact Checker » n'aura pas eu le pouvoir de réfréner Trump. Bien au contraire, celui-ci n'aura eu cesse de se vanter d'être la cible permanente des médias *mainstream*, des journalistes bien pensants. Par ailleurs, la fréquentation d'internet, où les sites de vente en ligne et les médias d'information se trouvent dans le même espace, a développé chez les internautes des comportements de consommateurs perpétuellement insatisfaits. Ainsi, au début de la pandémie de Covid-19, la nouveauté pour les médias a été de dire qu'« on ne savait pas » alors qu'il y avait une demande urgente de la part des lecteurs. Les lecteurs se sont comportés en consommateurs furieux d'avoir payé pour un produit défectueux. À la faveur des nouvelles technologies d'algorithmes de prédiction, le lecteur réduit la raison à une simple faculté de prévision. Si le journaliste ne semble pas en état de prévoir ou de prédire ce qui va advenir, s'il laisse passer une once d'incertitude, c'est qu'il est mauvais.

Or, ce que les médias d'information professionnelle veulent éviter à tout prix, c'est la fuite de leurs lecteurs. Afin de retrouver ce statut de tiers de confiance dans la société, les journalistes discutent régulièrement sur les réseaux sociaux du processus de fabrication d'une enquête ou d'un reportage. Sur Twitter, où la parole des journalistes est particulièrement observée par les internautes ; les journalistes tentent d'expliquer les raisons pour lesquelles ils ont réalisé telle ou telle enquête, les difficultés qu'ils ont rencontrées sur le terrain, et, s'ils sont reporters indépendants, les sources de financement de leur reportage. Les rédactions mettent en place des dispositifs de dialogue avec les lecteurs, qui vont au-delà du commentaire en ligne ou de la rubrique « courrier des lecteurs ». Le site d'investigation locale *Médiacités*, créé en 2016, revendique plus de 2 000 enquêtes à son actif. Les rédacteurs prennent le temps de montrer aux lecteurs qu'une enquête peut avoir multiples effets : contribuer à changer une loi ou une réglementation, révéler une situation illégale qui conduit à des condamnations, ou encore dissuader des personnes tentées par des comportements illicites. Surtout, l'indépendance financière et éditoriale des médias permet aux rédactions de suivre un « agenda citoyen » : définir ce qui intéresse les citoyens afin de faire valoir ces priorités dans l'agenda politique. C'est ainsi que la presse, s'efforçant de garder une indépendance par rapport à des groupes d'intérêts particuliers, joue son rôle de « quatrième pouvoir » dans une démocratie.

Le journal, à rebours de la journée

À l'inverse de la télévision et de la radio, capables de réagir en temps réel, le journal n'est pas synchronique. Si cette différence séquentielle était un handicap il y a vingt ans, le différé aujourd'hui un atout. Le journal, parce qu'il se présente comme le garant d'une information vérifiée, recoupée et approfondie, reste la référence évidente du journalisme. Le papier produit une information sur laquelle on peut revenir. Les titres de presse réaffirment leur vocation d'éditorialiser l'information, d'apporter les éclairages, d'envoyer des reporters en zones peu couvertes, d'exister comme instance (la rédaction) qui a pour mission d'établir et de vérifier les faits. Les grands titres de presse l'ont compris : pour gagner la confiance des lecteurs potentiels, il leur est indispensable de s'affirmer en tant que journal, et pas simplement de s'afficher comme marque-média. Paradoxalement, le journal est devenu un quotidien à rebours de la journée. Les nouvelles arrivent en direct sur les réseaux sociaux. Le vecteur de circulation d'un événement est sa puissance émotionnelle ; et sa vitesse est fonction du degré d'indignation ou au contraire d'adhésion qu'il est susceptible de générer au sein d'une communauté. Dans ce contexte, le titre de presse doit faire preuve de vigilance : que vaut un témoignage maintes fois retweeté mais pas encore vérifié ? Un fait divers qui a fait 20 000 vues sur TikTok vaut-il d'être mis à la une pour la seule raison qu'il a suscité l'émotion immédiate de vidéonautes ?

Le *fact checking* a pris la forme d'une traçabilité de l'information dans le sens d'un contrat de confiance avec le lecteur. L'ONG Reporters sans frontières (RSF) a lancé en mai 2021 la « *Journalism trust initiative* » (*Initiative pour la fiabilité de l'information*), une plateforme qui vise à lutter contre la désinformation en promouvant des médias considérés comme « dignes de confiance » à l'issue d'un processus de vérification rigoureux.

Les cellules dévolues au *fact checking* dans les grands médias sont désormais amenées à poursuivre une démarche de triple vérification. Jusqu'à présent, la démarche du *fact checking* a consisté non seulement à interroger la valeur de vérité d'une source (texte, photographie, séquence vidéo), mais aussi à interroger le contexte d'énonciation des énoncés ou de ces visuels et les intentions de l'individu ou de l'organe qui était à l'origine de ces contenus. On interrogeait alors deux genres de vérités : la vérité de faits (une information est ou bien vraie ou bien fausse) et la vérité d'énonciation : qui met en circulation telle information et dans quelle intention ? À présent, il va s'agir également de s'intéresser à la nature même de l'énoncé produit, en deçà de sa fonction. Ce substrat textuel ou visuel est-il une fabrication syntaxique et stylistique humaine (un mensonge, une exagération, une litote, un non-dit ; un plan large ou un plan resserré) ou une fabrication artificielle, générée par une IA ? Une fois que le journaliste a établi qu'une image ou qu'une vidéo était une fabrication artificielle, il doit en rechercher la source, car tout contenu généré par une IA a pour origine l'humain qui a rédigé intentionnellement une commande au robot générateur d'images.

La presse cherche à indexer la valeur de ses contenus et de ses services sur les pratiques d'autorégulation, en labélisant l'information. Le quotidien, régional, national ou international, n'a plus vocation à annoncer un événement en premier, mais à être le premier et le seul support d'information à confirmer la véracité d'un événement qui a déjà fait le tour des réseaux sociaux voire des plateaux de télévision.

Dans les années à venir, le mot « journal » ne désignera plus nécessairement l'objet – la publication imprimée, mais un produit journalistique fini et daté. De plus, étymologiquement, le terme de « journal » indique un rendez-vous quotidien avec un lecteur, par opposition à une information de flux. Un site d'informations comme *Médiapart*, qui n'a pas de support papier, revendique cependant un statut de « journal », fait d'« éditions quotidiennes » affichées sur la page d'accueil, aussi appelée « la Une ».

La lettre d'information (*newsletter*) est un des formats de prédilection des rédactions pour favoriser la conversion des lecteurs en abonnés. Chacune des *newsletters* du *New York Times* cumule environ 15 millions d'inscrits, pour un total de quelque 100 millions d'e-mails. Il s'agit en fait d'un simple courriel envoyé à une liste de destinataires. Il est appelé lettre, pour nous rappeler le bulletin, le courrier qui était, il y a quelques années encore, en Europe ou aux États-Unis, déposé dans les boîtes aux lettres. À cet égard, le support papier ainsi que la maquette des journaux imprimés restent la référence de la presse. Sur les sites des grands journaux à l'instar du *Monde* ou du *New York Times*, la matière informationnelle est organisée sur écran comme sur le papier. Pour que cette lecture sur écran reste confortable comme elle l'est en version imprimée, les grands titres de presse internationaux ont pris pour modèle les chartes graphiques des maquettes de la presse papier : citations mises en exergue, quatre ou cinq photos qui viennent donner du rythme, un système d'enrichissement avec des petites biographies de personnages, harmonie de polices de caractère et de couleurs des textes.

À plus fine échelle, on peut observer ces dernières années un « effet fanzine » en Europe et aux États-Unis. Ce petit journal confectionné à la main et distribué dans des lieux de sociabilité persistants (le café, le stade, la librairie, le disquaire) avait disparu au tournant des années 2000. Il revit désormais grâce à Instagram, qui donne une visibilité mondiale à la fois à ces publications dont la périodicité est anarchique mais aussi aux lieux intimes qui accueillent les quelques exemplaires imprimés de chaque numéro.

Dans un avenir proche, on peut donc imaginer un paysage médiatique mixte, où il y aurait en arrière-plan, une information stable, imprimable, et au premier plan, une mise à jour permanente faite par les médias en contact avec les réseaux sociaux en ligne. Dans trente ans, les ados qui passent leurs journées sur TikTok se mettront-ils à Facebook, le réseau des plus de 45 ans, ou feront-ils évoluer le monde des réseaux et de l'information avec leurs propres innovations ?

L'infoludie, la fin de l'info ?

Les journalistes ne seront probablement pas tous remplacés par des armées de robots rédacteurs et les plateformes sociales n'auront pas entièrement fait totalement disparaître la presse. Internet ne fera probablement pas disparaître le journal. Mais l'univers de plus en plus envahissant du jeu pourrait s'emparer à son tour de la sphère de l'information. Cette nouvelle contamination possible de l'information par le divertissement pourrait être nommée « infoludie ». Il ne s'agit pas totalement d'une hypothèse d'école mais d'une tendance déjà sensible qui devrait se confirmer dans les prochaines années. Les progrès de l'IA faciliteront cette évolution. Dans un contexte de crise où les revenus issus de la presse sont en baisse tendancielle, et dans une période où les recettes de la publicité paraissent de plus en plus incertaines, les entreprises de médias pourraient bien parier sur une sorte de « ludification » (*gamification*) de l'information : utiliser le principe du jeu pour mobiliser l'attention et monétiser le temps de cerveau disponible. Dans cet univers 100 % numérique, les entreprises ou les marques pourraient trouver l'opportunité d'un lien direct entre l'information et le produit à vendre sans même passer par la publicité. Tout reposerait alors sur l'addiction du joueur, addiction d'autant plus puissante que l'avatar du joueur reste toujours dans le jeu. Ce sera peut-être le prochain recours pour surmonter le risque de faillite. Le journaliste du futur aura tout intérêt à se rapprocher du monde du jeu vidéo en ligne, puisqu'il devra maîtriser le *motion design* (l'animation graphique) et participer à la création de *newsgames* (jeux vidéo qui mettent l'information au cœur d'un dispositif ludique).

En 2021, l'hebdomadaire américain *The Time* a transposé des contenus issus de ses propres archives sur *Fortnite*, un jeu vidéo en ligne. *March Through Time* (« La Marche dans le temps ») plonge les joueurs de Fortnite dans l'histoire qui entoure le discours fondateur de Martin Luther King, « I have a dream ». *March Through Time* se déroule dans « DC 63 » (contraction de *Washington District City 1963*), un Washington DC réinventé construit par des créateurs de Fortnite. Les joueurs peuvent ainsi déambuler dans le Lincoln Memorial, et dans le *United States National Mall* où le pasteur King a prononcé son discours. Le dispositif, époustouflant sur un plan graphique, est complété par une série de mini-jeux en réseau. Surtout, le joueur n'est pas installé dans une dimension critique, des faits historiques déroulés par le *Time*.

La presse d'opinion, la chronique radiophonique, le plateau de télévision, se réfèrent aux faits pour en délivrer des interprétations. Lorsqu'ils falsifient les faits ou qu'ils les restituent de manière inexacte, ils sont rapidement corrigés par d'autres journalistes. L'info jouée, quant à elle, peut s'affranchir sans problème de l'espace où adviennent les faits. La séquence info-ludique est insérée à un espace virtuel, à savoir celui du jeu en ligne, qui évolue en fonction des réactions émotives des joueurs. Or, si les événements deviennent des données jouables, une « enquête » risque de contenir des inexactitudes factuelles : elle ne sera soumise ni au discernement du joueur ni à une procédure journalistique de vérification des faits (*fact checking*). Ce mode d'existence de l'information laisse ainsi une place croissante aux complots, erreurs, rumeurs, placement de produits publicitaires. Une telle interférence numérique semble rendre la tâche impossible à une déontologie universelle de l'information.

Il arrive aussi que ce soient des joueurs qui rappellent la réalité aux journalistes. Dès le début de l'invasion de l'Ukraine par la Russie, certains joueurs de jeu vidéo n'ont pas hésité à sortir du registre du jeu pour documenter le réel. Des *streamers* (joueurs qui retransmettant en direct leurs parties de jeux vidéo) ukrainiens, très populaires sur Twitch en Russie, ont posé leur console de jeu pour se lancer dans de grandes séances de *live* d'actualité. En s'appuyant sur des images et vidéos de leur quotidien en Ukraine, ces *streamers* veulent contrebalancer la version des faits des chaînes d'information gouvernementales de Moscou, afin de donner un aperçu réel de l'état des choses auprès de leur public russe. Pour les journalistes européens qui enquêtent sur le conflit, ces *lives* sont des sources directes d'information.

À présent, on en joue plus. Il est temps que le journalisme se remette à son tour au sérieux. Les capsules vidéo de deux minutes à la façon de *Brut* ou de *Konbini* font penser au format de la propagande de guerre. Il n'est pas possible de couvrir un conflit tel que celui qui oppose Israël au Hamas au moyen de phrases de cinq mots et d'*emoji* en *motion design*. Il n'est pas possible de couvrir les conflits au moyen de phrases de cinq mots et d'*emoji* en *motion design*. Les formats longs du journalisme classique, délaissés depuis vingt ans avec l'arrivée de l'écriture web et du tout-vidéo, apparaissent à nouveau indispensables pour rendre raison des événements complexes.

Le conflit en Ukraine a attiré des dizaines de jeunes journalistes et de photographes débutants, résolus à documenter cette guerre. Mais, beaucoup sont arrivés sur place sans préparation, dépourvus de gilet pare-balles, de casque ou de trousse médicale d'urgence, et sans jamais avoir suivi de formation en secourisme, en balistique ou en sécurité des communications. Le 30 mai 2022, Frédéric Leclerc-Imhoff, un jeune journaliste reporter d'images, qui travaillait depuis six ans pour BFMTV, est mort. Il a été touché par l'éclat d'un obus tombé près du véhicule blindé de la police ukrainienne dans lequel il se trouvait, à proximité de la ville de Sievierodonetsk. Depuis le massacre de masse commis par le Hamas le 7 octobre 2023 et la réaction militaire israélienne qui a suivi, Gaza est un « trou noir de l'information » presque inaccessible aux journalistes internationaux. Plusieurs dizaines de journalistes locaux y ont été tués par des frappes israéliennes. À l'heure où des applications d'intelligence artificielle génèrent des images de synthèse qui passent vraisemblablement pour des photographies prises en zones de conflit, le travail des journalistes reporters d'images (JRI) est plus que jamais indispensable. D'où l'importance pour les médias d'information de garantir à leurs JRI qui couvrent les zones de conflit un soutien logistique, juridique, financier et médical. Le *fact checking* ne doit pas servir de cache-misère à la carence en information indépendante, partout dans le monde.

En moins de vingt ans, un quart des journaux américains a disparu. 200 des 3 143 *counties* (comtés) du pays sont maintenant considérés comme des « *news deserts* »[1] (« déserts d'information »), alerte Corine Lesnes, correspondante du Monde à San Francisco. Dans plus de 1 500 autres *counties*, il n'y a plus qu'une seule source d'information régionale imprimée, généralement un hebdomadaire. Un Américain sur cinq vit dans une de ces zones de sous-information. Dans *News Hole : The Demise of Local Journalism and Political Engagement* [2], Danny Hayes et Jennifer Lawless expliquent que cette carence en information politique de proximité a entraîné une baisse de la sensibilisation et de l'engagement du public dans la politique locale. Les Américains sont appelés aux urnes en novembre prochain pour élire

1. Corine Lesnes, « Aux États-Unis, la disparition des journaux locaux pèse sur le fonctionnement de la démocratie », *Le Monde*, 6 janvier 2024.

2. Danny Hayes et Jennifer Lawless, *News Hole : The Demise of Local Journalism and Political Engagement, [Le trou noir de l'information : la disparition du journalisme local et de l'engagement politique]*, New York : Cambridge University Press, 2021.

le prochain président des États-Unis au suffrage universel indirect. Sur quels fondements les citoyens, qui subissent un déficit d'information locale, choisiront-ils leurs Grands électeurs ? Dans un espace qui sera massivement occupé par des textes générés automatiquement, les médias en ligne peinent eux aussi à être rentables. Le modèle économique basé sur l'audience large et la publicité commence à se fissurer. La presse d'information professionnelle ne sera-t-elle bientôt plus qu'une sous-préfecture de l'Internet mondial ? Le déclin de la presse indépendante et le manque d'investissement dans le journalisme d'investigation ouvrent un boulevard à la propagation de la désinformation.

Le contact quotidien avec le journal imprimé, chez soi, au café ou au travail, permettait aux citoyens de développer leur esprit critique en lisant une presse libre et diversifiée. Avec TikTok, les titres de presse sont court-circuités par un médium invasif, qui a pour but d'influencer l'opinion, de surveiller les mentalités et d'espionner le monde entier, en visant le plus possible les sphères du pouvoir. En mars 2023, plusieurs gouvernements de démocraties libérales, dont la France, ont interdit à leurs fonctionnaires d'utiliser TikTok sur leur smartphone professionnel, jugeant ce réseau peu sûr au regard de la nécessaire protection des données. Mais, cette récente mesure ne freine pas l'influence de TikTok sur l'ensemble de l'opinion dans un contexte où, précisément, les gens ont de moins en moins la curiosité d'ouvrir les journaux…

Lignes rouges

Jean-Yves Chevalier

« *Déjà, de cette naissance pressentie la terre est grosse, et pourtant, ce qu'elle a choisi pour s'y cacher, c'est la nuit du trouble conseil et des mauvais présages, et ce qui marche devant elle et l'annonce comme la poussière au-devant d'une armée, c'est une rumeur sinistre*[1] ». Au fil des pages du *Rivage des Syrtes*, on comprend pourquoi on a ressenti le besoin de cette relecture en période de pandémie, au point d'être surpris par la coïncidence entre l'atmosphère du récit et celle qui se diffusait dans la société française bien avant la crise mais que celle-ci a portée à la conscience de tous et de chacun. On sent – et il n'est pas donné à toutes les époques de le percevoir aussi nettement – qu'on assiste à la fin d'un monde et qu'un autre est en train de naître. Mais pour concevoir une fin, il faut pouvoir penser une limite. Qu'est-ce que la *ligne rouge* franchie par Aldo dans la mer des Syrtes, en quoi cette notion est-elle caractéristique des périodes de basculement ? Comment l'appareillage technique d'une époque accompagne-t-il – ou non – la perception d'une limite, au double sens d'une fin et d'un interdit ? Plus précisément, aujourd'hui, en quoi la sphère numérique se heurte-t-elle à notre perception de la crise environnementale ?

Gracq a expliqué ce qu'il avait cherché à faire dans le *Rivage des Syrtes* : « *plutôt qu'à raconter une histoire intemporelle, c'est à libérer par distillation un élément volatil, l'"esprit-de-l'Histoire", au sens où on parle d'esprit-de-vin, et à la raffiner suffisamment pour qu'il pût s'enflammer au contact de l'imagination*[2] ». On sait que le *Rivage*, écrit pendant la guerre froide, a puisé dans la France d'avant 1940, mais « *la décadence d'Orsenna libère tous les fantômes du déclin, de Venise,*

1. Julien Gracq, *Le Rivage des Syrtes*, Bibliothèque de la Pléiade, tome I, p. 709-710.
2. Julien Gracq, *En lisant en écrivant*, Bibliothèque de la Pléiade, tome II, p. 707.

du Bas-Empire et des Grandes Invasions[1] ». Déclin et basculement, naissance aussi (c'est au lendemain de Noël qu'Aldo franchit la ligne rouge, joue le rôle de déclencheur des événements, on pourrait dire d'« accoucheur »). Gracq, pendant tout le récit, joue sur l'alternance des termes relatifs à la mort et à la vie, ainsi de Vanessa, l'ange déchu émissaire de l'au-delà « *courbée sur ce cadavre : sa puanteur était un gage et une promesse* », d'Aldo et de son « *désir que les jours de la fin se lèvent* », de Vanessa encore : « *As-tu remarqué, quand une chose va naître, comme tout change brusquement de sens ?* », ou enfin de Danielo, vieux chef d'une civilisation branlante, instigateur secret du passage à l'acte : « *de quoi peut encore se réjouir une pierre inerte, si ce n'est de redevenir le lit d'un torrent*[2] ? ».

Le sentiment que le temps s'ébranle « *de toute sa masse* » ne nous est pas étranger. C'est que « *n'échappe pas qui veut au climat d'une époque, celle d'une fin de civilisation*[3] ». L'impression de se promener, comme à Orsenna, « *dans un appartement qu'on va déménager*[4] ». Quand Aldo retrouve « *un peuple que rien n'avait jamais disposé à penser tragiquement* », on pose le livre et on admire le maître. Quand le même Aldo déclare : « *chez nous, il n'y a pas de présages, il n'y a que des anniversaires* », on pense aux dernières années, au passé recyclé dans les commémorations qui sont devenues des spectacles. Et quand on lit : « *un État ne meurt pas, c'est une forme qui se défait, un faisceau qui se dénoue* », on propose de remplacer l'Institut d'études politiques par la distribution aux étudiants d'exemplaires du roman (on n'ose évoquer, anecdotique, cette description des Syrtes : « *on dit aussi que le climat progressivement s'y assèche* »).

L'expression « ligne rouge » a une origine incertaine. On parle de l'uniforme rouge des soldats anglais formant une mince ligne rouge (*thin red line*) à la bataille de Balaklava, en 1854, pendant la guerre de Crimée. Une ligne infranchissable de soldats se faisant tuer sur place et dont il ne reste, après l'engagement qu'une trace rouge « recouverte d'acier[5] ». Le thème est repris dans un poème de Kipling, *Tommy*, qui évoque lui aussi *the thin red line of 'eroes,* cette limite ultime sur

1. Bernhild Boie, notice du *Rivage des Syrtes*, *ibid.*, tome I, p. 1333.
2. Le Rivage des Syrtes, ibid. p. 625, 694, 829.
3. Gracq, entretien avec Jean Roudaut, *ibid.* tome II, p. 1215.
4. Le Rivage des Syrtes, ibid. tome I, p. 776.
5. https://www.nationalgeographic.com/news/2013/9/130904-red-line-syria-obama-chemical-weapons-sarin-gas/

laquelle les civils comptent pour préserver leur sécurité. C'est vraisemblablement cette référence qui donnera son titre au roman de James Jones dont Terrence Malick tirera son film *The thin red line*, l'action se situant pendant une autre bataille, celle de Guadalcanal. Une autre version évoque le partage des zones pétrolifères à la chute de l'Empire ottoman par les compagnies anglo-saxonnes, partage effectué sur une carte par de grands traits rouges (l'« accord de la ligne rouge[1] »).

Mais si l'expression est relativement récente, le concept est ancien : la ligne rouge est la limite infranchissable ou supposée l'être, comme celles, sacrées, qui fondent les cités et ceignent les temples. Quand César franchit le Rubicon, il franchit au sens propre une ligne rouge, puisque le nom du fleuve vient de *ruber,* de couleur rouge, c'est le fleuve rouge. Dans l'Ancien Testament, la mer Rouge est la ligne rouge franchie par les Hébreux leur permettant d'atteindre la Terre promise. Cette référence est d'ailleurs présente dans le *Rivage des Syrtes.* Dans la *chambre des cartes*, quand Aldo observe fasciné la « *ligne continue d'un rouge vif : c'était celle que les instructions nautiques interdisaient de franchir en quelque cas que ce fût* », il est prêt à « *douer de prodiges concrets ce passage périlleux, imaginer une crevasse dans la mer, un passage de la* mer Rouge ».

Dans le roman, la ligne rouge sépare, en pleine mer, les territoires d'Orsenna de ceux du Farghestan, pays qui a été en guerre avec la cité plusieurs siècles auparavant et avec lequel il n'y a plus aucun contact. Ce que le livre nous aide à comprendre, c'est que la ligne rouge n'est pas une frontière, elle est même d'une certaine façon le contraire d'une frontière. Une frontière est un seuil, à la porosité réglable, qui marque un arrêt plus qu'une limite et permet les échanges. Elle est accessible et franchissable (quand elle ne veut plus l'être, elle change de nom, devient un mur, d'Hadrien ou de Berlin). La ligne rouge se veut inaccessible, infranchissable ; de l'autre côté il n'y a rien, en tout cas rien de connu. La ligne rouge, plus qu'une séparation dans l'espace est une séparation dans le temps. Le Rubicon n'est pas la frontière entre l'Italie et la Gaule cisalpine, c'est la fin de la République romaine et l'annonce de l'Empire. La ligne Maginot, infranchissable, n'est pas située dans l'est de la France mais entre la Troisième République et l'Occupation. La ligne rouge

1. https://www.lexpress.fr/actualite/monde/de-vraies-lignes-rouges_2004143.html

sépare un avant d'un après. Elle est l'illusion que les sociétés croient placer à un endroit pour éviter de passer à un futur. La ligne rouge est la cible de la flèche de Zénon. L'atteindre est impossible, elle fige le mouvement, le nie. On sait que le paradoxe de Zénon est lié à la difficulté de concevoir qu'une somme infinie de termes strictement positifs puisse être finie (en analyse mathématique, on parle de série convergente).

Pourtant, la flèche atteint la cible, César franchit le Rubicon, les Hébreux passent la mer Rouge, les chars de Guderian avalent la ligne Maginot, l'armée de Bachar al Assad emploie du gaz sarin, viole la ligne rouge posée par Obama. Poutine, après avoir annexé la Crimée – ironie de l'Histoire cette péninsule étant, on l'a vu, vraisemblablement à l'origine de l'expression – balaie d'un revers de main rageur les autres lignes rouges : intangibilité des frontières, droit des peuples à disposer d'eux-mêmes… Aldo, à bord du *Redoutable*, efface la ligne rouge (« *Le doigt qui se posa* [sur la carte] *était bien au-delà déjà de la ligne rouge* »). La ligne rouge est le nom que donnent certaines sociétés à l'arrêt du temps qu'elles veulent croire possible, à la limite fluctuante qu'elles croient pouvoir imposer au réel. Un réel pas si extensible, semble-t-il. Plus une civilisation approche de sa fin, plus elle tend à dessiner des lignes rouges censées la protéger. Au vu du nombre de lignes rouges que la nôtre établit, on peut s'inquiéter pour son avenir. Si elle déteste les frontières et se plaît à multiplier les lignes rouges, c'est que, privilégiant l'espace, elle refuse de le morceler et que, se méfiant du temps (surtout de celui qui lui reste), elle veut l'enclore dans des traits rouges (le temps avant la catastrophe écologique, le temps avant la faillite…). La liste est longue : Accord de Paris et engagement de limiter le réchauffement climatique à moins de deux degrés à la fin du siècle, traité de Maastricht et l'interdiction d'un déficit public à plus de 3 % du PIB, d'une dette à plus de 60 % du PIB, sans compter les innombrables lignes rouges établies par la diplomatie bien avant la crise ukrainienne – comme autant de *barrages contre le Pacifique* – dépassées presque aussitôt énoncées (Syrie, Iran, Libye…). La ligne rouge est – comme dans le roman de Gracq – une tentative de se persuader que ce qui doit arriver n'arrivera pas (comme la flèche de Zénon, quitte à découper le temps en infinis instants) tout en sachant, au fond, que le futur est en marche.

Le *Rivage des Syrtes* doit beaucoup à la lecture du *Déclin de l'Occident* d'Oswald Spengler. Spengler, en homme de son temps, s'appuie sur la thermodynamique et l'entropie. Il conçoit les cultures comme des systèmes voués à la déperdition d'énergie par augmentation d'entropie, à la montée du désordre qui les oblige à une dissipation de leurs forces de plus en plus grande pour se maintenir au détriment de l'énergie utile au « travail » créateur. À l'image de la bicyclette au mouvement uniforme et éternel si elle se mouvait sans frottement ni glissement sur le sol et dans l'air, mais qui, dans la réalité, subit une perte d'énergie liée aux frottements et finit par ne pouvoir se maintenir, et tombe. L'entropie « *symbole décadent*[1] », porteuse d'une prise de conscience de « *la fin du monde par achèvement d'une évolution intérieure nécessaire – c'est le crépuscule des dieux*[2] », on a là tout le propos du *Rivage des Syrtes.* Si on suit Spengler, il est tentant de voir dans la focalisation de notre civilisation sur le problème des économies d'énergie autre chose que la nécessaire lutte contre les émissions de gaz à effet de serre : une peur devant l'augmentation entropique (l'augmentation des températures jouant le rôle de métaphore) annonciatrice de son délitement. L'état de la science, l'environnement technique d'une époque ont une influence décisive sur la façon que les sociétés ont de concevoir le temps, de repérer la position qu'elles occupent dans l'histoire, de définir la notion de limite et d'envisager une fin. Si la physique du XIXe siècle inspirait à Spengler sa vision cyclique de l'évolution des civilisations, on peut se demander comment la révolution numérique nous entraîne à penser l'évolution de la nôtre.

Or il se trouve que le numérique a beaucoup de mal avec la notion de limite, pour des raisons à la fois techniques et idéologiques liées à son milieu créateur. Le numérique est porteur de deux paradoxes : intrinsèquement lié au discontinu, il semble promouvoir et représenter le continu ; fini par essence, il paraît se passer de bornes et s'inscrire dans un infini virtuel (mais le virtuel est pour lui le réel, plus précisément une submersion du réel). Le numérique est par définition discontinu : tout y est affaire de 0 et de 1, modèle discret par excellence. Certes les réseaux sociaux s'en souviennent parfois (« j'aime, j'aime pas ») mais le numérique propose, de plus en

1. Oswald Spengler, *Le Déclin de l'Occident*, 1948, Gallimard, tome I, p. 402.
2. *Ibid.*, p. 406.

plus finement, une *apparence* de continuité[1]. Nos téléphones n'ont plus de clavier, les touches virtuelles sont contiguës et on les parcourt avec un glissement de doigt, instrument de la continuité par excellence. On passe d'une image à une autre par effleurement, sans qu'un clic ne marque le moindre écart. Les écrans de plus en plus performants montrent des images toujours plus lisses. L'évolution des écrans en moins de trente ans constitue une révolution du même ordre – mais en sens contraire – que celle que le Titien avait fait subir à la peinture, dans un laps de temps à peine plus long, en introduisant la touche visible, la « touche distincte » dit Malraux. Le « pixel visible », bien apparent il y a peu encore, quand on essayait d'agrandir une photo est désormais gommé. Disparues, les hachures qui zébraient les bords des images. Cette apparence de continuité rendue à l'image est tellement convaincante, attirante, qu'elle nous pousse à changer d'appareil à chaque avancée technique. Par ailleurs, les « usages sociaux du numérique » conduisent au rapprochement de domaines auparavant bien distincts. Ainsi se crée un « *continuum de présence entre l'absence et la présence physique*[2] » ; le téléphone, les mails et bien sûr les réseaux sociaux permettent de maintenir un contact permanent – continuité dans le temps – et quelles que soient les distances séparant physiquement les individus connectés – continuité dans l'espace. Notre vie privée et notre vie publique se fondent dans les traces que nous laissons sur les réseaux. Cette continuité que le numérique introduit paradoxalement dans nos représentations et nos modes de vie n'est pas propice à la perception de limites réelles. Une limite réelle, même si elle sépare des domaines proches est toujours une solution de continuité, elle repère des différences. La *ligne rouge*, elle, a l'avantage de sa virtualité, elle n'est pas située, on imagine plus facilement qu'elle peut être repoussée, c'est une limite *mobile* dans notre imagination.

Le numérique est fini. Un disque dur, aussi puissant soit-il, ne comporte qu'un nombre fini d'octets. Bien sûr, ce nombre augmente en permanence, comme en témoigne le vocabulaire : méga (10^6), giga (10^9), tera (10^{12}) petaoctets (10^{15}) mais il reste fini. On connaît la *loi de Moore*, du nom de Gordon E. Moore, un des fondateurs d'Intel, loi empirique qui annonce que le nombre de transistors intégrés sur un microprocesseur double tous les deux ans et qui s'est à peu près

1. Jean-Yves Chevalier, Le Paradoxe du continu, Médium 35.
2. François Coldefy, *Continuum*, Médium 31.

vérifiée jusqu'à aujourd'hui. Cette croissance exponentielle paraît « sans limite ». Le numérique investit tous les domaines de la vie et ses possibilités semblent inépuisables. Comme la sphère financière (dont il a permis le développement) a englobé puis réduit l'économie réelle, le numérique absorbe puis investit de manière autonome et semble-t-il illimitée tout ce à quoi il s'applique. Les images ou les sons numériques ont depuis longtemps dépassé les images ou les sons numérisés (représentation dont se contentait l'analogique). Il impose la vision d'un développement infini de ses possibilités. Le modèle du numérique, si on ose un néologisme, c'est l'« *englobalisation* », le dépassement du fini dans l'illimité. Les fermes de serveurs stockent et traitent un ensemble de données de plus en plus colossal et voué en apparence à croître indéfiniment puisque la masse des nouvelles données qu'il intègre est en progression géométrique par rapport au stock existant et que ce dernier est censé subsister sans tri (ce qui différencie la mémoire de la transmission). Le numérique n'est pas porteur d'un infini en acte de type cantorien mais il se coule très bien dans la définition de l'indéfini cartésien : « *pour nous, en voyant des choses dans lesquelles, selon certains sens, nous ne remarquons point de limites, nous n'assurerons pas pour cela qu'elles soient infinies, mais nous les estimerons seulement indéfinies*[1] ».

Ce n'est pas seulement avec le développement « sans limites » des capacités techniques que le numérique marque son incompatibilité avec la notion de « limite réelle ». Le monde virtuel qu'il permet d'envisager n'a par définition d'autres bornes que celles de l'imagination. Mais son incompatibilité avec la limite « palpable » a aussi beaucoup à voir avec le climat idéologique dans lequel ont vécu ses promoteurs de la Côte Ouest. On a pu parler *d'Idéologie californienne*[2] pour cette hybridation de Contre-culture hippie des années soixante et d'utopisme technologique dont Steve Jobs fut un représentant emblématique. Si l'interdit est une limite, toute limite peut être vue (et donc mal vue) comme un interdit. La « neutralité du Net » permet de considérer le réseau comme un simple flux qui doit être sans obstacle (pas de limite, de barrage, de frontière) et sans regard sur les opérations intelligentes (comme le cryptage) qui ne relèvent que

1. Descartes, *Les Principes de la philosophie*, Bibliothèque de la Pléiade, I 26-27 p. 582-583.

2. Richard Barbrook et Andy Cameron, *The Californian Ideology*, http://www.imaginaryfutures.net/2007/04/17/the-californian-ideology-2/

de l'émetteur et du récepteur (c'est le principe du *end-to-end*). Pas de limite, pas d'interdit entre les individus libres, limites et interdits étant associés à l'État et aux « vieilles » institutions (Églises, partis). Continuité, fluidité et expansion indéfinie nourrissent notre imaginaire numérique, imaginaire dont rend compte un concept comme celui de « réalité augmentée », « augmentable » pourrait-on ajouter, indéfiniment. Une part de la fascination exercée par le numérique vient aussi de l'augmentation visible et inédite de la masse monétaire que la financiarisation – impensable sans les nouvelles capacités de calcul – a permise : quelle promotion que cet argent devenu sans limite (et quelle dérision quand on se rappelle l'étymologie commune à *finance* et à *fin*) ! Il y a un parallélisme entre la croissance de la puissance des ordinateurs et celle de l'argent en circulation, une complémentarité entre cette croissance et la « déréglementation », c'est-à-dire la suppression des limites, le tout venu de l'autre côté de l'Atlantique.

Mais il reste un domaine de la finitude et de la limite, la Nature, ni augmentée, ni augmentable. C'est sur le mur de contradictions entre cette finitude et les représentations mentales projetées par le numérique que vient se fracasser notre temps. À l'utopie technologique (faustienne dirait Spengler) du « toujours plus » vient (mal) se superposer la vision d'une nature dont les ressources sont limitées, épuisables. L'université est un bon poste d'observation pour prendre conscience de cet écart auprès de la génération née dans un monde numérique et soucieuse de l'état de la *planète*. Les étudiants ont des difficultés extrêmes à exprimer un *ordre de grandeur* (Quel est le rayon de la Terre ? Quelle est la longueur de tel fleuve, la hauteur de tel massif ?). Ce n'est pas l'erreur qui surprend, c'est la taille de cette erreur. Il est singulier de vouloir sauver une planète dont on ignore à ce point les dimensions. C'est que celles-ci, finies, sont noyées dans un imaginaire formé au numérique qui pousse à méconnaître la taille des choses, la finitude des objets. L'*infomonde* est un nuage, dont on ne peut dessiner les contours et qui rend caduque la notion même de dimension. On touche là un des aspects du « *péril d'illimitation* » repéré par Régis Debray[1].

On a pris conscience que le numérique n'était pas totalement innocent dans l'exploitation des ressources. Les terres rares indispen-

1. Voir Médium 24/25, *Frontières*, Ouverture.

sables à notre smartphone, si elles sont moins rares que leur nom l'indique, sont néanmoins limitées (et de plus très inégalement réparties, 38 % des ressources connues étant situées en Chine). En France, 15 % de l'électricité est dédiée au numérique. On a cru un moment qu'envoyer un e-mail plutôt qu'un courrier permettait d'économiser des ressources, on a déchanté en découvrant l'impact des centres de données. Non seulement ceux-ci consomment une énergie colossale (bien que leur part dans l'impact environnemental du numérique, d'environ 15 %, soit très inférieure à celle des utilisateurs[1]) mais ils mobilisent aussi des ressources en eau (plusieurs centaines de millions de mètres cubes pour leur refroidissement dans le monde). L'essentiel n'est cependant pas dans l'utilisation des ressources par le numérique mais dans la confrontation du « toujours plus » auquel il est associé et du « toujours moins » de la biodiversité. Entre 1990 et 2017, le nombre de Français de plus de douze ans équipés de téléphones portables est passé de 0 à 94 %[2] quand celui des oiseaux communs a chuté de 22 % et celui des papillons de 40 %[3]. On pourrait mettre en parallèle des dizaines de statistiques de ce type. Certains envisagent une disparition des insectes dans cent ans. Peu importe la fiabilité de cette prédiction, l'important est la cohabitation conflictuelle d'une prise de conscience des limites des ressources, des possibilités d'une fin (extinction des espèces, voire de l'humanité elle-même) et du monde numérique avec son extension virtuelle sans limite et sans fin. La nature *englobante* du numérique lui permet toutefois de se présenter comme une réponse aux problèmes : c'est justement l'augmentation de ses capacités qui viendra à bout des difficultés d'un monde qu'il a déjà circonscrit.

Il y a, en dernière analyse, trois sortes de limites. Les premières sont les limites des objets ou celles imposées par la nature (il n'y a plus de lait à la maison, les ressources de tel métal s'épuisent). Les secondes sont les limites concrètes posées par l'homme, les frontières, susceptibles bien sûr de variations, mais repérables à chaque instant. Ce sont elles que réhabilitait Régis Debray quand il demandait de

1. https://www.arcep.fr/la-regulation/grands-dossiers-thematiques-transverses/lempreinte-environnementale-du-numerique.html

2. https://www.economie.gouv.fr/files/files/directions_services/cge/barometre-numerique-2019.pdf

3. https://www.futura-sciences.com/planete/actualites/insectes-1-2-insectes-disparaissent-chaque-annee-68949/

« relever les bornes et de repeindre les lignes jaunes[1] ». Des bornes ? La confrontation à chaque problème montre notre difficulté à en poser avec netteté, c'est-à-dire à fixer, au sens du dieu romain, un terminus (et on sait qu'il était sacrilège de déplacer la borne que surmontait le dieu). Lignes jaunes ? Les troisièmes limites, les *lignes rouges* ne se signaleraient-elles que par une différence de couleur ? Non, car elles sont hors de portée (et nous les voulons telles), il est impossible de les repeindre. Effrayés par les premières limites, incapables de fixer les secondes, nous sommes heureux de trouver dans les *lignes rouges,* des limites, mobiles et irréelles, qui apparaissent au fond comme un compromis. Virtuelles, elles donnent l'opportunité de ne pas tout à fait croire en elles, d'imaginer qu'on peut les repousser, comme sont repoussées régulièrement les possibilités offertes par le numérique. Toujours fluctuantes, elles témoignent de notre inaptitude à *tirer un trait*, à placer sans trembler un *point*.

On a tenté de montrer que cette incapacité est encouragée sinon déterminée par le médium dominant. Dans un conflit entre la réalité et la structure mentale induite par la médiasphère dans laquelle nous baignons, c'est toujours la seconde qui s'impose, surtout si, comme la nôtre, elle base ses performances sur les images. Ligne rouge en Syrie, en Ukraine, demain entre les États-Unis et la Chine, ligne rouge de l'endettement, ligne rouge du réchauffement climatique, nous ne sommes pas bien armés pour les penser comme des limites réelles. Se passer du pétrole, à terme, nous est concevable, nous passer, tout de suite, du pétrole russe nous panique. Ce que porte en elle la virtualité de la *ligne rouge*, c'est la possibilité d'éviter de fixer des limites, de penser vraiment une fin possible. Assaillis par la finitude que nous impose la nature, confrontés au retour de l'Histoire « qui frappe à nos portes », nous *ne pouvons y croire*. Nous hésitons entre crainte d'une apocalypse sans lendemain et promesses d'un monde nouveau : nature et histoire d'un côté – finitude et lignes repérées dans l'espace –, technique aux possibilités immenses – virtualité et flou des délimitations –, de l'autre. Nous aimerions que se prolonge indéfiniment l'attente, que le changement climatique n'ait pas la brutalité des chars russes. Nous espérons un allongement du compte à rebours, comme on achète des capacités de stockage quand son disque dur est plein.

---

1. Régis Debray, *Éloge des frontières*, Gallimard 2010.

On a souvent écrit que Julien Gracq était un écrivain de l'attente et des zones grises, des confins et des *no man's land*. La lecture du *Rivage des Syrtes* n'a jamais été aussi nécessaire. La ligne rouge de la mer des Syrtes, nous rappelle qu'une limite peut exister, qu'une ligne peut être franchie, que l'émergence du nouveau se fait souvent sur les débris de l'ancien. « *Quand le souvenir me ramène – en soulevant pour un moment le voile de cauchemar qui monte pour moi du rougeoiement de ma patrie détruite – à cette veille où tant de choses ont tenu en suspens…* » nous dit Aldo. Bien sûr, en attendant, le plus simple est de ne pas y penser, de voir les *lignes rouges* comme un horizon qui fuira à notre approche tant, comme l'affirme le prêcheur de Saint-Damase, à Maremma, dans son sermon de la nuit de Noël : « *il est si doux à l'homme de tirer sur lui le drap de son lit* ».

Science sans confiance

François-Bernard Huyghe

Des crises – économiques, sociales, culturelles, politiques, géopolitiques… – liées à la pandémie, celle de l'autorité scientifique n'est pas la moins troublante. Au moment où la recherche produit des vaccins à ARN messager plus vite que ne l'espéraient les plus optimistes et envoie des robots sur Mars. On sait ce que c'est qu'un discours scientifique : il est objectif, vérifiable par des expériences reproductibles, falsifiable[1] (au sens où il énonce à quelles conditions les faits réfuteraient la théorie), cohérent avec les acquis de la recherche et les paradigmes admis, vérifié par les pairs… Mais ce n'est pas à cette version idéale que nous fûmes confrontés au quotidien. Au fil de l'actualité sanitaire, on a dû s'en remettre à des « experts » et commentateurs convoqués sur les plateaux de télévision (*the show must go on !*) tandis que les gouvernants répétaient que leurs décisions relevaient de la légitimité scientifique et de la seule nécessité sanitaire.

Cela a produit d'étonnantes contre-réactions hostiles au vaccin.

Plus on a répété aux Français « nous allons vous sauver », plus certains ont entendu « nous allons vous opprimer ».

Le président de la République a ironisé sur un pays devenu celui de 67 millions d'infectiologues.

L'autorité scientifique au quotidien repose sur des personnes et des institutions dont nous sommes censés suivre les prescriptions en raison de notre défaut de compétence, mais aussi de notre manque de temps de cerveau disponible pour remonter à la source. À certains moments 80 % du temps d'antenne des chaînes était consacré à la pandémie. Lorsque la surinformation atteint une telle amplitude, elle alimente le cycle bien connu mésinformation – désinfor-

1. Au sens de K. Popper : *Conjectures et réfutations*, Payot, 1985.

mation. Dangerosité du virus, effets de nos actions, efficacité des mesures : il n'y a aucun domaine où ne s'affrontent des versions alternatives.

Le scepticisme antibiopouvoir se nourrit d'arguments en ligne. Tout le problème est là ! Celui qui passerait des heures devant son écran de télévision apprendrait tout aussi bien d'un grand ponte, ancien Monsieur Vaccin, qu'il n'y a pas de 5e vague, que les pays qui n'ont pas vacciné sont hors d'affaire, que les vaccinés meurent bien davantage, et que des procédures expérimentales comme le Pfizer ne devraient pas être nommés vaccins[1].

Crise de la vérité

La parole scientifique – outre le fait qu'elle s'est toujours heurtée à des mouvements ouvertement obscurantistes minoritaires (platisme ou créationnisme…) – se trouve dans le cas présent divisée[2] sur les origines de la pandémie, sur son ampleur, sur l'anticipation de ses vagues, ou les prévisions chiffrées.

Il n'est pas rare de voir d'éminents professeurs s'injurier sur un plateau de télévision, ni difficile, sur les médias sociaux, de trouver des références aux sombres manœuvres de *Big Pharma* ou de *Big Reset*[3], de la CIA ou du PCC[4], sans oublier les Gafam qui pourraient bien être derrière tout cela.

Il existe des anthologies en ligne[5] recensant les assertions fausses, dont certaines sont reprises des millions de fois, qui portent sur :

– l'origine : virus volé dans un laboratoire canadien par des Chinois, fabriqué par l'Institut Pasteur, par les Américains, breveté par un groupe financé par Bill Gates ;

1. Le professeur Peronne sur CNews le 21 novembre 2021. Voir https://vk.com/video s622964491?z=video622964491_456241740%2F8558eaee1532dbe73c

2. G. Bronner, *Apocalypse cognitive*, PUF, 2021.

3. T. Malleret, K. Schwab, *Covid-19 : la grande réinitialisation*, Forum Publishing, 2020.

4. Voir *Les Opérations d'influence chinoise,* rapport de l'IRSEM téléchargeable, nov ; 2021 : https://www.irsem.fr/rapport.html

5. Par exemple doctissimo.fr : *Les Fake news autour du coronavirus Covid-19* (https://www.doctissimo.fr/sante/epidemie/coronavirus-chinois/coronavirus-fausses-infos) ou, *Les Trente Fakes les plus répandues* (https://blog.digimind.com/fr/tendances/covid-30-fake-news-les-plus-repandues-sur-medias-sociaux).

– le mode de transmission : par la monnaie, par la soupe de chauve-souris, par les moustiques, par des masques délibérément infectés et distribués ;

– les remèdes : la vitamine C, l'ail, l'argent colloïdal, la cocaïne, le gingembre bouilli, l'huile de sésame ;

– la prévention : en passant tout au micro-ondes, en utilisant le sèche-main, par les vaccins contre la pneumonie, le cannibalisme ou en ingérant des drogues, on ne risque rien ;

– les immunités : temps froid et neige, bain chaud, alcool, eau de Javel, se frotter d'urine d'enfant ;

– les populations affectées : les noirs ne peuvent pas l'attraper, des milliers de cadavres dissimulés par Pékin, des malades évacués secrètement par des camions militaires, des cartes secrètes montrant une diffusion affolante, des essais qu'on nous cacherait, une épidémie qui flamberait à Taiwan ;

– l'efficacité ou les dangers des moyens (masques, vaccins) et les choix gouvernementaux : des enfants meurent à cause du masque, le vaccin rend aveugle ou tue, l'ARN va changer votre génome, on ferme des villes, les urgences hospitalières sont vides ;

– les mesures politiques liberticides et les intérêts cachés : le virus a été breveté avant, des États achetaient des tests Covid-19 dès 2018, la carte de sa diffusion existait avant, le vaccin aussi était prêt depuis longtemps et caché ;

– l'existence même du virus : les médias essaieraient de nous faire passer les effets d'ondes 5G pour ceux d'un virus, ce serait, en fait, une bactérie intestinale...

Les propos émanant d'aréopages de savants, pas plus que les positions officielles, les études sérieuses et les travaux de vérifications n'ont empêché que les faits imaginaires, les thèses sur des pouvoirs occultes se multiplient. Phénomène que l'OMS a baptisé « infodémie contagion des informations fausses ou douteuses, d'un degré égal à celui du virus (qui, rappelons-le, n'est qu'une séquence d'information génétique perturbatrice)[1].

Bref la trilogie « fakes, complotisme, désinformation » a fleuri en cette occasion.

Il est devenu banal de parler de crise de la vérité, voire d'entrée dans l'ère de la postvérité et de déplorer une crédulité croissante

1. Covid-19 : plus de 500 sites propagent des « fake news », Santé Magazine, 6 septembre 2021.

des masses due aux moyens d'information numériques, et ce depuis au moins 2016, année qui vit le Brexit, l'élection de Trump et les mouvements « populistes ». Les lois, les études, les observatoires, les ONG ou les recherches, les rubriques de *fact checking* des médias se mobilisent toujours davantage, tandis qu'en France, se crée une commission « les Lumières à l'ère numérique[1] ». Personne ne peut plaider la surprise dans un contexte culturel déjà marqué par les controverses sur la 5G, les compteurs Linky, le glyphosate, la transmission de la maladie de Lyme par les tiques, les vaccins qui tuent, le nucléaire (vu par 86 % des jeunes Français comme producteur du CO_2), et mille controverses entre « discours officiel » et « critique ».

Les grands du Net mobilisent algorithmes et *big data* (plus des armées de modérateurs et vérificateurs) afin d'éliminer les informations trompeuses qui circulent chez les internautes.

Pour Facebook, Twitter et autres il s'agit de ne plus apparaître comme l'écosystème des délires nocifs – ce qui leur fut beaucoup reproché – et moins encore d'être tenus pour responsables de pertes humaines[2].

Justice et pouvoir s'en mêlent. Ainsi, la doctoresse S. Swaminathan poursuivie en justice par l'État du Tamil Nadu pour avoir fait retirer l'ivermectine, remède qui serait en réalité fort efficace. Sans oublier les enjeux géopolitiques quand Pékin développe tout son *soft power*[3] pour convaincre la planète de son innocence, de l'excellence de sa gestion de la crise et de sa bienveillance (avec les « Routes de la Soie sanitaires »).

La surprise vient moins de la circulation d'une telle masse d'informations fausses et douteuses, que de l'impuissance du discours scientifique à les contrer.

Rhétorique et certitude

Le discours scientifique n'échappe pas aux règles antiques de la rhétorique.

Il lui faut susciter de la croyance pour être efficace. Le *logos* (cohérence des raisonnements menant l'interlocuteur à la seule conclu-

1. Dite aussi commission Bronner. Voir « Emmanuel Macron installe une commission sur le complotisme présidée par le sociologue Gérald Bronner », *Le Monde.fr*, 30 septembre 2021.

2. « Biden accuse Facebook "de tuer des gens", le réseau social répond », Huffington Post, 17 juillet 2021.

3. Certains think tanks américains comme le National Endowment for Democracy désignant l'influence russe ou chinoise comme un *sharp power* (un pouvoir « tranchant », agressif à l'époque de la guerre hybride).

sion vérifiée), à lui seul n'y suffit pas, il faut aussi un certain *ethos* – une position de l'orateur telle qu'elle inspire confiance à l'auditeur et confère une supériorité au contradicteur. Enfin il dépend d'un *pathos*, d'un ensemble d'émotions provoquées chez les citoyens. En l'occurrence la conscience des risques, la foi en l'avenir, le civisme, la solidarité…

Le conflit pour l'opinion a trois dimensions.

Le *logos* est censé asséner des preuves logiques et vaincre les erreurs de raisonnement adverses. Qui ne sont pas rares ici. Une multitude de faits sont réinterprétés ; par exemple mourir après, ce qui fut le cas d'une championne de boxe, ne signifie pas mourir de. Sur les corrélations, les proportions et les probabilités, toutes les analyses sur la pandémie sont soumises au risque de sophismes et de biais cognitifs[1]. Mais les démentis ne suffisent guère.

L'*ethos* n'est pas moins sujet à polémiques. Sur un plateau de télévision, un titre de professeur infectiologue ou de directeur d'une institution ne garantit pas le dernier mot quand tant de révélations sur des dangers cachés ou des vérités occultées émanent de « spécialistes mondialement reconnus ». Entre accusations de populo-charlatanisme et soupçons de complots ourdis par les *Big Pharma*, ou des agents d'influence chinois[2] – il n'est plus guère de sources de prestige et de compétence qui échappe au soupçon.

Quant au *pathos*, les affects suscités par le discours scientifique ne se résument pas au binôme peur légitime et espérance raisonnable. Colère, défiance, révolte fleurissent. La parole autorisée peine à convaincre les foules méfiantes et antiautoritaires en rage.

Croyance et confiance

Les critères des vérités de fait ou de raison, qu'invoque la décision politique appuyée sur l'expertise, sont mis à mal. Le caractère présumé

1. D. Kahnemann, Système 1. Système 2. Les deux vitesses de la pensée, Flammarion, 2012.
2. Covid-19 : comment la Chine mène une guerre de l'information pour réécrire les origines de la pandémie, Le Monde, 26 mars 2021.

implacable du discours scientifique – *c'est prouvé et ça marche* – rencontre, avec un très postmoderne à « chacun sa certitude » encouragé par la technologie, les limites de son autorité. À chacun sa preuve sur son réseau : si vous pensez que la vaccination tue, vous en trouverez confirmations, témoignages et théories, en quelques minutes sur un moteur de recherche. Et si vous en concluez que tout est truqué ou régi par une volonté cachée, vous ne manquerez pas de vous faire des amis.

Ainsi, le développement du mouvement antivaccin (d'ailleurs antérieur au Covid) joue sur deux tableaux. Il met en évidence des corrélations inquiétantes (les réseaux sociaux sont inondés d'informations sur des gens vaccinés qui, comme par hasard, sont devenus aveugles, ont eu telle maladie, ce qui, vu les millions de gens vaccinés, n'est peut-être pas plus significatif que de constater des divorces post Pfizer). Il s'appuie sur les grands manquements au principe de liberté individuelle de l'obligation vaccinale et des contrôles qu'on nous impose, et brandit le spectre de Big Brother. D'où des phénomènes paradoxaux comme le refus de se faire vacciner par une partie du personnel médical, population, *a priori* qui devrait en être les prosélytes.

Que la crise soit « un état dans lequel les choses irrégulières sont la règle et les choses régulières impossibles[1] » est surabondamment démontré : il a fallu arrêter les flux de circulation, bloquer les gens, fermer les frontières et creuser les déficits, bref prendre le contrepied de la politique jugée raisonnable deux ans auparavant etc. Puis s'adapter en fonction de vagues successives et de surprises constantes quitte à faire des annonces contradictoires. La crise a également révélé des conflits idéologiques mais aussi géopolitiques inédits comme la guerre des vaccins·

Si parole scientifique il y a, elle doit fonctionner sans contrainte ni contrepartie, sans avoir besoin de séduction ou d'influence, bref du seul fait de son autorité.

Au moins depuis l'antiquité romaine[2], une autorité est légitime (il faut y obéir) et crédible (il faut y adhérer) dans la mesure où elle réunit trois attributs : éminence de la source, bienveillance de l'intention et cohérence de la décision.

1. M. Mauss, Sociologie, psychologie, physiologie, PUF.
2. H. Arendt, La Crise de la culture, Qu'est-ce que l'autorité ?, Gallimard, 1972.

La science doit être faite par des gens dont la vie est vouée au savoir, et, qui parlent d'une voix unanime, accréditée, vérifiée. Or, l'infodémie a brouillé ces réquisits, en instillant le soupçon quant aux fins des chercheurs et institutions.

Certes, la recherche fonctionne à coups d'hypothèses contradictoires et de débats entre des équipes qui rivalisent pour la reconnaissance. Il est normal de dire « Je ne sais pas encore », « il faudra vérifier », « j'attends les données » ou « je ne suis pas d'accord avec mon collègue ». *A fortiori* quand les phénomènes qui évoluent tous les matins, et que les calculs des développements futurs (régression et contamination) dépendent de multiples variables. L'aveu de ces incertitudes ne satisfait ni le citoyen, ni le politique en quête de réponses claires et d'efficacité. L'incertain et le contradictoire nourrissent vite les paniques.

Le citoyen peut s'effarer de voir un prix Nobel dire que le génome de Sars-CoV-2 est fabriqué, et contient des éléments « empruntés » à HIV.

Les disputes entre spécialistes se traitant quasiment d'escrocs ou d'ignorants – pendant que s'affichaient les chiffres et statistiques qui ouvraient à des interprétations contradictoires – sont devenues quotidiennes. La mise en scène du débat dans l'hypersphère n'a pas apaisé les choses. Que nous en soyons au stade ou des équipes de recherche se traînent mutuellement devant le juge n'est pas de nature à conforter la confiance dans l'autorité scientifique. Ne parlons pas des études qui s'avéreront douteuses comme celle de *The Lancet* sur les périls de l'hydroxychloroquine ou celles que l'on reproche au professeur Raoult d'avoir truquées.

À ceci s'ajoute un effet dans le temps. Tout est dit à l'écran ; tout fait trace. Quel téléspectateur n'a été pris de tournis en voyant les autorités françaises, européennes ou autres recommander puis interdire la vaccination à telle tranche d'âge ; suspendre puis rétablir le vaccin Astrazeneca, parfois dans la même journée, en se réclamant chaque fois d'études indiscutables ?

Il est facile de trouver en ligne des florilèges des contradictions de chercheurs, commentateurs scientifiques, ou politiciens affirmant leurs certitudes scientifiques, avant de se rallier à l'avis contraire.

À quelques mois de distance, il a été déclaré que : le masque ne servait à rien (d'ailleurs personne ne savait le mettre) ; qu'il était dangereux ; que deux vaccins protégeaint de toute contamination… Ou si l'on remonte plus loin : que le Covid-19 était une grippette, que notre pays contrôlait parfaitement, et que les frontières ne servaient à rien.

Quand tout fait trace et que tout est archivé, tout peut être consulté. Et pas seulement en France. Du fait d'une demande judiciaire (*Freedom Information Act* aux États-Unis par exemple), ou grâce à un lanceur d'alerte (*whistle blower*[1]), ou parce que des pirates peuvent pénétrer des comptes pour les diffuser (*hack & leak*)…, il est toujours probable que le passé remonte. C'est ce que montre l'exemple du professeur Fauci[2], l'expert le plus respecté du conseil scientifique créé sous Trump (mais très populaire pour s'être souvent opposé à lui) : des milliers de ses courriels ont été mis en ligne en juin 2021. La divulgation de cette somme d'informations avait pour fin de montrer que les médias disaient hier le contraire de ce qu'ils affirment aujourd'hui.

Soit, à titre d'exemple, le débat sur l'origine de la pandémie.

Il porte sur quatre hypothèses. Une épizootie (transmission directe de l'animal ayant le Covid génétiquement le plus proche), une épizootie en deux temps (une espèce animale, puis une autre, puis l'homme), une fuite d'un laboratoire (le génome étudié au laboratoire P4 de Wuhan ou un autre) par transmission humaine et par fabrication délibérée d'une arme biologique. Du coup, l'opinion a été soumise à des sollicitations contradictoires.

La thèse de l'origine humaine fait peser une lourde responsabilité sur Pékin et justifie la politique américaine de méfiance. C'est ce que suggère la nouvelle administration américaine : Joe Biden commande un rapport à ses services en ce sens. Il s'ensuit que, tel qui était réputé complotiste populiste lorsqu'il soupçonnait le laboratoire de Wuhan rentre dans le cercle de la raison et peut ricaner des tenants du pangolin et de la chauve-souris, thèse il n'y a pas si longtemps réputée raisonnable.

---

1. Pour ces terminologies, voir *Globish Glossaire* in *Médium* n° 52-53, 2017.

2. F. Sidéris, « Fauci Leaks » : quelles sont les révélations dans les mails d'Anthony Fauci ?, LCI, 4 juin 2021.

Cet exemple renvoie à une guerre de l'information Est-Ouest. Des think tanks s'efforcent de révéler les opérations menées depuis Pékin ou Moscou dans la « guerre du vaccin ». Parallèlement, l'unité de lutte contre la désinformation de la diplomatie européenne les accuse de campagnes de déstabilisation contre les vaccins approuvés par l'UE. Tandis que le *Global Engagement Center*[1] américain dépendant du Département d'État voit dans les discours russe, iranien et chinois sur le Covid-19 une manœuvre concertée. De son côté la Chine encourage les « loups guerriers » à riposter à l'info-guerre mensongère occidentale. Bref, Les accusations réciproques (manipulation, intox, infaux…) prospèrent sur fond de tension stratégique.

Le théâtre de la vérité

En ligne, les interprétations se polarisent à mesure que chacun trouve à justifier ses convictions. Les dispositifs pour capter l'attention, et un sentiment de connivence avec les membres de la communauté, surtout s'ils se présentent comme ceux qui ne sont pas dupes de la vérité officielle, font le reste.

En situation de surproduction, la parole scientifique rencontre aussi des questions de « distribution » et surtout de réception. Il y a d'abord une question de disponibilité : quelles que soient les croyances à propos du fichage des citoyens, à propos de l'épidémie qui ne serait pas si naturelle que cela, en des manœuvres des maîtres du monde ou des tromperies liberticides, on peut les trouver exprimées, argumentées et partagées pour l'ARN messager (dont, ô surprise, on ne connaîtrait pas les conséquences à long terme, faute de recul) soutenus par un naturopathe et un spécialiste de l'IA américains[2]…

Quoi que vous croyiez, des preuves (et des convaincus) se trouvent quelque part.

1. https://www.state.gov/bureaus-offices/under-secretary-for-public-diplomacy-and-public-affairs/global-engagement-center/

2. S. Seneff, G. Nigh, Worse than the Disease ? Reviewing Some Possible Unintended Consequences of the MRNA Vaccines Against Covid-19, International Journal of Vaccine Practise & Research, Vol 2-1, 2021.

Le stade suivant est celui de la théorie. Suivant le triple principe que rien n'est dû au hasard (même une mutation génétique), qu'on nous cache tout et que tout relève d'une volonté cachée, se développent des réquisitoires contre le *Big Pharma*[1] ou le *Big Money*, Bill Gates ou Big Brother, voir les accusations de Qanon contre le *Deep State*. Il est facile de se moquer des thèses complotistes, réputées illibérales, populistes et trahissant l'ahurissement des masses. D'autant que cette dénonciation, fort légitime, est encouragée par des ONG, des médias, voire des gouvernements.

Mais ces mécanismes ne fonctionnent que s'ils rencontrent chez les individus une réceptivité qui ne se limite pas à leur adhésion non critique aux informations en ligne[2]. La connivence au sein des communautés tend à les enrichir, à les commenter et confirmer, voire à les hybrider avec d'autres théories en un effet d'abyme et de fascination comme si elles étaient cumulables.

Ainsi, dans le documentaire « Hold-Up[3] », financé en ligne, vu des millions de fois et surabondamment démonté par les médias classiques ou *mainstream*. L'effet de suraccumulation semble rendre vain tout effort de réfutation. Toutes les bizarreries et toutes les accusations (contre les forces politiques, l'argent, la surveillance…) aboutissant à l'unique conclusion que tout est organisé par le capital pour supprimer quelques milliards d'êtres humains.

Sans chercher de circonstances atténuantes aux obsédés de la conspiration, il faut reconnaître qu'ils se nourrissent aussi d'un discours « adverse » utopiste retourné. La théorie dite du « *big reset*[4] » est caractéristique : il est facile de se moquer de ceux qui pensent qu'une minorité mondialiste a provoqué l'épidémie afin de renforcer son pouvoir de contrôle. Mais la thèse a bel et bien été émise par le

1. R. Blaskiewicz, « *The Big Pharma conspiracy theory* », *Medical Writing*, vol. 22, n° 4, 2013.

2. D. Liccia, X. Desmaison, J.-B. Delhomme, No fake news. Les réseaux sociaux, nouveau terrain de la controverse scientifique, Hermann, 2021.

3. A. Sénécat et A. Maad, *Les Contre-Vérités de « Hold-up », documentaire à succès qui prétend dévoiler la face cachée de l'épidémie*, *Le Monde*, 12 novembre 202, Voir également de dossier Hold-Up de l'Observatoire stratégique de l'information (https://observatoire-strategique-information.fr).

4. Texte disponible en ligne (http://reparti.free.fr/schwab2020fr.pdf) et qui a déjà fait l'objet de plusieurs livres comme : E. Verhaege, *Le Great Reset : myhtes et réalités*, Culture & Racines, 2021.

président du forum de Davos, Klaus Schwab : il décrit le chaos provoqué par le Covid comme l'occasion de « réinitialiser » nos systèmes. Pour davantage de mondialisation, de croissance verte, d'innovation technologique, de gouvernance, d'ouverture sociétale, etc., bref tout ce qui fait consensus au sein des élites mondiales. Ce serait comme un sens de l'Histoire garantissant son utopie. Au sens strict, cette thèse se contente d'interpréter (*ex post*) le monde avec pandémie. Il veut exploiter des événements que personne n'a planifiés. Mais cela suffit à nourrir des discours sur les plans (*ex ante*) des maîtres du monde.

Pour que l'autorité de la science fonctionne, il faut s'entendre globalement sur le monde réel et les principes qui permettent d'agir. Un monde dans lequel tout le monde refuserait le principe de la gravité universelle ou de la transformation de l'énergie chimique en énergie cinétique aurait du mal à envoyer des fusées sur la lune. Mais il faut aussi un système de légitimation symbolique minimal partagé. Et il faut enfin que l'autorité possède sinon le monopole de l'attention (gouverner, c'est occuper le temps d'autrui), du moins que sa voix ne se perde pas dans la cacophonie des opinions. Moins encore dans le « j'ai bien le droit de croire que ».

Aujourd'hui croire en une réalité dépend – constat médiologique[1] – de nos machines à faire croire, à commencer par celles que développent les dispositifs numériques.

1. Médium n° 56, *Qui croire ?*, 2018.

Économiquement correct

Pierre Chedeville

Depuis la révolution industrielle et l'éclosion du monde de la « grande entreprise », remplaçant progressivement les univers de l'agriculture et de l'artisanat, il est allé de soi que l'objectif *principal* des entreprises était de réaliser des profits. Ce vilain prosaïsme, en butte à l'indécrottable idéalisme des sociétés façonnées par le christianisme (ou sa version communiste dégradée), les conduisit à adopter le sage adage : « pour vivre heureuses, vivons cachées ». Certes, elles participaient à la vie de la cité, pour accompagner ou provoquer de nouveaux modes de consommation ou de production ; attentives aux évolutions politiques, cherchant souvent à les influencer en coulisse, elles ne visaient cependant, par ces intrusions en marge de la vie démocratique, que des résultats cantonnés à des domaines *techniques* : aides d'État, fiscalité, droits de douane, droit social, etc. Peu importait le flacon politique, pourvu qu'on ait l'ivresse sonnante et trébuchante.

Ainsi, les entreprises constituaient un univers discret autant que feutré où la figure du patron demeurait, à quelques rares exceptions près, largement ignorée, souvent moquée ou méprisée, notamment dans ce cinéma populaire qui fit les grandes heures de Louis de Funès. C'était le temps de la note de service, du règlement intérieur et du « petit chef », du cadre supérieur et du patron, costume trois-pièces et DS : monarchie d'Ancien Régime tempérée par le paternalisme et le syndicalisme, vestiges économiques de la graphosphère.

Au tournant des années 1980, la « révolution libérale » initiée par les deux grands pays protestants (États-Unis et Angleterre) de l'Occident marginalisa le vieux monde où régnait encore le Politique pour lui substituer un économisme intégral où les notions de frontières, d'ennemis, de religions ou d'idéologies furent ravalées au rang des accessoires ringards. La « mondialisation » pouvait commencer dès lors qu'aucun mur ne s'y opposait plus et avec elle l'espoir kantien d'une paix perpétuelle dominée par la raison commerciale et l'eudémonisme consumériste. Le chef d'entreprise supplanta le Politique ou l'Intellectuel comme figure de proue d'un nouvel héroïsme débarrassé du tragique propre à la condition humaine, à la faillite ou au chômage près, vétilles à côté des guerres sanglantes du XXe siècle. L'entreprise honnie devint vedette et son patron star : Gordon Gekko aux États-Unis, Bernard Tapie en France, à chaque nation son style.

L'entreprise, désormais mondiale et non plus multinationale, persévéra dans son être : demeurer un centre de profit pour le plus grand bonheur des actionnaires qui virent, au tournant des années 2000, avec l'ouverture des pays asiatiques et le développement exponentiel d'internet, leur fortune atteindre des sommets en des temps record. Getty et Dassault battus à plate couture par une poignée de geeks et de vendeurs pour dames. La soif de l'or se trouvait ainsi renouvelée par le progrès technologique et l'ouverture au monde, les deux mamelles de l'Occident moderne. Rien à redire, somme toute, du *point de vue* de l'entreprise dont le passage à la vidéosphère entraîna une plus grande horizontalité des rapports hiérarchiques (PC, mail, PowerPoint, etc.) sans pour autant sacrifier le fond de l'affaire, la recherche du profit.

Ainsi, tout compte fait, l'entreprise en vidéosphère ne se distinguait guère, dans son essence, de son ancêtre en graphosphère tant il est vrai qu'en matière d'évolution, le tuilage est la règle et la formule « Il faut que tout change pour que rien ne change », toujours de mise. Certes, ce passage de l'une à l'autre sphère conduisit l'entreprise à adopter les codes de la vidéosphère, plus *speeds* et moins formels. Branchés et connectés aux écrans, la gouvernance succéda à la hiérarchie, les managers aux directeurs, les CEO hors-sol aux patrons patriotes, les collaborateurs aux salariés, la performance aux profits ; l'anglais, enfin, s'imposa comme langue unique de l'entreprise. Cependant, malgré ces changements qui sans conteste « fluidifièrent » l'atmosphère au sein des grandes entreprises, celles-ci demeurèrent, dans les grandes démocraties occidentales, des monarchies plus ou moins absolues tempérées par le profit, centrées sur elles-mêmes et absentes des débats publics ne la concernant pas directement. Apolitique et amorale car ne s'intéressant qu'à l'économie, l'entreprise, ouverte sur le monde pour y vendre ses produits et ses services, se refermait comme une huître dès lors que l'on sortait du strict terrain de jeu de son *objet social.*

Or, depuis une dizaine d'années, nous assistons à une véritable métamorphose des grandes organisations à la faveur du passage à l'hypersphère, celle-ci se caractérisant notamment par la prolifération des réseaux sociaux et leur place hypertrophiée dans tous les interstices de l'existence humaine. On peut d'ores et déjà constater la profonde modification des rapports humains qui en découle et qui fait prendre à notre siècle de sérieuses allures de XVIe siècle, celui des guerres de religions. Le retour de l'anathème et de son cortège de dénonciations, l'apparition de prédicateurs apocalyptiques en tous genres, l'affrontement de plus en plus brutal entre communautés réelles ou autoproclamées, la profusion d'attitudes sectaires plus ou moins délirantes, constituent la trame d'une société nouvelle où lansquenets et mercenaires associatifs répandent à travers les réseaux sociaux un fumet inquisitorial jadis favorisé par l'imprimerie.

Cette effervescence idéologique mortifère, dont nous pensions être débarrassés depuis la chute du communisme, nous revient ainsi en boomerang sur fond de catastrophe écologique annoncée. À première vue, cette exacerbation des points de vue n'a rien pour favoriser les échanges, celui des hommes comme des marchandises. De fait, les grandes entreprises se tinrent tout d'abord prudemment à l'écart de ces fumeux débats dont la virulence ne seyait guère aux préceptes du doux commerce et à leur séculaire « neutralité » politique. Et puis, pendant que les foules déchaînées s'écharpaient *urbi et orbi* sur le genre, la race et la préservation de la planète, on ne parlait plus guère de progrès social, de chômage ou de pouvoir d'achat, vieilles rengaines aux relents marxistes qui avaient obstrué dans les temps anciens la grand-route vers un avenir radieux. En attendant, *business as usual,* le social enseveli sous le sociétal, le progrès sous l'inclusion.

Or, en moins de cinq ans, voilà que les grandes entreprises, jusqu'ici distantes, pour ne pas dire méprisantes envers ces « débats » contemporains portés par ce qu'elles jugeaient être des hurluberlus n'ayant pas leur place en leur sein, se convertirent brusquement à tous les thèmes qui structurent ce qu'il est convenu d'appeler aujourd'hui le « wokisme », extension totalitaire du domaine du

« politiquement correct ». Cette soudaine vocation à épouser, dans un surprenant élan mimétique, toutes les revendications sociétales et environnementales a de quoi frapper les esprits et nous invite à la réflexion autour des trois questions suivantes : quelles causes ont pu déclencher ce changement de pied collectif au sein des entreprises ? Quels bénéfices en escomptent-elles ? Et enfin, ne risquent-elles pas à terme de regretter, à l'instar de l'infortuné Swann, d'avoir gâché des années de leur vie (et de leurs profits), d'avoir voulu mourir, pour des causes qui ne leur plaisaient pas, qui n'étaient pas leur genre ? Nous tenant à l'écart de tout jugement moral ou politique sur le fond de l'air postmoderne qui n'est pas, ici, notre affaire, esquissons sous l'angle médiologique quelques réponses possibles.

Nous l'avons dit, jusqu'à une période récente, les entreprises ne portaient qu'une attention limitée à leur image de marque auprès du grand public. L'essentiel résidait dans le produit ou le service à vendre. Tout au plus essayaient-elles de se rendre attractives auprès des étudiants pour attirer les meilleurs talents, généralement par le biais d'actions de mécénat ciblées. Mais l'entreprise ne visait nullement à devenir « citoyenne », à « rendre le monde meilleur » ou à promouvoir « le progrès humain », toutes choses fort nobles au demeurant mais parfaitement étrangères à leur objet social et pouvant, de surcroît, entrer en concurrence avec la recherche du profit. L'irruption des réseaux sociaux dans le champ de la communication institutionnelle, notamment X (ex Twitter) et LinkedIn, a radicalement changé cette donne. Or, le médiologue le sait bien, un vecteur de communication, neutre au départ, finit toujours par se mettre au service d'une idéologie montante aux visées dominatrices. Ces outils ayant été inventés aux États-Unis, il n'était pas illogique qu'ils véhiculassent les problématiques idéologiques propres à ce grand pays expert en *soft power*. De plus, il n'était guère possible à nos entreprises d'ignorer avec superbe ces nouveaux outils au risque de passer pour ringardes à côté des entreprises américaines qui donnent le « la » mondial en matière de *business practices*.

Dès lors, une fois mis le doigt dans l'engrenage, dans le cadre d'une communication désormais globalisée et virale, il fallait se soumettre aux figures imposées d'outre-atlantique. Et nos patrons européens de se faire les chantres unanimes de la diversité la plus diverse, de l'égalité la plus égale, de l'écologie la plus écologique à travers des discours formatés et sans aspérités au regard des canons de la « morale » américaine auxquels adhèrent l'ensemble des dirigeants de ces réseaux, que la peur du ridicule n'effleure jamais quand il s'agit d'inventer l'avenir. Et puis nos vieux pays n'ont jamais eu peur de laver plus blanc que blanc, au risque des aurores blafardes. En attendant, refuser aujourd'hui de se plier à ce jeu chronophage menace de fait toute entreprise solvable d'une campagne de dénigrement planétaire mais également de poursuites judiciaires dans la mesure où le pouvoir politique européen en général, et français en particulier, à travers diverses lois, pactes et autres accords, s'est mis au diapason juridique américain. Le trait le plus marquant de cette révolution médiatique reste sans conteste le passage au *second plan* de ce qui constituait le cœur sacré de l'entreprise, le profit. Les entreprises se doivent désormais d'avoir des « raisons d'être », des « missions » d'où le mot profit est généralement absent, passé à la trappe. Et c'est heureux si l'on y trouve encore le « client » ! On songe, à ce sabir, au personnage de l'homme sans qualités de Musil, l'impeccable Paul Arnheim, rêvant de réconcilier l'âme et les affaires… Vaste programme ! Il s'agit là, en l'espèce, d'une réelle révolution du capitalisme dont le travail d'analyse ne fait que commencer.

Si les entreprises françaises se plient de si bonne grâce à ce tropisme sociétal incarné par l'acronyme RSE (Responsabilité Sociale et Environnementale), ce n'est pas uniquement pour singer leurs cousines américaines ou par peur de déplaire à la plus grande économie (et accessoirement au plus grand marché) du monde. Le dérèglement climatique est réel ; l'inégalité de salaire et de carrière entre les hommes et les femmes, si elle est beaucoup moins criante, demeure ; et si l'entreprise n'est pas une démocratie, il n'est pas inutile d'en améliorer la gouvernance pour limiter en son sein les abus de pouvoir et l'évidente toxicité de certaines pratiques managériales. Tout n'est donc pas à jeter dans le politiquement correct « qui sait se tenir » lorsqu'il soulève des problèmes longtemps cachés sous le tapis. Mais cela se corse sérieusement lorsqu'il s'agit d'élaborer des solutions dont la radicalité l'emporte souvent sur la raison, l'hypersphère favorisant la communication démagogique à outrance. Or il nous semble que l'occupation, parfois frénétique, du terrain des réseaux sociaux par les entreprises relève d'une volonté de « contrôle » de cette radicalité face à des pouvoirs politiques qui semblent avoir perdu toute boussole démocratique et parfois tout bon sens comme en témoignent les jacqueries de plus en plus fréquentes que nous connaissons depuis quelques années. Les grandes entreprises ne tirent par là que la conséquence ultime de l'économisme intégral prôné par les hommes politiques depuis un demi-siècle : elles seront désormais *le lieu du Politique*, les parlements n'étant plus là que pour entériner les évolutions décidées à *leur niveau*, et sous le contrôle de juges non élus.

D'où leur volonté d'étendre leur influence sur des sujets éminemment politiques qui, il y a peu encore, ne les regardaient pas, « n'étaient pas leur genre » et dont elles se gardaient bien de se mêler : à la Prévert et sans esprit d'exhaustivité, la défense de la « diversité » sous toutes ses formes, les violences faites aux femmes, la rénovation des banlieues, la garde des enfants, l'éradication de la pauvreté, la sauvegarde de la biodiversité, la forêt amazonienne, le dialogue des civilisations, la tolérance religieuse, la mobilité, etc. Et les salariés sommés, du moins s'ils veulent faire carrière, d'adopter le point de vue « citoyen » de l'entreprise et l'arrière-fond idéologique (sans parler de la novlangue) qui en constitue la toile de fond. Pour dire les choses en recourant à une métaphore proustienne, nous passons ainsi insensiblement de l'« entreprise Guermantes » qui requiert un « esprit » mais laisse chacun libre de ses opinions à l'« entreprise Verdurin » où « pour faire partie du petit clan », il faut penser comme la « patronne ». La « bienveillance », maître mot du *management* contemporain, a ses limites de plus en plus étroites et fournit ici une illustration de l'« effet *jogging* » bien connu des médiologues : plus l'entreprise affiche sa *coolitude*, plus s'y déploie un totalitarisme certes doux mais sournois et obtus.

Cette main-mise de l'entreprise dans le champ de la citoyenneté présente néanmoins quelque danger pour le capitalisme lui-même, dont l'analyse approfondie se révélera très vite nécessaire pour éviter les dérapages incontrôlés. Car à trop vouloir effacer la frontière entre le sanctuaire entrepreneurial jadis consacré au profit et les sphères sociales et sociétales, on risque de faire entrer le loup dans la bergerie. En effet, les réseaux sociaux, d'inspiration évangélique puisqu'ils visent à dissoudre une bonne fois pour toutes les médiations qui avaient pu subsister à la colère de Luther, sont menacés de deux écueils complémentaires dont la convergence peut se révéler explosive : un puritanisme à visée totalitaire où tout le monde surveille tout le monde (Constitution calviniste de Genève) ; un méthodisme dénaturé et débridé (les émules de Wesley) où la remise en question perpétuelle entraîne la protestation permanente : comme le rappelait Joseph de Maistre, « la vérité est ce que les imbéciles appellent paradoxe » ! Dans le premier cas, la grande entreprise soumise à ces réseaux sera menacée de sclérose tant l'esprit critique y est nécessaire à l'innovation, la ruse et la « zone d'ombre » indispensables au commerce et l'*affectio societatis* librement consenti à l'épanouissement de ses membres. Déjà, d'inquiétants codes de « bonne conduite » circulent dans les entreprises et engagent les salariés à surveiller leurs propos sur les réseaux sociaux, y compris sur leurs comptes personnels et sur des sujets n'ayant rien à voir avec leur vie professionnelle, bref, l'entreprise soviétique revisitée…

Dans le second cas, c'est au contraire à son éclatement que l'entreprise pourrait être confrontée : à soutenir les formes de l'hyperindividualisme promu par des réseaux sociaux noyautés par les extrêmes de toutes obédiences, l'entreprise risque fort de n'en faire jamais assez et de se retrouver constamment mise au pilori de la vindicte minoritaire et associative : jamais assez écologique, jamais assez égalitaire, jamais assez tolérante, jamais assez transparente… mais à force de transparence, on finit par disparaître ! Au final, le progressiste, quelque effort qu'il fasse, sera toujours le conservateur d'un plus progressiste ! Et nul ne sait encore, si l'on n'y prend garde, ce que cette folle logique, cet emballement protestataire, pourront semer de destructions sur leur passage…

Ainsi, la participation active des grandes entreprises aux réseaux sociaux les a fait entrer de plain-pied dans l'hypersphère. Hier encore protégées des regards indiscrets, elles se sont livrées aux tornades de la communication tous azimuts et à la promotion de leur rôle social et sociétal. Préemptant nombre de débats publics, au premier rang desquels le réchauffement climatique, pour y imposer à l'opinion, contre les « décroissants », une vision plus optimiste et surtout plus conforme à la marche des affaires, l'entreprise multiplie les mots d'ordre qui sortent de sa sphère de compétence avec un unanimisme dogmatique parfois intriguant. Le patron désormais se fait prêcheur du Bien, en oubliant au passage la leçon de modernité de Machiavel : « gouverner, c'est entrer en Mal ». Au lobbyisme discret et prosaïquement intéressé a succédé un discours global bon enfant et souvent lénifiant qui n'est pas sans danger : d'un côté vider de sa substance, à force de dispersion, la substantifique moelle de l'entreprise qui doit rester le profit et non les bonnes œuvres ; de l'autre, prêter le flanc à une incessante critique pouvant la conduire à une « mort sociale » auprès de populations « chauffées à blanc ». Pour l'heure, le pire n'étant jamais certain, espérons que nos modernes patrons, bien souvent formés par les bons pères jésuites, auront gardé quelque cynisme casuistique en réserve pour ne pas se laisser déborder par ces nouveaux dangers.

En l'an 2030, des fantômes…

Thierry Grillet

> « *Et quand il eut passé le pont, les fantômes vinrent à sa rencontre…* » carton pour la version française du film *Nosferatu le vampire*, de F. W. Murnau (1922)

Écrire l'an 2030 ! Pour moi qui suis enclin à identifier le futur au temps qui reste – c'est-à-dire au futur antérieur dont on connaît le terme et qu'on regarde comme un passé. Un peu comme nos sociétés qui regardent la crise climatique boucler leur futur dans l'espace mesuré d'un compte à rebours. À moins de réagir dans les dix ans, il aura été trop tard. C'est la fatalité de ce temps particulier, le futur antérieur, dans lequel baignent nos sociétés et où l'avenir est une épopée qui sait sa fin. J'attends ainsi qu'un inventeur démoniaque mette au point une montre qui donnerait à chacun d'entre nous l'heure du temps qui reste ! Les sciences du génome promettent déjà de lister, dès le berceau, les maladies qui nous emporteront, à date fixée, au tombeau ! Il ne leur resterait plus qu'à les indexer sur le ci-devant chronomètre et le grand horloger de nos vies n'aura plus de secret. Je vis donc sur le mode tragique d'un futur antérieur. Et c'est comme vivre le futur en archéologue, un type en bretelles et chapeau mou qui donne des coups de pioches en rêvant d'extraire des fragments d'existence pas encore vécus. Je me demande, parfois, comment j'aurai vécu dans les villes, pas en 2030, mais dans cent ans. Je sais bien que je ne connaîtrai pas ces villes *intelligentes*. Puisque tout va devenir « smart ». Voilà au moins une certitude pour les futurologues : l'avenir n'est pas aux cons.

Mais qu'importe. Je veux être indifférent à toutes les chronologies, à la mienne comme à celle de l'histoire. Est-ce que les villes dans lesquelles j'aurai habité auront été des cités souterraines, parce que l'air à la surface sera irrespirable ? Se seront-elles perchées tout en haut des montagnes, dans des architectures de haute altitude, parce qu'il fera décidément trop chaud dans les déserts en bas ? Ou alors auront-elles flotté dans les airs, comme Laputa, la ville volante des *Voyages de Gulliver* parce que – faute à l'encombrement des choses et des gens –, il n'y aura plus de place sur terre ? Ou bien se seront-elles métamorphosées en ces *walking cities*, imaginées dans les années soixante par les architectes pop du studio londonien Archigram ? Et puis, à quoi auront ressemblé l'amour et le sexe ? Est-ce vrai ? J'aurai baisé par avatar interposé, avec des créatures à la plastique cyberpunk, sorties d'une fiction de William Gibson ? Ou bien le puritanisme aura-t-il gagné la partie ? Et la mort ? Les macchabées de Californie, premiers congelés de la cryogénie, auront-ils été réveillés, désincarcérés de leurs tubes glacés ? Ou conformément au rêve transhumaniste, la mort aura reculé, devant des organismes reconstruits capables de vivre deux cents ans ? Ou même frôler asymptotiquement l'immortalité ? Voilà les fantasmagories que mon cerveau, après d'autres, aime à considérer.

Alors écrire l'an 2030. Dans la chronologie comparative des paléontologues qui compressent l'histoire du monde dans une journée et où l'apparition d'*Homo sapiens* interviendrait à 23 heures 59 minutes et 30 secondes, dix ans ne sont rien. Fabriquer du futur en sautant d'un bout à l'autre d'une décennie seulement, c'est comme si l'on sautait sur place. Comment dans ces conditions se lever et prononcer un « Aube adieu ! » rimbaldien ? Si c'est pour se cogner presque tout de suite sur le crépuscule ? Le futur, c'est ce matin, mais avec le goût d'une fin de journée.

Il faudrait plus de champ. Comme un Jules Verne n'hésitant pas à imaginer, dans une nouvelle, *La journée d'un journaliste américain en 2889* (1889). Alors écrire l'an 2030 revient à imaginer le futur proche dans un mouchoir de poche. Quand on ne va pas loin, on a également moins de liberté pour divaguer. Il faut être crédible, autrement dit : « futurible », comme on disait dans les années soixante, quand des savants et des experts s'installaient pour penser le futur dans les salines Royales d'Arc-et-Senans, chef-d'œuvre d'avant-garde de l'architecte des Lumières Claude-Nicolas Ledoux. Mais est-ce sérieux d'envisager l'avenir comme on l'aurait fait auparavant ? Comme quand on avait le culte du progrès. Qui peut encore croire que l'humanité progresse, après la Shoah, Hiroshima et les totalitarismes ?

Aussi quand nous nous proposons d'imaginer le futur à horizon court, c'est peut-être parce que notre capacité à fabriquer de l'avenir est si profondément atteinte qu'elle ne peut plus s'exercer que le nez sur la vitre. À moins que ce ne soit parce que la puissance technicienne est telle que dix ans sont déjà beaucoup, eu égard à l'accélération historique à laquelle les phénomènes techniques sont soumis. Une décennie, dans ce régime d'accélération, c'est une éternité. Au forum de Davos cette année, Klaus Schwab, le maître de cérémonie a tracé les contours de la quatrième révolution industrielle – soit dit en passant et sans nostalgie, je note que la fabrique de l'avenir ne concerne plus au premier chef les savants, mais des capitaines d'industries, des économistes et des politiques. Klaus Schwab a dit – je résume car tout cela est disponible sur le site de Davos 21, « Les révolutions industrielles se succèdent par couples énergie/machine : charbon et machine à vapeur, électricité et production de masse, électronique et digitalisation, connectique et intelligence artificielle. La quatrième révolution annonce, dans les dix ans, le monde de l'internet des objets, de la connexion tous azimuts, mais charrie aussi – disent ses contradicteurs – cinq millions de chômeurs impliqués par cette transformation, et potentiellement tentés, eux, de faire la révolution ».

D'un côté, comme dans les romans de Philip K. Dick, on assistera à des dialogues improbables entre un homme et la porte de son appartement. Et de l'autre, on verra des masses de miséreux tenus serrés sous surveillance, dans des sociétés de plus en plus écartelés entre une élite jouisseuse et un peuple laborieux, comme le suggèrent les schémas élaborés depuis le XXe siècle par les maîtres de l'anticipation... Ce monde techno-féerique, dit-on, arrivera à la vitesse du développement, devenu exponentiel, des innovations technologiques. Car dans ce monde qui pointe, il n'y a plus de progrès. Il n'y a que de l'innovation. Je ne me sens pas capable d'imaginer ce futur. Sauf à considérer qu'il porte aussi en lui les éléments, plus souhaitables à mes yeux, d'une transition écologique et humaniste, à travers les exigences de décarbonations des industries, de mise en place des circuits courts d'approvisionnement ou encore de l'accélération de l'économie circulaire. Ce que certains ont déjà baptisé du nom de cinquième révolution industrielle, dans laquelle convergeraient les technologies de l'énergie renouvelable, de la chimie verte et les technologies de recyclage et de réutilisation.

Mais à ces prospectives, il manque la part de rêve, qui échappe au calcul. La part des artistes, en somme, celle qui est peut-être portée aujourd'hui par des entrepreneurs rêveurs, sir Richard Branson ou Elon Musk par exemple, copies de ces personnages d'originaux peuplant les romans de Jules Verne, et qui, comme l'américain Impey Barbicane, président du Gun club dans *De la Terre à la Lune* (1865), proposent le voyage dans l'espace en promettant eux, non pas la lune, mais mars dans la décennie à venir. J'envie à cet égard l'enthousiasme d'un Albert Robida, auteur et illustrateur de la Belle époque, qui écrivait en 1883 *La vie électrique* en brossant la fresque du quotidien des hommes en 1955 sublimé par l'électricité ! Porté par l'optimisme scientifique du XIXe siècle, il fantasmait une invention, à ses yeux, centrale dans la vie des années 1950 : le « téléphonoscope », un écran mural de verre fin existant en version mobile de poche, permettant de communiquer à distance, de diffuser les informations, de proposer des programmes de divertissements et d'apprentissages… Notre société a accompli le songe de Robida avec le Smartphone et nos drones serveurs ressemblent à ces milliers de petits aéronefs (dessinés sur ses gravures) qui permettent de se faire livrer, sur les balcons, les menus de restaurants chics. Il nous faut donc d'autres enchantements que je n'aperçois pas dans les visions plates de Davos ni même dans les voyages interstellaires, désenchantés depuis que nos télescopes et nos sondes ont cartographié, photographié et filmé la lune, mars… Il faut du mystère pour qu'il y ait ravissement.

Et puis fabriquer du futur, c'est en partie corriger le présent. Ce que fait, par exemple, Louis Sébastien Mercier, juste avant la Révolution, avec son roman *L'an 2240 ou rêve s'il en fut jamais*. Voilà un Paris démocratique, hygiénique, idéal qui réforme en profondeur le Paris d'Ancien Régime ! Que j'aimerais me retrouver dans la position de son narrateur qui s'endort et se réveille, non pas dix ans après, mais sept cents ans plus tard, dans un Paris totalement reconfiguré ! Les ponts sont débarrassés des bâtiments qui y pesaient dangereusement. La société fonctionne au talent et non plus au rang : plus de privilège dynastique, mais la gloire à l'intelligence créative. Les savoirs sont disponibles dans une bibliothèque royale qui n'occupe plus alors qu'un minuscule cagibi ! C'est que les savants ont synthétisé les connaissances dans une bibliothèque où, comme un élixir, elles ont été réduites et déposées dans quelques dizaines de volumes à peine. On cultive la vérité comme un bonsaï. On coupe sans cesse, on bouture, on sélectionne. Dans cette société des Lumières, la fiction (qu'il s'agisse d'erreur ou d'imagination) est inutile. Cette passion exclusive pour la vérité, élevée au rang d'absolu solitaire, n'est pas ce que j'apprécie le plus dans ce rêve. Il peut tourner au cauchemar. Pourquoi les philosophes, Platon ou Mercier, chassent-ils donc les poètes de leur cité idéale ! J'aimerais pouvoir rêver. Mais même ainsi comment corrigerai-je 2020 par 2030 ?

D'ailleurs 2020 n'est-il pas déjà 2030 ? Les quelques mois de confinement absolu auront-ils donné un avant-goût de la vie en 2030 ? Les scènes de Paris désert auront ressemblé à celles d'un film de science-fiction. Une sorte de *Melancholia* (de Lars von Trier, 2011) ? Tout aura été paradoxalement paisible dans cette catastrophe. La vie avait ralenti. Il faisait grand beau, le soleil brillait, les plantes bourgeonnaient avec une vigueur qu'on ne leur connaissait pas. Les parcs, interdits même aux jardiniers, étaient devenus des jungles. Il ne manquait plus qu'un Philippulus le prophète pour parachever le tableau. Et il y en a eu – comme devant chez moi cette femme africaine criant à tue-tête dans les rues silencieuses qu'« Il nous l'avait dit, et que cela allait arriver ! ». Le futur comme une apocalypse – mais sans les trompettes, ni la Bête ! Les survivalistes s'y préparent en bâtissant en Australie des blockhaus étanches, suréquipés et autarciques.

Mais je ne vois que les artistes, et plus les savants, pour donner des coups d'œil visionnaires sur un 2030 aux allures d'un monde à la Beckett. Ses clochards urbains d'*En attendant Godot* traînent en effet la savate, comme nous le faisions au printemps dans des villes d'où toute agitation avait disparu, et où les choses baignaient parfois dans une lumière de jour de cave… La terre s'est arrêtée de tourner. Les hommes ont parlé à nouveau du sens de la vie. Et ils ont été nombreux à être emportés par le Covid-19. Est-ce la figure du futur que cette humanité masquée, engagée dans l'ère annoncée des virus, ouvrant le temps d'une société défiante, où l'étranger – virus pour l'organisme ou migrant pour le corps social – est devenu l'ennemi ? Et de renoncements rationnels en compromis raisonnables, la démocratie, libertaire d'avant, se transformera-t-elle en 2030, en un régime du contrôle permanent et du « biopouvoir » ?

Écrire l'an 2030 et pour ce faire, remonter le temps de cent ans. Dans *Les deux sources de la morale et de la religion* (1932), Bergson regrettait le formidable découplage entre le corps, augmenté par la technique (« l'outil prolonge le corps de l'ouvrier »), et l'âme qui « reste, elle, ce qu'elle était, trop petite maintenant pour le remplir, trop faible pour le diriger ». Un siècle plus tard, en 2030, « l'âme » a bénéficié des progrès de la technologie. Elle a considérablement grandi. L'intelligence artificielle a pris en charge les activités de l'esprit humain – raison, mémoire, imagination. La nouveauté, c'est que les humains sont en train d'externaliser, à bas bruit et à un rythme soutenu, les opérations computationnelles dans les machines. Alimentant ainsi des psychés artificielles, doubles de nous-mêmes. Plus le temps passe, et plus les données moissonnées dans les circuits complexes de nos goûts, de nos peurs, de nos pensées, confectionnent avec une étonnante vraisemblance, nos ectoplasmes « augmentés ». Ici peut-être se loge le véritable « merveilleux » de la fabrique du futur – même si c'est une fabrique de vampires. À l'horizon de la décennie, nos sociétés seront spectrales, comme le prophétisait Jacques Derrida en 1980, dans un entretien télévisé (*Ghost dance*) : « l'avenir est aux fantômes et […] la technologie moderne des images, de la cinématographie, de la télécommunication décuple le pouvoir des fantômes ».

Quand nos fantômes vivront nos vies, en accomplissant des tâches qui auparavant nous incombaient, qu'adviendra-t-il de nous ? C'est ce « temps de cerveau libéré » qui va structurer notre futur proche. Jamais dans l'histoire de l'humanité, les hommes n'auront disposé d'autant de temps libre. Mais qu'en faire ? Vladimir et Estragon, les personnages de Beckett, diraient : se suicider. Heureusement l'internet promet et promeut l'avènement d'une société lumineuse, à travers une philosophie du « partage » intensifiant la circulation des savoirs. Au début des années 2000, des projets collaboratifs en ligne voient ainsi le jour, notamment Wikipédia, première encyclopédie en source ouverte, collaborative, et acceptant les contributions de gens ordinaires. Cette entreprise, nouvelle étape dans l'histoire de l'encyclopédisme, constitue un pari intellectuel audacieux. Qui aurait pu imaginer qu'à peine vingt ans plus tard, des centaines de milliers d'articles auraient été rédigés et corrigés, souvent en temps réel, par des milliers d'internautes ? Au même moment, tout autour du monde, les grandes bibliothèques mondiales, les centres d'archives ont conduit de vastes projets de numérisation de leurs collections (comme Gallica en France ou Internet Archiv aux Usa) rendant accessibles d'énormes massifs de documents. Jamais les savoirs, les documents sources, les synthèses secondaires n'auront été partagées à ce niveau – la plupart du temps gratuitement.

Ils réalisent ainsi l'utopie enchantée d'une « noosphère », cette nouvelle couche atmosphérique, surgie de millions de cerveaux réticulés et où crépitent les idées, qu'imaginait le paléontologue Teilhard de Chardin dans les années trente. Cette mise en réseau des intelligences, dopée dans les dix ans par la vitesse de la 5G, représente sans doute un saut anthropologique dans l'histoire de l'espèce qui met en ainsi commun, et à une échelle jamais imaginée, les produits de l'esprit. Mais cette réalité masque un volet moins flatteur. Cet activisme du « partage » concerne également, et de façon majoritaire, les contenus « polarisateurs », ceux qui, par leur simplicité et leur propriété addictive, recrutent le plus largement dans la population. Comment donc s'étonner que viennent en tête de la consommation internet mondiale, les contenus pornographiques et ceux qui expriment la conflictualité (clashs, bagarres, affrontements...) ?

Le sexe et la guerre : l'humanité est rappelée, jusque dans l'espace virtuel à ses pulsions animales. La lutte pour la reproduction et la survie... Il me semble ainsi rejoindre la réflexion de Jean-Jacques Rousseau lorsqu'il répondait à la question de l'Académie de Dijon en 1750 pour savoir « si le rétablissement des Sciences et des arts a contribué à épurer les mœurs ». Son *Discours sur les sciences et les arts* concluait déjà à la nocivité des savoirs et des arts, quand ils n'étaient que des divertissements entretenus par le tyran pour maintenir un peuple en servitude. Il n'y a pas de tyran – sinon peut-être nous-même – pour nous retenir ainsi des journées entières scotchés à nos écrans. Notre science contemporaine de l'économie de l'attention ne conclut pas avec moins de pessimisme sur les usages corrupteurs des technologies de l'internet. Je n'irai naturellement pas jusqu'à, comme le fait Rousseau avec un goût pour le paradoxe, plaider en faveur de l'ignorance et de la simplicité, gages de la vertu ! Juste peut-être pour une régulation de la connexion qui puisse libérer nos cerveaux d'occupations indues.

Pour finir, je serais tenté de faire sécession d'avec ce futur de fantômes. Comme H. D. Thoreau, le disciple d'Emerson, le philosophe transcendaliste de Concord, lorsqu'il s'enferma deux ans durant, dehors, dans le bois près de l'étang de Walden, pour fuir le futur qui gagnait au milieu du XIXe siècle les villes américaines. Mais je préfère l'arbre à la forêt. La révolte du jeune aristocrate Côme Laverse du Rondeau, protagoniste du *Baron perché* (1957), d'Italo Calvino, monté dans un arbre pour n'en plus redescendre, me paraît plus poétique et plus joyeuse. Sans doute, en remontant dans les arbres, retournons-nous en enfance. Mais nous quittons aussi le sol. Prenons de la hauteur. Et faisons mine de reprendre place dans notre tout premier habitat d'hominidé, faisant ainsi souvenir du pacte naturel qui nous liait à la nature. À horizon de dix ans, en 2030, comme le suggère l'écrivain américain Richard Powers, rêveur d'arbre qui a quitté son confort Californien pour s'installer en lisière de la dernière forêt primaire d'Amérique, peut-être aurons-nous appris des arbres, de leur capacité de résilience, de leur intelligence collective. Appuyés ainsi sur ces êtres qui comptent le temps par unités de mille ans, pourrons-nous envisager l'avenir autrement que comme le compte à rebours d'une fin immminente.

Woke, la troisième gauche

Paul Soriano

Comme on l'a déjà remarqué, la critique de l'Occident est surtout le fait des Occidentaux eux-mêmes : ce ne sont pas les Russes ou les Chinois, ou les islamistes qui ont « inventé » le *wokisme* – un anti-occidentalisme typiquement et, pour le moment, exclusivement occidental, concocté dans les *universités américaines* !

Quoi qu'il en soit, la principale objection à laquelle s'expose le mouvement *woke* est d'ordre... *comptable.* À savoir que sa critique de l'Occident ne retient que le *passif* du « bilan de l'Occident » (effectivement accablant) et fait silence sur *l'actif...*

À l'actif, donc, via les progrès de la science, de la technique et de l'industrie : l'accroissement spectaculaire de l'espérance de vie en bonne santé, le « niveau de vie » et toutes sortes de commodités, toutes choses dont jouissent les militants *woke*, en tant qu'occidentaux ou « personnes occidentalisées » ; ajoutons : d'innombrables *œuvres*, des fresques de la Chapelle Sixtine à l'Urinoir de Marcel Duchamp... On serait tenté d'ajouter les droits de l'homme et la démocratie, si l'Occident n'avait aussi inspiré les pires régimes politiques que le monde ait connus ; quant à la *démocratie libérale*, elle est de moins en moins démocratique et même de moins en moins libérale.

Au passif, d'innombrables victimes en effet, individus, cultures, espèces : les Occidentaux ne sont peut-être pas plus féroces que les autres, mais ils se sont donné les moyens de l'être à grande échelle : génocide des Indiens (entre autres), esclavage et autres « crimes contre l'humanité »... A lui seul, l'effroyable XXe siècle nous a valu deux guerres mondiales, la Shoah, le Goulag, Hiroshima ; la destruction de l'anthropo- et de la bio-diversité, et le saccage de la planète... Et tout cela, en vue de construire un monde meilleur, après cinq siècles de progrès et trois siècles de Lumières ! Et si l'on compte au nombre des victimes la moitié des Occidentaux eux-mêmes (les Occidentales), cela fait beaucoup de monde. *A fortiori* si l'on ajoute encore une partie des… Blancs, ces « petits Blancs » qui ont des raisons de s'estimer victimes de la phase actuelle de l'occidentalisation (la mondialisation hégémonique) : à vrai dire, nous sommes *tous* des victimes « quelque part » et l'Occident y est forcément pour quelque chose. Difficile de concevoir ciblage plus large. Nos « éveillés » (*woke*) sont un peu bizarres, sans doute, mais il faut bien admettre qu'on leur a donné du grain à moudre…

Sinon, le mouvement *woke* est accusé par une partie de la gauche de n'en être pas (de gauche), pour cause de dérive identitaire et, conséquence aggravante, trahison de l'idéal universaliste…

Ce mouvement est en fait le plus universaliste qui soit, du moins en ce sens qu'il s'adresse aux *victimes* ; victimes des « Blancs », *i. e.* des Occidentaux, *i. e.* des Européens, (de ce qu'il reste d'Européens en Amérique) ; brefs : victimes de la civilisation « occidentale », qui s'est déployée dans le monde depuis cinq siècles : c'est le « grand récit » du wokisme, et il est consistant.

Universel, individualiste, générationnel, conquérant et durable…

Identitaire le wokisme ? Peut-être, mais l'« intersectionnalité » qui désigne la situation de personnes subissant plusieurs formes cumulées de discrimination, du fait de leur race, genre et âge, de leurs préférences sexuelles ou alimentaires, de leur état de santé et autres particularités physiques ou culturelles… dessine des groupes « identitaires » de plus en plus restreints – jusqu'à l'individu singulier (le fameux « albinos transgenre, bouddhiste, végan, bipolaire, multi-dys, souffrant de psoriasis »). On aura beau insister lourdement sur les références « racialistes » du wokisme, cela ne suffit pas à en faire un mouvement identitaire à proprement parler, comparable à certains courants d'extrême droite qui, eux, se réclament au contraire volontiers de l'Occident.

Si on la compare aux autres gauches, la « première gauche », marxisante et attachée au « social », en perte de vitesse, la deuxième, influencée par les *liberals* américains et l'européisme (au pouvoir en France !), l'une et l'autre plus ou moins perméables au wokisme du reste, cette troisième gauche, plus sociétale que sociale, est un mouvement puissant, sinon universel du moins (paradoxalement) *occidental*, et probablement durable, particulièrement *dynamique* et même conquérant.

En tout cas, il a déjà conquis une partie de nos élites, médiatiques, culturelles, showbiz, etc. À gauche, des personnalités (les plus opportunistes ?) lui prêtent une oreille complaisante, et le mouvement progresse, non seulement dans la gauche d'opposition (LFI, les Verts...) mais aussi au sein de la gauche (macroniste) au pouvoir en France, tout comme au sein de la technocratie européenne ; et dans les entreprises : et l'on sait à quel point les multinationales se montrent *éveillées*...

À noter enfin que son caractère générationnel lui promet un bel avenir : les générations qui n'ont pas été éduquées (conditionnées, disent les *woke*) dans la « tradition des Lumières » (occidentales !) se montrent plus perméables que leurs aînés – d'où des analogies avec la Révolution culturelle chinoise, dans un tout autre contexte bien entendu, et sans Grand Timonier.

Bref : si vous vous considérez comme la *victime* d'une quelconque *discrimination* (qui ne l'est ?) et si vous attribuez ce triste état à la « civilisation occidentale », alors vous avez vocation à vous écrier : « moi aussi ! » (*#MeToo*) ; et à le rejoindre, au moins en tant que compagnon de route.

Mais rejoindre quoi au juste ? Il n'y a pas de « parti » *woke*... et c'est là que la médiologie entre en scène : le mouvement *woke* c'est en quelque sorte l'ubérisation (numérique) d'un mouvement politique. Certes, le wokisme ne semble porteur d'aucune forme de « vivre ensemble », il ne déboucherait que sur la *guerre de tous contre tous*. L'insatisfaction radicale et la « théorie » inhérentes à toute attitude dite « de gauche » sont bien là mais il manque la « perspective de salut » : difficile de concevoir une dictature des victimes, sur le modèle de la dictature du prolétariat ; sauf, précisément, sous une forme ubérisée : en l'occurrence, une... Inquisition dans laquelle le Grand Inquisiteur serait remplacé par des millions de *petits Inquisiteurs*.

3.
Cohésions : le déchaînement

La machine à démonter le temps

Paul Soriano

Après avoir été modernes, ouverts à un futur radieux, nous, les Occidentaux, serions devenus postmodernes, englués dans un « présentisme » anachronique de fin de l'histoire, où les « post » et les « néo » se télescopent… Mais, *en même temps*, nous nous projetons dans la plus longue durée, celle d'un temps proprement géologique, dans la perspective d'une catastrophe finale… En tout cas, nous ne croyons plus trop qu'après le grand soir se lèveront des lendemains qui chantent et qui dansent.

« Il coule, et nous passons ! »

Au singulier et avec majuscule, le Temps est le dieu qui défie tout athéisme, le seul dont on peut dire à coup sûr qu'il n'a pas été créé par l'homme. Implacable et à sens unique ; de toutes les prières au Tout-Puissant, *Ô temps suspends ton vol* est sans doute la plus vaine. Ou, comme le dit plus sobrement le philosophe : l'espace est la forme de notre puissance, le temps celle de notre impuissance.

Notre première épreuve du temps est naturelle et biologique : neuf mois pour engendrer un être humain ; adulte, il lui faudra dormir plus ou moins huit heures par jour, de préférence la nuit, s'alimenter régulièrement, etc. Comme par hasard, bien des maîtres du monde, qui sont d'abord des chrono-maîtres, n'ont besoin que de quatre ou cinq heures de sommeil quotidien, soit autant d'heures de veille gagnées pour asservir et deux fois moins de risques de se faire égorger pendant son sommeil : un avantage sélectif.

Nous connaissons tout naturellement le temps linéaire et le temps cyclique : indifférent à la théorie du genre, un certain cycle à peu près mensuel affecte la bonne moitié de l'humanité, tandis que le mauvais genre en est dispensé. Nous expérimentons aussi le temps « vectoriel », *i. e.* orienté vers le plus et le moins, le meilleur et le pire. Hélas, la dégradation (l'entropie) se montre plus constante que le « progrès » : dès la fin de l'adolescence, nous voici exposés à cette déconstruction qu'est le vieillissement. Kant définit les Lumières comme l'accès de l'homme à l'âge adulte mais il oublie la suite : après les Lumières, la sénilité ?

Il faudrait encore distinguer continuité et ruptures, les *événements* qui « changent le cours de l'histoire », les périodes calmes et les époques agitées, un temps de gauche (messianique : « demain, la Révolution ! ») et un temps de droite (Laetitia Bonaparte : « *pourvou ké ça doure* »).

Jouer avec le temps

Le temps défie le langage : l'horloge parlante ne saurait nous *dire* l'heure qu'il est, au présent ; tout au mieux nous assure-t-elle qu'au quatrième top il *était* (ou il *sera*) 20 heures pile. Et pourtant c'est le récit, donc le langage, qui permet à *Homo fabulator*, ce faiseur d'histoires, de *jouer avec le temps*. Récits mythiques et religieux, philosophiques ou scientifiques, historiques, littéraires, politiques : autant d'essais pour donner un *sens* (une signification et une direction) à nos existences.

La découverte de la causalité, plus tard le calcul des probabilités, font de nous des futuristes assez crédibles, au point d'abuser de la prédiction et des promesses. Dans les programmes politiques, en particulier. Exception : « le changement c'est maintenant », truisme emprunté par François Hollande à Héraclite, n'encourt aucun reproche de promesse non tenue.

On peut aussi se donner l'illusion de maîtriser le temps par les *institutions* (des fictions matérialisées ?) installées dans des constructions dûment équipées d'*horloges* et de calendriers qui rythment un temps *institué* (au parlement, on va même jusqu'à arrêter l'horloge pour se donner le temps de voter une mesure dans le *temps prescrit* !). Ce qu'on appelle une « civilisation », c'est peut-être avant tout un ensemble de dispositifs de maîtrise du temps, récits et institutions.

Car à défaut de remonter le temps, on peut essayer de le ralentir, retarder le vieillissement avec des *antiâges* ; on peut imaginer le saisir, lui échapper, le mesurer, l'ordonner en le découpant, *rythmer* la vie des sociétés et des individus ; ou bien recommencer, recycler le déjà advenu, le révolu, faire la révolution... Maîtronomes ? On peut toujours le croire et le faire croire...

De l'historique à l'hystérique

François Hartog nomme « régime d'historicité » une articulation, propre à une époque, entre passé, présent et avenir ; chacune de ces instances fait l'objet d'une valorisation qui s'exprime déjà dans ces expressions en forme de slogans : « du passé faisons table rase » (« demain on rasera gratis ? »), « *no future* », « *carpe diem* », « l'avenir est déjà là », ou « le temps, c'est de l'argent »... À chaque époque, donc, Antiquité, Moyen Âge chrétien, Renaissance, Modernité... son régime d'historicité propre, mais les emprunts ne sont pas rares : les Modernes valorisent le futur et le temps vectoriel (le Progrès), mais leur philosophie de l'histoire se coule dans la théologie de l'histoire, chrétienne, avec Hegel, mais aussi Condorcet, Comte, Hugo ou Renan en guise de prophètes d'une religion de l'humanité.

Quant à notre temps, qu'on dira « postmoderne » (le terme est un peu étrange...), il s'abandonne à tous les paradoxes temporels, à tous les anachronismes. À la fois ultramoderne et antimoderne, c'est aussi un présentisme, mais nullement amnésique, comme on le dit à tort, plutôt hypermnésique : à l'ère numérique on *mémorise* tout et l'on rend ces traces accessibles à tous. Les « post » (ce qui est dépassé) et les « néo » (ce qui fait retour, la même chose bien souvent) se télescopent. En politique, par exemple, on a observé le retour spectaculaire de la forme « empire » (russe, chinois, ottoman, perse...), le *vintage* dope les ventes... L'histoire n'en finit pas, elle bégaye, elle imite les séries télé, avec préquelles, séquelles et rediffusions.

Tout cela aux dépens de la chronologie : dans ce monde proprement anachronique, pour ne pas dire insensé, l'histoire, en particulier, n'aurait plus de *sens*... dans aucun sens du terme. Le mémoriel (devoir de mémoire, lois mémorielles, etc.) émotionnel se substitue en quelque sorte à l'historique rationnel. Et quand le passé est rejeté, réprouvé, ce passé-là c'est justement... la modernité, celle de l'Occident conquérant, depuis le XVIe siècle jusqu'à l'épouvantable XXe siècle. Bref, une histoire dite par un idiot et qui ne signifie rien, pleine de bruit et de fureur...

Harcèlement et compte à rebours

En même temps, du fait, notamment, des dégâts que l'homme inflige à son environnement planétaire, notre époque fait l'expérience d'une autre temporalité, la plus longue : l'« Anthropocène » s'inscrit dans une durée géologique qui se trouve du même coup historicisée, dans la mesure où l'histoire humaine se confond avec l'histoire naturelle… François Hartog : « Le temps de la planète ne peut plus être considéré comme un "décor", tandis que nous jouons sur la scène du temps du monde les pièces que nous écrivons ».

Entre la microseconde des processeurs qui nous harcèlent et le million ou milliard d'années, qui assigne un point final à l'humanité, le destin nous ménage différentes options : effondrement, destruction physique brutale, extinction progressive, ou encore évolution vers le post-humain.

Parce qu'il est un peu à l'Ouest, l'Occident est condamné à *décliner* sans cesse. Sur des chemins qui ne mènent nulle part, l'Occident ne cesse d'avancer. Car vivre en postmodernes offre aussi des friandises (intellectuelles) à notre vanité ; dire que l'ère du recyclage « succède » à l'ère du Progrès, c'est dire aussi qu'elle la précède et la surplombe : juché sur les épaules des géants qui l'ont précédé, *minus habens* les domine doute sa médiocre stature.

Rien n'interdit, du reste, de recycler aussi le Progrès, ou de voir dans le recyclage… un progrès. Vertigineux !

Un monde meilleur, pastiche

Michel Erman

Au début du Meilleur des Mondes *(1932) d'Aldous Huxley, deux jeunes femmes, Lenina et Fanny, devisent au sujet de leur vie personnelle : la seconde reproche à la première d'avoir des attitudes intimes incorrectes. Pendant ce temps, le directeur du centre d'incubation humain de l'État mondial, dont la devise est « Communauté, Identité, Stabilité », fait visiter à des étudiants la salle de fécondation : la reproduction sexuée n'existe plus, l'eugénisme règne, et les mots de père et mère sont devenus obscènes. Qu'Aldous Huxley me pardonne de l'avoir pastiché, bien modeste hommage à son talent visionnaire.*

Paris, 2062

En traversant, à la nuit tombée, la place de l'Hôtel de ville, Julia remarqua que les immenses lettres de la devise de l'État européen surmontant le bâtiment avaient été rénovées. ÉGALITÉ, IDENTITÉ. S, BIENVEILLANCE éclairaient de mille feux multicolores et civilisationnels cet archipel inclusif du centre de Paris. Bien qu'elle fût quelque peu préoccupée, la jeune femme ralentit le pas pour s'immerger dans cette atmosphère féerique que l'on devait à la prévenance progressiste du Conseil des affaires municipales et communautaires.

Après des études de psychosociologie, doublées d'une formation en *social and diversity managering* à la *Paris Sorbonne University* et sanctionnées par un mémoire en social care, Julia avait été embauchée comme fonctionnaire au ministère de l'Éducation civique et morale. Celui-ci était une institution politiquement des plus importantes : pour en arriver à une société éclairée, diversitaire et harmonieuse, les gouvernants étaient convaincus qu'il convenait d'agir sur les mentalités, et de peser au mieux sur les cœurs en formation afin de leur éviter toute faute morale dans leur vie future. L'entrain correctement progressiste de Julia l'avait vite fait remarquer par ses supérieurs, ils venaient d'ailleurs de lui confier la direction du tout nouveau département de la « Bienveillance globale » censé assurer la stabilité sociale dans les établissements d'éducation.

Julia était fière d'exercer des fonctions qui lui permettaient d'accompagner et de soutenir une pédagogie du projet éducatif, objectif garantissant aux apprenantes et aux apprenants que leurs ambitions se réaliseront et que leur dignité sera respectée. Et reléguant au second plan les vieilles disciplines empreintes de patriarcat, telle la littérature ou l'histoire. D'ailleurs, elle n'était jamais arrivée à comprendre comment les enfants avaient pu autrefois prendre plaisir à mémoriser des poèmes comme « La Cigale et la Fourmi » ou « La Laitière et le Pot au lait », écrits par un auteur sexiste (ah cette laitière légère et court vêtue !) doublé d'un spéciste. Heureusement que les livres de ce genre n'étaient plus publiés, il est vrai qu'ils n'auraient pas de lecteurs.

Restait sans doute à vraiment saisir les mécanismes de tous ces stéréotypes discriminants afin d'éviter que ne ressurgissent dans les esprits des pensées coupables et illicites. Il faudrait qu'un de ces jours elle en parle à la directrice des ressources humaines : il serait bon d'aborder le sujet dans le groupe de discussion dirigée auquel devaient participer chaque semaine les salariés de son département. En un mot, Julia représentait la bienveillance même, si bien que l'administration avait, en dépit de son jeune âge, proposé sa candidature au grade de chevalier de deuxième classe des palmes du care académique.

Elle avait rendez-vous avec son amie Lola dans un bar à oxygène de la rue de Rivoli – laquelle était l'une des rares voies de l'archipel Paris Centre à avoir conservé son ancien nom, les gouvernants ayant oublié son origine malencontreuse[1]. Julia et Lola s'étaient connues sur les bancs éducatifs puis cette dernière avait emprunté une voie différente de celle de son amie : elle occupait un poste dans une

1. S'ils l'avaient su, le responsable de la commission « déconstruire, renommer, oublier » au ministère des Archipels aurait sans doute été blâmé avec inscription au dossier administratif puis fermement invité à suivre un stage de rééducation ! Autrefois la rue avait été ainsi nommée en référence à la bataille de Rivoli remportée, en 1797, par un général racialiste et esclavagiste tombant maintenant sous le coup des lois de l'État européen : un certain Napoléon Bonaparte (*NdT*).

entreprise de *neuro-editing-marketing*. Bref, elle cherchait à aider les consommateurs à reformuler leurs désirs toujours enclos dans des habitus socialement construits, en dépit des progrès de la société. Un tel poste exigeait d'être sûre de soi, c'était une fille qui savait ce qu'elle voulait. De toutes les relations de Julia, elle était la mieux à même de lui prodiguer les conseils dont elle avait besoin en ce moment, des conseils au sujet de son comportement libidinal.

Leur génération s'était enfin émancipée du corps sexué. Grâce au combat féministe de leurs grands-mères – comme on disait autrefois – puis de leurs parentes 1 qui avaient déconstruit ce stéréotype produit par les hommes de l'ancien monde, prédateurs ne cherchant qu'à s'approprier, sous couvert de galanterie, le corps des femmes, les lois en marche vers la fluidité, le progrès et la bienveillance avait corrigé tous les mots engageant aux baisers volés. Ainsi le dictionnaire *Le Bien Français*, qui avait supplanté de longtemps tous ses concurrents, incitait à ne plus parler de seins mais de poitrine, de sexe mais de bas-ventre, de fesses mais de fondement, des mots beaucoup plus inclusifs et respectueux de toutes et de tous. Dans leur génération, il n'était bien sûr plus question de se laisser « draguer » ni d'imaginer « se donner » à un homme.

Privé de mots pour le médire, leur corps ne suscitait aucunement cette concupiscence qui entraînait les générations précédentes dans la débauche : le corps n'était plus un destin pour les femmes. Au lieu de reposer sur la séduction, sur la domination ancestrale des hommes et la subordination des femmes, les relations étaient maintenant fondées sur une sociabilité neutre, intelligente et non offensante. Quel progrès !

Il arrivait que les hormones viennent quelque peu bouleverser cette homéostasie vertueuse. En pareil cas, la Faculté recommandait de s'atteler d'abord à déconstruire cognitivement ce qui n'était qu'un mythe naturaliste, genré et archaïque, éventuellement en s'aidant de gommes à mâcher au bromure de potassium. Puis, si cela s'avérait nécessaire, de pratiquer une sexualité auto-inclusive centrée sur le bien-être. À cet effet, la Sécurité sociale remboursait à 100 % toute sorte de *post-gender-toys*, à la condition qu'ils n'aient pas une forme anatomique patriarcale. En dernière instance, s'il fallait vraiment se prêter à la chose, il était nécessaire de la gérer au mieux, par exemple en négociant le consentement donné à la partie adverse.

Avant tout acte, la loi stipulait de recueillir les informations nécessaires sur les intentions et les attentes envisagées par le candidat partenaire et, devant une rupture contractuelle, faisait de toute insistance de celui-ci un délit grave. En général les hommes disposaient d'un formulaire qu'ils tendaient aux femmes pour régler tous les détails, jusqu'aux positions autorisées ; les propositions sexuelles surgissant pendant l'acte devaient bien sûr faire illico l'objet d'un nouveau contrat. Quant aux femmes, elles devaient se méfier du laps de temps séparant le désir de sa satisfaction ; il y avait là un moment propice au laisser-aller galant capable de rompre la bonne interaction. Le piège ! Oui mais encore fallait-il que le candidat fît sa demande.

Quand elle arriva au bar, Julia trouva Lola déjà installée devant une jolie fiole bleutée dont elle aspirait les effets gazeux à l'aide d'une sorte de narguilé. Celle-ci lui fit signe de la rejoindre tout en laissant entendre qu'elle désirait finir sa consommation. En attendant, Julia consulta distraitement la carte des tapas végan, bercée par le fond musical d'un rap planant dont les mots chantaient la joie et la fierté de vivre dans le régime de l'État européen. « Ah, j'ai avalé le cocktail "Nirvana", qu'est-ce que je me sens bien ! Tu devrais l'essayer, lança Lola qui venait de reposer son tube à oxygène. Comment tu vas ma belle ?

– Ça va, ça va…

– Tu es bien sûre ? Tu n'as pas l'air. Bon, et ton travail ?

– Oh, très bien. Le Conseil supérieur des programmes vient d'accepter ma proposition de rendre obligatoire pour toutes les apprenantes et tous les apprenants, à l'université, un module intitulé "valeurs compassionnelles". Ça couronne mes efforts, je suis contente. D'après ce que je sais, je pourrais bien être nommée dans l'ordre du care…

– Bravo Julia. Ta carrière avance à grands pas. Mais ce sont des cigarettes que tu as là dans ton sac ? Tu as obtenu un permis de fumer ?

– Non, pas vraiment. Je sais, je sais, je risque une forte amende. Mais depuis quelque temps, j'ai un peu de mal à me concentrer, alors fumer discrètement me détend.

– Vraiment ? Que se passe-t-il ? demanda Lola avec une pointe d'inquiétude ».

Julia s'arma de courage pour exposer à son amie le problème qui la préoccupait. Elle commença par une digression en évoquant les revendications au sujet de l'utérus artificiel qui devait libérer définitivement les femmes de l'emprise de leur corps. La science promettait que cet autre mythe naturaliste qu'était la viviparité serait bientôt un mauvais souvenir ; les femmes devaient montrer leur détermination à obtenir ce nouveau droit permettant de dissocier définitivement le corps de la génitalité. « Tu sais combien je suis convaincue de cela ? », insista Julia. Donc, lors d'une récente conférence sur le futur utérus artificiel pour toutes, tenue dans le grand amphithéâtre du *Paris Transhumanism Hospital*, elle avait rencontré un homme. Ou plutôt leurs yeux s'étaient rencontrés. Elle était assise, seule, dans une rangée de côté quand elle vit un retardataire prendre précipitamment place dans la même rangée. Dans un premier temps, elle ne prêta guère attention à lui. La conférence commençait. *La reproduction reste un domaine dans lequel le progrès bienveillant doit vraiment aller de l'avant...*

À un moment elle se sentit observée : l'homme tournait la tête vers elle tout en affectant de regarder ailleurs. Elle se détourna mais, malgré elle, elle lui avait souri. *Avoir un enfant sans passer par la case rapport sexuel est le rêve de beaucoup de gentes et de gens.* À son tour elle jeta un regard vers lui, il se touchait les cheveux et semblait absorbé par les paroles du conférencier, elle lui trouva un air d'acteur de ces films du début du siècle qui, à titre édifiant, repassaient parfois sur les écrans. *Nous pouvons raisonnablement penser que d'ici à deux ans, notre hospital possédera le premier centre européen d'incubation d'embryons... sur le génome desquels nous pourrons un jour agir... afin d'inscrire la bienveillance dans leur constitution. L'amélioration du monde se poursuit...* Leurs regards se croisèrent, un instant il la fixa, elle se sentit rougir. *Nous ne parlerons plus de parents 1 ou 2 mais de progéniteurs. Oublié la viviparité, vive l'égalité* ! À la fin de la conférence, il quitta rapidement l'amphithéâtre non sans lui avoir lancé un dernier regard. Depuis elle gardait l'image de cet homme dans les yeux. Elle avait cherché à savoir qui il était en interrogeant certaines connaissances qui travaillaient à l'*Hospital.* Sans succès.

« Je ne sais pas pourquoi mais cela fait un moment que je ne me sens pas disposée à tout attendre d'une demande de consentement. Tu sais, je me souviens de ce que racontait ma grand-mère à propos de l'époque où un homme regardait une femme, la trouvait désirable pendant que celle-ci l'encourageait à lui faire la cour…

– Qu'est-ce que c'est que ce charabia ? Pourquoi faire référence à ta grand-mère ? répliqua Lola, le regard soudain hostile. Il faut prendre garde à ce que tu dis. Tu parles d'un commerce amoureux, tu te vois comme une marchandise ? » Un silence. Puis, radoucie : « Tu as l'air de te détourner de la bonne sociabilité libidinale, sois raisonnable. C'est mal vu de se conduire comme ça. Songe à ta carrière ! Reprends-toi.

– Oui, oui. Tu as raison, dit Julia en soupirant.

– Tu sais bien ce qu'il s'est passé pour nos grands-mères (Lola prononça ce mot en baissant la voix), d'ailleurs on apprend ça dans les cours mémoriels dès le collège, tu te souviens des programmes, non ?

– Oui, oui…

– Elles ont connu une époque exaltante. D'un coup toute leur vie privée devint publique, les émotions et les sentiments des unes et des uns furent alors l'affaire de toutes. Ça a dû être formidable pour elles de se rendre compte combien la nature humaine est perfectible, tu crois pas ?

– Oui, je sais, nous vivons dans un monde amélioré mais je me demande si…

– Tu veux dire quoi ? Tu voudrais en revenir à l'individualisme ? Tu bats la campagne, tu rêves comme cette Perrette avec son pot de lait dont ma grand-mère (elle baissa encore d'un ton en jetant un coup d'œil furtif autour d'elle) me contait les aventures pour me mettre en garde, justement, contre les dangers de l'individualisme.

– Oui, on le répète souvent aux enseignantes et aux enseignants, l'individualisme menace toute la société, murmura Julia.

– Et une foi civilisatrice s'est imposée pour le plus grand bonheur de toutes. Tu crois pas ?

– Puisque tu le dis… mais parfois je me pose des questions sur le passé. Tout était-il vraiment justifié ? lança Julia non sans une pointe d'hésitation dans le regard.

– Tu as l'air d'oublier bien des choses, comme la discrimination positive…

– Justement tous ces fameux comités antidiscrimination, cela a donné un moment d'épuration pour se débarrasser de tous ceux qu'on appelait les intellec…

– Les pseudo-intellectuels ! Ceux qui paradaient en se réclamant à grands cris de concepts verbeux, stéréotypés, immoraux liés à cette fameuse culture française… L'humanisme, le libre arbitre, l'universalisme, la galanterie… Tous ces mots abjects… Tout cela pour mieux dissiper dans un flou artistique les discriminations sexistes qui sévissaient alors. J'espère que ce n'est pas un détail pour toi ?

– Les discriminations sexistes, oui bien sûr, enfin non, ça veut dire beaucoup. Mais on sait qui ils étaient au juste, ces gens ?

– Je ne sais pas bien, des partisans du patriarcat, surtout des hommes blancs héréronormés, paraît-il… Ce que nous avons appris l'une comme l'autre dans les cours mémoriels, c'est que pour en arriver à notre société de bienveillance, il a fallu identifier des suspects, surveiller et punir en prime time à la télé ceux pour qui elle n'était pas un idéal. Ceux surtout qui persistaient dans leurs aveuglements et refusaient de faire amende honorable alors que l'État-providence leur offrait généreusement ses injonctions indulgentes et son assistance pour les aider à changer leurs comportements et à se convertir au Bien.

– Oui, ma parente 1 évoquait parfois cette période, reprit Julia. Elle parlait de stages d'expiation à visée éducative, organisés conjointement par l'administration de l'Éducation morale et celle de la Police de la parole. Elle était un peu gênée car elle connaissait amicalement nombre de personnes jugées mal-pensantes qui avaient été inscrites sur le registre officiel des délinquants sexistes et condamnées à des peines de prison.

– Mais, enchaîna Lola, tout cela est bien fini…

– Il y avait aussi des hommes qui partageaient toutes les indignations de nos parentes 1 mais étaient accusés à cause de ça d'appropriation genrée. La mienne en parlait toujours avec un peu de tristesse dans la voix mais elle ajoutait que certains croyant prendre le métro[1], en fait, prenaient le train…

– Ah, ah, elle avait de l'humour ta parente 1…

– Pas que… elle finissait par conclure que certaines violences, peut-être injustes, valaient mieux que le désordre engendré par les libertés, particulièrement la liberté d'expression…

1. Allusion au néologisme « métrosexuel » qui désigna, dans l'ancien monde, des hommes qui prenaient des attitudes de genre féminines (*NdT*).

– D'accord, mais aujourd'hui tout cela est fini, on fait de la prévention. Tu en sais quelque chose dans ton travail !

– Évidemment. En entrant à l'université, il y a ces tests qui permettent de détecter nos préjugés, ces modules de formation à la diversité et au genre, obligatoires, on peut aussi militer, comme on l'a fait toutes les deux, au Syndicat du Respect qui aide à traquer lesdits préjugés en luttant contre leurs biais inconscients. Je connais tout ça…

– Tu vois, il n'est plus nécessaire de reconditionner les gens, tout le monde a progressé de façon réglée et paisible… »

Julia commanda à son tour une fiole d'oxygène. Cela la rasséréna. Au bout d'un moment, elle reprit : « Je suis sûre que je lui plais et je voudrais lui dire qu'il me plaît plus que tout homme que j'ai jamais connu.

– Moi je n'ai personne du genre homme pour le moment, et je ne m'en porte pas plus mal », dit Lola.

Julia prit la main de son amie et la pressa tendrement.

Sourire en biais du propriétaire des lieux. Dans un coin de la salle, un capteur optique avait tout enregistré de leur conversation. Julia n'entendit plus parler d'une nomination dans l'ordre du care académique.

p.c.c. Adlous Huxley avec la bienveillante
collaboration de Georges Orwell.

L'émiettement du commun

Daniel Bougnoux

La notion de *commun* est au cœur du souci écologique, mais son périmètre n'est pas facile à cerner. Si nous avons en partage commun le climat, les océans, les forêts, la Terre, les espèces en voie de disparition, etc., comment faisons-nous (ou non) « communauté » avec ces ensembles dont nous sommes partie prenante ? Car ce terme de *commun* indique, à l'évidence, non seulement que ces choses se tiennent fortement entre elles, mais que nous-mêmes en dépendons pour notre simple survie, tant nous leur demeurons intriqués, enchevêtrés.

Un bien « commun » se tient entre nous, *au milieu* ou à bonne distance de chacun, à une distance qui le rend inappropriable, soustrait aux convoitises suscitées par la marchandise, à nos pulsions de domination et d'extraction. Et les dispositifs d'accès et d'exploitation de ce commun sont eux-mêmes communs, ils font l'objet d'une négociation et d'une coopération active des hommes qui se regroupent et s'activent dans les soins donnés aux communs ; des règles de bonne conduite en découlent, qui contribuent à façonner autour des communs (que ce soit pour la pêche, la chasse ou l'activité pastorale) une forme de civilité, des protocoles d'usage, un dosage de devoirs et de droits. Notre médiologie, étymologiquement intéressée à cette notion de *milieu*, ne saurait négliger cette problématique du commun, ou d'une communauté qui rétrécit comme une peau de chagrin.

Or le *commun* est aussi celui de la raison (chose-du-monde-la-mieux-partagée), ou d'une culture de l'argumentation et de la confrontation. Dans ce domaine aussi, force est de constater une sérieuse dégradation. Nos espaces de débat reculent, tant les indices se multiplient de cet abaissement, ou affaissement, d'un *logos* que la philosophie des Lumières et le rationalisme classique posaient comme l'horizon d'entente de notre espèce. Depuis Deleuze déclarant qu'il n'est pas philosophique de débattre, jusqu'à la caricature de confrontation publique offerte par le premier duel télévisé entre Trump et Biden, il n'est pas évident de traiter l'adversaire comme un partenaire, bienvenu pour la recherche conjointe de la vérité en matière éthique, esthétique, philosophique ou politique… À l'époque prérévolutionnaire de Diderot, les Salons où l'on discutait des jugements de goût préparaient les esprits à rechercher les conditions du bon gouvernement ; où en est cette culture du débat aujourd'hui ? Serait-il devenu moins facile de s'entendre, et pourquoi ?

La multiplication des *fake news* et des « faits alternatifs », la proclamation d'une vérité « à la carte » ou selon les circonstances, l'expression nue des sentiments préférée à l'argumentation, ou encore la montée du « politiquement correct » qui contamine nos campus après ceux des USA (par exemple les conférences empêchées de Sylviane Agacinski ou de François Hollande pourtant prévues en territoire *universitaire*), bref une vision étriquée de la culture, uniquement perçue comme rattachement à une communauté sans dialogue possible avec les autres, ne laissent pas d'inquiéter.

Climato-logo-scepticisme

Bruno Latour l'a fortement souligné dans *Où atterrir ?*, le climato-scepticisme et la propagation des *fake news* par Donald Trump relèvent de la même posture, vous et moi n'appartenons pas au même monde, le climat de Paris n'est pas celui de Washington, et toute vérité de même se laisse ployer et manipuler au gré des désirs et des circonstances, au diable les faits, il n'y a que des interprétations ! Et votre raison, cette vieille lune en matière politique et sociale, n'est jamais que celle du plus fort. Le même Trump déclarant « Je vous aime » à la horde de ses partisans, avant de les lancer à l'assaut du Capitole le 6 janvier 2021, montrait assez de quelle communauté lui-même se réclamait.

Tentons un rapide survol de cette récente restriction : il n'y aurait rien de commun entre un homme et une femme, proclament certaines féministes, qui voient dans le badinage amoureux une honte, dans la galanterie la première étape du viol. Si aux États-Unis deux partenaires persistent malgré tout à s'approcher, ce sera bientôt en s'entourant de contrats et sous le contrôle de leurs respectifs avocats ! On a vu de même, au théâtre, l'acteur blanc interdit de représenter un noir ; ou, parmi les communautés LGBT, circuler la tyrannie du particulier et de l'assignation au genre, seule une lesbienne peut parler pour une lesbienne ou la comprendre, etc. En se repliant sur elles-mêmes, ces petites communautés d'une scissiparité virtuellement infinie fragmentent l'idéal universaliste et la commune appartenance des hommes à une (possible) humanité ; cette idée ou cet idéal jadis régulateurs se trouvent supplantés par les revendications infinies d'un corps, d'une histoire, d'une aire géographique ou d'un récit qui font de chaque individu un être à part, autonome, non substituable ni représentable par aucun autre. Pour le dire avec Debray, la *ligne chair* tend à éclipser dans nos débats, nos raisonnements ou nos imaginaires une antique et plus abstraite *ligne verbe* à laquelle l'école et le jeu de nos institutions nous avaient (non sans peine) éduqués.

Crise de la représentation

Cette *crise de la représentation* se traduit donc par la mise en avant ou la prééminence des corps. Il est clair que *mon corps*, ma biographie ou (pour citer le dernier Edgar Morin) « ma voie » sont d'une absolue singularité, nul ne peut les emprunter, les endosser ni s'en réclamer à ma place. Mais cet ordre physique, que le latin exprime par le pronom *ipse*, constitue-t-il l'alpha et l'oméga de la personne ? Celle-ci n'est-elle pas insérée dans des communautés plus larges, qui vont jusqu'à l'humanité, à laquelle la Déclaration des droits de l'homme a accolé le pronom *idem* pour souligner entre les sujets, au-delà des différences de surface et de tous les particularismes, leur commune *égalité* ?

L'indice est par définition et *par nature* un signe physique (et non un artefact comme sont l'image, ou l'ordre symbolique des lettres et des chiffres). Cette montée en puissance du corps ou de ses indices, ce nouveau *cratylisme* donc viennent supplanter les signes plus abstraits, ou symboliques, de la langue vernaculaire et en général de la représentation ; rivés que nous sommes au piquet d'attaches sensibles perçues comme ineffables, uniques et non substituables (non négociables), nous naturalisons notre culture, et nous payons cette restriction d'un effondrement du *logos*.

Dans ce nouveau monde ainsi émietté, saturé d'allergies et de phobies des contacts, l'ouverture démocratique ne joue plus, toute représentation s'apparente à une supercherie, l'empathie envers l'autre ou le frayage avec l'altérité à une dangereuse aliénation. Et l'idéal des Lumières, qui luttait contre les mœurs barbares fomentées par la religion et d'ancestrales coutumes, se trouve assimilé à l'arrogance du mâle blanc occidental toujours suspect de colonialisme. L'irruption au Capitole, en janvier 2021, d'une foule ivre de rancune contre ces-élites-qui-nous-représentent-si-mal, et parmi elle cette image, qui a fait le tour du monde, d'un homme affublé de cornes et de peaux de bêtes (agitateur du mouvement QAnon arrêté depuis) jusque dans le bureau de Nancy Pelosi, en disent long sur notre crise de la représentation : le jour même où l'élection en Georgie faisait basculer la majorité au Sénat, la profanation de ce sanctuaire de la démocratie mit en pleine lumière l'irréconciliable affrontement entre ceux qui jouent le jeu de l'élection, et les adeptes du complot et des *fake news* martelées dans chaque discours par un président vociférateur.

« C'est une idée universelle qui est battue en brèche », a solennellement déclaré Emmanuel Macron au vu de ces images, dans son allocution nocturne postée depuis l'Élysée. Il faudrait pouvoir développer ici, à la suite de Caroline Fourest (*La dernière utopie*, 2009) ou de François Jullien (*De l'universel, de l'uniforme, du commun et du dialogue entre les cultures,* 2008) les tribulations de cette idée de l'universel, née en Grèce, et son déclin dans notre nouvel écosystème.

En commençant par souligner le paradoxe des bonnes intentions : on voit ainsi des antiracistes combattre l'universalité du genre humain, qu'ils assimilent au rouleau compresseur d'un occident colonisateur, démolissant du même coup un des plus sûrs remparts contre le racisme. On voit, au nom du respect des cultures toutes éminentes et par définition souveraines, admettre jusque sur notre sol le mariage des fillettes et leurs mutilations sexuelles… On tolère, au nom de la tolérance, des discours fanatiques ou particulièrement intolérants. La culture dans chaque cas se retourne en clôture, la communauté en communautarismes. Les deux sens du mot *culture* montrent ici leur divergence radicale, vers l'idéal émancipateur d'un universel ou vers le repli tribal ; en enfermant chacun dans ses origines, en valorisant la défense des minorités, toujours plus nombreuses et plus exigeantes, fermées à tout ce qui n'est pas elles, il arrive que le monde de la culture creuse sa propre tombe.

La culture de masse, qui accompagne la diffusion de la culture véritable comme sa déformation ou sa grimace, montre bien cette allergie à la représentation, au détachement, à la vie symbolique des signes, qu'elle rabat sur la proximité des indices et la chaude matérialité des corps. Elle sert alors de caution aux raisonnements primaires et à la persécution des fanatiques ; c'est ainsi que, dans certains procès en blasphème intentés par l'intégrisme religieux, un texte sera pris au pied de la lettre ; ou que le second degré, l'humour, le sens du jeu seront perçus comme autant d'offenses par des inquisiteurs féministes, antiracistes ou LGBT. Un espace de respiration, de semblant ou de jeu se trouve ainsi frappé d'interdit, toute une vie symbolique des signes en est décapitée. Ces groupuscules s'entourent de patrouilles armées d'articles de code, de foi, de tribunes qui propagent la chicane et traquent les suspects. On ne plaisante pas avec *l'offense* (grief devenu péché capital) ; ces cultures groupusculaires gèlent une parole qui ne joue plus. La susceptibilité ou la crainte de l'autre y deviennent telles qu'on voit surgir sur certains campus américains des *safe spaces,* des lieux et des cours où l'étudiant est sûr de ne pas faire de mauvaises rencontres, de croiser des images ou d'entendre des propos qui pourraient choquer sa foi, ou ses convictions.

La communication contre l'information

Or qu'est-ce que la culture, sinon l'aptitude à sortir de soi, à se laisser surprendre, voire contredire par le monde des autres ? Qu'est-ce que l'information (au rebours de l'opinion ou de la croyance), sinon cet énoncé provisoirement vrai qui résulte du jeu d'enquêtes contradictoires, essentiellement révisables et toujours sujettes à caution ? Qu'est-ce que la vérité enfin, sinon cette étape d'un tournoi où une première thèse a affronté sa négation, l'a surmontée ou réfutée pour se poser en nouvelle thèse, laquelle à son tour… Tel était du moins l'enseignement dialectique d'un Hegel, qui ne concevait pas comme valable, vivante ou *vraie* une affirmation qui n'aurait pas essuyé le feu de sa contradiction.

Où en sommes-nous aujourd'hui, assignés, définis, repliés que nous sommes dans nos petits cénacles et dans les jeux frileux de l'entre-soi ? Des clans en lutte éloignent la conception d'une société rassemblée sous l'idée d'une commune humanité, ou d'un bien commun visant l'universel ; cette régression du général au particulier, ou du bien aux maux dont se réclament les victimes, risque d'entretenir une guerre de tous contre tous : une addition de minorités ne fait pas une volonté générale, un patchwork de revendications victimaires ne débouche pas sur une vision commune, ni sur un espace qu'on dira véritablement *public*. Contre les forces de la dislocation, du morcellement de la raison, de la privatisation de la planète, contre le nombrilisme de ces petites communautés réduites aux affects, comment et avec quels outils réagir ?

La médiologie (qui analyse en particulier la formation des milieux et le nouage du nous) ne devrait pas être tout à fait sans réponse ni propositions… Je songe à une ancienne (mais combien actuelle) problématique, celle de la communication contre l'information : les termes de ce couple rigoureusement antagoniste/complémentaire tirent en sens contraire, l'information vers un partage (contrôlable) des savoirs avec pour horizon l'universel, dont l'idéal est proposé par la connaissance dite scientifique, qui s'accompagne toujours d'une certaine froideur ; et la communication inversement vers une restriction de ces messages à des zones spécifiées et d'avance closes, mais porteuses de chaleur, d'identités et de forts liens mutuels. On ne peut entièrement sacrifier l'une à l'autre, et toutes deux ont leur séduction : l'information, inséparable de l'effort de connaître et qui implique donc le dialogue et la contradiction, propose aux hommes de s'entendre sur le plan (qui vise l'universel en lésant bien des intérêts particuliers) de l'objectivité et de la raison. La communication, moins tortueuse ou plus immédiate, replie ou scelle notre communauté sur l'évidence de la connivence, d'affinités charnelles et sur le sentiment de *faire corps*.

Pourquoi l'universel fait-il si peu lien, y compris à l'université ? Pourquoi les vérités de la com s'arrêtent-elles aux frontières du groupe ou de la tribu ? Vieilles, très vieilles questions toujours à reprendre... Jamais, pourrait-on soutenir, nous n'avons été mieux informés : il n'y a pas, en matière d'équipement en médias, un âge d'or que nous pourrions regretter. Souvenons-nous du temps où la télévision, contrôlée par le ministère de l'Intérieur, émettait sur une seule chaîne en noir et blanc ! Ou des choix plutôt chiches offerts par le kiosque à journaux, ou des prêches du curé le dimanche... Que le monde (largement villageois, naturellement chauvin) de nos parents et de nos grands-parents paraît étriqué et borné, au regard de la formidable ouverture aujourd'hui appelée *mondialisation* ! Sans doute, mais que faisons-nous de cette immensité, en avons-nous l'emploi, savons-nous la domestiquer ? Face à l'éclatement inouï des sources d'information, quelles sont nos capacités de traitement, quels récepteurs sommes-nous ?

L'information ne circule pas seule, elle entraîne des peurs, des passions, des réactions épidermiques – et fort épidémiques ! La *lumière naturelle* chère aux philosophes classiques s'est, avec la multiplication des journaux, des livres, des écrans ou de toutes sortes de magistères, fortement dépolarisée. Ne sachant comment butiner dans cette offre bariolée qui infiniment nous déborde, nous allons vers ce qui nous ressemble, ou nous rassemble au plus court : moins vers ce qui risque de contredire nos croyances que vers ce qui les conforte, vers ce qui flatte, qui brille, qui séduit. S'informer fatigue, la vérité n'a pas toujours bon visage, et surtout pas le monde des autres lointains, forcément rebutant et difficile à percer. Le suivisme, le mimétisme, le narcissisme dominent donc nos randonnées informationnelles de lecteur ou de spectateur ; et il faut beaucoup de culture – de vigilance, de goût pour la contradiction, de curiosités ouvertes sur le monde – pour résister aux sirènes de la clôture et de l'entre-soi.

Sous quel regard ?

C'est aussi une question d'accommodation du regard : nous ne voyons pas, nous n'accédons pas spontanément à l'universel au-delà du particulier. Les différences nous sautent aux yeux, et pour le quidam moyen Joseph de Maistre aura toujours raison, qui raillait l'idéalisme républicain ou humaniste au nom du gros bon sens, je ne vois que le Français, l'Italien, le Chinois, nulle part l'homme, entité introuvable ! Il faut une bonne dose d'idéalisme pour gommer ces différences et mettre entre les individus un trait d'égalité. Ce détour par l'idéal, cette position ou revendication d'une condition *universelle* peut passer pour une lubie, ou en effet une utopie, quoi de plus naturel, de plus constant dans l'histoire de l'humanité que ce déni, précisément, d'humanité qui n'a cessé de fragmenter notre espèce, d'émietter notre communauté ? Songeons à l'esclavage, aux castes, à la colonisation, aux discriminations raciales, à l'apartheid, à la Shoah… La liste de ces traitements dégradants et stigmatisants semble la règle, l'intuition stoïcienne d'un genre humain, ou la parole évangélique de Paul aux Colossiens (il n'y a plus ni Juif ni Grec, ni esclave ni barbare, ni homme ni femme, tous frères dans un égal amour de Dieu) l'exception… Et lors de la controverse de Valladolid Las Casas eut bien du mal, face aux arguments de bon sens opposés par Sepulveda qui épousait le discours des colons, à faire prévaloir l'idée que les Indiens aussi avaient une âme.

On ne s'installe pas spontanément dans une vision d'égalité, notre premier mouvement est différentialiste ou discriminant, tant il est difficile de voir dans l'autre un semblable ou un frère. Cette utopie eut pourtant lieu aux alentours de 1946, en réaction aux effroyables révélations de la Shoah, avec la Déclaration universelle des droits de l'homme dont Caroline Fourest retrace dans son livre l'improbable émergence, en soulignant que la rédaction de ce texte, approuvé à l'unanimité (moins huit abstentions) en décembre 1948 à Paris par 58 nations, serait impossible aujourd'hui.

Universelle et non internationale : la nuance est de taille, elle range la Déclaration du côté des théorèmes de la science, ou de l'impératif catégorique kantien, elle s'impose comme une prescription, non comme une description tirée d'une simple énumération. Et dans cette mesure elle signale une aspiration, non un constat, ses énoncés portent sur des intentions, ils n'ont aucune valeur factuelle, et encore moins coercitive. Comment, de cet universel évidemment *abstrait*, descendre à une communauté plus concrète ? Comment donner à cette construction de mots soigneusement, laborieusement pesés force de loi ?

J'ai entendu, lors du colloque consacré à Edgar Morin en juin 2021 à Cerisy-la-Salle, Mauro Cerutti vanter les vertus d'un « universel concret », et lui ai aussitôt demandé ce qu'il entendait par cet oxymore empreint de *wishful thinking*, ou quel moyen nous avions d'y parvenir. Une anthropologie tolérante, particulièrement soucieuse des différences, des particularismes locaux ou des exceptions culturelles, n'est-elle pas vouée à reconstituer ce morcellement qu'elle voudrait tellement éviter en affirmant l'humanité de l'homme, ou la transcendance de la « Terre-patrie » ? Comment reconnaître l'égale dignité de chacun (de chaque individu, de chaque culture) sans reconstituer la tour de Babel, et à terme les rivalités de tous contre tous ? Comment sur ce terrain ne pas se payer de mots ? Car cette multiplicité est irréversible, les peuples ont pris leur essor, cadastré leurs territoires et nous ne reviendrons pas en arrière, la tendance aujourd'hui n'est pas à l'Empire, mais aux petites patries.

Plus les objets, les codes, les modes opératoires se mondialisent, énonce quelque part Debray, et plus les sujets se tribalisent. Comme saisi de vertige devant le vortex d'une ouverture qui le tétanise, chacun se raccroche à une identité, une tradition, une famille, un corps… Le mot *culture* ne s'entend plus qu'au pluriel. On a même forgé la notion d'un *pluriversalisme* pour pointer ce défi d'une unité à partir du complexe, d'une irrémédiable dispersion des choix, des voies et des voix qui ne s'accordent plus, mais ce néologisme constitue un problème et non sa solution. Pour faire droit à cette proliférante diversité, n'allons-nous pas cultiver ce qui nous divise ? Le respect des minorités ne menace-t-il pas d'effondrer nos valeurs communes ?

Donnons-nous un bon ennemi et nous aurons une nation forte… Cet adage souvent entendu, venu des hégéliens, vante les vertus (aléatoires ?) du conflit ou de l'adversaire, l'adversité resserrerait les liens, rien de tel qu'une « bonne guerre » pour revigorer le sentiment d'appartenance. Le péril aujourd'hui, dans l'attente d'un improbable débarquement d'envahisseurs aliens ou extraterrestres, surgit assurément de la dégradation écologique, et d'abord du climat, qui ouvre des fronts de lutte, ou d'urgence – dont l'évidence hélas ne semble pas encore partagée par tous, si l'on en croit les rodomontades d'un Trump ou d'un Bolsonaro. Une Terre en souffrance peut-elle contribuer à unir l'humanité dans l'effort collectif de réparer les dégâts, ou d'accéder à une vie plus harmonieuse entre nous comme avec notre environnement ? Allons-nous changer notre habitude de massacrer l'autre, tous les autres qu'ils soient hommes ou espèces vivantes ?

L'apparition du Covid-19 n'a pas exactement produit cet effet de solidarité face à l'ennemi commun, que les nations ont traité en ordre dispersé. La solidarité ne s'apprend pas du premier coup, et la pandémie devra durer encore longtemps pour entraîner un sursaut fédérateur dans l'administration des soins et des vaccins à une échelle mondiale.

Le remède poison d'Internet et des réseaux sociaux

Ces questions rebondissent du côté des NTIC (Nouvelles Technologies de l'Information et de la Communication), qui charrient le meilleur et le pire, qui comme Pénélope tissent et détissent indéfiniment la *toile*, qui ouvrent et qui ferment, œuvrent et désœuvrent en profondeur nos communautés. Il faut, trop rapidement, tenter d'évaluer cet extraordinaire *pharmakon* dont chacun utilise les promesses, et subit les menaces.

À ne considérer que le beau mot de *représentation*, qui joue à la fois sur le plan politique (la démocratie représentative fondée sur l'élection) autant que médiatique, voire sociopsychologique (les descriptions du monde, l'expression et la mise en scène de soi), il semble que dans chaque domaine la tendance d'Internet soit de rétrograder cette représentation dans les parages d'une culture désormais révolue, en favorisant diverses formes de participation et de présence.

Au niveau politique, et depuis au moins Rousseau, c'est un lieu commun de souligner que *la représentation ne suffit pas ;* forcément censitaire (comment représenter dans leur infinie diversité tous les sujets ?), défigurante, hiérarchisante, la caste des élus sera toujours exposée au soupçon de mal remplir sa fonction. Les thèmes de la démocratie participative se proposent donc, régulièrement, de combler le fossé laissé béant par la coupure (politique, sémiotique, culturelle…) entre les représentés et leurs Représentants. Dans la mesure où Internet travaille à atténuer cette coupure, il semble légitime d'y voir, avec Dominique Cardon, « le laboratoire des alternatives à la démocratie représentative » (*La Démocratie Internet*, Le Seuil/La République des idées, 2010) ; dans *La Contre-démocratie* de même, Pierre Rosanvallon documentait soigneusement les initiatives citoyennes de veille et d'interventions permises par Internet, face aux carences de l'appareil médiatico-politique.

Les grands médias précédents, comme la presse écrite et audiovisuelle, couraient en effet du point à la masse en séparant nettement le petit monde des émetteurs de la foule des récepteurs. Ce clivage entraînait ou constituait du même coup celui d'espaces domestiques privés, animés par des médias conversationnels tels que le téléphone ou la poste, bien distincts de *l'espace public* cher à Habermas. Cette illustre distinction s'effrite dès lors qu'Internet invite l'usager à se comporter non en récepteur passif de l'information des autres mais en émetteur, en éditeur, en journaliste ou en vidéaste amateur… La Toile enchevêtre ainsi les fonctions jadis distinctes du téléphone et de la presse, donc les espaces privés et publics, au grand dam des gardiens ou des *gate-keepers* qui campaient jalousement sur cette ligne de partage.

Si l'un des mots-clés de la démocratie est à chercher du côté du nivellement ou plutôt de la mise à niveau des sujets, Internet indéniablement fonctionne en opérateur de déhiérarchisation, ou de hiérarchies enchevêtrées et tournantes (entre émetteur et récepteur, acteur et spectateur), non par l'écrasement mais par la promotion des initiatives individuelles, et l'incitation à l'autonomie croissante de chacun. Un espace véritablement *commun* de dialogues, de cueillettes ou de randonnées s'ouvre à nos curiosités.

Il faut rappeler sur ce point les origines californiennes d'Internet, fruit croisé de la contre-culture hippie et de l'esprit méritocratique des chercheurs. Ses premiers inventeurs, en réaction contre le capitalisme du marché, misaient sur la gratuité, la tolérance, la mise en commun et la coopération entre égaux, en bref une forme de *convivialisme* pour promouvoir un afflux de créativité, une meilleure autonomie et des expériences vécues à la marge. Cet esprit communautaire en reflux dans la baie de San Francisco trouva à s'investir dans les labos et les ateliers des premiers outils informatiques, pour donner naissance à des communautés « virtuelles ». Le réseau connut un développement horizontal, excentrique et tourbillonnaire ; il ne fut pas programmé par une caste d'ingénieurs (comme le téléphone ou notre SNCF), mais dut son essor à des amateurs curieux, des rêveurs entreprenants capables de parier sur l'intelligence collective des foules. La naissance démocratique d'Internet tient d'abord à cette immense entreprise de déhiérarchisation, à ce pari généreux sur l'autonomie et la créativité des acteurs. Que la massification des usages et les nouvelles générations d'internautes à leur tour marginalisent.

Traversé et travaillé par les nouveaux outils numériques, l'espace public a perdu sans retour la belle dignité et la stabilité que lui conférait Habermas. Dans un monde ancien, quantité de *gate-keepers* veillaient à la visibilité et à la viabilité de cet espace en s'efforçant de faire coïncider ce qui se publie ou se publicise avec l'intérêt général (ou l'idée que d'en haut eux-mêmes s'en faisaient). Les pédagogues, les éditeurs, les critiques, les censeurs..., forts de leur expertise, décidaient pour la masse ce qu'il était bon de lire, voir, connaître, discuter ou goûter. Or ces frontières du goût, de l'information ou de l'expertise sont devenues excessivement négociables ou mouvantes ; investir l'espace médiatique était auparavant un métier, la prise de parole supposait un dressage, et une rhétorique *ad hoc*, une cérémonie ou du moins quelque mise en scène ; et cette coupure entre les profanes et les professionnels des médias redoublait celle entre représentés et représentants dans la sphère politique.

C'est cette coupure que brouille Internet. Chaque citoyen n'est certes pas (encore) un journaliste, mais on sent bien que le réseau travaille à marginaliser et à effacer certaines corporations de médiateurs traditionnels, par exemple celle du critique culturel comme expert et prescripteur : le *buzz* ne passe plus par la voix de tel oracle patenté, les œuvres dépendent aujourd'hui, pour leur notoriété, d'autres agents. La vie politique de même, et les mouvements sociaux, semblent moins faciles à gouverner d'en haut que du temps des partis et des syndicats, désormais concurrencés (et débordés) par d'éphémères coordinations, par les associations ou les ONG ; et le concept de *gouvernance* implique justement qu'une quantité d'acteurs ou de facteurs non dénombrables, imprévisibles, concourent aux « mouvements » qu'on avait, dans l'Ancien Régime, l'illusion de maîtriser par des programmes et des décisions *top-down*. En bref l'immanence, l'auto-organisation et les poussées ou les émergences *bottom-up* sont devenues notre paradigme, plus démocratique en effet mais d'autant plus difficile à manipuler et à penser. En élargissant l'espace du montrable (si nous songeons à Wikileaks ou, plus près de nous, à des campagnes du type MeToo ou Balance ton porc), la toile brouille la coupure entre la scène et les coulisses, entre le *in* et le *off*. La visibilité n'est plus une valeur qui se décide d'en haut, sa cote fluctue, en permanence négociée entre les internautes à travers le PageRank de Google.

Intelligence collective

Comment, en l'absence d'une censure centrale et sur un réseau réputé acéphale, garantir la qualité de cette visibilité ? Internet serait-il autonettoyant ? Il suffit d'y naviguer cinq minutes pour vérifier ce que la liberté d'expression (amendement numéro un de la Constitution américaine) entraîne de vulgarité, de je-m'en-foutisme et de bobards sur la plupart des sujets, pour ne rien dire de l'invasion publicitaire. Le pari citoyen, ou libertaire, consiste néanmoins à postuler qu'une bonne volonté générale émergera du bouillonnement des libertés individuelles, ou du croisement des expressions sauvages ; que si personne ne sait tout, il n'est personne non plus qui ne sache rien (présupposition démocratique d'égalité) ; que nos compétences en d'autres termes sont distribuées, et que rien ne vaut le réseau pour les extraire ou les faire s'exprimer. Ou par exemple que si n'importe quel idiot peut en effet poster son opinion sur Wikipédia, celle-ci rencontrera assez vite un critique éclairé qui la corrigera… (Sur ce modèle de contrôle du savoir mis en commun par la Toile, on consultera le livre codirigé par Louise Merzeau, *Wikipédia, Objet scientifique non identifié*, 2015).

« L'intelligence des foules », cette maxime régulatrice d'Internet qui donne son titre à un ouvrage d'Howard Rheingold, permet d'espérer que l'incivilité ou le vandalisme ne peuvent pas avoir le dernier mot, parce qu'il se trouve toujours sur le réseau une majorité d'acteurs décidés à accorder au développement de celui-ci, identifié à l'intérêt général, la priorité maximale, autrement dit à le traiter en *bien commun*, comme on se groupait naguère pour l'entretien des forêts ou des pâturages. C'est la multiplicité même des acteurs, ou la loi du nombre, qui donnent quelque fondement à cet optimisme.

De même l'anarchie des opinions, des styles de parole ou des sujets de conversation ont de quoi tourner la tête, pour qui a été intellectuellement formé selon le modèle de l'école, de la parole autorisée ou des tours de table ; les limites censitaires de l'espace public se brouillent, *les publics* nomadisent, se font et se défont au gré des agrégats et des interactions. On ne vient pas sur Internet pour être représenté ni négocier ses titres, mais pour participer ou faire des choses au présent de la relation. Et la grammaire de ces procédures ou de ces interventions ne reproduit pas celle du monde précédent. Un *homme numérique* est en train d'émerger, comme il y eut avec Gutenberg un homme typographique, puis avec Nièpce et Daguerre un homme photosensible et indiciel. Chacun sent bien qu'Internet, dans la plupart des domaines de la culture, provoque une coupure médiologique majeure.

Pèche-t-on par naïveté en lui accolant le gain d'une émancipation démocratique ? Dominique Cardon pour sa part résume ce bénéfice comme une sortie hors du paternalisme : « L'espace public traditionnel [...] s'est toujours méfié du public et a inlassablement cherché à le "protéger" contre les autres et surtout contre lui-même. En le reléguant dans un rôle d'audience, il lui ôte ses capacités d'action. En le filtrant, il domestique ses prises de parole. En privatisant son intimité, il lui interdit de s'engager corps et âme. En faisant corriger ses connaissances par des experts agréés, il professionnalise le savoir. En le consultant à travers des sondages, il le "ventriloquise" à tous propos. Mais, s'ils n'ont pas disparu, tous ces travers appartiennent désormais au passé de la démocratie. Car, sur Internet et grâce à Internet, ce public sous contrôle s'est émancipé » (*op. cit.*, page 99).

Cinq siècles d'homme *typographique* donnent du recul pour mesurer toutes les conséquences de la rupture gutenbergienne ; avec Internet en revanche, et même si l'histoire s'accélère vertigineusement, il est encore trop tôt pour un diagnostic d'envergure. Chacun déplore les risques accrus de flicage, de fichage permis par les outils numériques ; et nous savons que sur la Toile, au rebours des utopies libertaires et des réseaux œuvrant à l'horizontale pour échanger les biens et les services, de redoutables reconstitutions verticales s'efforcent de gagner de nouveaux espaces de profit pour les échanges marchands. Mais nous sentons aussi, au bout de nos doigts posés sur le clavier, frissonner une promesse de libération, de vagabondage ou d'autonomie renouvelée.

Le nouvel outil n'apporte pas l'égalité, il creuse au contraire la fracture numérique en favorisant les actifs, les malins, ceux qui apprennent à s'en servir, en laissant loin derrière les nouveaux analphabètes ; mais il ouvre aussi à ceux qui s'en emparent une fenêtre, une chance, de nouveaux langages, d'autres chemins… Des espaces *communs*, comme furent jadis les zones de chasse et de pêche, et qui réclament eux aussi des *gardiens*, car ce formidable outil conserve toute l'ambivalence du *pharmakon* pointé par Platon dans l'auxiliaire technique : le Web est toujours capable du meilleur et du pire, prompt à resserrer nos liens comme à les défaire, à favoriser l'intelligence collective comme à la ruiner dans les jeux narcissiques de la culture de masse, ou les appétits renouvelés du marché. Combien de nos fameux « réseaux sociaux », par le morcellement narcissique et la vue courte qu'ils entretiennent au mépris de communautés plus larges, mériteraient d'être appelés *asociaux* ?

L'impuissance du chef

Philippe Guibert

D'un grand chef l'autre, comme une éternelle nostalgie. Nous sommes passés en France d'une année De Gaulle – 2020 –, à une année Mitterrand, et surtout Napoléon – 2021. Biographies, essais, anniversaires, expositions, documentaires… et polémiques : le travail permanent de mémoire, si dépendant du présent et par nature déformé par lui, nous conduit de chef en chef, du fondateur désormais vénéré de la Ve République à son principal opposant, plus souvent discuté, en passant par l'ambivalente épopée impériale…

Cette succession de commémorations, au nom d'un passé mué en âge d'or ou mis en accusation, ressemble à une quête du grand homme ou de son déboulonnage. Comme si on voulait des chefs mais sans payer le prix du chef. Nous voilà donc, deux ans après la reconduction électorale de 2022, toujours à la recherche du « bon » chef, dans un pays où le bonapartisme n'est plus une force politique structurée depuis longtemps, mais où le *style* bonapartiste, son appel à l'homme (bientôt à la femme ?) providentiel, sa relation directe avec le peuple contre les corps intermédiaires, renaissent à chaque échéance présidentielle. Peut-être serait-il temps, d'ailleurs, de remarquer qu'il y a plus d'un point commun entre le style bonapartiste et le style dit populiste…

Mais qu'est-ce donc à la fin qu'un chef, un leader, qu'il soit homme ou femme puisque là où il y a un pouvoir, politique ou économique, temporel ou spirituel, il en faut toujours un, nécessité d'airain à laquelle ne résiste longtemps aucune critique antiautoritaire ? Et surtout qu'est-ce qu'un leader aujourd'hui et demain à l'ère numérique ? Il n'est plus, on s'en est bien aperçu, un roi thaumaturge ni un grand capitaine. Mais, on peine plus à l'admettre, il est fort éloigné aussi du leader parlementaire du xxe siècle, quand l'opinion publique était canalisée par de puissants partis et une presse papier florissante, du leader dirigiste des Trente Glorieuses, maître de l'économie nationale, et même du président qui gouverne par la télévision et dont la légitimité tient à sa popularité sondagière. On voit bien ce qu'un leader n'est plus, mais nos mots peinent à décrire ce qu'il pourrait être désormais.

Une démocratie d'expression directe

Le leader d'aujourd'hui évolue en réalité dans une nouvelle forme de démocratie, et un nouvel âge de l'opinion publique, que l'on qualifiera de *démocratie d'expression directe.* Une expression permanente, caractéristique de l'âge numérique et qui s'enchevêtre à un autre âge, encore présent mais déclinant, celui de la démocratie médiatique. Pour être plus précis, nous dépassons le stade de ce que Bernard Manin, dans ses « Principes du gouvernement représentatif » a appelé une « démocratie du public », de plus en plus concurrencée par les réseaux sociaux et les chaînes d'information continue, institutions de la démocratie de l'expression directe. Gouvernants, grands médias dominants, gouvernés (sondés), formaient dans la « démocratie du public » un triangle systémique encore stable, où le juge de paix régulateur était la cote de popularité, et l'épreuve décisive, l'entretien télévisé, entre deux campagnes présidentielles qui voyaient gauche et droite alterner. Les deux mandats de François Mitterrand peuvent être vus comme l'archétype de cette période, en France.

Dans la démocratie de l'expression directe, née il y a moins d'une quinzaine d'années avec le Smartphone et la TNT, la désintermédiation remet en cause toutes les autorités et corps intermédiaires, laissant le chef seul dans une relation ambivalente avec la multitude. Le triomphe du ressenti y favorise celui de la « postvérité », où les faits n'ont plus guère d'importance devant la légitimité des émotions exprimées. Et un nouveau tribunal populaire y juge des réputations et les défait, tribunal non dirigé par le politique, mais par le pouvoir social des communautés numériques, auquel les autorités, en particulier politiques et médiatiques, sont de plus en plus soumises.

Quand survient un nouvel âge politique, en revenir aux catégories anciennes, permet, par contraste, de mieux comprendre le présent. Ainsi de cette trilogie antique : le tyran, le savant, le prophète. Typologie des chefs et des affects sur lesquels ils s'appuient, dont les prolongements contemporains donnent à réfléchir. Un tyran gouverne par la peur, ce serait plutôt aujourd'hui la contrainte, mais la peur reste un argument puissant dans les crises, on l'a vu récemment ; un savant dirige par le savoir, ce serait de nos jours l'expertise technocratique, version technicienne et spécialisée du savoir ; un prophète enfin guide son peuple vers l'émancipation au nom d'un tout-puissant idéal mobilisateur, mais ne s'agirait-il pas surtout, désormais, de résister aux menaces, plutôt que de s'émanciper ? Ces trois modèles sont des idéaux types, qui se mêlent dans la réalité, ancienne ou contemporaine. Par exemple, dans la gestion d'une pandémie, quand il faut à la fois contraindre pour imposer un confinement ou un couvre-feu, justifier ces décisions au nom d'une expertise sanitaire scientifique, quitte à faire peur, mais aussi dessiner une vision du pays dans la crise, souder et mobiliser pour en sortir, par la vaccination…

Les « classiques » du chef sont encore plus instructifs. De Gaulle (Le fil de l'épée, 1932), Freud (Psychologie des masses et analyse du moi, 1920) et Weber (Le savant et le politique, 1919), permettent de caractériser le « bon chef », celui qui entraîne plus qu'il ne contraint. Outre que ces trois ouvrages datent de l'entre-deux-guerres-mondiales, où la question du chef fut posée avec tant d'intensité tragique, ils soulignent des qualités fondamentales, avec des convergences d'analyse surprenantes – qui aurait dit que le fondateur de la psychanalyse et l'homme du 18 juin pouvaient parfois se rejoindre, ce dernier donnant aussi au passage un mode d'emploi du charisme weberien ?

Il en ressort trois dimensions du « bon chef », empruntées à De Gaulle, parce que son panorama est le plus précis, mais Freud et Weber l'enrichissent et l'éclairent : le caractère (ou la capacité de décision), le prestige (ou le charisme wébérien), le service d'une « grandeur » (ou d'un « idéal de la masse incarnée par le meneur » dans le vocabulaire freudien). Caractère, prestige, grandeur que la démocratie de l'expression directe soumet à de rudes métamorphoses, au point que le destin du chef oscille entre perte de crédibilité et tentation autoritaire.

Les limites posées au « caractère »

Le caractère est bien premier, c'est le ressort initial du commandement, qu'il soit politique ou autre : il détermine la capacité de décision, en particulier dans les crises. « Dominer les événements, y imprimer sa marque, en assumer les conséquences, voilà ce qu'on attend du Chef », écrit De Gaulle en ajoutant que celui-ci revendique toujours « l'âpre joie d'être responsable ». Un chef ne subit pas, il ne doit fuir ni les difficultés, ni les conséquences de ce qu'il veut, y compris en cas d'échec, car c'est vers lui qu'on se tourne, lui qui en dernier ressort décide de l'essentiel. Il peut donc – il doit même – démissionner s'il échoue…

La fermeté indispensable, voire la dureté dans la prise de décision et de risques, ont pour envers que le chef est « né protecteur ». Il y a bien un pacte fondamental entre l'allégeance au chef – disons le respect de sa légitimité – et la sécurité du groupe – disons du peuple en politique : « on rend au chef en estime ce qu'il offre en sécurité » – De Gaulle encore. Le lien est originel entre les crises qui menacent un groupe humain et la fonction de chef : un chef qui ne peut garantir la sécurité, ou pire, qui entretient l'insécurité du groupe, sera bientôt un chef déchu, voilà un invariant politique, quelles que soient les variations historiques des menaces, des groupes et des institutions. La pandémie du Covid-19, sa gestion sanitaire, le type de discours qu'elles ont suscitées, ne sont ainsi pas pour rien dans la défaite de Donald Trump comme à l'inverse dans la popularité d'Angela Merkel, au bout de son mandat, fin 2021. Pandémie qui aura mis en difficulté deux modèles récents de leadership, que l'on croyait triomphants : le réformateur libéral, manager national d'une globalisation à laquelle il fallait s'adapter, mais qui est obligé de changer – « se réinventer » ? – avec le retour de la dépense publique, des frontières et de la souveraineté ; et le populiste identitaire, défenseur des perdants de cette mondialisation et fervent des vérités alternatives, mais dont l'hyper volontarisme fondateur se sera heurté à une réalité sanitaire têtue comme un fait – Bolsonaro, après Trump, en a fait l'expérience.

Cette dimension protectrice décisive, dans la prise de décision du chef, Freud l'approfondit sur un point essentiel : « un chef suprême est là qui aime tous les individus de la masse d'un égal amour », observe-t-il à propos de l'Église et de l'Armée, deux groupes institutionnalisés, dont la cohésion tient à ce que chacun se sent protégé, dans l'égalité avec les autres. Est ainsi posée la question de la justice, inséparable de la sécurité. Qui résonne avec force dans nos sociétés contemporaines, par nature divisées en conflits d'intérêts et de valeurs : quel(s) groupe(s) sociaux le chef défend-il d'abord ? De qui est-il le représentant dans le rapport de force social, de quel bloc historique est-il le nom et porte-voix, dirait un marxiste gramscien, et par conséquent, par quels autres groupes va-t-il être combattu ou détesté ? Car le chef n'est pas seulement comptable de la sécurité physique des citoyens, comme dans « le Léviathan » ; il l'est aussi de leur sécurité économique et sociale, culturelle et identitaire, et ces insécurités-là ne sont ni égales ni identiques selon les individus et groupes sociaux. La globalisation conduit à une extension continue du domaine du sécuritaire, par la multiplicité des crises qu'elle suscite ou accélère, économique et sociale, mais aussi financière, terroriste, sanitaire, climatique, migratoire, etc.

À cette extension du sécuritaire, répondent pourtant dans nos « démocraties libérales » de fortes limites imposées à la capacité de décision du chef, par des contre-pouvoirs et des contraintes multiples, budgétaires, juridiques. La décision doit, pour aboutir, se faufiler entre les traités internationaux et européens, le contrôle de constitutionnalité, les agences indépendantes, diverses jurisprudences et concertations obligatoires. À travers tout un corpus de règles et de procédures qui ont mis le politique sous surveillance étroite, (c'est la thèse de Yascha Mounk dans « Le peuple contre la démocratie »). Le chef pourtant élu par une majorité a été traité dans nos démocraties dites libérales comme un dangereux fauteur de troubles, auteur potentiel de grosses bêtises, qu'il convient de contrôler et d'encadrer, au nom de la bonne gouvernance et des droits des individus. Difficile de ne pas voir dans la réaction populiste une rébellion contre l'impuissance du pouvoir, une réaffirmation du volontarisme contre les contraintes imposées par les juristes et les comptables, les juges et les experts, tous ceux qui ne semblent que répéter : « il ne faut pas », « on ne peut pas ». Ou encore contre les TINA (« *there is no alternative* »).

À la clé d'une telle évolution, un double risque. Celui d'abord que la démocratie telle qu'elle est devenue – plus libérale que démocratique – ne permette plus au chef élu d'agir selon la volonté et les attentes de ceux qu'il est censé protéger, ce qui le conduit inéluctablement à une perte de légitimité – impuissance à agir suivie de la défaite électorale. Ou bien au contraire, qu'à force d'être confronté à tant de crises, suscitant autant d'urgences à protéger les gouvernés, le chef ne soit incité à recourir à l'état d'exception, nouvelle dictature à la romaine, mais qui deviendrait la norme du gouvernement, court-circuitant le droit habituel, et surtout les délibérations nécessaires. Nos démocraties libérales semblent ainsi emporter le chef de caractère, homme des crises et protecteur né, soit vers la perte d'autorité d'un Gulliver enchaîné, soit vers la tentation autoritaire. Un chef démocratique est-il encore possible, on n'ose dire viable ?

Nous voilà en tout cas pourvus, avec le caractère, d'un premier critère de chefferie (que l'on pourra appliquer, à titre de cas pratiques, à nos présidents successifs de la Ve République) : dominer les événements, en prendre la responsabilité mais pour protéger, telle la fonction première du bon leader, si un tel exercice est encore possible dans les conditions actuelles.

Le charisme et ses métamorphoses

Ensuite le prestige, comme condition d'exercice et de maintien de l'autorité personnelle. Ce mot si gaullien, qui fleure bon la culture militaire, vient en réalité d'un livre pionnier, « La psychologie des foules » de Gustave Le Bon. Livre à succès de la fin du XIXe siècle, qui a mauvaise réputation puisqu'il inspira des apprentis dictateurs (Mussolini en particulier), mais dans lequel l'auteur caractérise par ce mot « prestige » le leadership du « meneur de foules ». Le livre influença tant Freud, qui l'analyse longuement, que De Gaulle qui y fait référence sans le citer explicitement. Notion en fait à rapprocher du charisme, une des trois sources de légitimité de l'autorité chez Max Weber, avec la tradition et la légalité/rationalité. Rappelons sa définition du charisme, dans « Le savant et le politique » : « L'autorité fondée sur la grâce personnelle et extraordinaire d'un individu (charisme) ; elle se caractérise par le dévouement tout personnel des sujets à la cause d'un homme et par leur confiance en sa seule personne en tant qu'elle se singularise par des qualités prodigieuses, par l'héroïsme ou par d'autres particularités exemplaires qui font le chef. C'est là le pouvoir charismatique que le prophète exerçait, ou – dans le domaine politique – le chef de guerre élu, le souverain plébiscité, le grand démagogue ou le chef d'un parti politique ».

Weber constatait la permanence du charisme malgré le « désenchantement du monde » ; il en soulignait même la nécessité face aux bureaucraties triomphantes et au règne des professionnels de la politique. Grâce personnelle, particularités exemplaires : voilà bien autre chose qu'une « compétence » et même qu'une intelligence, fussent-elles remarquables. Or le charisme selon Weber est bien proche du « prestige » décrit par De Gaulle : « fait affectif, suggestion, impression produite, sympathie inspirée aux autres, lit-on dans le "fil de l'épée", le prestige dépend d'un don élémentaire, d'une aptitude naturelle qui échappe à l'analyse. Le fait est que certains hommes répandent, pour ainsi dire de naissance, un fluide d'autorité… ». De la grâce personnelle au « fluide d'autorité », il y a plus qu'une parenté. Mais l'auteur du Fil de l'épée va, lui, s'intéresser plus précisément aux conditions pour cultiver ce « don élémentaire », pour le protéger, ne pas le galvauder, puisque c'est un capital décisif.

Comment ? D'abord par le mystère, c'est-à-dire une part de secret et de quant à soi, qui fait du chef une personne à part, qui ne se livre jamais tout à fait. Une distance qui contraste avec la « proximité », exercice obligé de la communication contemporaine, laquelle a fini par rimer avec insincérité et inauthenticité. Mais cette part de secret permet surtout la surprise et l'initiative, donc une maîtrise du temps, instrument essentiel de celui qui dirige, réputé maître des horloges. Ensuite par une certaine réserve de l'attitude et l'économie des mots – pour mieux les faire ressortir et retentir : « rien ne s'est jamais fait de grand dans le bavardage », souligne le colonel de Gaulle à 40 ans, dans son style déjà inimitable. Une rareté jupitérienne en quelque sorte…

L'exigence de transparence, la fin de la séparation du public et du privé, la nécessité de la présence, et même de l'omniprésence médiatique et numérique, tous ces traits de notre démocratie d'expression directe entrent en contradiction évidente tant avec le mystère nécessaire qu'avec la solennité exigée. Si le chef est un protecteur, encore faut-il qu'il se protège lui-même de ce laminoir qui réduit le prestige de sa présence et de sa parole particulières – depuis le roi du

Moyen Âge, nous raconte Jacques Le Goff, présence et parole sont deux attributs décisifs du souverain.

À l'heure de la visibilité obligatoire, c'est un redoutable défi que celle-ci ne détruise l'aura du chef. Car présence et parole passent désormais par l'image-son : le sens du prestige et du charisme en est transformé. L'enjeu ne peut plus être seulement le mystère et la solennité, difficiles à conserver, il sera plutôt d'affronter toujours et encore les médias et la classe dirigeante, de conspuer leur langage dominant, ce « politiquement correct » des élites. Être fort et combattre à chaque instant, en impressionnant par sa repartie et sa résilience, au milieu des attaques permanentes, c'est ainsi qu'on gagne en prestige désormais, en frappant l'imaginaire des foules pour animer leurs conversations. C'est là une clé essentielle du charisme trumpien, mais tout autant d'autres leaders, et pas seulement « populistes », que de défier par ses sarcasmes « les médias ennemis du peuple », ne jamais accepter le compromis avec le « système » qui vous met en accusation, pour mieux vous destituer – ou vous affaiblir.

On voit aussi combien charisme et prestige dépendent de ceux à qui l'on parle et que l'on défend, dont on devient le tribun en voulant montrer qu'on est leur protecteur. Le style de la téléréalité couplé à celui du clash sur les réseaux sociaux est un nouveau « don élémentaire », une qualité particulière sinon prodigieuse, à la source d'un prestige contemporain, ce charisme de la force. Le chef ne joue plus son rôle dans une pièce de Corneille, il serait plutôt désormais le personnage principal d'une Série, ou bien d'une émission de téléréalité. On sait tout de lui, de ses amours et de ses faiblesses et à chaque épisode, il mène un combat acharné et aléatoire, contre des adversaires redoutables. Va-t-il sortir vainqueur de la première saison ? Rien n'est moins sûr, mais le public se passionne, se divise… Ou bien se lasse, si le rôle principal n'est pas bien tenu.

La nécessité d'une « grande querelle »

Caractère et prestige donc, fussent-ils transformés par la vidéosphère numérique dans laquelle nous vivons, mais au nom de quoi ? Le combat du chef, s'il veut conserver son autorité, est-il seulement de persévérer le plus longtemps possible dans son pouvoir, avant la chute inéluctable ? Surtout pas, nous dit De Gaulle : « l'homme d'action ne se conçoit guère sans une forte dose d'égoïsme, d'orgueil, de dureté, de ruse. Mais on lui passe tout cela, et même, il en prend plus de relief, s'il en fait des moyens pour *réaliser des grandes choses* » (nous soulignons). D'ailleurs, poursuit-il, « les conducteurs d'hommes s'identifièrent avec de hautes idées et en tirèrent d'amples mouvements ». Shakespeare (Hamlet) est en exergue du « Fil de l'épée » : « être grand, c'est soutenir une grande querelle ». La grande cause politique n'est jamais consensuelle, elle est polémique puisque politique. Elle a donc ses adversaires et ses obstacles, et c'est la force du combat mené qui fait le chef – une « inversion de la courbe », par exemple, ne fait pas l'affaire...

Le docteur Freud vient confirmer le diagnostic gaullien : l'idéal du chef est un « idéal du nous », un idéal collectif qui soude le groupe et que le chef incarne : « l'individu échange son idéal du moi contre l'idéal de masse incarné par le meneur », lequel se présente comme « un chef suprême fort » revêtu d'une « surpuissance », qui doit « donner l'impression d'une force et d'une liberté libidinale plus grandes » que les autres. Autrement dit, la cohésion du groupe tient à la capacité d'incarnation du chef, car l'idéal du nous – cette grande querelle – donne plus de ressources aux individus, et permet l'identification, mécanisme décisif sur lequel repose sa légitimité.

Le roi médiéval, remarquait Jacques Le Goff, est un « lieutenant de Dieu » : monarque de source divine, couronné et surtout sacré comme tel, son pouvoir dépendait de plus grand que lui, d'une croyance qui rassemble ses sujets. Le chef d'aujourd'hui doit donc être le lieutenant d'un idéal sécularisé, d'un « mot à majuscule » (Debray) : son charisme sera là pour l'exprimer et c'est de là qu'il tient aussi son prestige. Du moins le chef qui ne se contente pas de la légalité, ni de la contrainte inhérente à l'exercice de l'État.

On prête à F. Mitterrand une formule souvent reprise : « après moi, il n'y aura que des comptables ». Ses successeurs se sont peut-être trop enfermés – à moins qu'ils n'y aient été contraints – dans la gestion. On ne domine plus les événements, on s'y adapte, en particulier dans le domaine économique et social. Or s'adapter à un ordre économique, celui de la globalisation, ce n'est pas un grand dessein, ni un combat, c'est une contrainte que le peuple ne peut avoir le sentiment de choisir librement. La domination de l'économique sur le politique réduit le chef au « gestionnisme » : il devient un manager, c'est-à-dire celui qui met en œuvre, plus qu'il ne décide. Jusqu'à la crise, où il ne s'agit plus de s'adapter, mais d'à nouveau « dominer les événements », et de renouer avec un idéal protecteur ou émancipateur.

Mais y a-t-il encore des idées disponibles sur le marché de l'espérance ? La multiplicité des crises et leur médiatisation nous font vivre dans un imaginaire de la menace, bien plus que du progrès : le principe de précaution paraît la sagesse ultime de l'époque. C'est un imaginaire philosophiquement conservateur, comme inspiré par Albert Camus, qui voulait, plutôt que « refaire le monde », qu'on « empêche qu'il ne se défasse ». Climat, terrorisme, pandémie, remise en cause des emplois mais tout autant des identités, il est vrai que le sentiment d'un effondrement – et les collapsologies de toutes sortes – trouve des arguments à faire valoir.

Le chef, dès lors, limité dans sa capacité de décision, attaqué dans son prestige, cerné par les crises, est-il voué à être une déception récurrente, élection après élection, alternance après alternance ? Une politique démocratique sans leader entraînant et populaire, risque de se transformer en discussion pour spécialistes, interrompue à intervalles réguliers par des révoltes violentes, dans l'abstention montante. Jusqu'à ce que les électeurs s'emballent pour un homme ou une femme providentiel, détenteur supposé de la martingale perdue de l'autorité et de la puissance, pour le meilleur ou pour le pire…

Le leadership et la passion politique sont unis par des liens profonds. Nous sommes entrés, et pour longtemps, dans cette drôle d'époque où l'attente du chef est aussi forte que l'envie et les moyens de le déboulonner.

#MeToo, l'amour libre, enfin ?

Clara Schmelck

Des faits de harcèlement et de violences sexuelles décrits et dénoncés par des actrices de Hollywood, aussi bien que par des femmes de ménage de la gare du Nord à Paris, se sont traduits depuis cinq ans par un véritable bouleversement des représentations : lancé sur Twitter en 2017, le mouvement est devenu un phénomène mondial qui dénonce la permanence de vieux schémas patriarcaux et oblige à repenser au quotidien la réalité des rapports entre liberté et amour. Cinquante ans après la libération sexuelle, #MeToo a-t-il fait évoluer la sexualité entre hommes et femmes dans le sens d'un consentement désirant et d'une plus grande réciprocité ? Les générations qui viennent connaîtront-elles enfin l'avènement de l'amour libre ?

De la parole à l'enquête

Le 5 octobre 2017, une enquête du *New York Times* révèle que plusieurs dizaines de femmes accusent le producteur américain Harvey Weinstein de viol ou d'agression sexuelle. Les témoignages s'accumulent contre le magnat de Hollywood. Sur les réseaux sociaux, le sujet des agressions sexuelles surgit alors sous l'angle de la libération de la parole des victimes. Une prise de conscience collective s'opère : en rompant le silence, les victimes d'agression sexuelles et de viols ont le pouvoir, collectivement, de déclencher des enquêtes contre leur agresseur. Le 15 octobre 2017, l'actrice Alyssa Milano tweete : « "*Me Too*". Idée suggérée par une amie : si toutes les femmes qui ont déjà été harcelées ou agressées sexuellement écrivaient "*Me Too*" en statut, nous pourrions peut-être faire prendre conscience aux gens de l'amplitude du problème. » Elle ajoute un deuxième tweet : « Me Too » (« moi aussi »).

Des dizaines de milliers de femmes déposent alors leur témoignage, ponctuant leur récit personnel de 180 signes par le hashtag #MeToo. Très rapidement, #MeToo fait le tour du monde et devient un mouvement ouvrant la voie à ses petites sœurs : #Balance-TonPorc, #YoTambien, #keineKleinigkeit, #TimesUp, #WhatWereYouWearing, #BeenRapedNeverReported, #YoTeCreo...

L'idée de #MeToo émane de Tarana Burke, une travailleuse sociale new-yorkaise noire. En 2006, cette Américaine originaire de Harlem avait lancé un mouvement pour soutenir les victimes d'agressions sexuelles, en particulier les victimes qui sont déjà au quotidien victimes de racisme. À l'époque, des groupes de parole permettaient déjà aux victimes de violences sexuelles de témoigner leur souffrance. Ces espaces restreints avaient surtout une vertu consolatrice pour les victimes. Il aura fallu attendre onze ans pour qu'un réseau social transforme ce qui se chuchotait au sein de cercles confidentiels en une conversation globalisée continue et ouverte, bouleversant par son ampleur le traitement médiatique, judiciaire et politique des faits de violence sexuelle.

L'abus de pouvoir ne se manifeste pas qu'en hauts lieux et dans les milieux où la séduction est une composante du métier (cinéma, télévision). Loin des feux de la rampe, du monde politique et des médias, de nombreuses femmes et hommes sont victimes, au travail et dans leur sphère sociale restreinte, de paroles, de gestes et d'actes non consentis. Depuis #MeToo, des victimes de tout âge et de condition sociale ont été encouragées à parler publiquement de préjudices sexuels de sorte à attirer l'attention des médias et de la justice. Les femmes se sont enfin fait la courte échelle à travers ce mot-dièse, dont le dessin ressemble d'ailleurs à une échelle. En parcourant les tweets d'autres témoins, les victimes s'aperçoivent qu'elles n'ont pas été les seules à avoir été touchées par un individu épris d'abus de pouvoir, et que les mécanismes de ces délinquants sexuels sont souvent très semblables. En ce sens, #MeToo a permis de « libérer la parole », mais aussi d'entendre de jeunes hommes qui ont pris conscience de la nécessité de modifier leur relation aux filles et aux femmes. Le hashtag #MeToo a ainsi accueilli la parole d'adolescents et d'étudiants qui ont exprimé leur regret d'avoir commis des actes inappropriés : inonder une fille de SMS sous prétexte d'être amoureux d'elle, envoyer des messages à caractère pornographique sur Facebook à une fille sans son consentement, obtenir par insistance un acte sexuel de la part de sa copine alors qu'elle ne le souhaitait pas, disposer d'une femme qui a dit « oui » sous l'empire de l'alcool ou de la drogue, etc.

#MeToo a entraîné un changement rapide de la perception collective des violences sexistes et sexuelles. Par exemple, l'obsession des médias français, en décembre 2023, pour les propos tenus par Gérard Depardieu ainsi que pour les motifs d'accusations en justice à l'encontre de l'acteur, montre que des comportements globalement tolérés il y a encore moins de dix ans sont désormais médiatisés comme relevant du scandale, au point de faire le buzz.

#MeToo, dans tous les pays où le mouvement s'est répandu, a provoqué de nombreuses enquêtes de la presse d'investigation. Cette vivacité de la presse professionnelle a contribué à améliorer la réponse judiciaire face à des faits qui la concernent et qui auparavant, étaient étouffés. Avant #MeToo, les rédactions ne s'étaient pas emparées structurellement du préjudice sexuel commis par des adultes sur d'autres adultes alors que ce celui-ci était pourtant identifié dans l'agenda judiciaire par des définitions et des sanctions pénales. Les rédactions concevaient, pour la plupart d'entre elles, les viols comme des faits divers dissociés les uns des autres. La dimension sensationnelle du fait était le seul critère valable pour justifier d'un traitement dans le journal : il fallait qu'il soit question de viols en série, de viols en réunion dans des lieux sordides, de viols avec séquestration entraînant le pronostic vital de la victime, de viols perpétrés par des pédocriminels sur un(e)mineur(e). Ces critères garantissaient un feuilleton dont le caractère romancé allait faire frissonner le lectorat. Ainsi, les « tournantes dans les caves » commises par des « jeunes des cités » sur des collégiennes faisaient les choux gras des journaux dans les années 1990.

En France, #MeToo a poussé des grands médias à enquêter sur des faits de violences qui n'auraient auparavant même pas mérité un entrefilet dans la rubrique « faits divers » d'un journal local. Ainsi, en peine effusion de tweets #MeToo, le 10 novembre 2017, *Médiapart* a enquêté sur les agressions sexuelles subies par des employées de ménage parisiennes pendant leur temps de travail : « Dans les trains de la gare du Nord, à Paris, elles nettoient les toilettes. Pendant qu'elles travaillaient, leurs chefs d'équipe frottaient leurs sexes contre elles, leur mettaient des mains aux fesses, les insultaient. L'une d'entre elles et un lanceur d'alerte ont été licenciés pour avoir parlé. Les prud'hommes viennent de leur donner raison. »

Force est de constater que les critères médiatiques de la reconnaissance de ce qu'est une agression sexuelle et un viol étaient à l'évidence restés en deçà de ce que la loi prévoyait déjà. En fait, c'est #MeToo qui a popularisé la notion de consentement qui lui préexistait en droit.

Twitter tribunal

#MeToo a ainsi permis de penser collectivement la définition juridique du consentement sexuel, condition de la distinction entre pratiques sexuelles consenties (sexualité, domaine de la liberté) et gestes ou actes sexuels imposés (violences sexuelles, domaine du préjudice). En cessant de qualifier les violences sexuelles ordinaires de « péripéties amoureuses », d'« histoires de braguette », ou de « secret de la chambre à coucher », #MeToo a clarifié les choses : l'affaire n'est pas privée mais publique puisqu'elle relève du droit commun.

La médiation de la notion de loi, exprimée sur un réseau social ouvert, libère la victime : le préjudice sexuel subi n'est pas une « histoire » entre deux personnes, mais un acte illicite commis par un individu sur un autre. Dans la grande majorité des cas d'agression sexuelle et de viol, précisément comme dans le cas du racket, le coupable ne cesse de forcer, à coup d'intimidation, d'injures et de menaces, une relation exclusive avec sa victime. Le but est d'empêcher celle-ci de dénoncer les faits à une personne ou à une autorité tierce : « C'est un truc entre nous » ; « notre vie sexuelle ne regarde personne », « si tu parles, je vais te salir ta réputation, tu ne pourras plus bosser nulle part ». C'est cette relation intersubjective forcée qui retient la victime d'oser franchir le seuil d'un commissariat et de déposer une plainte en justice. Dans une volonté de rompre avec ces habitudes, #MeToo mise sur deux mots d'ordre : « Nous ne nous tairons pas » et « La honte doit changer de camp ». C'est au coupable d'avoir honte, et non plus à la victime de se terrer dans le silence. Dans cet esprit, #MeToo incite même les victimes qui ont des preuves suffisamment solides pour éviter tout procès en diffamation à nommer leur agresseur. C'est le « *name and shame* » pratiqué couramment aux États-Unis.

Au moyen du hashtag #MeToo, le fait est exprimé non pas comme une confidence personnelle, mais dans son rapport à la médiation de la justice. Le coupable d'agression ou de crime à caractère sexuel est décrit comme une personne qui a agi *envers* la victime *par* irrespect *pour* la loi.

Toutefois, le dispositif du réseau social, sur lequel repose le mouvement #MeToo, n'est pas celui d'un tribunal. Twitter n'est un ni un lieu serein, ni un espace protégé, et y traiter des affaires qui peuvent relever du droit pénal comporte des risques. La permission donnée à tous de parler de son cas sur Twitter implique la probabilité de diffuser des informations qui sont inexactes ou amenées sans preuve suffisante. Or, nul innocent n'a à subir la calomnie, et encore moins, à être accablé publiquement sur internet. Il existe un risque de diffamation et de dénonciation abusive, dans une ambiance de « guerre des sexes ».

Pour la victime qui s'auto-désigne comme telle, des « retweets » et des messages de soutien n'équivalent pas à une reconnaissance institutionnelle d'un fait. De plus, Twitter ne protège pas la victime présumée des accusations de diffamation et des menaces susceptibles de la viser après qu'elle a osé parler.

Enfin, le réseau social offre à une victime supposée d'être juge et partie, sans même que l'accusé ait le droit de se défendre par le truchement d'un avocat. Or, il y a présomption d'innocence au regard de la justice. C'est à la justice de statuer de la peine encourue par le coupable le cas échéant, et pas à une assemblée de twittos de déterminer un châtiment. Le hashtag ne tient pas lieu de procès. Le but légitime de l'initiative #MeToo est de tweeter pour amener vers la justice un fait qui dépend d'elle, et non de s'octroyer l'économie d'une procédure judiciaire.

Finalement, le phénomène #MeToo, démontre que la fonction essentielle des instances traditionnelles de médiation sociale que l'on croyait *has been* et bonnes à être *disruptés*, (associations, syndicats, presse, police, justice, élus locaux) est indispensable à la vie sociale.

Police, justice, plaintes : pendant plusieurs mois entre 2017 et 2018, Twitter a pris la pâleur bleutée de l'éclairage blême des commissariats. Des faits toujours plus consternants sont « sortis ». Le code pénal est devenu le préservatif du siècle. Cinquante ans après la libération sexuelle initiée par nos grands-mères et mères, qui clamaient courageusement « Mon corps m'appartient ! » dans les années 1970, #MeToo vise à libérer les femmes *et* les hommes d'une sexualité contraignante. L'égalité réelle des hommes et des femmes suppose un consentement éclairé et toujours renouvelé de la part de chacun des partenaires : céder n'est pas consentir.

Chasse à l'homme en meute

Mais, après #MeToo, est-il encore possible de faire l'amour les volets clos ? Il ne faudrait pas que soit encouragée une immixtion dans la vie privée des couples au prétexte de protéger les femmes d'agressions potentielles. Un exemple parmi d'autres illustre cette dérive post #MeToo. Julien Bayou, leader du parti politique « Europe, Écologie, les Verts », a démissionné en septembre 2022 après des rumeurs de « violences psychologiques » contre son ex-compagne. Depuis trois ans, il vivait sous la pression d'un collectif « féministe » informel qui lui reprochait d'avoir des comportements masculins « toxiques » envers des jeunes femmes avec lesquelles il sortait. Il aurait laissé plusieurs filles croire naïvement au grand amour pour les laisser choir sans avoir tenu aucune de ses promesses. Les « Louves Alpha » ont traqué Julien Bayou sur WhatsApp dans le détail de ses relations intimes, avant de révéler des faits à plusieurs titres de presse. Où voir, dans ces agissements, la défense du droit des femmes à disposer d'elles-mêmes ? Le procédé rappelle le film allemand « La vie des autres » écrit et réalisé par Florian Henckel von Donnersmarck (2006). En 1984, Wiesler, capitaine de la Stasi, installé dans les combles de l'immeuble de Dreyman et équipé d'un imposant matériel d'écoute, s'imprègne de la vie quotidienne des couples, qu'il espionne nuit et jour. Or, la pratique du sexe entre adultes consentants relève de la vie privée. En réaction, des groupes « masculinistes » se forment.

L'expérience de l'intime est la rencontre de deux sujets libres. Si #MeToo appelle les garçons à abandonner leurs attributs de *macho*, le mouvement enjoint aussi les filles majeures à affirmer leur autonomie et leur faculté de discernement, y compris dans le domaine des relations amoureuses.

Nouvel ordre amoureux ?

Et si la prise de conscience de la dissymétrie des sexualités masculine et féminine avait néanmoins ouvert la voie à une relation apaisée entre hommes et femmes et à une sexualité réciproquement désirée ? C'est une thèse paradoxale que nous tenons, car en 2023, #MeToo continue de s'inscrire nettement dans une logique de lutte radicale contre les abus des hommes envers les femmes.

Il convient pourtant de mesurer à quel point #MeToo a été également un mouvement de libération de la parole des hommes. À la radio, sur les réseaux sociaux, dans des discussions privées en famille, en couple ou entre copains, de plus en plus de garçons confient avoir souffert toute leur vie de l'injonction à la masculinité, ce diktat patriarcal et homophobe. Dès le collège, les « mecs » sont poussés à « choper » le maximum de « meufs », quitte à employer tous les moyens pour se faire apprécier des autres garçons en multipliant les « conquêtes ». Dans bien des cas où ils parviennent à leurs fins, ils n'obtiennent de la fille visée qu'un triste consentement sexuel sans désir, accordé par intérêt, par lassitude ou par crainte. De la puberté à l'âge de la paternité, le parcours du « vrai mec » est semé d'impératifs et de frustrations.

De plus, il est intéressant de voir que #MeToo est apparu à un moment où l'ordre patriarcal en occident était déjà fissuré. Les femmes, émancipées, contribuent à parts égales aux finances de la famille étant donné qu'elles occupent un emploi rémunéré et qu'elles ont un compte en banque personnel. Il n'y a donc pas lieu qu'elles effectuent seules et sans gratification toutes les tâches domestiques (entretien de la maison, courses, cuisine, éducation des enfants, prise de rendez-vous médicaux pour toute la famille, etc.). Un homme installé en couple et qui reproduit des schémas patriarcaux s'expose à une séparation brutale et vengeresse de la part de sa conjointe (violence physique et psychologique, calomnie, accaparement des enfants communs, etc.).

Apparues il y a moins de dix ans, Tinder ou « Adopte un Mec » ont fortement fragilisé les garçons. Ces derniers, soumis à une concurrence féroce, sont crûment renvoyés à des objets sexuels que l'on « chope » et que l'on « *ghost* » (rejette) aussitôt consommés. Sur l'appli, une « meuf » va « swiper » puis « matcher » son prestataire de « plan cul » par pur plaisir d'exercer une autorité sur le « mec » qui accepte de se rendre au « *date* » (le rendez-vous). À l'issue de la séquence de sexe dépourvue de désir, elle s'autorise à lui faire un retour très sec sur sa « performance » selon des critères inspirés du porno. La motivation des filles qui acceptent sans contrepartie de telles entrevues est de pouvoir publier également ce rapport dans des groupes fermés sur WhatsApp ou sur Telegram. Glacial. Légal.

Dans un contexte où le rapport de force entre hommes et femmes n'est plus toujours à la défaveur des femmes, il est permis de voir dans #MeToo la recherche, aussi bien féminine que masculine, d'un nouvel ordre amoureux qui passe par une réhabilitation de la sexualité comme acte d'amour, c'est-à-dire de désir l'un *pour* l'autre.

Il est permis d'espérer que la société post #MeToo sera une société d'égalité des sexes dans laquelle les femmes et les hommes sont des partenaires, amis, amants. D'ailleurs, c'est cet horizon qui effraie de nombreux gouvernements autoritaires pour lesquels #MeToo est la preuve épouvantable d'un occident dégénéré. La liberté individuelle et la référence à l'État de droit en matière de sexualité nuit à l'ordre institué : la femme doit accepter la double fonction d'épouse et de mère et l'homme a vocation à endosser seul le rôle de chef de famille. Femmes et hommes restent ainsi aliénés à des carcans idéologiques où le couple parental hétérosexuel est le seul modèle valable. En Iran, le mouvement de libération « Femmes, Vie, Liberté » est réprimée dans le sang. En Europe et aux États-Unis, des communautés religieuses intégristes continuent d'enfermer leurs membres dans des schémas patriarcaux. La majeure partie du monde reste ainsi hermétique au message libéral de #MeToo.

L'amour libre pour toutes et tous n'est pas encore pour maintenant... Mais, si #MeToo parvient à dépasser le stade de la « guerre des sexes », il pourrait porter le projet de rendre ses chances à une véritable relation amoureuse équilibrée, libérée des hantises inégalitaires : une relation de confiance et d'estime réciproque.

Paysages en devenir

Karine Douplitzsky

Qu'est-ce que la crise fait au paysage ?

Devant la crise sanitaire qui chaque jour fournit une liste ronflante de chiffres et celle, climatique, qui produit un lot tout aussi impressionnant de statistiques et de pronostics pessimistes, les considérations esthétiques paraissent inessentielles – en partie parce qu'elles investissent l'ordre qualitatif plutôt que quantitatif du monde. Quand la maison brûle, peut-on se payer le luxe de parler du paysage ? Est-il trop tard ? Ou au contraire, comme nous le suggérons, est-il plus urgent que jamais d'ajouter à la trousse de secours des décideurs cette problématique paysagère, complexe et polémique, qui empiète sur l'écologie autant qu'elle lui tourne le dos. Les enjeux du paysage, historiquement du côté des images et des imaginaires, prennent aujourd'hui un tournant plus sociétal et s'invitent dans le débat national, servant à souligner les dysfonctionnements de la société contemporaine qui ne maîtrise plus les effets de son urbanisation. Le pari est d'appeler à la rescousse cette part de nous, subjective, qui reste viscéralement attachée à la nature, afin de reprendre en main la forme de notre environnement futur.

Le mot « paysage » a été amolli par son excès de plasticité ; on en parle dans des domaines aussi divers que le paysage sonore, virtuel, social, politique, économique, etc. Pour redonner une certaine vigueur à ce terme polysémique, on se limitera ici à ses applications géographiques ; elles n'en sont pas moins multiples, au carrefour de nombreux métiers : paysagistes, urbanistes, architectes, géographes, historiens, naturalistes, agronomes, plasticiens, forestiers… À cette complexité vient s'ajouter la dialectique portée par le terme :

car le paysage peut être rural ou urbain, voire spatial ; il est local et global, décrivant le proche, comme le lointain ; il se compose de l'espace privé, le « pré carré », domestiqué, celui du jardin dans lequel le *Candide* de Voltaire revient, après avoir parcouru le monde et souffert tous les maux ; il définit aussi l'espace public, le paysage de « l'autre », l'horizon partagé. Enfin, le paysage est une construction visuelle portée par un sujet, autant qu'une notion objective décrite par des grandeurs géographiques ou biophysiques. Autant d'approches et causes de querelles. Ce sont ces paysages, souvent antagonistes, qu'il s'agit de faire cohabiter sous une loi commune – une cohabitation qui s'annonce décisive pour demain. La tâche est ample.

Force est de constater, sur quatre siècles, la dérive de l'approche paysagère : d'un genre pictural né à la Renaissance, elle a peu à peu muté vers une inquiétude écologique ; elle a délaissé les considérations historiques, esthétiques et sociales pour adopter un modèle plus quantitatif, scientifique et éthique, marginalisant l'idée subjective du beau. Cette dérive se traduit par une tendance à rationaliser les paysages, approchés comme une science de la nature, et à privatiser le territoire, au mépris du paysage collectif, d'intérêt général. Peut-on parler, de ce fait, d'une crise du paysage ?

Ontologie géographique

« Être », c'est « être de quelque part ». Penser l'être, c'est penser sa localisation. D'où le besoin d'ancrer la géographie dans les sciences humaines, selon un principe ontologique : pourquoi le « paysage » ? pourquoi certaines civilisations ont-elles exprimé le besoin d'inventer un mot distinct de celui de « pays » ou de « territoire » ?

Dans les années 1990, le paysage connaissait un regain d'intérêt chez les chercheurs et éditeurs (*Jardins et Paysages*, J.-P. Le Dantec ; *Mort du paysage*, F. Dagognet), mais ce paysage était principalement évoqué en regard des jardins, sans doute parce que la société post-moderne faisait le constat amer du dysfonctionnement de la relation des sciences dures aux sciences humaines, constatant les désastres induits par la modernité, la reconstruction débridée et l'urbanisation à outrance. Ces recherches rappelaient que le paysage ne se limite pas à des critères géographiques et dépasse l'idée d'une simple étendue de terre. En cela, il excède sa forme matérielle de nature organisée. Le paysage implique un point de vue et une interprétation de la géographie : il faut un spectateur qui regarde le pays qui s'étend sous ses yeux pour que la représentation de ce pays devienne paysage. Mon œil cadre une portion de l'environnement, devenant ainsi « paysage » grâce à cet acte esthétique fondateur (ce qu'A. Roger nomme *artialisation* ; le photographe Luigi Ghirri, *Penser par images*, 2013, met en scène ces processus de cadrage). En cela, le paysage est subjectif et idéologique, façonné par des outils de représentation liés à différents contextes culturels.

À cette occasion, Augustin Berque rappelait aussi que toutes les sociétés n'était pas nécessairement paysagère et que le paysage était historiquement datable. Il définissait cinq critères pour qu'une société soit paysagère, le plus important étant qu'une société se dote d'un terme signifiant « paysage ». Et Berque d'attribuer à la Chine du IVe siècle le premier geste paysager, quand les montagnes sont apprivoisées sous le pinceau du poète-calligraphe et que les formes extérieures sont dotées d'un sens, d'une idée de beauté, le *shanshui* (paysage) : plus qu'une forme naturelle, une culture.

Le genre pictural paysager

En Occident, il est généralement admis que le concept de paysage est né à la Renaissance quand l'homme, sujet regardant, mesure de toute chose, fut placé devant « une fenêtre ouverte par laquelle on puisse regarder l'histoire » (selon les termes de Leon Battista Alberti, dans son traité esthétique *de la Peinture,* 1435). L'histoire, au sens *de historia*, invoquait le récit du monde. La réduction du champ visuel par un quadrilatère (le cadre), déterminant un champ de projection sur le plan de la toile, permettait au visible d'advenir. Le paysage, délimité par la fenêtre qui l'isole d'une partie du panorama, fut dès lors reproduit par les peintres de la Renaissance en arrière-fond de l'action, illustrant des scènes historiques ou bibliques, bientôt constituant le grand genre en peinture. Grâce à l'invention de la perspective, avec ses principes de construction mathématique, le paysage, tracé en perspective, sembla coller au réel et se mit au service de l'Histoire.

Ce n'est qu'au XVIe que le paysage acquiert une lente autonomie et s'impose comme un genre pictural à part entière : une nature exubérante, vidée de toute âme qui vive. Il émerge d'abord timidement sous les pinceaux du peintre allemand Altdorfer, avant de s'épanouir au siècle suivant, de l'Italie (Claude Le Lorrain) à la Hollande (peintres de marines), puis en Angleterre au XVIIIe siècle (de Gainsborough à Constable), sans oublier l'Allemagne romantique du XIXe siècle (Caspar David-Friedrich) et la France – l'École de Barbizon, les réalistes (*la Vague* de Courbet) et les Impressionnistes de la vallée de la Seine. Trois types d'émotions dominent ce XIXe siècle bucolique, presque météorologique : le pittoresque, le sublime et le naturalisme. Ce sont les Anglais « à l'âme sensible » qui, dans leurs jardins, inclurent la nature agreste et désordonnée, offrant ainsi à leurs promeneurs des points de vue pittoresques (littéralement, ceux qu'un peintre aurait aimé saisir). Le sublime, théorisé par Kant, culmina chez les Romantiques allemands, inventant ces figures de dos qui admirent, devant eux, la nature grandiose, parfois terrifiante – procédé pictural qui permet aux spectateurs de s'immerger dans la scène avec le personnage de dos auquel ils s'identifient. L'affect du poète, promeneur, se projetait ainsi sur la nature rousseauiste. Enfin, peindre en plein air devenait, avec la Modernité naissante et le modernisme industriel, un contrepoint à l'urbanisation, une pratique permettant de mieux observer les jeux de lumière changeants dans les arbres, sur l'eau, les attitudes sociales en ces nouveaux lieux de loisirs qu'étaient les banlieues de Paris (Argenteuil, *la Grenouillière* à Chatou), et même les lumières électriques de la ville, nouvel objet de fascination des paysages urbains (voir Degas). C'est pour contrebalancer l'essor des villes que naît au début du XXe siècle l'idée « d'espaces verts », notion contemporaine du modèle utopique des « Cités-jardins », défendu par Ebenezer Howard qui suggérait d'amener la ville à la campagne, pour ralentir l'exode rural.

La liste est longue des mouvements artistiques ayant contribué à faire du paysage, au gré des humeurs, un genre pictural. Mais cette rapide traversée du paysage comme construction visuelle sert à souligner la relation inverse – celle de l'objet agissant en retour sur son sujet : car les diverses représentations paysagères (paysages types) informent nos jugements, stéréotypent nos goûts, influencent nos lectures de l'espace. Alain Roger (*Cours Traité du Paysage*, 1997) rappelait qu'il fallait « penser le regard paysager » en tenant compte de la manière dont ces référents artistiques avaient façonné notre vision du pays : « les choses naturelles ne nous paraissent belles que parce que nous les voyons au travers du prisme des œuvres d'art ». Autrement dit, la nature est belle par la médiation de l'art – ce qu'Oscar Wilde résumait, dans le *Déclin du Mensonge* : « la vie imite l'art bien plus que l'art n'imite la vie ».

L'objet-paysage agit donc sur le regardeur. L'*artialisation* de la nature (mot que Roger avait braconné chez Montaigne) influence notre manière de juger le paysage. L'art éduque l'œil et augmente ainsi le plaisir de regarder un paysage naturel qui (paradoxalement) imite un modèle culturel. Aimerais-je autant les champs de tournesol s'ils ne ressemblaient à un Van Gogh ? Les montagnes alpines si elles n'avaient pas été sublimées par David-Friedrich ? Ou un coucher de soleil sur la mer si le Lorrain ne les avait superbement dépeints, etc. La montagne Sainte-Victoire restera toujours un Cézanne ; la tempête, un Turner ; la campagne, un Corot. Le paysage dépendrait donc de la force du pouvoir imageant de l'artiste. Le paysage trouve sa beauté dans sa capacité à se référer à des représentations archétypales qui façonnent notre regard et déterminent notre goût.

Le déni du beau naturel

En poussant son raisonnement à l'extrême, Alain Roger, qui avait théorisé les valeurs culturelles du paysage en le distinguant de la notion d'environnement, fut amené à se positionner contre le « conservatisme paysager ». Puisque le paysage était toujours une médiation artistique, (ou *artialisation)* toute nouvelle insertion architecturale ou industrielle participait à créer de nouvelles formes de paysages ; Roger évacuait, de fait, toute nécessité de « protéger des paysages ». Il fallait, selon lui, dépasser les clichés esthétiques et ne pas s'accrocher à une vision passéiste de conservation du paysage. Ainsi, le regard paysager devait « se montrer capable d'accueillir les transformations de notre environnement physique, aussi rapides et brutales soient-elles... comme autant de composants potentiels pour de nouveaux paysages. » Selon cette logique, les autoroutes du XXe siècle, tailladant le territoire et entraînant dans leur sillage un agrégat de centres commerciaux, panneaux d'affichages et lotissements d'habitation, devaient être comprises comme de nouvelles propositions paysagères : ces infrastructures allaient « nourrir le regard de demain ». Il est vrai que les *road movies* de la génération Kerouac célébrèrent plastiquement l'emprise de la voiture sur nos civilisations et que le photographe Lee Friedlander structura notre imaginaire du territoire américain à travers le rétroviseur de sa voiture. Plus largement, la peinture, comme la photographie, s'emparèrent du patrimoine industriel – et de ses formes dérivées de bétonisation ou de friches – pour l'inclure dans une démarche artistique, évitant tout jugement de valeur à l'égard de ce qu'ils voyaient. Les artistes se contentaient de répertorier : ainsi, les artistes Bernd et Hilla Becher, instituant la tradition allemande de la Nouvelle Objectivité (École de Düsseldorf), créèrent des séries photographiques à partir de « monuments » de l'industrie, tels les châteaux d'eau, les puits de mine, les silos à grains…, tous cadrés frontalement. Ce catalogue de constructions visait à rendre visible des typologies nouvelles de paysage – démarche poursuivie par Thomas Ruff et Andreas Gursky. Le paysage des théoriciens post-modernes de la fin du XXe siècle enregistrait la trace des mutations industrielles et libérales de la société : il s'agissait seulement de l'objectiver, sans jugement de valeur.

Tout nouveau paysage, modifié par l'industrialisation, mais assimilé par le regard artistique, devenait *a priori* plastiquement intéressant. Invalidées les phrases « j'aime » ou « j'aime pas ». Exit le « beau » ou le « pas beau ». De fait, depuis la disqualification du critère de « Beau » par l'artiste Marcel Duchamp ayant évacué la valeur artistique de l'objet pour s'intéresser à l'acte délibéré de l'artiste déclarant « c'est de l'art », toute proposition artistique était devenue inattaquable, puisque non soumise à critère esthétique.

Dans cette logique, préserver un « paysage naturel » n'a aucun sens, puisque rien n'est naturel, tout est artefact paysager – et tout art est valide. On relit avec effroi quelques lignes de Roger où quelques malheureux écologistes ayant essayé d'imposer, dans une charte architecturale et paysagère, la plantation de certaines espèces locales, plutôt qu'exotiques ou persistantes (au nom d'une préservation de la flore), se voient comparés à des jardiniers du Troisième Reich, qui eux aussi prônaient l'utilisation d'espèces botaniques « nationales » ! Quarante ans plus tard, on ne peut que constater le virage à 360° qui s'est effectué, avec un paysage ayant délaissé la dimension esthétique au profit de valeurs écologiques. Grand écart. Que s'est-il passé ?

Le paysage documenté

L'utilisation du médium photographique a sans doute sa part dans ce renouvellement de l'approche paysagère, plus objective et scientifique, advenue en même temps que se construisaient plus scientifiquement les modèles écologiques – changement climatique oblige. Qu'est-ce que la photographie documentaire a changé à notre regard ? À l'instar des jardins clos, la photographie est marquée par ses effets de bords – prélèvement temporel et cadrage spatial de la nature. L'étendue est transformée, par l'appareil photographique, en une surface orientée par un horizon, ligne horizontale et repère fondamental : « le paysage, c'est l'endroit où le ciel et la terre se touchent », selon le paysagiste Michel Corajoud.

La photographie ne nie pas sa double tentation, entre une démarche esthétisante et une approche plus objective, documentaire. À ses débuts, la photographie, en quête de justification, avait cherché à « peindre » des paysages, multipliant les effets de pictorialisme pour reproduire cette esthétisation de la nature que la peinture proposait. Le pittoresque (entendu comme « ce qui vaut d'être pris en photo ! »), à son tour, favorisait l'émergence de nouveaux « clichés » culturels – par exemple Doisneau décrivant le Paris romantique (Doisneau avouait sa dette envers Brassaï : sans lui, il n'aurait jamais su voir les pavés de Paris). Certains artistes poursuivent encore aujourd'hui cette approche pictorialiste du paysage en proposant de nouvelles écritures photographiques, créant numériquement un *Nouveau pittoresque*, peuplé de lieux étranges : ainsi le Japonais Ryuta Amae, *Fiction*, 1998, réalisant en images de synthèse une ville utopique hors échelle, ou le Canadien Robien Collyer, *Yonge Street 4*, 1995, transformant la ville en un paysage de signes commerciaux – un nulle part globalisant.

Mais revenons sur terre. Au cours des quarante dernières années, le paysage a surtout servi de creuset à la photographie contemporaine qui a développé une dimension critique de l'environnement en multipliant les stratégies d'observation du territoire. Le « paysage » est devenu un genre très en vogue. En renouvelant sa vision « objectivante » du territoire, la photographie a permis de faire le point sur la transformation de nos territoires tout en créant une nouvelle typologie (zones de campagne, littoral, centres urbains, périphéries, ...), investissant aussi des lieux ordinaires – des « entre-deux » ou « non-lieux » (cf. Dominique Auerbacher, série *Lieux communs*, 1986) – des friches industrielles ou des zones tampons aux marges des villes. Eric Tabuchi, dans son « manifeste photoconceptuel de la périphérie ordinaire », commencé en 2017, (ARN, *Atlas des Régions Naturelles*, 25 000 photographies) utilise la photographie comme archive et outil prospectif. Cette démarche artistique coïncide avec la rationalisation de la nature défendue par l'écologie ; elle modifie notre regard de citoyen sur l'espace habité, nous faisant prendre conscience des territoires déclassés mais a-t-elle vraiment pour objectif de s'intéresser à l'évolution paysagère, ou seulement de réfléchir au média photographique lui-même ? Poursuivons l'enquête...

Dès 1981, la création de l'Observatoire du territoire, à l'échelle européenne, témoignait d'une même volonté de tracer l'évolution des territoires en rapport avec leur réalité socio-économique. En France, cette tendance se concrétisa par l'organisation de campagnes nationales et régionales de prises de vues. La Datar, en 1983, lançait sa *Mission Photographique* employant une trentaine d'artistes, dont Raymond Depardon, pour sillonner le territoire national et « dresser un portrait photographique de la France ». Elle rappelait, en cela, la très vieille mission héliographique de 1851 qui avait constitué les toutes premières archives photographiques françaises, et s'inscrivait dans la lignée de la très célèbre FSA (*Farm Security Administration*), aux États-Unis, qui avait employé, au milieu de la crise des années 1930, un nombre important d'artistes pour documenter l'espace rural du Grand Ouest.

Toutefois, cinquante ans plus tard, la Datar déclare n'avoir pas tant pour objectif de décrire un paysage social, que de compiler un nouveau répertoire de formes artistiques alimentées par la multiplicité des démarches photographiques. En cela, elle restait plus proche de la forme (le média) que du contenu (le paysage).

L'élan suscité par la mission séminale de la Datar, avec ses 200 000 photos archivées, s'il n'a pas directement bénéficié au paysage, a néanmoins permis de faire émerger de nouveaux talents et de faire dialoguer des acteurs variés autour du paysage – des « aménageurs, architectes, géographes, artistes et historiens d'art » – prouvant la complexité des nouveaux enjeux paysagers.

Dans les années 1990 à 2000, le retour d'un courant objectif et détaché, dans la lignée de l'École de Düsseldorf, porté par le critique Jean-François Chevrier (exposition du Palais de Tokyo), caractérisé par une méfiance envers le fictionnel, n'a qu'amplifié un mouvement de désinvestissement de la cause paysagère au profit d'une recherche de formes artistiques. Beaucoup de photographies de cette période répertorient les traces laissées par l'homme, absent du cadre. On pense à Thibaut Cuisset qui propose une épure du paysage, ou à l'Italien Gabriele Basilico (*Boulogne-sur-mer*). Ce type de réalisme s'est généralement doublé d'une démarche conceptuelle entérinée par l'art contemporain et basée sur la répétition : arrêts sur image qui figent le mouvement de la nature ; instants, mis bout à bout, qui dilatent la nature ; travail sériel... La critique du paysage était à nouveau masquée par l'esthétique de la photographie.

La photographie au service du paysage ?

Enregistrer ce qui est ; restituer les propriétés biophysiques du terrain ; témoigner des mutations et de la transformation du territoire : ces campagnes photographiques répétées ont finalement eu le mérite d'inviter, plus récemment, certains autres photographes à considérer la dimension éthique et politique de leur pratique. Devant la pression urbaine subie par le paysage depuis les années de reconstruction, la densification du territoire, le recul du monde rural, la multiplication des surfaces périurbaines avec leur lot de centres commerciaux, de zones pavillonnaires et de voies de circulation, la photographie n'a pas pu rester totalement neutre. Des photographes se sont engagés dans un travail critique pour dénoncer ces mutations paysagères résultant d'un développement économique anarchique et irresponsable. Des missions de veille photographique ont également été déployées sur le territoire (par des organismes comme l'*Observatoire photographique des paysages de la France*, le *Conservatoire national du littoral* et *France(s) Territoire Liquide*). La photographe Claire Chevrier dans sa série *Espace construction* dénonce l'invasion des constructions anarchiques à travers le monde en montrant de façon répétitive la pression qu'exerce l'activité humaine sur les territoires : bétonnage, friches, chantiers de construction... Jürgen Nefzger, militant, dénonce, lui aussi, les échecs du développement urbanistique en documentant des zones pavillonnaires ressemblant à des constructions de lego.

La photographie est ainsi devenue un instrument de mesure des activités humaines. De même, l'impact de la modernisation sur l'espace public a été remarquablement documenté en Émilie-Romagne (Italie) par l'association *Linea di Confine* qui questionne la place du paysage comme héritage culturel, tout en restant attentif à la valeur artistique du médium : par exemple, Walter Niedermayr, *Vedretta Piana III*, 1999, dans une même image, traite la présence de skieurs à la montagne comme de petites silhouettes noires sur fond blanc et montre des déchets incongrus au pied du glacier. Le travail documentaire et artistique du groupe, qui explore la tension entre la nature « sauvage » et l'activité humaine destructive, a permis de rassembler des preuves de la transformation des espaces publics et d'engager un dialogue avec les collectivités territoriales pour pallier les excès de l'industrialisation. Maintenant il est plus urgent que jamais de maintenir ce dialogue, afin que l'image, comme témoignage, puisse induire des modifications de comportement.

Néanmoins, le rôle de la photographie reste encore ambigu. Aux États-Unis, la photographie défendant la cause environnementale est devenue un genre en soi, comme en témoigne l'exposition de Reno (Nevada) en 2011, « le paysage altéré » (*The altered landscape*), dénonçant le gaspillage, les pollutions, la déforestation, les constructions de béton en ruine ou les décharges à ciel ouvert. L'ambition de cette exposition, clairement énoncée, était double : susciter un débat autour de l'impact de l'activité humaine et de ses répercussions sur l'environnement et l'habitat, mais aussi s'écarter du « beau paysage » traditionnel et proposer ces paysages déclassés comme vecteurs de nouvelles formes. D'où la question, volontairement provocante, les plasticiens font-ils avancer la cause du paysage ? Car ils semblent davantage occupés à transposer les paysages défigurés en artefacts, qu'à proposer des esquisses de solution pour sauver la planète. Une photographie montrant un amoncellement de pneus, bien composée et tirée sur beau papier, rend esthétique, par son traitement, une catastrophe environnementale : regarde-t-on la photo ou la catastrophe ? Ainsi, comment comprendre cet appel à de « nouvelles sensibilités paysagères » explicitement exprimé par les commissaires de l'exposition ? Sans penser, naïvement, que le photographe d'art contemporain pourrait résoudre la question de l'altération des paysages, ni même qu'un photographe de guerre pourrait résoudre un conflit armé, on pourrait néanmoins engager un débat sur la responsabilité du témoin. Cette question a été largement abordée dans le cadre de la guerre, du fait de l'émoi que peut soulever une image dans les opinions publiques. On pourrait espérer que cet émoi serve la cause paysagère. Concrètement, le paysage aura besoin de plasticiens engagés pour réinvestir le champ du politique, impliquer les citoyens et faire évoluer son sort. Rappelons l'exemple des peintres de l'École de Barbizon, sous le Second Empire, qui, par leur action, avaient forcé la création de la plus ancienne réserve naturelle du pays (décret du 13 août 1861).

Paysage juridique

La notion de paysage à préserver est entrée dans le droit au début du XXe siècle avec la définition suivante : « Une partie de nature qui présente un caractère esthétique par la disparité de ses lignes, de ses formes et de ses couleurs ». Mais cette définition est devenue éminemment problématique depuis que l'« informe » a investi le champ de l'esthétique (ère post-Duchampienne). Dès 1930, des critères plus scientifiques sont venus préciser la notion de paysage, amenant sur la table la question des réserves naturelles, des essences rares, des structures géologiques. Le 2 février 1971, la charge de préservation des paysages est passée sous tutelle du ministère de la Protection de la nature et de l'Environnement et a quitté celui des Affaires culturelles (ex-ministère des Beaux-Arts) – transition révélatrice de cet effacement du « beau » au profit du « propre » – jusqu'à ce que la Direction des Paysages s'allie à celle de l'Urbanisme en 1983 (encore plus révélateur !). Aujourd'hui, la Direction de l'Habitat, de l'Urbanisme et des Paysages (DHUP) dépend du ministère de la Transition écologique.

Si certaines démarches photographiques ont permis d'objectiver la réalité des paysages souillés, balafrés, abandonnés, pollués… (les adjectifs ne manquent pas), elles ne peuvent apporter à elles seules des solutions à cette question paysagère qui précisément échappe de plus en plus aux critères esthétiques et dont le sort a été imprudemment laissé aux mains des aménageurs de tout bord. C'est précisément cette fracture entre les attentes d'un bien-être paysager (à définir) et une prise de décision politique qu'il convient de souligner – et de réduire.

En 1993, la loi paysage, outil créé pour arbitrer entre des positions contradictoires et aménager les formes visibles de notre environnement, intégrait la notion de « paysages ordinaires en évolution ». La Convention Européenne du Paysage, votée en 2000, entrée en vigueur en 2006, est le premier traité international signé dans le cadre du Conseil de l'Europe et concerne 47 pays. Cette charte paysagère intègre l'idée de qualité de vie des citoyens, de bien-être individuel et social et reconnaît l'idée d'un patrimoine commun à préserver et à faire connaître. En France, il est à la charge du préfet d'organiser la mise en œuvre des politiques de l'environnement et de veiller à la participation du public. Mais force est de constater que les élus exercent une pression locale grandissante sur le cadre de vie des citoyens. Ces derniers restent peu consultés sur les affaires paysagères, qui pourtant, les concernent au quotidien. Comment réintroduire de l'esthétique (au risque du subjectif) dans le politique, soumis à des pressions économiques et juridiques ?

Écologie du paysage

Au cours des vingt dernières années, cette évolution du juridique a accompagné un changement majeur d'échelle et de nature du paysage, désormais considéré comme une interface complexe et interdisciplinaire. Cette période a conduit à dépasser la vision culturelle et humaniste pour privilégier l'attention à l'environnement. À la toile sur chevalet ou à l'appareil photographique, qui restituaient « l'idée qu'on se fait de son pays » (dans un format communément appelé « paysage ») a été substituée la carte géographique et ses déclinaisons numériques : sur papier ou ordinateur, les plans, les vues immersives de *Google Earth* ou les schémas d'importation servent désormais d'outils d'analyse aux scientifiques pour visualiser les interactions entre divers écosystèmes. La station verticale de l'homme de la Renaissance, qui regardait loin à l'horizon et cadrait la nature avec son chevalet, a été remplacée par la station assise de l'homme qui travaille d'après modélisation ou analyses topographiques. Le lointain devient une zone concentrique sur un plan ; la hauteur, une courbe de niveau ; les plantations, un code couleur. À nouveaux outils, nouvelles visions, nouvelles idéologies, affirme le médiologue.

Le problème est que ces outils de modélisation et de schématisation du paysage paraissent mal adaptés pour résoudre la dialectique du lointain et du proche – selon laquelle tout paysage se construit, comme le rappelle Dagognet (*Mort du Paysage*) : c'est « un dehors qui échappe à l'emprisonnement d'un dedans trop cloisonnant ». Ainsi, mon « pré carré », local, s'oppose au « dehors », collectif, global, où se joue un partage de la ruralité ou de l'urbanité ; les intérêts du privé et du collectif, souvent contradictoires, s'affrontent sur un même terrain. Or le lointain n'est pas facilement représentable sur la planéité d'une carte.

La question très actuelle de l'implantation des éoliennes sur le territoire national illustre parfaitement cette dialectique du paysage et engendre des tensions violentes entre les différents pôles d'aménagement du territoire. Car les théoriciens de l'art contemporain auront beau expliquer qu'un nouveau paysage est en train de se créer, avec ces grands moulins qui habitent le ciel… et l'agence de l'énergie, les industriels privés ou certains écologistes auront beau défendre les parcs éoliens au nom de la facture énergétique et du besoin d'énergies propres, il n'en reste pas moins que l'éolien n'est toléré que loin de chez soi. Personne n'en veut sous ses fenêtres, ni à proximité de ses oreilles. Au micro de RMC, le 12 avril de 2021, Xavier Bertrand s'exclamait « la France, c'est aussi ses paysages… il faut arrêter de laisser se défigurer la France ! » Parole de politique qui, néanmoins, transcrit un sentiment d'insatisfaction populaire et d'impuissance par rapport à la prolifération de ces mats géants qui modifient la vision du lointain, donc affectent durablement la perception du territoire et créent des nuisances locales. Pour transcrire cet impact en chiffres, il s'agit d'une perte de valeur immobilière, localement, de 20 à 30 % et une baisse potentielle (jamais quantifiée) de fréquentation touristique.

Cet exemple de mutation paysagère sous la pression des éoliennes terrestres rassemble à lui seul un grand nombre de problématiques qui méritent ici d'être examinées de plus près. Le paysage ayant basculé aux mains de l'écologie, on n'osera plus brandir l'hypothèse d'un « c'est laid ! » qui serait immédiatement retoqué au rang du subjectif et du besoin de rester ouverts à de nouveaux paysages. On se tournera donc du côté des impacts quantifiables. Une carte étalée sur un bureau d'ingénieur permet de visualiser le point d'impact – le mât de l'éolienne. Un rayon de 500 m autour de ce point indique la zone impactée par l'objet (« impacté » étant l'anglicisme le plus en vogue du moment) – différentes couleurs indiquent différents maux, du vol des chauves-souris, aux décibels, à l'électrosensibilité, sans compter les vaches anxieuses qui ne produisent plus de lait, etc. Au-delà de ces cercles, plus de nuisances. Les industriels privés peuvent dès lors démarcher des propriétaires terriens qui accepteront d'être « achetés » à la cause de l'énergie vertueuse. Le département donnera son blanc sein, au vu des points et des cercles dessinés sur la carte. La commune touchera quelques intérêts, au passage. Et on oubliera de préciser au propriétaire qu'il devra démonter, à sa charge, son éolienne au bout de trente ans. Plan de recyclage inconnu. Dalle de béton colossale et inamovible.

Mais que voit le simple citoyen, l'homme à la position verticale, celui qui voyait loin ? L'habitant, lui, scrute l'horizon et constate que sa « vue » (un concept collectif qui prend de la valeur et devrait être coté) est barrée par ce nouveau patrimoine industriel du fait qu'un autre propriétaire, privé et cupide, a accueilli sur son sol l'équipement d'un industriel privé et capitaliste, au nom d'une décision d'intérêt général qui vise à augmenter la part des énergies renouvelables. Et le paysagiste dans ce processus de décision ? Son point de vue est dilué dans celui des aménageurs du territoire, architectes, urbanistes (certes, des associations se battent), et écologistes. Ces derniers, force politique relativement nouvelle au regard de l'histoire paysagère (rappelons que le premier candidat écologiste a été élu en 1974) acceptent généralement de sacrifier, ponctuellement, un périmètre de 500 mètres de nuisance pourvu qu'on leur promette de diminuer la part de nucléaire et des énergies « propres » comme l'éolien. Aucune considération esthétique du lointain n'est prise en considération : serait-il jugé non quantifiable, ou seulement négligeable au vu d'intérêts supérieurs ? Le citoyen malin ne s'en sortira qu'avec un bon avocat qui convaincra les élus responsables de construire ailleurs que devant son pas de porte. Cet exemple suffit à illustrer le peu de crédibilité dont jouit aujourd'hui le paysage, autrefois compris comme culturel et accepté dans sa dimension subjective, réduit aujourd'hui à être quantifié selon des critères écologiques s'il veut trouver une protection. Mais l'écologie est parfois antagoniste à l'intérêt du paysage. Force est de constater que l'esthétique ne fait souvent pas le poids par rapport aux considérations économiques et plus généralement politiques d'aménagement du territoire.

Le paysage a la faiblesse de convoquer le subjectif et d'être une notion transversale, à la croisée de multiples disciplines scientifiques, chacune d'elles rationalisant sa démarche. Ainsi le paysage sonore a davantage de chance que le paysage visuel ; jugé deuxième facteur environnemental après la pollution de l'air, il est pris de plus en plus au sérieux. Des chercheurs ont récemment évalué à 156 millions d'euros par an le coût social du bruit en France. Un facteur aussi impalpable que le son a pu être mis en équations – donc crédibilisé – grâce à une modélisation efficace. Les études ont pris en compte les nuisances de circulation, de voisinage (par exemple les chantiers) et sur le lieu de travail (comme dans les bureaux *open space)*. Parallèlement, les effets de ces nuisances ont été quantifiés : troubles du sommeil, anxiété (traduits en dépense de santé) et dévalorisation immobilière. De cette carte du bruit, qui permet de visualiser l'exposition quotidienne des citoyens sur le territoire, les chercheurs ont déduit un coefficient de dégradation de la perte de pleine santé. Or la bonne santé individuelle est évaluée à 132 000 euros/an. Ainsi, une invalidité à 10 % coûterait, annuellement, 13 200 euros. Tous ces calculs qui quantifient le préjudice aident à lutter objectivement contre la pollution sonore. Imaginez si vous pouviez convaincre, similairement, les aménageurs que l'altération paysage impacte la santé…

Une science paysagère

Le dernier moyen, pour se faire entendre, serait-il d'élever la question du paysage au rang de science ? Gilles Clément, jardinier-paysagiste, avait développé, en 1995, le concept de « jardins planétaires » pour moderniser le « cultiver son jardin » à la Voltaire, à la nouvelle réalité des flux et de la globalisation. Il en avait tiré trois constats, influençant sa création : nos ressources sont épuisables au sein de la biosphère (notre jardin terrestre est limité) ; le brassage planétaire tend à réduire les spécificités locales ; l'homme-jardinier a le pouvoir de contrôler et de surveiller les moindres recoins de sa planète, en cela il est responsable. Sur ces bases, Clément a proposé une manière innovante de « jardiner » en incluant, dans ses créations, des lieux « délaissés », ou friches riches en biodiversité – ce qui constitue un « Tiers-Paysage ». Une fois abolies les marges du jardin traditionnel, le paysage pouvait dépasser sa définition traditionnelle pour devenir un objet multidisciplinaire, quantifiable selon de nouvelles approches.

Le paysage est effectivement devenu, aujourd'hui, un concept plus objectif, transversal, résultant à la fois d'une culture et d'une réalité territoriale au croisement de nombreux métiers – urbanistes (en milieux urbains ou ruraux), géographes, sociologues, historiens, écologistes, mais surtout des élus responsables des budgets d'aménagement au niveau municipal, département, régional, national. La définition du paysage s'est transformée avec l'élargissement de son domaine d'action : « une portion de territoire hétérogène composée d'ensembles d'écosystèmes en interaction ». Autrement dit, le paysage culturel qui reflétait l'histoire des organisations sociales, a glissé vers celui, quantifiable, mais fragmenté, des milieux – ensemble d'écosystèmes qui interagissent entre eux. Le paysage se comprend désormais à travers des modèles scientifiques qui retracent l'évolution des écoumènes (terme suggéré par Berque pour désigner la relation sensible et symbolique de l'humain à son milieu), comme une organisation spatiale plus large, qui permet d'identifier des réseaux écologiques, incluant l'étude de l'habitat, des zones d'isolement et de fragmentation du territoire.

Cet assemblage hétérogène d'éléments naturels ou semi-naturels, incluant des critères de forme, surface, distribution des éléments, distance et qualifient la science paysagère qui se lit sur une carte, à l'aide de flèches, tâches d'habitat, zones colorées de pollution aux pesticides, indication de flux de la faune, liaisons entre écosystèmes, infrastructures (autoroutes, voies ferrées, barrages, lignes électriques)… Toutes ces marques sur la carte indiquent ce qui fragmente les espaces naturels ou l'habitat, perturbant la circulation des individus, comme le brassage des espèces et des gènes. L'Écologie du paysage, science née sous l'impulsion d'un géographe botaniste allemand en 1939, s'est imposée comme une discipline et, avec elle, le jargon technique qui l'accompagne – loin des anciens qualificatifs visuels : « systèmes », « interaction », « relations fonctionnelles », « descripteurs spatiaux », « variables spatiales », « connectivité biologique », « processus », « capacité de dispersion des plantes », « effets corridors », « obstacles », « zones tampons », « zones nodales », « continuum », « dispersion d'espèces », « cycles biologiques » et « connectivité écologique ».

Si cette approche quantifiée élargie joue un rôle prépondérant dans l'étude du climat, dans la compréhension des couloirs de migration des espèces et se montre indispensable pour expliquer les facteurs de dégradations écologiques, elle prive néanmoins le paysage de toute considération esthétique, en le réduisant à une science au service de l'écologie. Il a perdu dans ce processus de rationalisation une partie de sa valeur subjective et artistique. Le sensible et le ressenti ont capitulé devant l'efficacité des outils d'aide à la prise de décision pour gérer et préserver les territoires.

Un paysage multisensoriel

L'heure des bilans est arrivée. En quoi ces considérations théoriques s'appliquent-elles à des expériences vécues et concernant le citoyen ? L'environnement a modifié la métaphore du jardin artificialisé et l'a prolongée par celle des flux et forces dynamiques. Le paysage est maintenant défini par ses interactions entre divers éléments déterminant son organisation spatiale (habitat, forêts, cours d'eau, champs, barrière montagneuse, etc.) et par des processus écologiques résultant de l'activité humaine (circulation des espèces, étude des conditions favorables à la vie). Il est reconnu que le paysage sollicite les sens au-delà de la seule vue : le son (que les Japonais « paysagent » la rivière en la canalisant dans leurs jardins pour diriger les énergies ; mais aussi les nuisances, comme le chant du coq pour les nouveaux arrivants à la campagne) ; les odeurs (y compris, les mauvaises, les épandages et celles liées à la pollution de l'air) ; le toucher (texture des sols, arbres...). Tout ce nouveau vocabulaire est-il adapté à notre pratique quotidienne du paysage ? Prenons des exemples qui relèvent de l'expérience citoyenne.

Commençons par traverser la France en voiture. Le touriste étranger est invariablement frappé par le nombre incessant de ronds-points qu'il doit franchir, devenus une AOC française – ratifiée, de surcroît, par le mouvement des « Gilets jaunes ». Cette transformation majeure du réseau routier a définitivement marqué le paysage français sans qu'on s'en rende compte, insidieusement, sans que les citoyens n'aient jamais été associés à la prise de décision. Les nationales bordées de platane, qui avaient marqué une époque (on pense au film *Week-end* de Godard qui débute dans un vaste embouteillage le long d'une nationale arborée) ont d'abord été remplacées par des routes sans arbres (jugés trop dangereux), puis, changement de cap de la Direction des Routes dans les années 2000, ont été repensées avec ses sinuosités et obstacles naturels pour déjouer la vitesse ; enfin, dernière trouvaille, elles ont été décorées de ronds-points (chaque maire faisant ses emplettes à la foire aux ronds-points, choisissant sa sculpture ou composition arborée). Les communes se sont dotées d'équipements routiers variés – dos d'âne, rétrécissements, ralentisseurs, peinture réfléchissante, etc. – entraînant de nombreux travaux d'aménagement des chaussées dont on doutera parfois de la pertinence (le *credo* est : créons un obstacle dangereux pour faire ralentir l'automobiliste et éviter qu'il ne heurte d'autres obstacles, s'il a réchappé au premier). Équipements, rappelons-le, aux frais du contribuable et au bénéfice de nombreux intermédiaires. Tous ces équipements routiers ne cessent d'être ajoutés, modifiés, surajoutés au nom de l'intérêt public, néanmoins modifient durablement les paysages urbains, comme ruraux, ainsi que notre expérience sensorielle de la traversée du pays. Nous avons tous capitulé, au nom d'un rationnel économique, sécuritaire et écologique, devant cette inexorable avancée du progrès de l'équipement routier – oubliant que le paysage était un bien collectif, un vivre ensemble qui comportait aussi une dimension esthétique.

Les exemples abondent où les citoyens expriment leur mécontentement face à des décisions prises unilatéralement par les aménageurs du territoire. Au début de l'été 2021, les Parisiens s'insurgeaient contre l'opacité des décisions qui avaient conduit à leur imposer un nouveau mobilier urbain, criant au « saccage de Paris ». Adieu les bancs verts Davioud, symboles d'un Paris romantique, remplacés par de nouvelles assises. Sans compter les aménagements cyclables temporaires, « les pistes Corona » construites en hâte au pic de l'épidémie à l'aide de murets de béton et de peinture jaune bien visible, mais qui, devenant permanents par un tour de passe-passe inconnu, ajoutent à la laideur des équipements urbains. L'innovation est le prétexte à transformer sans débat la place publique. Un débat serait néanmoins utile pour articuler les contraintes de mobilité, les configurations spatiales, les besoins de sécurité, l'écologie, sans oublier la question du « beau » – sans que ce mot soit sans cesse évacué pour cause de ringardise. Pourtant, « le beau » semble se réinviter sur la scène intellectuelle. Le Pavillon de l'Arsenal proposait à l'été 2023 une exposition d'architecture en guise de débat : « La beauté d'une ville : controverses esthétiques et transition écologique à Paris ».

Le sujet des constructions qui poussent de façon anarchique, défigurant les centres-villes et leur périphérie, serait trop long à évoquer, là aussi impactant de façon durable et non réversible la vie des citadins. En souhaitant arrêter l'artificialisation des sols (évacuer les centres commerciaux des périphéries urbaines), n'y a-t-il pas le risque que le nouveau mot d'ordre de « densification » des centres-villes ne conduise à de nouvelles aberrations architecturales ? Bien qu'une armada de normes régisse les projets architecturaux, ils font toujours autant l'objet de litiges urbanistiques. Sous la pression immobilière et des intérêts qu'elle draine, l'habitat vernaculaire est détruit, les petites maisons de banlieue parisienne sont une à une rachetées par des promoteurs et remplacées par des immeubles. Rien ne protège ce patrimoine de la manne que représentent ces opérations financières pour les aménageurs. Tandis que ces aménagements d'envergure, justifiés par les mairies pour répondre au besoin de logements sociaux, sont peu discutés, si ce n'est pas des associations de riverains combatives, le particulier est sévèrement contrôlé par les architectes des bâtiments de France pour toute extension de son habitation qui « ne s'insérerait pas dans le paysage ». Deux poids, deux mesures. Même déséquilibre dénoncé dans l'affaire des jardins ouvriers d'Aubervilliers dont l'existence a été mise en péril par les travaux du Grand Paris, au nom du développement économique, mais dont les répercussions paysagères, sociales, psychologiques ont été sous-évaluées. Comment quantifier le bien-être visuel, qui reste essentiellement inquantifiable, pour qu'enfin l'homme, dans sa petitesse, soit reconsidéré face au gigantisme des mutations technologiques qui affectent son environnement ? Les théoriciens de l'image doivent se mobiliser autour de nouveaux outils de communication qui permettent de peser face aux aménageurs du territoire, avec des arguments esthétiques qui pondèreraient les seules considérations politiques et écologiques.

Enfin, de la ville, élargissons le débat au ciel. Les nouvelles infrastructures spatiales en cours de développement pour généraliser l'Internet par satellite et concurrencer la 5G terrestre illustrent parfaitement la problématique de la pollution visuelle et le difficile arbitrage entre le paysage de proximité et celui du lointain. Le réseau Starlink, constitué d'environ 40 000 satellites qui seront placés d'ici 2027 en orbite basse autour de la terre, a été conçu par l'entreprise américaine privée SpaceX (joujou spatial d'Elon Musk). Son déploiement a été autorisé en France par *l'Autorité de régulation des telecoms*, donnant son feu vert à l'utilisation des bandes de fréquence nécessaires au nouveau réseau satellitaire. Aucune instance paysagère n'a été consultée pour un projet qui inondera le ciel de petits feux lumineux, dont l'emprise au sol n'est pas négligeable (antennes de réception ; pas de tir de lancement) et qui émet 4 tonnes de CO_2 à chaque vol spatial (sans oublier la consommation de 2 tonnes/an de chaque satellite).

L'enthousiasme passé pour ce projet technologique colossal, la communauté scientifique s'est finalement réveillée, notamment les astronomes qui ont exprimé leur inquiétude à l'idée de voir le ciel pollué par la luminosité de ces étoiles artificielles empêchant, à terme, d'observer les vraies constellations. La préservation de la nuit est un enjeu important, ayant aussi des répercussions sur la biodiversité et les cycles du sommeil. Le seul bouclier contre ce déploiement devrait venir des états, ce qui supposerait une discussion internationale à l'ONU – mais les instances internationales auront-elles le pouvoir de contrer les Gafa et leur optimisme scientifique invétéré ? Comment une considération paysagère (la préservation du ciel étoilé, voir Van Gogh) pourrait-elle se mettre en travers d'une décision économique, voire politique ? Dans ce cas précis, seule la force écologique aurait peut-être le pouvoir de venir à la rescousse du paysage, mais l'espoir est faible de voir le projet annulé. Elon Musk a seulement promis de diminuer l'intensité lumineuse de chaque satellite. Cet exemple n'est pas pour nous faire baisser les bras devant l'absence de concertation au niveau local et devant le fossé grandissant entre un intérêt global et des nuisances locales, mais pour rappeler qu'on peut encore croire à la beauté. Et que le ciel est à chacun.

Écologiques

Monique Sicard

L'écologie s'est construite en cheminant. Elle a façonné sa propre histoire depuis la taxinomie des êtres vivants, la description des relations entretenues par chacun d'eux avec son milieu de vie abiotique ou vivant, la découverte des successions végétales en latitude et leur décalque en montagne jusqu'au surgissement même du nom « écologie » en 1866[1] et l'invention toujours en cours d'une série de concepts scientifiques. En quittant l'Europe savante pour gagner l'autre rive de l'Atlantique, l'écologie scientifique s'est faite, aussi, pragmatique. Ainsi, Charles Valentine Riley (1843-1895), responsable de l'Entomologie pour l'État du Missouri réalisa une opération spectaculaire de lutte biologique par entomophages. Usant de coccinelles importées d'Australie, il mit fin en deux ans à l'attaque des agrumes californiens par une cochenille. Cette réussite marqua les premiers pas d'une écologie pratique.

Dans les années 1920, prit forme la conscience de l'importance des concepts de l'écologie dans la gestion de la Cité. L'écologie scientifique, l'écologie pragmatique, prenaient un virage politique. Les années 1950-1960 virent émerger l'inquiétude. De nombreux scientifiques mettaient en garde contre la méconnaissance des systèmes vivants, l'usage sans discernement des territoires naturels. Anticipant les tensions et les crises à venir, ils se battirent pour une gestion raisonnée des ressources naturelles, la nécessité de leur protection. Science du ressenti phénoménologique, l'écologie cheminait parallèlement aux grandes évolutions technico-culturelles, leur faisait écho.

1. Pour Ernst Haeckel, l'écologie est « [...] la science des relations des organismes avec le monde environnant, c'est-à-dire, dans un sens large, la science des conditions d'existence. »

Récemment focalisées sur les questions climatiques et la « défense du climat », les inquiétudes écologiques ont gagné, depuis, dans le monde entier, le cœur de millions de femmes, d'hommes et d'enfants. Une abondante littérature accompagne ces mouvements. En 1965, l'ouvrage alarmant de Jean Dorst (1924-2001), ornithologue au Museum national d'Histoire naturelle de Paris, *Avant que nature meure*, marquait une étape importante. Trois ans plus tôt, en 1962, la biologiste Rachel Carson publiait *Silent Spring* (Printemps silencieux). L'ouvrage conduisait, dans un revirement des politiques nationales, à l'interdiction du DDT et autres pesticides, à la création d'une Agence nationale américaine de l'environnement.

Si Aristote (384-322 avant notre ère) peut être considéré comme le premier écologiste, ils sont nombreux les penseurs et les savants[1] qui ont contribué, au fil des siècles, à forger des concepts théoriques spécifiques dont se réclame aujourd'hui l'écologie : étagement, milieu, écosystème, biotope, biocœnose, dynamique des populations, niche écologique, biosphère, biogéographie, phytosociologie, succession, climax, biodiversité…

Ainsi, le corps théorique de l'écologie s'est-il élaboré non pas en prenant appui sur une doctrine préalable, mais en réponse à des situations concrètes. Peu à peu s'est installé un regard porté sur nous-même, êtres humains, dans nos relations avec nos milieux de vie. L'écologie, devenue porteuse d'une critique des formes de domination, est apparue comme un mode d'émancipation ; la revendication collective d'une forme de liberté impliquant notre univers quotidien jusque dans les détails. Qu'il s'agisse de se laver les dents, de siroter un jus de fruit, de se loger, circuler, s'habiller, cuisiner, vider la poubelle… toute pratique du quotidien est aujourd'hui susceptible de devenir marqueur d'un engagement écologique politique.

1. Pour ne citer que quelques exemples : Théophraste (371-288 avant notre ère), Carl von Linné (1707-1778), Alexander von Humboldt (1769-1859), Charles Darwin (1809-1882), Alfred Russel Wallace (1823-1913), Ernst Haeckel (1834-1919), Vito Volterra (1860-1940), Vladimir Vernadsky (1863-1945), Arthur Georges Tansley (1871-1955), Georges Evelyn Hutchinson (1903-1991), Henry Chandler Cowles (1869-1939), Jósef Paczoski (1864-1942), Jean Dorst (1924-2001), Eugène Odum (1913-2002), Edward Osborne Wilson (1929-2021)…

Les grelineurs de l'anthropocène

Ils semblent loin les ouvriers de Maupassant revenant des champs harassés, la bêche sur l'épaule ! Devenue l'indispensable compagne des potagers, la grelinette s'impose. Elle gagnait, en 1956, le concours Lépine, bénéficiait quatre ans plus tard d'un brevet d'invention déposé par Monsieur Grelin, l'inventeur. En réalité, un guidon de vélo, deux barres de bois pouvait suffire. L'acti-bêche ou la biogriffe, la tabarade, l'aéro-fourche à deux manches…, aère la terre sans bousculade, sans retournement et surtout, sans effort incommensurable. Elle n'efface pas totalement la sueur née du maniement de la bêche ou de la binette mais elle allège le travail, le rend supportable. Plus tard, on nourrira le sol de phacélie aux fleurs bleues. À l'heure de la pause, jardinières et jardiniers avaleront des baies de Golgi, aspireront le jus de canneberge par des pailles de bambou recyclables, se protégeront le visage d'une efficace crème de plantain.

Les topinambours s'élèvent vers les nuages, en grands témoins des ruptures générationnelles. Si les anciens éloignent d'eux volontiers ces fleurs jaunes, symboles des restrictions de guerres, les jeunes paysans leur vouent parfois une admiration éblouie.

La pause déjeuner proposera des steaks d'épeautre, du pain aux carottes et betteraves, du tofou fumé et de la pâte de sésame si le tahin n'est pas contaminé par un excès d'oxyde d'éthylène. Suivront le lait d'avoine et les graines de courge.

Les nouveaux jardiniers grelinent, soignent ruches, compost et toilettes sèches, prennent le temps d'une méditation. Dans le jardin s'alignent le fénugrec et le chou kale mais ce soir, ce sera une soupe d'ortie ou d'oseille sauvage.

Au fil du temps, le potager évolue. Il convient aujourd'hui de ne pas abîmer le sol, d'entourer de sollicitude les plus petits, les plus fragiles dont font partie lombrics et larves de cétoine. Ainsi prend place une nouvelle manière d'être paysan, respectueux de la nature. Car nous prétendons savoir que la nature, elle, elle sait ! Elle est ce qui naît, seul, sans intervention humaine. À l'origine, le mot désigne tout ce qui n'entre pas dans la compétence de l'intelligence humaine. Se référer à la nature n'est donc pas seulement la connaître, ni même lui faire confiance, mais c'est surtout rejeter les emprises humaines autoritaires. L'écologisme d'aujourd'hui, en revendication d'une double liberté individuelle et collective, pourrait bien prendre la succession d'un existentialisme.

L'épicerie participative, les initiatives locales forment rempart à l'univers contemporain hiérarchisé, consommateur sans frontières, dénué de sens, et ressenti comme envahissant. Elles allègent du poids de ce qui se décide sans nous, aident à fuir les transports de marchandises inutiles et polluants, l'univers hypertechnologique offert par les réseaux numériques, les grandes bases de données, la course à l'efficacité, le management et le business à tout prix. Surgit alors un contre-modèle.

Avec logique, et dans l'héritage du structuralisme de Claude Lévi-Strauss, les urbains se tournent vers les peuples de la Terre et de la pensée sauvage. On porte au local, au détail végétal, animal, minéral, une attention vibrante. On admire le chef indigène Raoni dans sa lutte contre la construction du barrage de Belo Monte et le déplacement forcé des populations. On évoque les Achuar de Descola[1], les Caduveo de Tristes tropiques, les Aborigènes de Barbara Glowczewski ; tous experts et grands connaisseurs d'une nature dont ils ne sont pas maîtres mais pleinement partie prenante.

Cultiver son jardin, c'est, dès lors, s'affranchir des catégories, développer les solidarités, redécouvrir les proximités, les échanges, le collectif. Cultiver son jardin en toute modernité, c'est court-circuiter les réseaux longs, pratiquer une désobéissance économique. L'autonomie, la mise en commun nous rappellent que loin des emprises technologiques, des gaspillages, des surfaces bitumées à l'excès, la nature n'a pas besoin de notre aide pour faire revivre ses printemps.

Potager mon trésor

Borgès raconte l'histoire de cet homme persuadé, à la suite d'un rêve, que sa fortune était en Perse, à Ispahan. Il avait entrepris un long voyage, Affrontant les périls des déserts, des mers et des pirates, des idolâtres, des fleuves, des bêtes féroces et des hommes, il était parti.

1. Ph. Descola, Les Lances du crépuscule. Relations Jivaros Haute Amazonie, Plon, 2006.

Mais roué de coups, jeté en prison, il avait fini par revenir au Caire, dans sa propre patrie. Sous une source d'eau claire, dans son propre jardin, il découvrit le trésor.

La proximité, le chez soi sont aujourd'hui des valeurs sûres, rendant dérisoires et caducs les rêves de voyages interplanétaires, les vacances aux Seychelles, les safaris kenyans ou, plus *up to date*, la balade au Japon ancrée dans des rêves de mangas. Notre compagnon généreux, notre trésor de proximité se nomme « potager ». Sa magie émane tant de ses mots, de ses formes, de ses couleurs, des découvertes qu'il nous offre, que du goût de ses légumes et de ses fruits.

Olivier de Serres (1539-1619) en contait les figures ancestrales dans son *Théâtre d'agriculture*. La tomate, la pomme de terre débarquaient alors en Europe, accompagnant le renouveau artistique et scientifique. Quelques dizaines d'années plus tard, Jean-Baptiste de La Quintinie (1626-1688) parcourait la France. Traverser lentement le pays, c'était alors comparer les mœurs et les philosophies, visiter les jardins botaniques, s'en ébahir. Comme autrefois Olivier de Serres, il fut subjugué. Louis XIV le fit appeler. Le 7 mai 1670 on inaugura le vaste potager du Roi, nanti de la plus belle collection d'arbres fruitiers du monde : 250 variétés de pommiers, presque autant de poiriers, mais aussi des pruniers, des pêchers… Jeune, le souverain avait reçu des leçons de politique. Quand il eut 50 ans, La Quintinie lui donna des cours de jardinage. Les principes de la taille des arbres reposaient sur de sérieuses analyses théoriques : le souverain fut attentif. Du « sens de la nature » d'Olivier de Serres, on passait à la « connaissance de la nature ». Le plus beau des potagers suscita l'admiration d'ambassadeurs venus du monde entier. Il contribua au rayonnement du Roi. Un brevet d'armoiries fut octroyé au jardinier. On aurait tort de penser que la culture des fruits et légumes est indemne de tout sens politique. Le rapport à la nature n'est pas aussi naturel qu'on veut bien le croire. Il est une construction, et, finalement, une scène de représentation du pouvoir jouant par l'esthétique, la performance savante, les savoirs, l'étonnement.

Aux bêches citoyens !

Inventée, définie dans les années 1920, l'agriculture biologique est reconnue depuis la fin des années 1990 dans le Codex Alimentarius[1]. La permaculture, ou *Permanent Culture*, ses éco-lieux, ses forêts-jardins, ses cultures sur buttes ou sous arbres lient savamment une déontologie de la proximité, le rêve vertueux de nourrir l'humanité, l'exercice d'une liberté généreuse, l'illusion d'une autosuffisance et le sentiment de devoir réinventer de fond en comble les pratiques horticoles. La ferme du Bec-Helloin sert de référence, mais d'autres encore. De nos jours, les potagers se multiplient dans les villages, les villes, au pied des arbres d'alignement, sur les toits des immeubles, les balcons. Ils sont bio, objets de toutes les attentions, les savoirs, les entraides, les découvertes partagées, les transmissions. Sur l'avenue parisienne, les bacs à compost alternent avec les tentes blanches des tests Covid. Ils nous hèlent et nous interpellent : « Vous pouvez le faire ! » Ainsi prend place, bien loin du jardin de la Quintinie, une nouvelle manière d'être citoyen : horizontale, rhizomiale, soigneuse du vivant, de tous les vivants.

Ce fut en 1819, dans l'Angleterre pionnière en matière de révolution industrielle, que furent inventés les « jardins des pauvres ». Destinés aux indigents, aux personnes sans emploi, ils étaient censés adoucir la misère du prolétariat naissant. Les jardins ouvriers prirent plus tard naissance à Hazebrouck, en Flandre française, sous l'égide de l'abbé Jules-Auguste Lemire (1853-1928). Ils ne devaient servir qu'à l'alimentation familiale et la production de légumes. En étaient donc exclues la culture des fleurs et la plantation d'arbres fruitiers. L'hygiénisme et les vertus morales étaient valorisés : le jardinage devait mobiliser, construire la patience, le courage, la persévérance, l'autonomie, la générosité, la santé.

Ces jardins évoluèrent en jardins familiaux puis, plus proches de nous, en jardins partagés collaboratifs, en jardins d'insertion. Le potager se faisait non seulement lieu de mise en pratique de connaissances écologiques, d'échanges de graines, de plants, de savoirs et de parcelles mais aussi espace de discussion, d'exposition, de fête, lieu d'expérimentation. La production de légumes devient ainsi, parfois,

---

1. Programme commun de l'Organisation des Nations unies pour l'agriculture (FAO) et de l'Organisation mondiale de la santé (OMS).

accessoire, au profit d'une redécouverte des voisins et des vertus républicaines. Certes, la production de légumes à des fins d'alimentation et hors de tout échange commercial en fonde toujours le noyau dur mais les objectifs se sont déplacés. Se substituant à la morale des jardins ouvriers et familiaux, l'éthique en est la valeur première.

Éco-militants, éco-martyrs

René Dumont (1904-2001), ingénieur agronome hautement qualifié, à l'époque sollicité par le gouvernement, fut le premier écologiste à se présenter au suffrage universel. Auteur de nombreux ouvrages, pacifiste s'élevant contre le capitalisme agressif, il s'opposait au credo de la croissance. Souvent ridiculisé, il recueillit 1,32 % des voix au premier tour de l'élection présidentielle de 1974 mais marqua le départ d'une présence de l'écologie dans la course au pouvoir. Prônant l'action politique fondée sur une pratique du terrain, l'écologie politique prenait place parallèlement à une écologie scientifique porteuse d'une amélioration des connaissances.

Les années soixante-dix furent aussi celles d'un premier retour à la terre. La coopérative internationale, agricole et artisanale autogérée Longo Maï (« Que ça dure » en provençal) en est l'un des modèles radicaux. Elle se veut alternative, libertaire, laïque, rurale, anticapitaliste, promouvant l'abandon de la propriété personnelle, la mise en commun de tous les biens des membres de la communauté, l'éducation collective des enfants. La communauté essaima et lança, en Europe, en Amérique latine, des campagnes et des actions de solidarité en faveur des opposants aux dictateurs et dictatures, des réfugiés et immigrés. Communauté fondée en 1973, elle reste, cinquante ans plus tard, bien vivante, animée des mêmes utopies.

Mais aujourd'hui l'écologie qui abat les frontières entre local et global, technologique, naturel et culturel, participe de toutes les campagnes électorales, irrigue, en surface comme en profondeur d'innombrables champs du savoir, des pratiques, du pouvoir. En écho à la pandémie de Covid-19, une cinquième vague du retour à la terre serait en marche[1]. On quitterait nombreux les villes pour retrouver jardins et nature. Il en naîtrait des yourtes, des tipis, des cabanes

1. Catherine Rouvière, *Retourner à la terre. L'utopie néo-rurale en Ardèche depuis les années 1960*, Rennes, Presses universitaires de Rennes, 2015, 500 p.

dans les arbres, des chambres d'hôtes et des Airbnb. La crainte de nouveaux confinements pousse au déracinement.

Les néoruraux renouent avec les radicalités de leurs prédécesseurs des années soixante-dix mais ne visent pas l'intégration. Revendiquant la rupture, ils se disent créateurs d'un nouveau monde, fondateurs non d'une révolution qui ferait peur mais d'une rassurante transition. Ils vivent de partages, installent une économie parallèle faite de trocs et de solidarités. Ils prêtent, échangent, louent des terres à ceux qui prendront soin de la nature. Le téléphone portable, le crowdfunding, les réseaux sociaux structurent en sous-main des petites communautés plus nombreuses qu'il ne paraît. Elles affichent un visage de bonheur mais sont parfois victimes du non-accueil de ceux qui, poussés par les précarités, les taxes, la souffrance au travail, les trajets quotidiens, les tensions familiales ont pris place dans les périphéries. Au loin, à l'horizon, se profilent les grandes luttes à venir du monde qui vient.

La querelle du Larzac a laissé dans son sillage le souvenir d'une habile stratégie de morcellement juridique des terres freinant l'extension du terrain militaire. Insensibles à la dimension culturelle et symbolique de ce plateau caillouteux, les autorités avaient estimé en haut lieu que les sols des Causses n'étaient pas fertiles, que les éleveurs, vivant là plus ou moins « moyenâgeusement », ne seraient pas difficiles à déloger. C'était sans compter sur leur attachement désespéré aux paysages, à la ruralité, leur opposition à la chose militaire. L'arrivée de François Mitterrand fournira l'opportunité d'un abandon du projet, sans vague mais d'un souverain revers de main. La lutte avait duré dix ans. Émaillée de musiques et de danses, d'innombrables traits d'humour et de faits de solidarité, elle marquera durablement les mémoires, servant de matrice pour les batailles à venir.

Héritier de la grande lutte des terres calcaires, le combat contre le projet d'aéroport de Notre-Dame-des-Landes et l'imperméabilisation des sols, mêlera des agriculteurs et propriétaires terriens opposés à l'expulsion, de pacifistes défenseurs de la nature et des paysages, des néoruraux quittant les villes pour s'installer dans la Zone à défendre, des artistes, mais aussi de plus radicaux militants s'opposant par la violence aux forces de l'ordre. La lutte dura, elle aussi, une dizaine d'années avant que l'extension de l'aéroport ne fasse long feu. L'idée en fut abandonnée plus de cinquante ans après le lancement du projet. Il y eut, entre-temps une multitude d'autres conflits, ruraux, urbains, de bord de mer. Les protestations militantes conduiront entre autres à l'abandon du projet de l'énorme centre commercial et de loisir d'Europacity, de celui de la ferme des mille vaches dans la Somme, de la cession aux promoteurs du château ferme-école de Grignon. Mais d'autres, tel l'enfouissement de déchets nucléaires à proximité du village de Bure, dans la Meuse, l'imperméabilisation massive des sols en Île-de-France restent conflictuels et sans solution conciliatrice, malgré l'évidente expression des inquiétudes locales. Bénéficiant désormais des réseaux sociaux, chaque fois mieux structurés, plus internationaux, ces projets annoncent d'autres conflits, toujours plus ardents, plus douloureux, plus violents.

Les luttes écologiques ont, hélas, leurs morts. Il y eut, proches de nous, Fernando Pereira, le photographe du Rainbow Warrior ; Vital Michalon, le jeune antinucléaire de Creys Malville ; Rémy Fraisse, bénévole au groupe botanique de l'association Midi-Pyrénées, mort à Sivens pour avoir voulu épargner un barrage au Tescou, petit affluent du Tarn. Ailleurs dans le monde, les répressions revêtent des formes parfois très violentes. Près de 200 éco-martyrs meurent ainsi chaque année[1]. Ils se battaient contre les déboisements, les destructions de la faune sauvage, les projets démesurés d'autoroutes et de barrages, les détournements de rivières et de fleuves. Leurs combats semblent dérisoires mais ils dérangent. Chaque jour dans le monde, s'allonge la liste des victimes : au Honduras, au Mexique, en Tanzanie, en Mongolie, aux États-Unis, aux Philippines, au Japon, en Équateur, au Cambodge, au Guatemala, au Vietnam, en Chine, à Bornéo… Chaque année, les morts sont plus nombreux. Durant l'année 2020, 230 militants écologistes ont été assassinés, pour la plupart en Amérique latine.

Greta ou l'appel du nord

Juillet 2018. Douze incendies géants se déclarent au-delà du cercle polaire. En Suède même, on en comptera une cinquantaine. Les températures s'étaient alors élevées de dix degrés au-dessus de la normale. Le pays peinait à faire face. Il sollicita l'aide de la France et de l'Italie.

1. Estimation de « 2017 defenders annual report », *Global Witness*, 2017.

Greta Thunberg a quinze ans. Le 20 août de cette même année, celle dont le nom signifie « La perle » se mobilise devant le Parlement suédois. Elle exige que le gouvernement réduise ses émissions de gaz carbonique, suivant en cela l'Accord de Paris. Deux ou trois mois plus tard, elle initie *Fridays for future*, la grève scolaire, qui évolue rapidement en *Skolstejk för klimatet*, manifestation mondiale pour le climat. Le 14 décembre à Katowice, elle prend la parole à la tribune des Nations unies. Elle sera reçue par Barak Obama puis rassemblera, depuis le Canada, une manifestation de plus de 500 000 personnes. Le 23 juillet de l'année suivante, elle est invitée à l'Assemblée nationale française et s'exprime au nom des enfants. Son discours de colère fera date. Elle participe à Bruxelles au rassemblement *Rise for climate* ; à Londres, à la Déclaration de rébellion organisée par le mouvement de désobéissance civile, Extinction-rébellion. En une année, Greta, devenue une icône mondiale, mobilise des centaines de mille, voire des millions de jeunes derrière un mot d'ordre unique, simple, vertigineux : « Sauvons la planète ! ».

La jeune fille bénéficie d'incontestables atouts. Le son de sa voix trahit la rage mais ses paroles s'appuient sur une rationalité froide. « Pourquoi devrions-nous travailler pour un futur qui n'existera pas ? » interroge-t-elle. « Et simplement, nous, les enfants, parce que nous citons (des) chiffres, nous sommes l'objet de haine et de menaces ! ». Le 15 mars 2019, 50 000 personnes se rassemblent sur le sol parisien, brandissant des pancartes sur carton ondulé : « On est plus chauds que le climat » ou « Ta planète, tu la veux bleue ou bien cuite ? ». Greta, fille de son époque, surfe sur la vague d'une jeunesse empreinte de noirceur qui « prend conscience qu'elle est absolument à part[1] » et se projette plus facilement que ses aînés dans l'avenir. Pour sa génération, la crise climatique exacerbe l'incertitude née des attentats de novembre 2015 et de l'arrivée du Covid-19. Mais elle offre un appel d'air, des possibilités d'action aux jeunes, et surtout aux filles, marquées plus encore que les garçons par un avenir obstrué. La lutte ne ressemblera pas à celle du Larzac ou de Notre-Dame-des-Landes : les communautés territoriales ont laissé place aux communautés virtuelles. Le combat revêt un caractère plus abstrait, adoptant des objectifs rassembleurs, usant de l'influence plus que des cocktails Molotov.

1. Frédéric Dabi, *La Fracture*, Les Arènes, 2021.

Les jeunes défenseurs du climat, se feront communicants, groupes de pression, lobbyistes, diffusionnistes. À l'heure où le # se fait l'outil par excellence du rassemblement politique, Greta use de quatre d'entre eux : #Klimatdtrejka, #Clima, #Strike, #FridaysforFuture. Le signifiant numérique agira autant, sinon plus, que le signifié scientifique. La jeune fille parle depuis le grand Nord, fabuleux pourvoyeur de récits, éminent protecteur des faunes et des flores, promoteur d'une pédagogie de la nature et d'une hygiène du plein air. Le nord fait rêver. Il alimente l'image d'un peuple en harmonie prenant soin des écosystèmes tout en vivant pleinement les modernités technologiques. Greta fut traitée d'hypocrite, de manipulée, d'apocalyptique, d'hystérique tant se profilait, derrière ses propos, l'insoutenable spectre de la décroissance : « Des écosystèmes entiers s'effondrent, nous sommes au début d'une extinction de masse et tout ce dont vous parlez, c'est d'argent et des contes de fée de la croissance éternelle. Comment osez-vous ? ». Comme les femmes qui ne suivent pas les voies tracées et les schémas reçus, elle inquiète. Le contenu de ses propos n'est pourtant pas à remettre en cause : il évoque des faits, s'appuie sur les analyses des scientifiques du GIEC.

Pour la première fois dans l'histoire de l'humanité, – cela grâce aux canaux numériques de diffusion de la parole –, une jeune fille s'adresse à la planète entière et ses propos très simples reçoivent un écho remarquable. Greta eut de nombreuses suiveuses dans le monde entier. Mya-Rose Craig, née au Bangladesh, enfonça le clou. Elle apparut sur les écrans encore bébé, observant les oiseaux à la longue-vue puis, calée sur un morceau de banquise de l'archipel norvégien de Svalbard, brandissant une pancarte : « *Youth strike for climate*[1] ». À 18 ans, elle se vit accorder un doctorat honorifique de l'Université de Bristol.

Péril sur les temps prochains

La menace d'un dérèglement climatique semblait lointaine. Elle nous arrivait par la radio, la télévision ou les réseaux de l'Internet. Brutalement, durant l'été 2021, elle a surgi au temps proche et présent : des amies, des amis nous ont écrit, ont envoyé des cour-

1. « Combat des jeunes pour le climat ».

riers électroniques, des SMS, des appels téléphoniques témoignant depuis la Colombie britannique, la Californie, la Grèce, l'Espagne, la Sicile, la Kabylie. Les plus jeunes, leur futur, n'étaient plus les seuls concernés. Ici ou là, la température avoisinait les cinquante degrés. Dans de telles conditions, il est difficile de stationner en plein air… la tête tourne, le vertige guette. Becs ouverts, les corneilles en rang d'oignon captent le moindre souffle d'air. Trop chaude, l'eau des piscines municipales ne rafraîchit plus. Quarante-sept ou cinquante degrés, c'est la Vallée de la mort pointant le bout du nez dans les territoires tempérés. À Portland, des glaciers s'effondrèrent au cœur de l'été. Des routes furent emportées. Au Canada tout proche, des forêts, des villages s'embrasèrent spontanément. La canicule tua des centaines de personnes. Si nombreuses que l'on resta muet sur le nombre de blessés. Mais cela semblait encore loin de nous.

Le 23 décembre 2019, Greta Thunberg lançait : « L'urgence climatique est une course que nous sommes en train de perdre mais nous pouvons la gagner ». Dix-huit mois plus tard, l'affirmation sembla chimérique. Nous avions à peine pris le temps d'imaginer nos côtes marines sous cinquante centimètres d'eau que de gigantesques incendies se déclenchaient, ici ou là, en Australie, en Sibérie, en Californie… Le temps s'éloignait où l'on pouvait encore se moquer de l'invention de l'anthropocène, cette ère du grand bazar. Faible consolation : les scientifiques du GIEC[1] devenaient aussi crédibles que des journalistes. Le premier volet de leur sixième rapport d'évaluation des risques liés au réchauffement climatique, publié au mois d'août 2021 secoua les consciences. Le secrétaire général de l'ONU appela les dirigeants mondiaux à « prendre dès maintenant des mesures décisives pour éviter une catastrophe climatique […]. Les preuves, disait-il, sont irréfutables : les émissions de gaz à effet de serre provenant des combustibles fossiles et de la déforestation mettent des milliards de personnes en danger immédiat. […] Les impacts climatiques vont sans doute s'aggraver. Il n'y a pas de temps à perdre ni d'excuses à trouver. » Nous ne pourrons plus dire que nous ne savions pas. La température moyenne ne s'était accrue que de 1,1 degré durant les soixante-dix dernières années que déjà les tragédies s'accumulaient à la surface du globe.

1. Le mot *solastalgie* désigne la profonde détresse qui naît d'un bouleversement de notre environnement considéré comme irréversible. Le mot a été introduit en France en 2019.

Un dôme de chaleur semblable à celui qui venait de toucher Portland et Vancouver s'annonçait à peine sur le Maghreb et l'Espagne que les charges d'humidité excessives provoquaient des chutes d'eau et des inondations inédites dans des régions où elles n'étaient pas attendues. L'Allemagne si proche, modèle de compétence et de rationalité, fut atteinte. Il y eut des dizaines de morts, de nombreux disparus. La certitude d'une répétition à venir rendit les lendemains plus incertains que jamais. Le danger se rapprochait. Nous savons aujourd'hui que ce soleil écrasant et ces nuages même, obstinément accrochés au ciel de l'été ne sont pas seulement une question de météo, mais de climat. Nos analyses volent en éclat : les inondations dramatiques de Manille ou de Zhengzhou ne sont pas les fruits de mouvements normaux, logiques, de l'atmosphère, mais ceux d'un vaste effet de serre. Nos récits collectifs se déplacent. L'attribution d'une cause globale à un événement météorologique localisé devient un exercice intéressant.

On s'interroge sur ce qui serait advenu sans cet excès de méthane ou de dioxyde de carbone. Le village de Lytton aurait-il brûlé dans sa quasi-intégralité ? L'Île de Madagascar aurait-elle été affectée par une si longue sécheresse ? Les vallées de la Tinée, de La Vésubie, de la Roya auraient-elles été noyées sous des crues dévastatrices ? L'Inde, le Népal, le Bangladesh auraient-ils connu ces flots boueux ravageurs ? La petite ville de Erftstadt-Blessem aurait-elle disparu sous un effroyable glissement de terrain ? Plus les drames se rapprochent dans l'espace et le temps, plus ils nous émeuvent et nous bouleversent ; c'est injuste. Mais en une brève période, les catastrophes se sont multipliées. Sous l'effet des dystopies, les solastagies[1] ont pu conduire à freiner les engagements et les actions... Nul spécialiste n'osa évoquer de possibles liens entre le réchauffement climatique et les débordements du Covid-19. Nous étions trop occupés à enterrer les morts et soigner les vivants. Nous sommes, nous les observateurs, au cœur même de ce que nous observons. Et ce que nous observons est le fruit de nos productions. Ce réchauffement climatique, nous le sentons, le ressentons ; nous en voyons les effets mais aussi, nous en sommes responsables. Il n'y a plus la place d'une feuille de papier

1. Le GIEC, Groupe d'experts intergouvernemental pour le climat regroupe des scientifiques et des représentants de 195 états. Il a pour mission « l'évaluation sans parti pris et de façon méthodique, claire et objective des informations scientifiques, techniques et socio-économiques qui nous sont nécessaires pour comprendre les risques liés au réchauffement climatique d'origine humaine. »

entre l'objet observé et le sujet humain. Les choses nous façonnent et nous façonnons les choses. Nous croyons les observer mais c'est nous-mêmes – à la fois sujets et objets – que nous voyons.

Nous ne cessons de battre des records. L'année la plus chaude, le mois le plus chaud, le jour le plus chaud, des températures record jamais atteintes, des pluies record, des vents record, des centaines de milliers de personnes évacuées, l'eau d'une année tombant en trois jours. L'été 2022 fut encore plus sec et chaud. Les canicules, ces petites chiennes, se sont succédé sur plusieurs mois. Les grands incendies des Landes ont envoyé leurs écrans de fumée et leur odeur de cramé à des centaines de kilomètres à la ronde.

Nul ne sait quand le réchauffement climatique a commencé. Ce dont nous sommes sûrs, c'est qu'il se poursuivra.

L'immense glacier Thwaites de l'ouest antarctique[1] est au bord de la rupture. Une augmentation de 1,5 ou 2 degrés de température pourrait le conduire à se briser en centaines d'icebergs et fondre dans les cinq prochaines années ; dès lors, faire croître le niveau des mers de 50 ou 70 centimètres serait un désastre pour les habitants des bords de mers.

Le pergélisol ou sol gelé qui couvre 20 % du globe terrestre est appelé à fondre. Seraient alors libérés des virus jusqu'alors méconnus potentiellement dangereux pour l'être humain.

De la COP 26[2] nous resteront quelques images. Celles, manquantes, des grands absents : Chine, Russie, Afrique du Sud, Russie, Arabie Saoudite, Iran, Brésil, Turquie, Malaisie, Vatican, Myanmar… Celles des participants effectifs officiels, représentants de plus de 190 pays. Celles des jeunes venus du monde entier, manifestant dans les rues de Glasgow, dont les Amérindiens du Nord et du Sud avec leurs plumes colorées traditionnelles. Celle d'un président de la République – le nôtre – s'excusant, à la tribune, de confondre les

1. Le glacier Thwaites mesure 600 km de long, 120 km de large, 3 km de profondeur.

2. Conférence des Nations unies sur le changement climatique. Elle s'est tenue à Glasgow en 2022, a réuni 120 dirigeants mondiaux, plus de 40 000 participants inscrits. L'objectif était de maintenir l'élévation de température en dessous de 2 degrés par rapport aux températures préindustrielles, voire aux alentours de 1,5 degré. Elle a conduit à reconnaître l'urgence d'une intervention, la nécessité de délaisser les combustibles fossiles.

pourcentages (financiers) et les degrés (thermiques). Celle, surtout, du ministre des Affaires étrangères de la monarchie parlementaire de Tuvalu, atoll menacé du Pacifique, lisant sa déclaration en costume-cravate, debout dans l'eau d'une mer dont le niveau monte d'un demi-centimètre chaque année. Celle, enfin, du président de séance présentant ses excuses pour le désolant dénouement de la conférence internationale et la concluant en larmes. L'Inde et la Chine venaient de négocier une simple diminution de l'usage du charbon, non son élimination. Beaucoup de promesses cependant avaient été faites mais aucune, hélas, n'était contraignante. Aucune, peut-être ne sera sérieusement tenue.

Rêves de sauvage

Quelque part, à cheval sur la frontière de la Pologne et de la Biélorussie, se trouve la grande forêt primaire de Bialowiecza. Des forêts primaires, non touchées, non transformées existent, ici ou là dans le monde, mais Bialowiecza, elle, est menacée par les interventions humaines. Pour faire figure de milieu de vie parvenu au stade ultime de son développement, il ne lui manque que les troncs énormes, les arbres gigantesques, les bois morts en pagaille et la gamme complète de la grande faune. Bialowiecza est cependant habitée par les lynx, les cerfs et les biches, les bisons d'Europe, les loups, les renards, les chats sauvages et les sangliers. Il suffirait de ne plus interagir pour qu'elle reprenne le visage qu'elle avait autrefois, avant l'arrivée des humains. Peu importe qu'il faille attendre quelques milliers ou quelques dizaines de milliers d'années. Le projet de la laisser évoluer sans intervenir jusqu'à l'aboutissement d'un espace climacique[1] à l'évolution ralentie, a suscité l'intérêt et l'enthousiasme de scientifiques amoureux de la nature. Il est vrai que pour les urbains occidentaux, la grande faune sauvage est le symbole d'une liberté perdue. Pourquoi resterions-nous privés d'un tel trésor culturel, symbolique, esthétique ?

L'Association pour la forêt primaire œuvre d'arrache-pied avec le botaniste Francis Hallé pour que Bialowiecza, protégée, se pose en

1. Le climax (du grec κλῖμαξ, *klîmax*), escalier, échelle, gradation désigne, dans le vocabulaire de l'écologie, le point culminant, théorique, final, quasi stable d'une évolution végétale.

revanche sur les univers autoritaires et constitue un bouclier d'utopie contre les malheurs à venir, la destruction des paysages, la biologie des clones et des chimères, le Space X d'Elon Musk qui encombre nos ciels de nuit et mange nos dernières illusions. Ici, pas de héros, hors le Bison d'Europe. Fait nouveau ! Un rêve collectif – celui d'une forêt inviolée au cœur de l'Europe – ferait reposer sur les milieux de vie naturels son entière confiance, mobilisant les concepts écologiques de succession végétale, de climax, de dynamique des populations, de biotope et d'écosystème.

Malheureusement, la construction d'un mur antimigrant pourrait bien sonner le glas du mirage « Bialowiecza ». Déjà, des rouleaux de fil de fer barbelé traversent la forêt sur 186 kilomètres empêchant toute longue circulation, tant humaine qu'animale. Cerise sur le gâteau : la guerre en Ukraine a donné un nouveau coup de fouet à la construction d'un mur d'acier de plus de 5 mètres de hauteur. Pour les grands mammifères – cervidés, bisons d'Europe... –, les liens avec les forêts de l'ouest sont rompus. Pour les humains, le rêve s'effondre d'un espace sacré offert à la faune et la flore.

Îlots de nulle part

Précurseur des sobriétés, mais utopie lui aussi, le petit potager des grelineurs, véritable îlot de nulle part, emprunte au *Less is more* de Mies van den Rohe, invitant à goûter à la saveur du pas-grand-chose. Partout ailleurs en Europe occidentale, les expériences et initiatives solidaires se multiplient, soutenues, hélas, par les solitudes et les difficultés économiques : cultures collectives, installations de cafés-théâtres-librairies-épiceries bio, fêtes de la patate. Les oasis écolos fusionnent alors en peuplements d'archipels. À la stupéfaction de tous, on y voit refleurir les haies, les papillons et les abeilles.

Fuyant les grandes villes, les contrôles, le stress et les injonctions, dans les régions isolées de France, d'Espagne d'Allemagne ou d'Italie, émerge lentement une Europe hors-cadre, lovée dans les archipels de la sous-consommation, du troc, de la solidarité. Parfois sans électricité, sans eau courante, on continue d'y rêver de paradis pacifiques, campagnards où l'on ne craindrait ni la famine, ni la guerre, pas même les fusils des chasseurs.

Au cœur de villes rêvant d'autosuffisance, des potagers géants, collectifs, font leur apparition. Venus du Chili ou d'Australie, les experts se bousculent dans le Yorkshire pour visiter Todmorden. Ville de 14 000 habitants, elle est, comme tant d'autres, victime du chômage, de la précarité, de la délinquance. Ses habitants ont décidé de réagir par la reconquête d'une liberté fondamentale : celle de se nourrir. Leur outil : des cultures « participatives » où chacun travaille pour les légumes de tous.

La chambre des sans-voix

L'avancée vers une utopie réalisée par îlots ne se fera pas sans conflits mais ces derniers deviendront radicaux et violents. Dans le meilleur des cas, des tribunaux d'un nouveau genre seront créés. Ils existent depuis longtemps en Angleterre : les avocats y débattent en représentants des promeneurs, des agriculteurs, des chasseurs, des cyclistes. Mais mieux encore, des semi-humains auront droit de cité : des rivières et des fleuves, des forêts et des plages obtiendront le statut de personnalité juridique. Déjà, la rivière Magpie au nord Québec a le pouvoir d'intenter des actions en justice contre le gouvernement, de faire valoir ses désaccords. Elle a le droit de couler en toute tranquillité, de défendre sa biodiversité naturelle. En Inde, en Équateur, en Nouvelle-Zélande, de telles tentatives de conférer le statut de personne morale à des fleuves ou des rivières existent déjà. Il s'agit de marquer un pas dans la reconnaissance de la dignité des peuples autochtones. En 2010, un autre pays d'Amérique latine, la Bolivie, avait déjà voté une *Ley de Derechos de la Madre Tierra*[1] accordant aux ressources naturelles un droit à la vie, la régénération, la diversité et visant à sanctuariser l'eau, l'air, à empêcher que d'irréparables dégâts ne soient commis.

En Nouvelle-Zélande, le statut d'entité vivante a été accordé au fleuve Whanganui. Ses intérêts pourront être défendus par un *Te Pou Tupua*[2] représenté par deux personnes : un membre de l'État, un délégué de la tribu autochtone maori des Whanganui. Ce nouvel arrangement permettant aux citoyens de saisir la justice au nom d'une entité naturelle crée, ici ou là, des émules. En France, un

1. Loi sur les droits de la Terre Mère.
2. Te Pou Tupua : « Face humaine » en maori.

collectif opposé à l'enfouissement de déchets industriels a publié une déclaration symbolique des droits du Tavignano, second fleuve de Corse. De la source à l'embouchure, le fleuve posséderait le droit d'exister, de vivre, de s'écouler, de ne pas être pollué, de maintenir sa biodiversité. Seront dès lors protégés l'escargot de Raspail, le petit Rhinolophe, la Tortue d'Hermann, des gorges fantastiques et leur pont génois à trois arches.

Nous devons faire le constat, dit Philippe Descola[1], que l'anthropocène est un terrible échec. Une partie de l'humanité s'est emparée de la terre et l'a dévastée au détriment d'humains, de milieux de vie et de la vie elle-même. Les travaux de l'anthropologue ouvrent cependant la voie d'un espoir. Ils attirent l'attention sur le fait que le concept de nature est une invention de l'Occident distinguant clairement humains et non-humains (animaux, végétaux, monde minéral). Pour les Amérindiens d'Amazonie, mais aussi pour de nombreux peuples autochtones, cette distinction n'a pas lieu d'être ; chez eux, la nature n'existe pas. L'être humain n'en est ni maître, ni possesseur ; il *est* cette nature. Ils sont, l'un comme l'autre, des vivants, possédant les mêmes droits, le même pouvoir de parole.

24 février 2022 : aux premières heures du jour, Vladimir Poutine s'adressait par un long discours à ses « chers citoyens de Russie », ses « chers concitoyens » : l'annonce d'une opération militaire spéciale conduite contre les forces armées et paramilitaires d'Ukraine ouvrait la voie d'un cauchemar. Pour lire dans notre boule de cristal et voir un peu plus loin que le présent, nous devons faire preuve d'une lucidité froide. Les murs continueront de s'ériger en Europe. Ils seront matériels ou symboliques mais ils se multiplieront, isolant, fragmentant, les milieux de vie, les populations – humaines, animales, végétales –, créant des mondes d'archipels. À l'instar de la surconsommation qui sévit dans le monde développé, la guerre rendra chaotiques, problématiques l'approvisionnement et la fourniture d'énergie. Les références se brouillent.

On ne sait guère si les conflits humains sont la cause ou la conséquence de difficultés écologiques. « Il faut atterrir » dit Bruno Latour[2]

1. https://www.youtube.com/watch?v=SWaB7bI3MF0 Entretien avec Philippe Descola, Collège de France, juin 2013.

2. Bruno Latour, Où atterrir ? Comment s'orienter en politique ? La Découverte, 2017.

Soit, redevenir terrestre, membres à temps et taux pleins d'une planète qui échange certes de l'énergie avec l'extérieur, mais guère de matière et ne peux donc, réellement, compter que sur elle-même. Nous avons le sentiment qu'émerge un monde nouveau, une nouvelle cosmologie avec laquelle nous allons devoir composer à moindres frais. Ce serait, au mieux, une économie de la matière, lucide, raisonnée, coordonnée. L'utopie, dans ce domaine, serait rassembleuse. Ici ou là, un peu partout en Europe, se créent déjà des communautés de solidarité pratiquant la réduction de la consommation individuelle, le troc, l'entraide, palliant de fait l'appauvrissement, les tristesses, les incertitudes nées de l'inflation, de la guerre, des problèmes sanitaires, des questions climatiques.

Une chose est certaine : nous ne pourrons plus fonctionner comme avant – avant les grandes épidémies, avant la conscience du réchauffement climatique, avant les conflits qui mobilisent l'Europe. Consommer ne bénéficiera plus du label de « valeur humaine ». L'injonction « Soyez consommateurs ! » qui s'inscrit résolument dans la continuité d'un « Soyez modernes ! » perdra son sens. Petit exercice philosophique : il nous faudra redéfinir, pour la biosphère entière, l'équivalent d'un humanisme, réinventer le progrès, le bon sens et tant d'autres concepts ! Nous aurons à rendre viables les sobriétés, éviter les modes de pensées dichotomiques, la rupture en deux blocs : les « pour », les « contre ». De manière plus subtile, il nous faudra éviter l'affrontement entre les partisans d'une décroissance économique et ceux d'une non-consommation sociale. Nous devrons œuvrer pour que la société, dans son ensemble, fasse sienne une nouvelle sagesse. Cette dernière ne surplombera pas les écosystèmes terrestres mais participera d'une anthropologie de la biosphère, voire d'une économie de guerre écologique. Nous devrons veiller à ne laisser personne à la traîne : nulle population humaine, nulle population écosystémique.

Éducations

Il faut bien reconnaître que rares sont ceux qui connaissent l'histoire de l'écologie ou simplement savent se repérer dans le fouillis et l'extraordinaire complexité du monde naturel, qu'ils se réclament d'un respect de la nature ou s'opposent aux écolos avec vigueur. Fait symptomatique : la « Conférence citoyenne sur le climat » rassemblant 150 citoyens tirés au sort du mois d'octobre 2019 au 21 juin 2020, n'a fait référence ni au concept d'écosystème, ni à ceux de biosphère ou de paysage encore moins de biodiversité, pas même à celui de nature. Malgré l'importance du nombre d'ouvrages écrits sur la question écologique[1], on ne peut que constater l'immense méconnaissance générale des questions scientifiques chez nos concitoyens. Le fait d'avancer une opinion d'une voix assurée avant toute tentative d'analyse et de compréhension semble parfois tenir lieu de savoir. Les ignorants ne sont pas responsables : en matière d'éducation, les sciences du vivant ont souvent été limitées à la seule biologie réductionniste.

Mais nous devons d'abord apprendre à maîtriser les concepts fondamentaux de la science écologique, à nommer les végétaux et animaux, à lire les traces laissées par leur existence, leur passage ou leur comportement, à comprendre le fonctionnement d'un sol, d'une forêt, d'un bord de mer, d'une montagne, d'un marais, d'un désert. Les bases sont simples : il nous faut penser système, population, mouvance et dynamique ; exercer l'empathie, rester sensible aux questions esthétiques. Au fondement de tout cela : les savoirs éthologiques, botaniques, zoologiques, géologiques, océanographiques, anthropologiques, sociologiques, philosophiques... Cette éducation et cet enseignement ne sauront rester livresques, ni théoriques. Ils pourraient conduire sur le terrain tous les historiens, les physiciens, les psychologues, les anthropologues, les philosophes, les sociologues, les responsables politiques, les chefs d'entreprise, les techniciens, les ouvriers, les promoteurs, les urbanistes, les enseignants, les étudiants, les élèves, les plus jeunes et les tout-petits... et tous ceux, quels qu'ils soient, qui n'appartiennent à aucune des catégories citées car tous font partie de la biosphère.

Il s'agirait d'inviter chaque citoyen à une observation attentive, une connaissance précise du monde naturel, une inclusion consciente de l'observateur dans l'observation, l'écoute attentive de ceux qui savent. Pourquoi, chaque année, ne pas ouvrir la voie de journées, de semaines ou de mois du paysage et de la biodiversité, comme il y en a de la photographie et du patrimoine ? Les rencontres internationales de la planète seraient l'occasion de donner la parole à

1. Voir notamment l'article de Nicolas Truong, *Penser et agir dans un monde en feu*, Journal Le Monde, 24 septembre 2022, p. 28-29.

ceux qui ne l'ont pas : les écosystèmes, les populations animales ou végétales, les mers, les rivières et les lacs, les forêts, les cultures, les collines et les glaciers... les humains. Ce serait aussi redevenir modestes, en finir avec cette loi du plus fort ou du mieux parlant qui sévit trop souvent.

De la fragilité du phoque

Aujourd'hui, sous l'effet de nos ignorances, le propos glisse et dérape. Le mot « écologie » ne désigne plus seulement cette science des systèmes, de l'habitat et des liens, cette réflexion de type philosophique sur l'intégration de l'être humain au sein des systèmes vivants. Elle devient une orientation commerciale, un positionnement politique, une injonction morale. Nous ne pouvons que constater qu'en mode capitaliste, les entreprises font face à des impératifs bien éloignés des contraintes environnementales et d'une pensée du long et très long terme. Agissant par la compétition, en vue de profits et d'avantages, – ce que certains nomment « richesse » –, elles pourraient s'approprier l'énigmatique parole de Descartes : « se rendre comme maîtres et possesseurs de la nature ».

Les questions alimentaires, énergétiques, la gestion de l'eau et des ressources naturelles seront au cœur de graves conflits internationaux. Les centrales nucléaires, les parcs éoliens, les lacs de barrage changeront de statut : ils deviendront des cibles ou même des armes. Les citoyens se tiendront sur le qui-vive, prêts à subir une semaine d'autarcie. Ils feront des réserves d'eau, de nourriture, de piles pour leur poste de radio. Nous vivons déjà dans un monde qui se prépare à la guerre et, depuis la Suisse, les sites numériques nous fournissent les informations indispensables à la bonne conduite d'un enfermement. On se rappellera nos grands-parents, nos arrières grands-parents, les dérisoires réserves de sucre et d'huile, la valise de vêtements prête, chaque soir, avant de s'endormir. Traces ultimes, transgénérationnelles, d'une guerre lointaine que l'on croyait terminée. On frissonnera, on s'énervera et cette agitation sera palliative à l'inquiétude.

On dirait le Sud

Cependant une prise de conscience se fait jour. Il aura fallu de grandes catastrophes, des guerres au cœur de l'Europe, des centaines de milliers de déplacés et de morts pour que soit sérieusement discutée l'économie de la nature. La question climatique – parce qu'elle nous touche tous de près – est apparue comme un révélateur, dans les années 2000. Récemment, les travaux du GIEC[1] ont largement contribué à accroître l'attention portée aux milieux vivants, à mobiliser les plus jeunes sur la cause des dérèglements climatiques. Cette double focalisation sur « le climat » et « la planète », très louable, a pu conduire hélas à l'invisibilité des questions liées à la biodiversité. L'ONG d'origine anglaise, WWF[2], créée en 1961, n'a pourtant jamais cessé d'attirer l'attention sur la disparition de la faune sauvage. Son dernier rapport sonne l'alarme. En moins de 50 ans, près des deux tiers des populations d'animaux sauvages ont disparu sous l'effet d'activités humaines mal maîtrisées. Certes, il ne s'agit pas là de disparition d'espèces mais de diminutions globales des populations animales, généralement sous l'effet de la destruction des milieux de vie. Si la pression humaine se calmait, nous assisterions rapidement au retour de la faune sauvage. Il n'empêche que ce chiffre est vertigineux.

Nos univers de sensibilité changeront. Le vent souffle et les tempêtes, les cyclones, les ouragans sont plus nombreux et plus violents. Les volets claquent mais les cigales qui font battre leurs timbales plus au nord que d'habitude, se taisent par temps de canicule. Nous entendrons à la radio le bruit de la banquise qui craque, celui des glaciers qui fondent et s'effondrent. Nous tendrons l'oreille, en Île-de-France, au chant des Guêpiers d'Europe, à ces bruits infimes venus d'ailleurs. « On dirait le Sud », chantait Nino Ferrer mais « Un jour ou l'autre, il faudra qu'il y ait la guerre… ». Le bruit des avions Rafales traçant des cercles dans le ciel couvrira le grincement des cigales.

Les paysages continueront d'évoluer vers une épouvantable dégradation et nous irons droit vers la solastalgie. Les urbains fileront vers

1. GIEC : Groupe d'experts intergouvernemental sur l'évolution du climat. Il a été créé en 1988 sous l'égide du G7.

2. WWF fut d'abord le signe de la dénomination anglaise *World Wildlife Fund* (Fonds mondial pour la vie sauvage), rebaptisée en 1986 *World Wide Fund for Nature* (Fonds mondial pour la nature).

les campagnes et les bords de mer. Et paradoxalement, les rivages se peupleront de lotissements, portant défi à la loi littorale. La nation ne pourra plus protéger ses points de vue, ses regards. De cela, les enfants seront les victimes car un paysage vaut par la mémoire qu'il porte. Dans ce domaine, les changements brutaux font mal. Les plus modestes, ceux qui ne peuvent facilement changer de maison pour fuir là-bas le bruit de la nouvelle autoroute, les vibrations de l'éolienne, l'inquiétante proximité de la centrale nucléaire, les tours urbaines, les disproportionnés centres commerciaux, le bitume à l'excès... seront d'autres victimes. Nul ne leur a jamais demandé l'autorisation de les priver de calme, de soleil, de beauté. C'est à une révolution philosophique que nous conduit ce monde. Il nous faut apprendre à penser différemment. Se mettre dans la peau d'une rivière, d'un bord de mer, d'un chemin, d'un ours des Pyrénées, d'un arbre à papillons, d'une couleuvre d'Esculape n'est pas aisé mais devient indispensable. C'est notre propre sauvegarde effective et symbolique qui l'exige.

Depuis deux ans, la guerre en Ukraine s'est installée, le conflit israélo-palestinien a, lui aussi, accumulé dramatiquement ses morts. Nul ne sait quand les hostilités vont prendre fin ni à quels escalades ou à quelles extensions elles pourraient donner lieu. Les lois de la guerre ne sont plus qu'un lointain souvenir. Tout semble permis. Le paysage, ses habitants, ses défenseurs en portent les terribles cicatrices. Partout ailleurs les tensions montent. La violence des hommes et des nations semble faire écho aux déchaînements de plus en plus violents de la Nature.

Il y a eu des tempêtes. Aline, Bernard, Céline en octobre 2023, Elisa et Frederic le mois suivant, Géraldine en décembre, Domingos, Irène et Isha en janvier 2024... La Bretagne, la Normandie, le nord de la France et bien d'autres pays ont été balayées par des vents très violents, marqués de terribles inondations. Les rafales dépassèrent fréquemment les 100 km/h avec des pointes à plus de 190 en Bretagne, 180 en Ecosse. L'Europe connut des gradients de pression exceptionnels, très resserrés – plus de 100 hectopascals entre le centre de l'Espagne et le nord de l'Ecosse. Une semaine à peine après le passage du redoutable cyclone Belal, l'Île de la Réunion connut les violentes averses orageuses de la tempête Candice, avec des rafales de vent à 200 km/h, des chutes d'eau atteignant 300 mm en 12 heures et même 600 mm localement en une seule précipitation, de brusques inondations accompagnées de gigantesques glissements de terrain. En zone Atlantique Nord, le courant-jet ou jet-stream atteignit 300 km/h au-dessus de la Manche. Les Américains connurent d'effroyables tempêtes hivernales, avec des températures qui se sont s'abaissées jusqu'à – 55 degrés. Il y eut de si fortes chutes de neige que plus de 24 000 vols aériens furent retardés, 5 500 annulés. En plein mois de janvier, l'Espagne connut des températures dignes d'un bel été méditerranéen. Dans le sud de la France, abricotiers et amandiers fleurirent avec une précocité inconnue. On fit les comptes. L'année 2023 avait été la plus chaude jamais enregistrée.

Durant ces derniers mois, nous, habitants de la Terre, n'avons cessé de naviguer d'une anomalie à une autre. Déstabilisés, certains commencent à prendre peur. À vive allure, les grandes métropoles cherchent à protéger et accroître leurs espaces verts. On se tourne vers l'histoire et la philosophie des sciences, appelant au secours le concept de chaos déterministe : les évolutions climatiques ont bien une cause, un sens, une logique mais ils ne sont pas, pour autant, prévisibles. Désemparés, on renonce à dresser le tableau d'un énigmatique avenir humain promis à l'incertitude. Penser la complexité n'est plus une option. La science écologique consiste à prendre en compte non les éléments d'un système un par un, isolément, mais les liens qui les unissent. Écosystème vient du grec *Oikos*, la maison, et du bas latin *systema*, l'assemblage. L'écosystème c'est ce qui tient ensemble la maison : « Un écosystème n'est ni le milieu de vie, ni l'environnement. Il n'est pas non plus la somme de ses constituants. Un lac n'est pas la juxtaposition de 12 truites, 40 perches, 20 kilos de plancton et 1 martin pêcheur. Il est un système. » Réfléchir « système », c'est penser « lien ». Nous sommes désormais face au danger. Mais la réflexion épistémologique progresse à vive allure et de manière réversible. Aucun retour en arrière n'est plus envisageable : dans l'aventure de survie qui s'annonce, nous sommes tous définitivement liés, êtres humains, espèces animales et végétales, micro-organismes et milieux de vie. Cette complexité rend certes la réflexion compliquée mais elle ouvre aussi des espoirs immenses, à commencer par celui de ne pas disparaître. L'écologie – entendue dans le meilleur sens du terme – est notre seul gage d'avenir : et c'est pour cela, inutile d'en douter, qu'elle continuera chaque jour de gagner du terrain, dans les conscience et dans nos décisions.

Le retour du boomerang

Cette Amérique dont nous aimons tant à avoir peur

Françoise Gaillard

Au chef des chantres. À Jeduthun, Psaume de David.

« Je disais : je veillerai sur mes voies,
de peur de pécher par ma langue,
je mettrai un frein à ma bouche... »
Psaumes 39, 1

Difficile, depuis quelque temps déjà, d'ouvrir les pages « Idées » ou « Débats » des journaux ou des magazines d'information sans tomber sur quelques joutes à propos du *wokisme*[1].

Le mot à soi seul suffisait à exciter les passions et à échauffer les esprits jusqu'à mettre le feu dans un vénérable amphithéâtre de la Sorbonne lors d'un colloque (faudrait-il dire : conseil de guerre ?) organisé par le ministre de l'Éducation nationale Jean Michel Blanquer où, en guise d'arguments, des noms d'oiseau furent échangés[2].

Nouveau cheval de Troie dans le processus d'américanisation de notre société, bombe à fragmentation menaçant de faire voler en éclats communautaristes l'universalisme qui est au principe de la conception française de la République, pour les uns.

1. Ce « quelque temps déjà » renvoie à une actualité vieille déjà de plus de deux ans, moment où la France découvrait, nous venant d'outre atlantique, une forme nouvelle de censure qu'elle traita d'abord avec un amusement narquois : le *wokisme*. Mais le rire ne tarda pas à jaunir quand ce que l'on prenait pour une vogue devint une vague menaçant les digues de notre culture.

2. 14 et 15 janvier 2022.

Sentinelle aux avant-postes d'une idéologie victimaire sonnant l'alerte au moindre signe présent ou passé d'oppression des minorités, pour les autres.

Pour tenter de démêler ce qui est au centre de cette controverse confuse qui a pris le relais d'autres polémiques sur les risques de colonisation culturelle par l'Amérique, il faut commencer par être attentif au fait que les États-Unis disposent d'une arme puissante : leur langue. Cet anglo-américain qui, au contraire du français, trop analytique, jouit d'une étonnante aptitude à la condensation sémantique. C'est cette plasticité qui, en faisant d'elle la championne en matière de création de termes couteaux-suisses, facilite l'imposition de l'Amérique dans les têtes.

Un seul de ces mots qui font mouche, et dont elle a le secret, y suffit souvent !

Ce fut le cas du « cool », terme passe-partout au signifié flottant servant à porter un jugement de valeur sur des attitudes ou des objets totalement disparates, aussi bien qu'à qualifier, de façon tout aussi vague, une humeur, un état d'esprit, une manière de voir, de penser ou de ressentir.

C'est le cas aujourd'hui du *wokisme*, néologisme forgé sur une version populaire du participe passé du verbe to wake (éveiller[1]).

Recouvrant tout à la fois un mode d'être, une idéologie, un courant de pensée, le *wokisme* n'échappe pas à la règle qui veut que les termes en *-isme* créés pour nommer un mouvement d'idée, témoignent d'une certaine paresse d'esprit de la part de ceux qui s'en réclament comme de ceux qui le dénoncent.

Ne nous étonnons donc pas qu'à droite comme à gauche de l'éventail des sensibilités politico-idéologiques, on ne sache pas toujours très bien ce dont il est « au juste » le nom, puisque ce qui le caractérise c'est justement son flou idéologique et son caractère de fourre-tout politique.

Ce que l'on sait, en revanche, c'est que sous le mot il y a des pratiques inquisitoriales et révisionnistes qui, elles, sont tout sauf « cool » !

---

1. Le mot « *woke* » est la forme du participe passé dans la langue vernaculaire des Afro-Américains, l'*ebonics*, que l'on pourrait traduire en français par « petit nègre », comme on disait avant la décolonisation de nos esprits. L'adoption de ce terme par un mouvement qui veut dénoncer tout type d'appropriation culturelle, semble donc étrangement paradoxale.

Car, osons le dire sans ambages, à défaut d'être un concept politique, le *wokisme* est une forme de terrorisme moral et intellectuel.

On aurait donc tort de ne mettre les nombreuses réactions hexagonales à ce phénomène qui s'est développé et radicalisé sur les campus américains qu'au compte des habituelles irritations conservatrices à l'égard de tout ce qui menace de nous américaniser.

Le *wokisme* qui s'attaque au principe même de notre vivre ensemble diffère par son agressivité des nombreuses modes venues par vagues successives et dont le caractère soft nous a fait oublier qu'elles aussi ouvraient la voie à notre inféodation à l'oncle Sam. Car cette fois, ses adeptes s'avancent en bataillons prêts à en découdre dans le seul but de nous rééduquer.

Ne soyez plus cool, soyez « woke », ironisait le journal *Le Monde* en 2018. On prenait alors le *wokisme* et sa traque obsessionnelle et hystérisée de toutes les marques discursives ou comportementales de la domination systémique du *so called* pouvoir blanc, pour une nouvelle mode.

L'ironie du journaliste de *Monde* n'est plus de saison au vu des dénonciations publiques, des interdictions de parole, des mises à l'index médiatiques, des actes de censure bref de toutes les formes de contraventions à la liberté d'expression dont les autoproclamés « éveillés » se rendent coupables.

Outre-Atlantique où ces pratiques ont commencé avant de débarquer sur nos côtes, on ne compte plus les conférences, les réunions, les séminaires, les débats, les talk-shows déprogrammés, pas plus qu'on ne compte la réécriture des contes pour enfants, l'édulcoration, quand ce n'est pas purement et simplement la radiation, d'ouvrages majeurs dans l'enseignement des humanités, bref les tentatives de suppression du bagage culturel de l'honnête citoyen de certaines œuvres patrimoniales. *Autant en emporte le vent* accusé de présenter une vision stéréotypée des noirs, a failli disparaître du catalogue de la *Metro Goldwin Mayer* pour fait de racisme, et *La Belle aux bois dormant* être supprimé de la liste des histoires à lire le soir aux bambins pour fait de harcèlement sexuel Pensez donc le prince réveille la princesse par un baiser non consenti… Cet *happy ending* ne conforte-t-il pas la culture du viol dans laquelle il s'inscrit ?

Les exemples ridicules de ce genre abondent et ils font rire en société. Cette hilarité qui témoigne chez nous d'une bonne santé mentale, ne doit pas occulter la volonté d'effacement de l'histoire et de redressement des esprits dont ils ne constituent que l'écume grotesque.

Car les *woke* d'aujourd'hui ne se contentent pas de garder leurs yeux grands ouverts comme les y avait exhortés Martin Luther King au temps des grandes luttes des noirs pour la reconnaissance de leurs droits civiques (*stay woke*), ils veulent effacer, éradiquer, annuler un passé entaché d'un péché originel qui les contient tous : celui du privilège de l'homme blanc avec son cortège de sexisme, de racisme, de colonialisme.

Cette volonté d'éradication porte un nom : la *cancel culture* ou culture de l'annulation. Elle s'étend à l'espace public dans lequel les *woke* exigent le déboulonnage de certaines statues, à commencer par celles de tous les personnages mêlés à l'histoire de l'esclavage ou de la colonisation comme celles de Colbert artisan du Code noir, celles de Voltaire héritier d'une fortune réalisée dans le commerce triangulaire, celles de Napoléon coupable du rétablissement de l'esclavage dans les colonies… La liste est longue !

Rien à voir entre cette pratique de l'effacement héritée des révolutions culturelles, et les formes de censure dont notre histoire est riche : mise à l'index, interdiction ou procès intentés aux œuvres portant atteinte aux bonnes mœurs, car ces condamnations se prévalaient (à tort ou à raison) du commun bien.

Le *wokisme*, lui, met son exigence de vigilance au service des seules minorités[1].

Il veut traquer, en les forçant dans leurs moindres retraites, toutes les marques discursives, et autres, de discriminations sociales à l'égard des gens de couleur, comme à l'égard des femmes, des immigrés, des personnes appartenant à la communauté LGBTQ+[2]…

Ces justes causes le rendraient presque sympathique n'étaient les ravages infligés à la culture par les moyens terroristes et totalitaires employés pour les faire triompher : révisionnisme historique, réécriture, bannissement, intimidation, purgation du langage ; n'était aussi le soupçon que la rage mise dans son travail de démasculinisation et de décolonisation de la culture ne l'emporte sur l'œuvre de justice.

1. Contrairement à ce que redoutait Tocqueville ce n'est pas la dictature de la majorité qui menace la démocratie américaine, mais la tyrannie des minorités.

2. Cela s'étend aujourd'hui à toutes les catégories sociales présentant des fragilités et susceptibles d'être moquées comme les gros, ainsi que le montre le récent procès en grossophobie fait à Roald Dahl et à son roman adapté au cinéma par Tim Burton : *Charlie et la chocolaterie*.

Vouloir purger le présent de certaines traces du passé ; vouloir effacer les mots soupçonnés de reconduire les vieilles formes de domination est, pour nous, qui avons connu les utopies tragiques du XXe siècle, de sinistre mémoire.

S'autoproclamer « éveillés » n'est pas non plus de très bon augure pour les démocraties. La vigilance militante n'est jamais loin de l'épuration. L'histoire, hélas, nous en a aussi administré la preuve.

N'oublions jamais que sur la carte de membre du Club des Cordeliers figurait un œil grand ouvert assorti de ce seul mot d'ordre : « surveillance ». Il suffisait à répandre la terreur et agiter le spectre de la guillotine.

À la lueur de ces précédents faudrait-il se mettre à avoir peur du *wokisme* au point de créer au sein de l'Éducation Nationale des laboratoires républicains de défense, comme l'a un temps envisagé le ministre ?

Sans doute pas, car ce serait avouer notre peu de confiance dans la solidité de nos principes et de notre culture[1].

Même si les idéologies victimaires et la politique du ressentiment que le *wokisme* tente de nous imposer représentent une menace pour la stabilité de notre ordre républicain ; même si la dimension communautariste de son combat contre les systèmes d'oppression est contraire à nos idéaux hérités des Lumières ; même si son révisionnisme historique, culturel, langagier doit être dénoncé sans relâche, il faut savoir raison conserver et ne pas regarder le *wokisme* dans le rétroviseur des révolutions culturelles chinoises ou Khmères, en dépit de certaines analogies procédurales dans son travail de réformation des esprits, comme la refonte du langage et la désédimentation des structures discursives.

C'est ici l'occasion de dénoncer les attaques récemment portées contre le déconstructionnisme[2] des années phares de la *French Theory*, accusé de nous revenir tel un boomerang avec le *wokisme*.

Rien de plus intellectuellement malhonnête qu'une telle accusation, car loin d'être un rejeton de cette pratique critique, le terrorisme du *woke* en est l'absolu contraire.

---

1. Reste que la création chez nous de *sensitive comittees* construits sur le modèle américain, attentifs à tout ce qui pourrait heurter les diverses sensibilités et prêts à faire tomber la hache du censeur, prouve que le danger existe bel et bien.

2. La déconstruction est associée au nom de ce grand philosophe que fut Jacques Derrida.

Pour les penseurs français indûment incriminés, le langage, et plus largement ce que Foucault nommait « l'ordre du discours », constituait les structures dans lesquelles nous pensons sans les penser, et c'est donc à les penser par un travail constant de réflexivité que ceux-ci nous invitaient.

Les *woke*, eux, ne voient dans notre langage ordinaire qu'imposition des rapports de force occidentalo-colonialistes et reconduction de toutes les dominations. Aussi se proposent-ils de le corriger pour le remplacer par une langue nettoyée de tous les tropismes langagiers du privilège blanc, en d'autres termes : par *une novlangue*[1].

Or, pas de réformation politico-morale sans ce préalable : la reconnaissance par le pécheur de son péché.

Aussi, avant qu'on ne parle en France de *wokisme*, est-ce à l'aveu de sa culpabilité et à sa repentance publique que les mouvements radicaux de défense des minorités ont intimé au mâle blanc (par essence colonisateur, raciste, sexiste) de se livrer.

L'intimidation a si bien pris que d'aucuns ont craint de voir les repentances nationales surpasser en nombre les commémorations.

On se souvient de la polémique autour du courageux essai de Pascal Bruckner, *Les sanglots de l'homme blanc*, qui dénonçait cette idéologie de la contrition et de la pénitence. Dommage qu'une gauche naïve, pétrie de bons sentiments et paralysée par la peur de voir les siens figurer au palmarès des intellectuels réactionnaires, n'ait pas pris le relais de cette mise en garde, ce qui a laissé le champ libre à une droite extrême qui a fait de l'idéologie de la repentance l'une de ses cibles de prédilection. À titre d'exemple et pour la bonne bouche, l'essai de Roger Holeindre : *Les sanglots de l'homme blanc commencent à me fatiguer*.

Sans cet abandon une poignée d'intellectuels respectables et, de surcroît, bons républicains n'en seraient pas venus à crier au péril *woke* dans un amphithéâtre de la Sorbonne.

C'était dès les premiers signes d'une politique de redressement des esprits par la révision du langage, qu'il fallait monter au créneau au lieu de multiplier les plaisanteries sur la promotion lexicale des balayeurs au rang de « techniciens de surface ».

Car le *woke* qui s'est répandu aux États-Unis s'inscrit dans la mouvance du *politiquement correct* dont il a pris la place.

1. L'objectif des *sensitive comittees* consiste à dénoncer, en vue de les supprimer, toutes les représentations dévalorisantes à l'égard de certaines catégories sociales.

Reste qu'avant de se faire peur avec le *wokisme,* il faudrait en ramener le danger à sa juste mesure en tenant compte du fait :

– I Que la vigilance de ses vigilants, à la différence de celle des amis d'Hébert et de Marat ne s'exerce pas dans une situation révolutionnaire mais au sein de démocraties (trop ?) libérales sur le mol oreiller desquelles les idéologies extrémistes viennent perdre leur puissance de déflagration. Du moins pour l'instant[1] !

– II Que le *wokisme* n'est pas un mouvement structuré, ni idéologiquement, ni politiquement.

– III Et, surtout, que ce mouvement s'enlève sur un vieux fond de protestantisme puritain propre à l'Amérique[2] dans lequel les luttes politiques pour la justice sociale se confondent avec l'obsession de la rectitude morale, ce que traduit bien cette expression, pour nous quasi intraduisible, de « political correctness ».

La principale stratégie de ces « veilleurs » consiste donc, une fois le coupable débusqué, à l'obliger à s'autoflageller et à demander publiquement pardon. Le magnifique roman de Philip Roth, *The Stain (La Tache)*, en est une des plus pertinentes illustrations.

Intégrer cet arrière-plan culturalo-religieux à nos réactions contre le *wokisme*, devrait aider à nous sentir en grande partie immunisés contre lui et sa *purity culture*, autre nom de la *cancel culture.*

Est-ce suffisamment rassurant ?

Ce qui l'est davantage c'est qu'en Amérique, d'où vient tout le mal, le mantra des hébertistes que les *woke* pourraient faire leur, n'est pas près de détrôner la devise inscrite en dessous de l'œil maçonnique au revers du grand sceau des États-Unis qui figure sur le billet d'un dollar : novus ordo seclorum. Il a encore de beaux jours devant lui !

Depuis que ces quelques lignes ont été écrites la multiplication alarmante des exemples de cancel culture comme la suppression de grands classiques des programmes d'enseignement (jusqu'à celle de certains sonnets d'inspiration mythologique de Ronsard pour apologie du viol – chez les *so called woke* le ridicule ne tue pas !), les coupes opérées sur des chefs-d'œuvre de la littérature des siècles passés, voire

1. Les récents exemples de la violence et de l'hystérie d'un certain féminisme et d'un extrême gauchisme « *woke* » fait craindre les pires dérives.

2. D'où le choix de mon exergue.

leur réécriture, les conférences ou les expositions déprogrammées[1] m'a rendue moins optimiste quant à la solidité de notre ligne Maginot républicaine.

Des pans entiers de notre patrimoine ne risquent-ils pas de s'abîmer dans les ténèbres d'où de futurs clercs viendront un jour peut-être les exhumer pour les rendre à la vie ?

Cette crainte, peut-être pas déraisonnable, nous oblige à pratiquer une vigilance toute *wokiste* contre les ravages culturels et les absurdités du *wokisme.*

Ironie des choses !

Reste que nous qui nous inquiétons à juste titre de la pratique wokiste de l'effacement de la culture, nous nous devons d'être cohérents.

N'acceptons pas, sous prétexte de sanctions politiques, que des œuvres de Moussorgski, Tchaïkovski, Prokofiev soient retirées de l'affiche comme cela s'est produit chez certains de nos voisins européens ou que dans certaines de nos municipalités des projets de débaptisation de squares Tolstoï ou de collèges Soljénitsyne soient déposés.

N'acceptons pas la prise en otage de la culture de tout un peuple.

Or c'est ce que nous autres européens avons fait lorsque au début du conflit Russo-Ukrainien nous avons vu chaque jour la liste des « à bannir » de notre espace public s'allonger sans trop nous en émouvoir.

On me dira que l'effacement punitif n'est jamais qu'une mise au coin[2] provisoire, tandis que l'effacement idéologique opéré par les *woke*, lui, est une lobotomie des œuvres aux effets irréversibles[3]. Sans doute ! Reste que le geste est tout aussi intolérable.

Même si la culture, du fait de sa transformation en monnaie d'échange est (hélas !) devenue une arme de dissuasion massive, le boycott culturel est toujours de « mauvaise » guerre.

---

1. Parmi les nombreux essais qui traitent de ce phénomène on peut se reporter au court essai de Hubert Heckmann : *Cancel ! De la culture de la censure à l'effacement de la culture,* Éditions Intervalles, 2022.

Les exemples y abondent.

2. La métaphore est prise au pied de la lettre dans une courte vidéo tournée au musée Grévin, sur laquelle on voit un manutentionnaire se livrer à la déposition de la tête de Poutine et à sa relégation dans un petit placard… dans l'attente de jours meilleurs ?

3. Je pense ici aux sanctions culturelles imposées à la Russie en raison de l'invasion de l'Ukraine.

Guerre de religion européenne

Jean-François Colosimo

Propos recueillis par
Pierre-Marc de Biasi, Régis Debray et Antoine Perraud

Avec la guerre en Ukraine, n'avons-nous pas assisté à une manipulation de la religion orthodoxe, pourtant jadis récusée par un pan de cette Église ?

L'ethnophylétisme – c'est-à-dire la confusion entre identité nationale, régime politique et foi religieuse – a effectivement été anathématisé comme hérésie moderne par excellence. C'était dans une lettre encyclique des patriarches orientaux (Constantinople, Alexandrie, Antioche et Jérusalem), réunis à Constantinople en 1872. Ils venaient du reste de répondre au dogme de l'infaillibilité pontificale proclamé à Rome par le concile de Vatican I. Pour les patriarches orientaux, la vérité de l'Évangile se tient dans le peuple (de Dieu) et non dans l'autorité ecclésiastique…

Sagesse théologique immarcescible de l'Orient face aux soubresauts politico-messianiques européens ?

Un détour, forcément éclairant, s'impose à travers les âges. Le monde orthodoxe au XIXe siècle était, hormis la Russie, sous domination ottomane dans la partie européenne de l'Empire ; avant les indépendances de la Grèce (1830), de la Serbie (1878), ou de la Bulgarie (1908). Ces révolutions nationales, dans l'espace balkanique européen orthodoxe, visaient donc à établir des États indépendants qui s'affranchissent de l'Empire ottoman, alors que le cœur de cette orthodoxie se situait à Constantinople-Istanbul. D'où la création d'Églises nationales. Si bien que l'orthodoxie connut, à retardement – pour avoir été empêchée politiquement –, ce que l'Europe occidentale avait entériné depuis le traité de Westphalie (1648), dont les clauses religieuses reconnaissaient les églises nationales : la religion du pays est celle du prince (*cujus regio, ejus religio*).

Voilà donc un transfert, dans le cadre oriental, d'un phénomène occidental : la Réforme, qui fut la révolte des princes contre le pouvoir césarien du pontife et de l'empereur. C'est-à-dire la diffraction des territoires et des populations. Le traité de Westphalie devait donner libre carrière aux princes pour utiliser la religion dans leur politique intérieure comme extérieure, sans plus se référer à l'autorité religieuse. Telle est la sécularisation, avec son lot de transferts de théologie dans l'espace politique.

Mais alors que dans l'Occident chrétien il y avait eu absorption par la papauté de la centralité impériale en une unité linguistique, le latin, dans l'Orient chrétien la mission s'est effectuée en langue vernaculaire. Le modèle orthodoxe s'avère donc une unité décentralisée. La christianisation y cristallise les identités. Baptême, peuple, culture, langue : ainsi a fonctionné la conversion orthodoxe à partir du VIIIe siècle en Europe orientale.

Une telle évangélisation byzantine eut lieu dans un cadre impérial dont l'imaginaire situait Sainte-Sophie au centre du monde, dans la nouvelle Rome qu'était Constantinople. Les Ottomans ont ensuite adjoint à un tel modèle une construction ethnico-religieuse, le « millet ». Officiellement, il s'agissait d'une communauté confessionnelle protégée, représentée par son chef religieux, qui levait l'impôt pour la Sublime Porte et se portait garant du caractère paisible de ses populations. Ces ensembles confessionnels et communautaires (qui font penser au Liban d'aujourd'hui), les millets, relevaient donc d'un dispositif de contrôle destiné à asseoir le pouvoir des Turcs minoritaires dans leurs possessions.

Au moment du réveil des peuples du XIXe siècle, au moment de la création d'États nationaux, se posa donc la question de l'articulation avec l'Église : comment achever une indépendance naissante avec un chef religieux dépendant de Constantinople-Istanbul, donc de l'ancien oppresseur ottoman ?

Quels furent les enjeux d'une autre articulation : celle avec un monde orthodoxe sous domination tsariste puis bolchévique et stalinienne ?

Staline a vite compris que l'instrumentalisation de la question nationale était indispensable à la survie du communisme. D'où des communismes bulgares, roumains, etc., appelés à renforcer la spécificité des Églises au cours de leurs persécutions. En 1991, émerge un monde orthodoxe complètement morcelé, avec une condamnation théologique très ferme d'une telle fragmentation. Le XXe siècle aura abouti, en Occident, à une dissolution du message évangélique dans l'horizontalité de l'action sociale, tandis que dans l'Autre Europe, le message évangélique se dissolvait dans l'horizontalité du fait national.

La ligne de fracture entre les deux Europe passe-t-elle toujours de Riga à Split ?

Elle se révèle toujours fonctionnelle et il faut remonter, pour en comprendre tous les enjeux, à la conversion de Constantin au christianisme à partir de 312, qui devait aboutir à la conversion de l'Empire en 392, sous Théodose. L'événement fondateur aura été le changement de capitale de l'Empire, lorsque Constantinople, en 330, devient la nouvelle Rome pour être à cheval entre l'Orient et l'Occident. L'Empereur y transfère le siège de l'Empire, tout en laissant derrière lui le pape de Rome. S'ensuit une mise en récit qui illustre l'inventivité des théologiens byzantins. Rome, c'est Pierre. Mais dans l'Évangile, c'est André, mandaté par le Christ, qui va quérir son frère Simon devenu Pierre. Donc André est le premier appelé par le Seigneur (*Protoclet*). Or Constantinople a été évangélisée par André. Si bien que la Seconde Rome a bénéficié de l'évangélisation du premier appelé. Ainsi va la primauté…

Mais quelle est l'autre ville qui prétend avoir été évangélisée par André, avant le martyre de celui-ci vers 62 ? Kiev – dont le baptême, par Vladimir, date de 988, et dont l'Église serait restée souterraine huit siècles durant : passons… Ce qui compte, ce sont les invasions barbares, qui annihilent les structures du pouvoir et sapent la culture dans la partie occidentale de l'Empire. Il faudra des siècles pour effacer de tels dégâts – Aristote ne reviendra qu'au XIIe siècle et Platon au XVe. C'est alors que les Pères latins, qui étaient jusqu'alors dans le sillage des Pères grecs, élaborent leur théologie, dont témoigne le triomphe d'Augustin. Concomitamment Rome, hellénophone jusqu'au VIIIe siècle, émerge et joue à l'Empire, jusqu'au moment où l'Empire carolingien se pose en successeur de Constantin, tandis que Constantinople se veut donc l'héritière de Rome.

Une telle contestation d'héritage, entre Aix-la-Chapelle et Constantinople – qui donc peut se revendiquer d'Athènes, Jérusalem et Rome ? –, structure le face-à-face de deux Europe. Et ce, avant que Moscou ne revendique un tel legs et complique la donne…

Ces deux Europe s'affrontent lors de la conversion des slaves, précisément sur la ligne que vous évoquiez dans votre question. Cette ligne zigzague en effet de Riga à Split, séparant notamment les Croates des Serbes – qui partagent la même langue, mais les premiers, catholiques, utilisent l'alphabet latin alors que les seconds, orthodoxes, usent de l'alphabet cyrillique. Cette ligne passe par Kiev, séparant la région occidentale de Lviv du reste de l'Ukraine.

Le schisme de 1054 est déjà dans cette ligne de fracture, qui constatait que l'Empire était scindé en deux. Il y avait donc déjà deux christianismes : deux réalités théologiques, religieuses, politiques et culturelles, n'ayant plus rien à voir l'une avec l'autre.

À partir de ce moment-là, c'est la première guerre de religion de l'espace européen, dont témoigne le sac de Constantinople par les croisés en 1204.

Cette guerre de religion opposant les deux croix de l'Europe chrétienne fractionnée, passe au second plan – du moins dans le monde catholique plus oublieux que l'orthodoxe –, du fait de l'expansion du Croissant…

L'islam, nouvel acteur religieux et géopolitique, est arrêté à la fois devant les murailles de Constantinople aux VIIe-VIIIe siècles et refoulé au-delà des Pyrénées dans l'espace occidental. L'islam n'a cependant qu'un rêve : prendre Constantinople, la seule capitale qui vaille depuis que Rome a été saccagée par deux fois par les barbares.

Les Turcs, qui ont succédé aux Arabes, parviennent en 1453 à réaliser une telle obsession. Mehmet le Conquérant se rend alors à Sainte-Sophie, et piétine l'autel, comme l'eût fait un empereur romain prenant possession des villes. Mehmet s'arroge le titre de César romain et son ultime successeur, après que les puissances européennes auront décomposé l'Empire ottoman déclaré « homme malade de l'Europe », écrira au pape, en 1922, avant la prise de pouvoir par Atatürk, pour rappeler au pontife qu'il est le successeur des empereurs de Rome…

Entretemps était apparue une nouvelle réalité, à Kiev mais qui s'étendait jusqu'à Novgorod : la Rus' médiévale, flanquée d'une petite principauté, celle de Vladimir-Souzdal, berceau de la Moscovie. Lorsque la Moscovie s'affirme à partir du XVe siècle, après la chute de Constantinople, naît l'idée que Moscou serait la Troisième Rome. D'où un jeu a trois entre Moscou, Constantinople et les empires européens – comme le Saint-Empire romain germanique, horreur absolue du point de vue byzantin puisque c'est bien la preuve qu'il s'agit de latino-barbares et que mieux vaut, en définitive, le turban du sultan que la tiare du pape…

Déjà Moscou perçait sous Constantinople ?

Quand le sultan l'emporte, Moscou prend le relais non sans angoisse : le petit frère de l'est doit assumer tout l'héritage au sud. Avec de surcroît, à l'ouest, une autre puissance redoutable : le catholicisme et en première ligne l'Empire polono-lithuanien, qui rêve d'anéantir la Russie. Il y a donc, chez les Russes, ce sentiment apocalyptique initial : il va leur falloir assumer, seuls, l'héritage orthodoxe tombé aux mains des Turcs, tout en subissant une pression catholique considérable sur le flanc occidental – les Polono-Lithuaniens occupant les trois quarts du territoire de l'Ukraine actuelle…

S'ajoute, pour les Russes, la pression de l'Empire des Habsbourg, plus le jeu du royaume de France ayant, sous François Ier et pour lutter contre Charles-Quint, opéré un renversement d'alliance en s'associant au Grand Turc et en se posant en protecteur des chrétiens d'Orient, poursuivant ainsi l'œuvre de Saint-Louis.

La Moscovie, qui s'est auto-investie de la préservation de la foi orthodoxe, qui se sait menacée tout en étant la seule puissance orthodoxe libre, parvient à défaire les Scandinaves puis les Polono-Lithuaniens. Jusqu'à Ivan le Terrible et la première guerre russo-turque – il y en aura douze en tout, entre 1568 et 1917 ; le premier des Romanov entamant le premier conflit et l'ultime Romanov, Nicolas II, se lançant dans le dernier. Le motif de contestation ne cessera de porter sur cette question existentielle : lequel de nos deux empires, le russe et l'ottoman, est-il l'héritier de Rome ? La première Rome a chuté par la faute des hérésies latines et la deuxième en raison de l'immoralité gréco-orientale. La troisième Rome ne chutera plus, c'est la dernière…

Qu'est-ce qu'implique un tel surgissement russe ?

La conception occidentale veut que la limitation de l'espace conforme la conception politique (avec le pré carré et les frontières), alors que l'espace russe est illimité. Pour le coup, à côté d'une Europe occidentale marquée par l'apparition de l'État nation, figure un maelstrom de peuples, de cultes, qui change d'allégeance en fonction des avancées ou de la domination des Autrichiens, des Prussiens, des Polonais, des Russes, etc.

Identité religieuse, indépendance politique et capacité de résistance vont être totalement coordonnées, sur fond d'attachement de l'identité par la mémoire – ce qu'évoque admirablement Milan Kundera – n'ayant rien à voir avec ce qui prime en Europe occidentale.

Les Russes se heurtent à l'enclavement de leur espace illimité à la fois occidental et oriental – comme l'Empire ottoman, l'empire tsariste a une vue sur les deux Europe, plus sur l'Asie. Mais les Russes sont enclavés du point de vue maritime : il leur faut passer par le pôle pour gagner la Méditerranée. La poussée vers les mers chaudes se manifeste telle une constante russe encore observable aujourd'hui, avec en ligne de mire les principautés danubiennes (l'actuelle Moldavie plus une partie de l'Ukraine et de la Roumanie). La répétition russe est implacable en ce domaine, Vladimir Poutine n'a rien inventé.

La guerre de Crimée toujours recommencée ?

Les Russes (Grigori Potemkine missionné par Catherine La Grande) s'emparent en 1783 de la Crimée, Khanat tatare anciennement territoire byzantin, vassal de l'Empire ottoman. Non seulement la Russie gagne le droit de se poser en protecteur des chrétiens orthodoxes d'Orient – d'où un conflit annoncé avec la France –, mais l'accès aux mers chaudes est enfin possible.

Au milieu du XIXe siècle, les Britanniques, menacés par la Russie en Afghanistan, et Napoléon III, obsédé par le jeu des influences en Méditerranée, se lancent dans la guerre de Crimée (1853-1856). Et ce, pour soutenir l'Empire ottoman dont ils ne veulent pas de l'effondrement mais aussi, selon les mots de lord Palmerston, pour *« affaiblir la Russie »* – le transfert du vocabulaire et de la stratégie, de Londres à Washington, paraît évident du XIXe au XXIe siècle… Toutefois, l'engrenage qui a mené à la guerre de Crimée était d'ordre religieux, prenant prétexte des missions à envoyer à Jérusalem et en Palestine pour convertir les Juifs au christianisme. Le concert européen se passionnait pour cette cause, de la reine Victoria à Frédéric-Guillaume de Prusse, rêvant de régenter ce kaléidoscope oriental constitué d'Arabes orthodoxes, de melkites gréco-catholiques, alors que les missions protestantes n'avaient pas dit leur dernier mot.

Il s'agissait de créer un diocèse à Jérusalem pour ne pas laisser ce territoire à la seule merci des Français et des Russes qui y faisaient valoir leurs droits historiques. Sans oublier que la papauté restaurait le patriarcat latin de Jérusalem, qui avait dû aux croisades son existence éphémère. Les écoles, les hospices, les bourses d'études, les honneurs et les préséances se multipliaient, pour s'attacher les populations tout en se haussant du col. Et Jérusalem devenait enjeu symbolique en forme de poudrière. Des incidents incessants opposaient, dans la deuxième moitié des années 1840, les corps missionnaires aux allures de corps expéditionnaires. La Pâques 1846 allait donner lieu, au Saint-Sépulcre, à une bataille rangée parmi les membres des différents clergés, laissant une quarantaine de morts sur le carreau. Des affrontements semblables devaient se produire dans la basilique de la nativité à Bethléem.

Colère du tsar Nicolas Ier, qui se veut gendarme de l'Europe. Auquel s'oppose Napoléon III, qui entend restaurer la puissance française au détriment de la Russie – que la droite catholique exècre au nom de la lutte contre l'orthodoxie et que la gauche républicaine voue aux gémonies en vertu du combat contre l'autocratie. Les Britanniques sont en embuscade, espérant un conflit qui leur profitera, tandis que les Ottomans se déclarent attachés au *statu quo*, dont ils sont le garant.

La tension monte ainsi que les provocations. Napoléon III envoie son plus grand vaisseau amiral tout juste sortie des chantiers, le « Charlemagne », mouiller dans les eaux du Bosphore pour réclamer les clés de la basilique de la nativité. Pour le coup, le tsar Nicolas Ier poste 100 000 hommes à la frontière de la Bessarabie. L'engrenage s'enclenche, qui mène donc à la guerre de Crimée. Les troupes françaises sont bénies avant leur départ par Mgr Silbour, archevêque de Paris, qui les enjoint d'extirper une fois pour toutes le schisme orthodoxe. Alors qu'à Saint-Pétersbourg, le métropolite Nikanor bénit les troupes russes en les exhortant à faire la même chose avec l'hérésie du Filioque.

Sauf de la part des Britanniques aux finalités plus terre à terre, la guerre de Crimée fut donc vécue, de part et d'autre, comme une guerre sainte.

Cela joue-t-il encore ?

Cette mémoire existe, de façon latente, dans l'inconscient historique français – du boulevard de Sébastopol au zouave de l'Alma –, mais elle n'a cessé d'être réactivée en Russie.

Il y a des formes d'invariants dictés par la géographie comme par l'histoire...

... et qui prennent la forme d'une spirale plutôt que d'un cercle.

Certes, cela ne se répète pas toujours névrotiquement, mais les données demeurent identiques. Vladimir Poutine m'apparaît, en revanche, dans la névrose de la répétition. Ses discours sur la guerre en ont témoigné à partir du 24 février 2022. Tout en s'abritant derrière une parodie de l'ordre international et d'un juridisme afférent – histoire de prouver que sa cause était légitime –, le président Poutine affirmait devoir sauver les populations russes et orthodoxes de leur disparition sinon d'un génocide que Kiev avait programmés. Il invoquait donc un devoir historique et humanitaire, ainsi qu'une cause culturelle et cultuelle en pointant la solidarité religieuse. Il inventait par ailleurs une forme de légitime défense à titre préventif, en excipant d'une menace d'encerclement de la Russie : il fallait réagir avant qu'il ne fût trop tard. Nous étions là dans la mémoire tsariste : voler au secours des populations orthodoxes et désenclaver. Poutine a ensuite et concomitamment réactivé la mémoire soviétique en jouant sur le souvenir de la grande guerre patriotique : dénazifier l'Ukraine et même – le discours retrouvait là des accents prégénocidaires – désurkainiser l'Ukraine, qui n'aurait jamais existé et relèverait donc d'une fiction purulente à éradiquer d'office...

Une troisième cause s'est superposée, dans le discours martial du président russe : cette guerre nous oppose à l'Occident, ses pompes et ses œuvres. Nous ne voulons pas de la « gay parade » à Moscou ni dans nos campagnes. Par-delà cette caricature, il y avait cette certitude martelée : l'Occident se révèle, depuis toujours, une menace existentielle.

Nous avions donc affaire à un arrière-goût religieux. Il y a eu, en réalité, résurgence d'une religion à laquelle le communisme a le plus ressemblé : le manichéisme. Le manichéisme, comme le communisme, avait en effet une capacité à s'adapter à toutes les cultures : il y eut un manichéisme chrétien ou persan, comme a existé un communisme italien ou chinois ; avec cette division entre le bien et le mal, qui autorise tout au premier pour terrasser le second...

La graduation des buts de guerre était cependant habile, qui avait commencé par la Crimée en 2014...

Oui, dans la mesure où les sanctions occidentales avaient été limitées puisque la Crimée en définitive était ressentie comme assez russe : plus russe qu'ukrainienne, d'un point de vue historique, démographique, culturel. C'est Nikita Khrouchtchev qui avait fait don de la Crimée à l'Ukraine, en 1954, pour marquer le tricentenaire du traité de Pereïaslav par lequel le chef des Cosaques d'Ukraine, Bogdan Khmelnitsky, avait cédé la rive gauche du Dniepr qui était ainsi passée sous le protectorat du trône de Moscovie. Cette cession avait alors été présentée comme un « cadeau de remerciement » de la Russie à l'Ukraine, destiné à célébrer la fraternité éternelle entre les peuples à jamais égaux de l'Union soviétique… En 2022, Vladimir Poutine en est arrivé à penser qu'une « opération spéciale » suffirait, au nom d'une solidarité religieuse et linguistique, à faire applaudir en libérateurs par les Ukrainiens les Russes qui marcheraient sur Kharkov et Kiev.

Vladimir Poutine entendait-il, à Kiev, se retrouver dans la position de Mehmet le Conquérant piétinant l'autel de Sainte-Sophie en 1453 ?

Il entendait en tout cas inverser la chronologie en ontologie : Kiev a été la première baptisée en 988, Moscou venant ensuite au christianisme. C'est plus tard que Moscou s'est imposée à la première place, renvoyant Kiev à une position périphérique. D'où ce paradoxe russe à exalter des racines, tout en prétendant les sectionner. L'aporie est passionnante et demande réflexion…

Sur quoi le président Poutine a-t-il buté ?

Il a sous-estimé l'existence d'un caractère ukrainien, qui se double d'un sentiment national. La Russie a dû entreprendre, en mai 2022, de déporter les populations du Donbass qui refusaient d'être « libérées », c'est-à-dire absorbées. Les Russes, dans leur majorité, ont toujours considéré que l'Ukraine n'existe pas. Dans leur esprit, il ne s'agit que de « la petite Russie » où ne se parle que « le petit russe ». Or l'Ukraine, c'est une sensibilité singulière et, pour le dire vite, une slavité méridionale, candidate à une vie paisible, à rebours du messianisme russe – qui n'entre sur notre globe qu'en concurrence avec le messianisme américain, français, voire japonais. De surcroît, Vladimir Poutine n'a pas vu venir ce qui est pourtant un classique – au point que l'imam Khomeny avait refusé d'arrêter les frais face à l'Irak : une nation naît de – et dans – la guerre.

Le 24 février 2022 aura-t-il été, pour l'Ukraine, ce que fut pour la France la bataille de Valmy, le 20 septembre 1792 ?

C'est effectivement « Naissance d'une nation » à partir d'une erreur de calcul colossale du Kremlin. L'Ukraine s'est mise à exister comme elle n'avait jamais existé.

Du point de vue horizontal, la conscription a fait merveille. C'est la conscription qui fabrique des « partisans telluriques » (Karl Schmitt), c'est-à-dire des combattants autochtones saisis de « pulsion territoriale », mobiles jusqu'à pratiquer la guérilla et donc à même d'affronter efficacement l'envahisseur. Comme les soldats de l'an II, comme les combattants de l'ombre ibériques lors de l'occupation napoléonienne. Ou alors, chez ceux qui finirent par être battus, comme chez les Vendéens ou comme chez les Républicains espagnols…

Du point de vue vertical, Volodymyr Zelensky s'est révélé un cas d'école. Naguère comédien et jouet d'oligarques ukrainiens corrompus, il avait été élu à la tête du pays à la faveur de son rôle, dans une série, de professeur devenant président. La fiction a précédé la réalité, qui s'y est donc pliée sans barguigner : 73 % des suffrages. C'était en avril 2019. Trois ans plus tard, l'acteur devenu président se métamorphose en incarnation et en icône d'une nation en armes. Et il se hisse, de Zoom en Zoom, urbi et orbi, en Churchill planétaire commandant le respect universel : l'anti-Poutine par excellence !

Tout cela s'accompagna du retour de Washington Pantocrator…

L'Amérique est revenue en Europe, alors qu'on la disait isolationniste : en triomphe, en majesté assurément, pour nous administrer militairement ainsi qu'économiquement – puisque nous payons plus cher du pétrole et du gaz, non plus russes acheminés par oléoducs ou gazoducs, mais américains nécessitant des cargos !

Dès le deuxième mois du conflit, Washington a indiqué ses buts de guerre menée par procuration : liquider ce problème irrésolu et intolérable à ses yeux depuis la prétendue fin de la guerre froide – mais qui n'a jamais cessé –, c'est-à-dire l'existence d'une puissance nucléaire aussi importante que la sienne. En se laissant ainsi piéger au point d'envahir l'Ukraine dans les pires conditions, Vladimir Poutine aura en définitive provoqué, après la pandémie de Covid, le deuxième choc de la démondialisation – sous couvert de recréer l'Empire soviéto-tsariste, fort de ses six mille ogives nucléaires. Il y eut là un fond de nihilisme, qui s'assimilait dans le désordre mondial.

Dans ce désordre mondial, n'avons-nous pas assisté à l'ultime guerre civile européenne, qui va définitivement faire du Vieux Continent, pour citer Paul Valéry, « un petit cap du continent asiatique » ?

Nous avons assisté à la réactivation de la dernière guerre de religion européenne. Et ce sera le tombeau de l'Europe, appelée à (re) devenir un dominion américain. L'Amérique étant sur le déclin, tout cela va permettre à la Chine de tirer parti, avantage et profit de la situation.

Les ruses hégéliennes de l'Histoire avaient fait mentir Marx, pour qui la révolution prolétarienne devait advenir en Angleterre, alors qu'elle se fit jour en Russie. C'est-à-dire dans un pays encore privé d'industrie, un pays d'Europe sans être européen tout en participant à la floraison littéraire, artistique et intellectuel du continent. Un pays avec un surplus de spiritualité mais qui vit naître le nihilisme. Un pays qui dut subir le bolchévisme, le léninisme, le stalinisme, bref le soviétisme, qui n'aura jamais été que le passage d'une société traditionnelle à une société industrielle forcée, avec des rêves excessivement prométhéens – inverser le cours des fleuves, Stakhanov, Lyssenko… Ce fut en fait la consécration d'une vésanie positiviste et d'une monomanie de la modernité européennes. S'il n'y avait eu la force de l'idéologie communiste, cela ne se serait jamais passé. De la même façon, il a fallu la folie apparente de Poutine, enfermé dans son complexe messianique obsidional, pour que l'Europe décrochât complètement. Abattre l'Occident ne pouvait que rallier à la cause russe une partie non négligeable de la planète, en Afrique, en Asie dans tout le sud. Nous pensions que c'était un combat entre Poutine et nous, mais en fait, il nous a entraînés dans une forme de suicide collectif.

Les auteurs

Catherine Bertho-Lavenir. Ancienne élève de l'École des Chartes, elle est professeur des universités émérite, spécialisée en histoire contemporaine et histoire culturelle des techniques. Elle a enseigné au Département « Sciences, technique, société » du Conservatoire des Arts et Métiers (CNAM) et à l'École Polytechnique. Membre fondateur des Cahiers de médiologie, elle y a dirigé les numéros *La bicyclette, La scène terroriste et Missions*, et a poursuivi ses travaux en médiologie comme membre du comité de rédaction de la revue *Médium*. Dans la collection « Le Champ médiologique », chez Odile Jacob, elle a publié *La Roue et le Stylo. Comment nous sommes devenus touristes* (1999). Après Anne Marie Palardy. *Écrire pour vivre* (2023), son plus récent ouvrage est, avec Denis Monière, Michèle Lalonde. *Penser l'émancipation* (2024, Montréal).

Pierre-Marc de Biasi. Membre du comité de rédaction des *Cahiers de médiologie* puis de la revue *Médium*. Directeur de recherche émérite au CNRS (ITEM ENS Paris – UMR8132), il a publié une trentaine d'ouvrages (essais et éditions critiques) et environ deux cents articles scientifiques sur Flaubert, la génétique des textes et des formes, les processus de création, le patrimoine écrit, l'histoire de l'art et des idées, le papier, le lexique, la langue, l'érotisme, la médiologie et la culture numérique. Il dirige plusieurs collections chez CNRS éditions. Producteur délégué et chroniqueur, il a réalisé trois cents émissions pour France Culture (*Le Cercle des médiologues, Lexique de l'actuel, Tout arrive,* radios libres) et plusieurs films pour la chaîne Arte. Il poursuit depuis 1977 une recherche créative en arts plastiques qui a donné lieu à une cinquantaine d'expositions dans le monde, sept réalisations pour la commande publique, des performances et des films d'artiste.

Jacques Billard. Membre du comité de rédaction de la revue *Médium*, agrégé de l'Université, docteur en philosophie, il a été inspecteur-professeur de l'Éducation nationale, directeur d'études à l'IUFM de Paris, maître de conférences (philosophie) à l'Université de Paris I Panthéon-Sorbonne, maître de conférences à l'IEP de Paris (Sciences Po). Il a été président de l'Association des professeurs de philosophie de l'enseignement public, membre de la Commission nationale sur les représentations de la violence à la télévision et membre du Haut Conseil à l'Intégration.

Daniel Bougnoux. Membre du comité de rédaction des *Cahiers de médiologie* puis de la revue *Médium*, il a accompagné la médiologie depuis sa création au début des années 1990. Philosophe, professeur émérite de l'Université des Alpes à Grenoble, spécialiste d'Aragon dont il a édité les *Œuvres romanesques complètes* à la bibliothèque de la Pléiade (Gallimard, cinq volumes), il est l'auteur d'une vingtaine d'ouvrages, dont *Introduction aux sciences de l'information et de la communication* (La Découverte collection Repères, 1998) et *La Crise de la représentation* (La Découverte, rééd. Poche révisée et augmentée 2019). Il tient depuis 2012 le blog « Le Randonneur » hébergé par *La Croix*. Dernier ouvrage publié : *Génération Woody* aux éditions du Bord de l'eau (2022).

Pierre Chedeville. Membre du comité de rédaction de la revue *Médium*, il a réalisé l'ensemble de sa carrière dans le domaine bancaire où il a exercé les fonctions d'auditeur, de consultant et actuellement d'analyste sur les marchés financiers. Il a collaboré durant une quinzaine d'années à la revue *Médium* comme auteur de nombreux articles et membre du comité de lecture. Ses principales contributions ont porté sur l'analyse médiologique des classiques de la littérature.

Jean-Yves Chevalier. Membre du comité de rédaction de la revue *Médium*, il a enseigné les mathématiques en classe préparatoire aux Grandes Écoles au lycée Henri-IV à Paris de 1996 à 2022. Il a publié des articles sur les rapports paradoxaux des mathématiques et du numérique, les reconfigurations des concepts de continuité ou d'infini. Il s'intéresse également au devenir de la littérature à l'ère du numérique, et particulièrement à l'œuvre de Julien Gracq. Il est l'auteur de *Skeptron*, un *Tract de crise* chez Gallimard.

Jean-François Colosimo. Éditeur et essayiste français, il est l'auteur de plusieurs ouvrages et films sur les mutations contemporaines du fait religieux. De 2006 à 2010, il a dirigé CNRS Éditions, puis a été président du Centre national du Livre, et président du conseil d'administration de l'Institut Saint-Serge, tout en étant associé à diverses missions d'État. Il est depuis 2013 directeur général des éditions du Cerf. Son dernier ouvrage, *La Crucifixion de l'Ukraine : Mille ans de guerres de religions en Europe*, a été publié chez Albin Michel en 2022.

Régis Debray. Écrivain, philosophe et haut fonctionnaire français. Engagé aux côtés de Che Guevara dans les années 1960, il est emprisonné et torturé à plusieurs reprises en Amérique du Sud. Il devient par la suite un écrivain prolifique. Dans le domaine des sciences de l'information, il crée et développe le domaine de la médiologie et fonde la revue *Médium*. Il est fondateur en 2002 de l'Institut européen en sciences des religions, une chaire universitaire française publique sur « l'enseignement du fait religieux dans l'école laïque ». Il a été membre de l'académie Goncourt entre 2011 et 2015. Il est entre autres l'auteur des *Cours de médiologie générale*, Paris, Gallimard, 1991, et de *Transmettre*, Paris, Odile Jacob, 1997.

Pierre d'Huy. Membre du comité de rédaction de la revue *Médium*, il est spécialiste en innovation. Conseiller, professeur, auteur, il dirige la société de conseil en management de l'innovation PH8. Dernier ouvrage paru : *L'Innovation pour les nuls. Wall Street Journal CEO summit 2020. Objectifs de développement durable ONU.*

Karine Douplitzsky. Membre du comité de rédaction des *Cahiers de médiologie* – dont elle a coordonné le n° *Éternel Éphémère,* en XXX – puis de la revue *Médium,* où elle a publié de nombreuses études, notamment sur les nouveaux médias visuels, elle fait partie des membres fondateurs du groupe des médiologues. Ancienne élève de Centrale, de la Femis et titulaire d'un phD sur l'art français du XVIIe siècle (Berkeley, Californie), elle est réalisatrice de documentaires, photographe et essayiste. Témoin des premiers pas du multimédia, elle a écrit chez Odile Jacob un *Guide pratique de l'Internet* et a publié, avec Pierre-Marc de Biasi, la *Saga du Papier.* Elle se consacre actuellement, pour Flammarion, à une histoire de l'art en plusieurs volumes (*Racontez l'Art*), en collaboration avec Adam Biro, tout en poursuivant ses questionnements sur les enjeux esthétiques contemporains.

Michel Erman. Médiologue, membre du comité de rédaction de la revue *Médium,* il y a contribué par de nombreux articles (sur les discours politiques, l'écrivain national, l'érotisme, le cosmopolitisme, etc.) et par la codirection du n° 28 « Bien manger » (2011) consacré aux médiations de l'art culinaire. Ecrivain et professeur de linguistique à l'Université de Bourgogne, spécialiste et biographe de Proust, il est l'auteur de plusieurs essais portant sur les passions (*La Cruauté. Essai sur la passion du mal,* PUF, 2009 ; *Au bout de la colère. Réflexion sur une émotion contemporaine,* Plon, 2018 ; *Aimons-nous encore la liberté ?,* Plon, 2019).

Françoise Gaillard. Membre du comité de rédaction des *Cahiers de médiologie* puis de la revue *Médium,* elle a enseigné l'histoire des idées à l'Université de Paris 7 Denis-Diderot ainsi que dans de nombreuses universités américaines, dont Cornell, Northwestern, New York University, Johns Hopkins, Yale et Harvard. Elle a été chercheuse à l'Institut de la pensée contemporaine, à l'Institute for Advance Studies de Colombie britannique, et au Marc Broch institut (Berlin). Membre du comité de rédaction de diverses revues scientifiques ou généralistes (parmi lesquelles *Crise, L'Agenda de la pensée contemporaine, Esprit*), elle a publié de nombreux articles scientifiques et plusieurs ouvrages dont *La modernité en question* (en collaboration avec Jacques Poulain) aux éditions du Cerf, *Diana crash* aux éditions Descartes & Cie, *Cachez ce sexe que je ne saurais voir* aux éditions Dis Voir. Elle travaille actuellement à un livre sur la pensée française des années 1960-1970 dont le titre provisoire est : « Nos années théorie ».

Thierry Grillet. Ancien élève de l'École normale supérieure, écrivain, il a été directeur de la Diffusion culturelle de la BNF. Il a également été chroniqueur au *Nouvel Observateur,* journaliste à *Libération* et au *Monde,* puis dans un groupe de journaux européens (*La Repubblica, El Pais, The Independent* et *Süddeusche Zeitung*), producteur à France-Culture, directeur éditorial du Centre Pompidou et maître de conférences à l'Institut d'études politiques de Paris. Il a rejoint le comité de rédaction de la revue *Médium*.

Katell Guillou. Ancienne élève de la FEMIS, titulaire d'un master d'études cinématographiques et d'un diplôme de scénario, elle exerce la profession de scénariste depuis une dizaine d'années. Elle écrit aussi bien des longs-métrages de cinéma que des séries pour le petit écran, ainsi que des fictions et des documentaires audio.

François-Bernard Huyghe. Médiologue de la première heure, il a été membre du comité de rédaction des *Cahiers de médiologie* puis de la revue *Médium*, et président de l'Observatoire Stratégique de l'Information, directeur de recherche à l'Iris (où il a notamment codirigé l'Observatoire (dés)information & géopolitique au temps du Covid-19). Il a récemment publié *L'Art de la guerre idéologique* (Le Cerf) et *Fake news : manip, infox et infodémie* (VA éditions).

Michel Melot. Ancien élève de l'École des Chartes, conservateur des bibliothèques, écrivain et historien d'art, il a été chargé de la sous-direction de l'Inventaire général puis de la sous-direction de l'Architecture et du patrimoine au ministère de la culture à partir de 1996. Auteur en 1988 d'un rapport au Premier Ministre sur le projet de Très Grande Bibliothèque il a joué un rôle important dans les réflexions sur la construction de la nouvelle BnF. En 1990, il devient vice-président du Conseil supérieur des bibliothèques qu'il préside à partir de 1993. Membre fondateur des *Cahiers de médiologie*, et auteur de plusieurs articles dans la revue, il poursuit sa collaboration aux travaux du groupe des médiologues comme membre du comité de rédaction de Médium. Dernières publications : *Histoire de l'abbaye de Fontevraud – Notre-Dame-des-pleurs 1101-1793*, CNRS Éditions, 2022 ; *Des archives considérées comme une substance hallucinogène*, Ecole nationale des Chartes, 2023 ; *L'art du livre*, Citadelles & Mazenod, 2023.

Antoine Perraud. Membre du comité de rédaction de la revue *Médium*, il a travaillé de 1986 à 2016 à *France Culture*, produisant notamment l'émission « Tire ta langue » à partir de 1991. Il est l'auteur de documentaires historiques et littéraires : « Une vie, une œuvre » (Jacques Bainville, Confucius...), « Le Bon Plaisir » (Bronislaw Geremek, Pierre Combescot...), « Mitterrand pris aux mots », ainsi que de plusieurs séries d'été : 18 heures sur Elias Canetti, 10 heures sur Charles de Gaulle, 5 heures sur la télévision française de 1944 à 1964... De 1987 à 2006, il a été critique et grand reporter à *Télérama*. Il contribue depuis 2006 au supplément littéraire du quotidien *La Croix*. Il a rejoint Mediapart en 2008, dès la création de ce journal d'informations en ligne. Il a publié en 2007 *La Barbarie journalistique* (Flammarion), qui analyse, à partir des affaires Alègre ou d'Outreau, comment le droit de savoir peut céder le pas à la frénésie de dénoncer. En 2020, il a fait paraître un pamphlet documenté : *Le Capitalisme réel ou la Preuve par le virus* (Éd. La Découverte).

Clara Schmelck. Journaliste, spécialiste des écosystèmes des médias et des technologies numériques, elle est membre d'un des groupes de travail des États généraux de l'information. Conférencière en France et à l'international, elle intervient notamment sur des questions relatives à l'intelligence analytique artificielle et à l'éducation aux médias et à l'information (EMI). Membre du cercle des médiologues, elle a intégré le comité de rédaction de la revue *Médium* en 2015. Elle est chargée d'enseignement à Sciences Po Strasbourg depuis 2019, après avoir enseigné au Celsa. Titulaire d'un Master de Philosophie, elle a été formée à l'ENS, à l'université Paris Nanterre puis au CFPJ. Forte de ce parcours initial, elle a développé une approche interdisciplinaire des défis contemporains liés à l'information et à la communication. Prochain ouvrage : *Le tweet ou l'info ?* (à paraître).

Monique Sicard est membre du comité de rédaction de la revue *Médium*. Ancienne élève de l'ENS, agrégée en Sciences de la vie, Sciences de la nature et géologie, docteur en philosophie, spécialisée en Écologie théorique, elle a collaboré avec le Museum national d'histoire naturelle pour l'étude d'écosystèmes de milieux arides dans le Sud tunisien. Elle est aujourd'hui chercheuse associée au Laboratoire interdisciplinaire d'anthropologie du contemporain (CNRS – EHESS) ainsi qu'à l'Institut des textes et des manuscrits modernes (CNRS – ENS). Publications récentes : *La Fabrique photographique des paysages* (Herman, 2015) et *PhotoPaysage. Il paesaggio inventato dalla fotografia*, Quodlibet Studio, 2020 (avec Malvina Borgherini).

Composition et mise en pages
Nord Compo à Villeneuve-d'Ascq

L'éditeur de cet ouvrage s'engage dans une démarche éco-responsable
en utilisant des papiers issus de forêts gérées durablement
www.cnrseditions.fr

Cet ouvrage est imprimé avec des encres végétales
sur papiers certifiés PEFC, Bouffant Munken Print White 80 g/m^2 pour l'intérieur
et Carte couchée 1 face Invercoat G 240 g/m^2 pour la couverture

IMPRIM'VERT® PEFC/10-31-1510

Achevé d'imprimer en mars 2024 par Corlet Imprimeur - 14110 Condé-en-Normandie
Dépôt légal : avril 2024 - N° d'imprimeur : 24010358 - Imprimé en France